フランス政治危機の100年

——パリ・コミューンから1968年5月まで——

目次

凡例

一、本書は、Michel Winock, *La Fièvre hexagonale, Les grandes crises politiques 1871-1968* の全訳である。
一、原注（後注）は、「訳者あとがき」の後に、横組みで入れた。
一、原注のうち脚注は、本文中に［　］でくくって入れた。
一、訳注は、本文中に〔　〕でくくって入れた。

日本語版への序文

フランスにおける「重大な政治危機」を扱う本書は、まず、ヴェルサイユに本拠を置く政府と、国民議会に対して反乱を起こしたパリ・コミューンの対立により起きた一八七一年の内戦から始まっている。実のところ、この最初の危機は、フランス社会の両極間の激しい対立のサイクルの最後となるものだった。一七八九年のフランス革命以来、この国は実際に実現困難な政治的安定を求めていた。いくつものクーデターと革命が続いた。ナポレオン的カエサル主義は王権に取って代わることができるかと思われたが、軍事的敗北により二度にわたり失敗した。一八一五年には、同盟を結んだ欧州各国に対して、ワーテルローで。一八七〇年には、プロイセンを前にしてスダンで。こうして、ボナパルト的体制は、二度にわたり崩壊した。少なくとも表面上は、共和国復活のときが到来した。

一八七一年のパリ・コミューンは、フランス人同士の流血を伴う衝突としては最後のものだったが、フランス社会に内在する対立は、これによって終わったわけではなかった。その対立は、三つの分野におけるものだった。第一には、宗教をめぐる対立である。一方には、理論的かつ政治的な自由主義者がおり、他方にはカトリック教会の教義に忠実な人々がいた。カトリック教会は、一九世紀において、さらにそれ以後も、思想の自由、民主主義、そして近代社会を非難した。共和主義者は、自らが望む体制を樹立するために、自身が作り出した法律に教会組織を服従させなければならなかった。その最も重要なものが、一九〇五年の教会と国家の分離法である。これが、ライシテの法的根拠となった。政治的カトリシズムは、長きにわたり共和派の内閣と闘った。その痕跡は、一八七七年の政治危機、ブーランジスム、ドレフュス事件の結果生じた危機、そしてその後の危機にも、より控えめな形で見ることができる。

二つ目の対立点は、断続的に続く憲法と政治体制をめぐる議論である。一七九一年の最初の憲法以来、フランスは一五にも上る憲法を制定してきたが、これは、フランスの政治的不安定を示している。最初の対立は、王党派と共和派のそれである。もっとも、この表現はずいぶんと単純化されている。この二つの陣営は、決して一枚岩ではなかったからだ。王党派内部では、神授の絶対王政支持者と、より「制限」された、自由主義的な立憲君主制の支持者が激しく対立した。もう一方の衝突は、共和派とボナパルト派のそれである。長きにわたり、ボナパルト派の潮流は普通選挙が正統性を与え、ボナパルト家の代表が体現する個人的な権力体制の理念を支持してきた。さらに共和派内部でも、議会制共和国の支持者と、強力な行政府を中心とする共和国の支持者の間に、意見の相違があった。前者は、全権力を議会に集中させた。後者は、行政府に権威と効率性が必要だと考えた。後者は、ド・ゴール将軍とともに第五共和制を樹立した人々である。前者は、第三共和制と第四共和制において、支配的な立場にあった。こんにち、共和制に異を唱える者はいないが、「共和主義的君主制」に反対して、議会の権限強化を望み、ときとして「第六共和制」を唱える人々と、これとは反対に、直接選挙で選ばれる大統領が体現する強力な行政府を、議会より上位に置くヒエラルキーを維持しようとする人々の間の論争は終わっていない。つまるところ、フランスにおいて、政治体制をめぐる論争はいまだに決着を見ていないのである。王政あるいは帝政の復活はもはや話題にならないが、共和国の性質についてはまだ議論が続いている。

第三の種類の闘いが、階級闘争である。これは産業革命の発展、プロレタリア階層の拡大と社会主義思想・社会主義運動の形成とともに広がり、激化した。一九世紀のフランスは、三回の流血を伴う衝突を経験した。一八三一年のリヨンの絹織物工の反乱は、軍により鎮圧された。一八四八年六月、パリでは三日間にわたり、閉鎖されたばかりの国営作業所の労働者が蜂起し、激しい弾圧を受けた。最後は、一八七一年のパリ・コミューンである。コミューンの綱領は厳密な意味では社会主義的ではなかったが、コミューン派部隊の構成員の大半は労働者、職人、庶民であり、フリードリヒ・エンゲルスはコミューンを、やや大雑把にではあるが、最初の「プロレタリア独裁」だったと見なした。パリ・コミューン以降、フランスでは社会労働問題をめぐる闘争は終結した。それでも、労使関係をめぐっては、この長い歴史の痕跡がいまも残されている。改革派の労働組合は、階級闘争を基本とする組合、特に共産党と深い関係にあった労働総同盟（ＣＧＴ）に押さえられてきた。「労使対話」は多くの場合厳しく、不可能ですらある。ストライキと街頭デモは何度も繰り返される闘いであり、労働運動の歴史が刻まれている。協議や妥協を行なおうとする考え方は、稀少である。力関係が、しばしば交渉に代えられるのだ。ここに、フランスが社会民主主義の国にならなかった理由の一つを見ることができる。社会民主主義の語は、結局は社会党の言説に多く見られるようになったのではあるが。

この複雑に絡み合った闘いの遺産が、フランスの政治的不安定を説明している。個人的なライバル関係、地域間の競争、さまざまな傾向の知識人の政治参加、さらには外国からの影響がこれに加わる。

しかしながら、一九六八年――本書で取り上げた最後の危機――以降、憲法の基礎となる原理に対する反乱は一度も起きていない。共産党は、原理的には、社会主義革命を目指していたが、これはいまや歴史の残滓でしかない。脅威はむしろ、より確実に、排外主義で反ヨーロッパの極右の側から来ている。しかし、注目すべきなのは、極右の代表的政党である国民戦線が、EUには反対であるにせよ、政治体制を問題にしなくなったことである。長期的に見るならば、フランス社会が平穏化したことには疑いの余地がない。結局のところ、フランス社会は、コントロールがきかない移民、十分に社会に溶け込んでいないアラブ・イスラム系少数派、解決が困難な大量失業、イスラム過激派によるテロ計画……という、現実の、もしくは想像上の、脅威と感じられる危険を前に不安を抱いているのである。不安を抱いたこの社会が、二〇一七年の選挙では、政権を担当してきた複数の大政党を排除しようとして、極左と極右のポピュリズムに多くの得票を与え、結果として新しい人物であるエマニュエル・マクロンを大統領に選んだ。六月の下院選での記録的低投票率は、多くの人の目には、市民たちが共有する懐疑の深さを表していると映った。二〇一七年の重要な政治的変化が、フランス人に再び自信を与えるか否かは、いずれ明らかになるだろう。

謝辞

本書の巻頭において、原稿の最初の読者であるアンヌ・サストゥルネ、ジャン＝ピエール・アゼマとアンソニー・ローリーに深甚なる謝意を表したい。彼らの指摘や示唆は、貴重なものだった。また、社会博物館での調査に協力してくれたコレット・シャンベランにも感謝したい。

序

本書の出版の時点で五〇歳代に達しているフランス人は、異なる四つの体制の下で暮らしてきたと自慢することができよう。三つの共和国と、外国の監督下における独裁体制である——これに複数の臨時政府を含めなければ、であるが。これを見るだけでも、私たちの政治制度がいかに不安定であるかがわかる。もう少し広く見るならば、フランス政治では一五に上る憲法ないしはこれに類する法律が一七九一年以来消費されてきた。英国、スイス、米国、あるいはスカンディナヴィア諸国の市民からすると、フランス国民の政治的態度は、不安を抱かせるほどの独自性を帯びている。フランスをヨーロッパ大陸で最も大きく荒れる地域のうちに位置づけるとしても、その歴史の重要な諸段階には非常に大きなオリジナリティーがあるのである。およそ一世紀前から、中欧および南欧諸国の多くは、三段階の変化を遂げてきた。①旧制度の廃止、もしくは自由主義的な変化、②独裁的反革命、③自由民主主義体制の樹立、である。ドイツ、イタリア、オーストリア、スペイン、ポルトガル、ギリシャがこれに該当する。フランスは、異なる道をたどった。絶対主義を打倒した後、フランスは共和制を樹立し、他のヨーロッパ諸国よりも早く普通選挙を導入した。他に先駆けたとはいえ、それは苦しみを伴うもので、革命は長らく目標を達成できずにいた。カエサル的、もしくは王政による「反動」は、新しい民主主義運動の勃興にいくたびも中断されながら、一九世紀の進展を早めていったのだが、それも一八七〇年九月二日のスダンの敗北による第二帝政の崩壊に至ったのである。

このときに、本書は始まることになる。すなわち、本書は共和国の歴史そのものを扱っている。一八七〇年からこんにちに至る時期に、憲法をめぐる熱狂は静まってきた。一七九一年一二月三日から一八七〇年五月二一日までの間に、憲法と認められる法律が、一〇ないしは一一も公布されたのに対し、ナポレオン三世の没落以降では、四つを数えるのみである。そして、そのうちの三つが共和主義の原則に忠実なものだ。それでも、政治体制の変更の頻度が少なくなったとはいえ、それだけではフランスにおける政体の長期的な脆弱性と、制度内における均衡の危うさを覆い隠せるものではない。「コンセンサス」はフランス起源の単語ではない。体制がいかなるものであれ、一七九一年から一九七〇年代に至るまで、分裂状態が普通だったのである。ルネ・レモンが分類する三つの右派（『フランスの右派』、オービエ社刊）に、少なくとも三つの左派が対抗し、それぞれが独自の解決策を主張した。国民の多数のグループ間の熱狂的な対立関係が、私たちの現代史に悲劇的な性質を与えたのだ。この歴史にちりばめられた政治危機こそが、本書の研究対象である。

ここで言う政治危機は、何を表しているのだろうか。取り上げた政治危機の数――全部で八つである――を説明するためにも、定義をしておく必要がある。それは、共和主義的政体を脅威にさらした、深刻な混乱である。したがって、いくつかの緊張や社会的な動揺（一八九一～一八九三年のアナーキストの活動、パナマ事件、一九一九～一九二〇年の労働争議、人民戦線、ミュンヘン協定、蜂起的とされた一九四七年のストライキなど)は除外した。というのは、これらの出来事は統治機構にとって本格的な脅威とはならなかったからだ。一九四四年のように、過去に起きた危機――ここでは一九四〇年の危機であるが――の結末となった場合は別かもしれないが。取り上げた危機においては、当時の政治体制が直接的に問題にされた。具体的には、①王政復古の危険がその原因の一つとなったパリ コミューン、②行政府と立法府が優位をめぐって争った一八七七年五月一六日、③議会が有権者を上回る権力を持ったことに対する抗議行動としてのブーランジスム、④ナショナリズムという新たな衣装をまとった、議会優位の政治に対する再度の挑戦としてのドレフュス事件、⑤議会政治に反対して権威主義的体制樹立を主張する勢力への、中間層の一部の支持の結果としての一九三四年二月六日の事件、⑥敗戦により、第三共和制を葬ることになる一九四〇年七月一〇日、⑦アルジェリア戦争を契機に、第四共和制の幕を下ろした一九五八年五月一三日、⑧新たな形の異議申し立ての最初のものであり、かつ検討対象としてきた事件のサイクルを閉じる一九六八年五月、である。本書では、この八つの危機を別々に分析の対象としているが、相互の継続と分断についても見ることになる。最終章では、なぜ危機が起きたのかを復習するための、いくつかのテーマについて考えてみたい。

本書の対象を定義したところで、この序文を終えるに当たり、誤解が生じないようにしておきたい。危機の歴史について書くことは、フランスが乗り越えられない分断と、絶え間ない衝突と、ときには目に見えない、ときには爆発するような内戦の国だとのイメージを与える可能性があるかもしれない――あたかも、筆者が、ついでに国民の団結を幻想として描こうとしているかのように。本書の前提にある思想がそれとまったく異なることは、理解していただけるだろう。私の行なった選択――

継続性、構造と規則性の研究以上に、発作と、断絶と、分断の研究――について説明が必要であれば、私としては過去の分裂の研究は、一体性を求める言説よりも、「共生への意思」の醸成に有用だと述べておきたい。同時代の見方とは異なり、重要な政治危機の歴史的研究は、むしろ楽観的な方向に傾斜するものだ。言葉を選ぶのには注意が必要だが、こう言っても差し支えないだろう。社会集団の分裂は、過去に比べれば現代でははるかに小さくなった。フランス国民は、ようやく民主主義の時代を迎えたのかもしれない。別の言い方をするなら、共通のルールに基づき、違いを対峙させることを受け入れるようになったのである。いずれにしても、歴史家は占い師ではない。謙虚に、過去に起きたことにつき証言するだけであり、未来がどうなるかを語ることはできない。

第1章

パリ・コミューン

コミューンは、暴力と流血のイメージを引きずっている。「危機」の語は、この騒乱と断末魔を表現するには弱すぎる。それでも、第三共和制の脇腹に血膿を残した七二日間の内戦を考慮に入れる必要がある。とはいえ、実際のところ、この悲劇が始まる一八七一年三月に、フランス国民は共和国の存在を認識していただろうか。一八七〇年九月二日、スダンでの軍事的敗北によってボナパルト派権力が倒れると、その二日後にパリ市庁舎の周りに集まった群衆の拍手のみに正統性を負う臨時政府がそれに取って代わった。一八七一年一月二八日、プロイセンとの休戦協定が締結されると、二月八日には総選挙が実施された。ドイツ軍が国土の一部を占領する中での、急ごしらえの選挙だった。パリと地方の間の連絡は途絶えたままで、都市部と農村の間は通常の通信手段が機能せず、断絶状態にあった。しかし、この選挙は、休戦協定により実施が予定されていたものだった。選挙の結果選出される国民議会が、戦争の行方を定めるとされていた。フランス国民の多数は、平和を願って一票を投じた。それによって、あまり意識しないままに、有権者は「戦争継続派」と見なされた共和派に反対する票を入れていたのである。パリ、リヨン、マルセイユ、ボルドー、リール、トゥールーズ、ナントやその他の都市は、一八六九年選挙の結果を再確認したが、農村地帯はオリーヴの枝を上着の襟のボタン穴に差した保守派を選出していた。県単位の選挙区は、農村地帯の郡の投票が、都市部の票の重みを圧倒することを可能にした。二月一二日に、ボルドーで議会が招集されたとき、君主制支持の議員たちは、見るもの聞くものを信じられない思いだった。彼らは、圧倒的多数の議席を占めていたのである。一八三〇年、あるいは一八四八年以来待ち望んできた復讐のときが訪れたのだ。

パリとボルドーの間の緊張は、一気に高まった。それは共和派の都市と、議会を支配する「田園」の多数派（アドルフ・クレミューの言葉である）の間の緊張であり、侮辱を受けた首都の祖国愛と、早急に和平を結ぼうとする右派および穏健派の焦りとの間の緊張だった。

ボルドーの議会は、ティエールを「フランス共和国行政府主席」に選出した。それは、拘束力を持つ肩書ではなかった。緊急を要するのは、和平を結ぶことだった。政治体制の問題は、その後で検討すればよかったのである。いずれにしても、王党派にとっては、名目的にであれ、共和国がビスマルクの要求する厳しい条件を受け入れて、敗北の責任を引き受けるのは悪いことではなかった。すなわち、五〇億金フランの賠償金と、そして何よりも、東部三県〔オー＝ラン、バ＝ラン、モーゼル〕の割譲である。二月二六日にヴェルサイユで平和条約のための予備協定が締結されると、その二日後にはボルドーで、悲痛な雰囲気の中で審議が行なわれた。ヴィクトル・ユゴーほど、見捨てられたアルザスとモーゼル、傷ついた祖国と、屈辱を受けたパリについて、見事に語った議員は他にいなかった。

この五カ月間、戦うパリは世界を驚かせました。パリは、共和国が成立してから五カ月間で、一九年に及ぶ帝政が失った以上の名誉を取り戻したのです。パリは、全ドイツに対抗したのです。パリは、侵略を失敗に終わらせました。同盟を組んだ一〇の民族、これまでに何度も文明を沈没させてきた北方の人々の大集団、パリはこれを相手に戦ったのです。三〇万人の父親たちが、大急ぎで兵士に変身しました。パリの偉大な民衆は部隊を編成し、大砲を鋳造し、バリケードを築き、地雷を埋設し、多くの要塞を建設し、城壁を防護しました。民衆は、飢えと寒さに耐えました。あらゆる勇気とともに、民衆はあらゆる苦しみを味わったのです。

この演説は、雄弁な言葉で、パリ攻囲戦をうまく要約していた。しかし、一つ足りない部分があった。それは、多くのパリ市民が共有する、臨時政府に裏切られたとの感情である。暫定的な政府ではあっても、その躊躇、その無策、そして結局のところその無能力は、見過ごされるべきではなかった。ファーヴル、トロシュ、ピカールといった、攻囲戦中にパリを指導して栄達をきわめた人々は、少なくとも首都の住民の半数から憎まれていた。彼らが、この恥ずべき和平の下地を作ったのだった。和平案はティエールによって議会に提出され、可決された。賛成五四六票。反対の叫び声を上げたのは一〇七人だった。三月一日にプロイセン軍部隊がパリに入城しただけに、パリ市民の動揺は大きかった。これは、ティエールがベルフォールをフランス領にとどめるのと交換で、ビスマルクに譲歩した結果だった。ベルフォールでは、ダンフェール＝ロシュロー大佐が、最後まで侵略者に抵抗したのだった。プロイセンの槍騎兵はシャンゼリゼの石畳を闊歩し、パッシーとオートゥイユに落ち着いたが、パリ全市が黒色をまとって、無言のまま怒りに震えていた。三月三日に、示威行動は終了した。予備協定が批准されたからだ。この時代のパリ市民の情熱的祖国愛を知らなければ、コミューンが生まれた背景を理解することはできない。三月初め、彼らは屈辱感に満たされていた。

この感覚は、議会の構成を根拠とする懸念を伴っていた。降伏が議会の承認を得た後に待っているのは、王政復古ではないだろうか。ティエールは「共和国は最も分裂を招く可能性が低い政体だ」と述べたが、議会多数派は異なる決定を行なうことができた。そして、これまで多くの期待を裏切られ、無用の犠牲を払い、成果の得られない戦いに臨んできたパリの世論を安堵させる代わりに、ボルドーの議会はこれまでの遺恨を晴らそうとして、不適切な手段に訴えた。三月六日、議会はパリに議場を戻さないとの決定を行なったのだ。ブルジュ、フォンテーヌブロー、ヴェルサイユが候補に挙がった。ある議員は、「パリが組織的反乱の首都であることはフランス中が知っています」と発言した。間もなく議員辞職することになるヴィクトル・ユゴーは、またしても抗議の声を上げた。

パリは、すべての人々のために献身しました。パリは、見事に犠牲を払った都市となったのです。これが、皆さんのために、パリが成し遂げたことなのです。パリは、フランスの生命を救う以上の成果を上げました。フランスの名誉を救ったのです。それなのに、皆さんはパリに挑戦状を突きつけています。パリに対して、疑いの眼差しを向けているのです。

ユゴーは、同僚議員たちに的確な助言を与えた。「パリに戻るのです。すぐに戻るのです。パリは皆さんに感謝して、平静を取り戻すでしょう。パリが平静になれば、すべてが平静になるのです」。この発言は、議会の第一一部会で行なわれたものだったが、第一一部会は「代表委員」としてヴィクトル・ユゴーではなく、共和派に敵対的なリュシアン・ブランという人物を選んだ。ティエールが、裁定した。行政機関はパリに残し、議会はヴェルサイユに居を定めることとなった。パリ市民は、四カ月の間プロイセン軍に立ち向かい続けた。それに対する謝意表明として、パリは「脱首都化」されたのである。

しかしながら、王政復古はまだ当面の課題ではなかった。政権担当に幸福を感じていたティエールは反共和派ではあるものの、ある者はブルボン家本家を支持し、他の者はオルレアン家を支持して王政復古への統一的な戦略を持たない議会を分断させることによって、最終的にいわゆるボルドー協約を受け入れさせるのに成功した。三月一〇日、議会の演壇に立ったティエールは、まず国家機構の再編が先決だと説明した。どのような憲法上の体制を採用するかは、その後に決定すればよいというのである。パリとその他の大都市の共和派にとっては、この「協約」は彼らを安心させるどころか、共和制の暫定的性格を明らかにするものだった。侵略を受けた領土の防衛の後で、人々は共和国防衛のために動員を続けなければならないとの意識を持った。首都パリでは、世論の興奮状態は顕著だった。議会所在地としてのヴェルサイユの選択に加え、二月一五日以降ボルドーで決定された各種の措置は、まるで楽しんでいるかのように、次々と火に油を注ぐ結果となった。国民衛兵給与の見直し、公営質店の返済猶予制度の廃止、商業手形や家賃に関する決定等……これらの賢明とは言えない措置は、商人と手工業者からなる小ブルジョワジーと労働者層を、「田園の住民」に対する共通の敵対心から連帯させる結果となった。

この失敗はなぜ起きたのだろうか。すべてはあたかも、一七八九年以来旧秩序の支柱を破壊し、王政を廃止し、反乱意識を醸成し、不信心を広めた首都に対して、保守派が支配する議会が復讐したいと望んだかのように進んだのだった。大半の議員は政治経験を持たず、憎しみの感情を隠せないまま先入観で凝り固まり不用意な行動に出たが、その一方でパリでは法的基盤を持つ権力機構による統御がますます困難となっていた。とはいえ、王党派だけを批判するべきではない。穏健共和派も、彼ら以上に先見の明があったとは言えない。ジュール・ファーヴルは、パリ攻囲戦開始当初から「熱烈に」休戦を望み(彼自身の告白による)[1]、パリ市内で「徹底抗戦」を求めて一月末までビスマルクとの協定締結を阻止した人々を赦さなかった。彼および国防政府の同僚たちは、攻囲戦の続いた数カ月間を、悪夢のように過ごしたのだった。彼らは、シャスポ式小銃をいつ彼らに向けるかわからない革命家たちの部隊を、間近で見ていたのである。彼らと「アカ」の間には、共有された共和国は存在しなかった。

三月半ば、パリではいよいよ混迷の度が深まっていた。攻囲戦以来、あらゆる社会階層から兵士を募った国民衛兵は、最大の軍事組織となっていた。そして、パリ撤退は休戦協定締結直後から、ブルジョワ地区に影響を及ぼし、治安維持部隊〔警察、憲兵隊〕である「よい部隊」は弱体化し、それに代わって民衆により構成された部隊の力が強まった。これらの部隊は集合して中央委員会を設置し、その力が正式な指揮官であるオーレル・ド・パラディヌ将軍を上回るようになっていた。三月一五日には、パリ市内全二〇区のうち、一四の区が中央委員会に代表を出席させた。中央委員会には、政策綱領があったのだろうか。それは、いくつかの原則により要約することができる。共和国の防衛。必要とあらば、武器を手にしてでも。常備軍の解散。公共政策に対する監督権の付与。こうして、国家の代理人が日に日に活動の余地を失う中で、市内に既成権力に対抗する勢力の萌芽が見られ、成長しようとしていた。

三月一五日、ティエールはパリに戻った。国民議会の新たな会期は、その五日後にヴェルサイユで開かれる予定だった。行政府の長にとっては、決断しなくてはならないときが来ていた。革命的民兵団に変容しつつある、国民衛兵の武装解除である。国民衛兵の主要な武装は二二七門の大砲で、その大半がモンマルトルの丘の上で一列に並んでいた。ジュール・ファーヴルは、休戦協定交渉時に、これらの大砲を議題としないようビスマルクを説得していた。これについて、ファーヴルはこう説明した。

休戦協定交渉の最中、私にはパリの住民が休戦協定を認め、これに従うかどうかわからなかった。疑問を持つ理由はいくつもあり、政府はそれを十分に承知していたため、私の動きを極秘事項として扱った。それが明らかになれば、反乱の動きが起きるかもしれなかったからである。もし休戦協定が武装解除を定めていたなら、必ずや激しい反乱が起きたことだろう。それに、我々は武装解除を実行するための兵力を持ち合わせていなかった。したがって、私としてはこの点について交渉するわけにいかなかった。(2)

このころ、ティエールには、ヴェルサイユでの議会の開会に先立って、パリ攻囲戦終盤の「異常集団心理」の中で実行できなかった武装解除を実現する必要があった。しかし、これらの愛国的民兵団の解散をめぐり交渉を行なう代わりに、ティエールは実力行使を選択した。作戦は、三月一七日から一八日にかけての夜に、実行に移された。

三月一八日

オーレル・ド・パラディィヌ将軍は、政府に忠実な部隊に参集を求めたが、彼が鳴らした太鼓の音への反応はほとんどなかった。国民衛兵は、国民衛兵には銃を向けないのである。この仕事を担ったのは、ほぼ前線部隊の兵士たちに限られた。この仕事は準備が不十分で、最初からうまくいかなかった。そして、早朝には、具合の悪い事態が発生した。モンマルトルの丘の東側で別働隊を指揮していたルコント将軍が懸命に命じても、配下の兵士たちはもはや命令を実行しようとはしなかったのである。兵士たちは銃尾を空に向けて、「彼らの」大砲を守ろうと駆けつけた地域住民と友好的な関係を結んだ。将軍は逮捕された。国民衛兵は、モンマルトルの部隊司令部に将軍を避難させた。ルピック通り、ベルヴィル、ビュット＝ショーモンなどの地区でも、同じ光景が見られた。兵士たちは群衆が持ち寄るパンやワインを受け取り、将校たちに反抗して、命令に応じなかった。昼前には、軍と政府の失敗が明らかとなった。ヴィノワ将軍は、退却を命じた。

このとき、ケ・ドルセー〔外務省〕に引き続き詰めていたティエールは、すっかり元気を失っていた。彼はポスターを張り出して、説得を試みていた。内務大臣エルネスト・ピカールが、「正気を失った少数の人々」に対抗するために、自らの「都市」と、「家」と、「家族」と、「財産」を守ろうとする人々の良識に訴えかけるポスターだった。しかし、それはただの紙切れだった。そこで、短時間の閣議の後、ティエールは政府と行政機関のパリからの退避を決定した。後になって、彼は自分の戦略的判断が正しかったと自慢する。一八四八年にも、彼はいったんパリから軍部隊を退去させ、その後により大きな兵力でパリに再度進入するとの案を唱えていた。今回は、国家のトップという立場から、彼はこの計画を実行に移すことができた。彼は、パリ退避を最初から想定していたわけではない。恐らく、彼は国民衛兵のうち何人かの性急な連中が抵抗し、下町の一部でバリケードが築かれることは予想していただろう。それは、翌々日に招集される議会に、自分の強硬路線の維持を見せつけるものだった。彼が見通せなかったのは、パリ市民による大衆蜂起、大砲撤去の技術的困難、大群衆の歓呼の声が響く中での第八八歩兵連隊の敗走である。こうした事態の前に、恐怖心も手伝って、彼はパリを革命派の行動にゆだねたのである。危険のないヴェルサイユに退避して、ティエールは強硬路線を貫くことになる。

大砲の回収の試みは、その失敗により二重の結果をもたらした。一つは、制御がきかなくなった群衆の行動が、犯罪的な暴力と化したこと。もう一つは、ヴェルサイユの政府に対抗する権力の樹立であり、当然ながら国民衛兵中央委員会がこの権力を掌握するところとなった。

こうした対決となるリスクを、ティエールは十分に認識し、その責任も理解していた。ヴィノワ将軍は、後になって、「攻撃するとの決定が下された」と率直に語っている。それは、宣戦布告こそなかったが、軍事作戦以外の何物でもなかった。武器を持って戦う民衆は、反抗の中心となり、正統政府はこれを除去する法的根拠を持っていた。とはいえ、政府は慎重に、軍事介入するための適切な時期と方法を選択する必要があった。ティエールの態度には、和解への意思、あるいは父性愛的な厳しさを思わせるものはなかった。彼は決断し、強制し、計画を実行すべく部隊を派遣した。総裁政府と帝政の歴史を書いたティエールは、ボナパルティスムの指揮法を模倣した。いくつもの危機の際に、絶対王政と専制的な帝政の手法に由来する国家の権威を前面に打ち出すスタイルが見られた。国家が下す決定は、交渉の対象にはならない。国家の安全にとっては不幸なことだが、必ずしも指導者の意思通りには方針は実行されなかった。この場合で言えば、ヴィノワの兵士たちは、戦いに敗れた。

パリでは、対抗権力がまだ十分な力を持たない中、革命時の混乱が起きていた。街頭での行動が指針となった。人々は集合し、声を上げ、興奮し、歌い、兵舎を占拠し、敗退した政府軍が残した空白を埋めた。こうした、全般的な変調、国家の不在と集団的な高揚の中で、取り返しのつかない行為が発生した。ルコント将軍と元将軍のクレマン・トマ――彼は大通りを歩いているところを発見され、連行された――が、スケープ・ゴートとなった。忌み嫌われている政府の象徴と見られた二人は、モンマルトルにある小さな部屋に収容された。数名の国民衛兵が、中央委員会からの指令があるまでの間、彼らを監視した。夜間の奇襲に不意をつかれた中央委員会は、午後になってようやく会議を開催した。しかし、まだ十分に組織されていない対抗権力に、群衆の暴力が先んじた。ティエールの挑発と、正統権力の逃避が、禁じられた行動への障害を取り払ってしまった。世に埋もれた人々、「ホームレス」、小悪党、一九世紀の著述家たちが「下層民」と名づけた人々、後になってジョルジュ・バタイユが社会の「異質」[3]な要素と呼んだ人々、これらが集団的殺人の通常の社会学的構成員である。だが、これにごく普通の人々、「同質的」な人々、プティ・ブルジョワと労働者、さらにはほろ酔い加減で、仕返しをしようと望む前線部隊の脱走兵らが加わり、さまざまな人々からなる集団を形成した。そして攻撃的な衝動にかられるがままに、ようやく成立しつつある新たな権力機構が築いた脆弱な障害を突破し、二人の将軍の身柄を拘束するや、次々と処刑したのである。この出来事は、ティエールに全面戦争に入る口実を与えた。「人殺しと交渉するわけにはいかない」と。

国民衛兵中央委員会はこのリンチを引き起こしたわけではなく、また阻止することもできなかったが、それはともかくとして、自ら誘発したのでも、作り出したのでもない状況に対して責任を負う事実上の権力者となった。三月一八日の晩、パリから退去するとのティエールの決定と対をなす判断を中央委員会が下した。それは、正統な権力を象徴する場であるパリ市庁舎を占拠する、というものである。パリ市長ジュール・フェリーは、その地位を譲らなければならなかった。午後一〇時ごろ、これまでいくつもの革命政府の樹立が宣言されてきた市庁舎に、赤旗がはためいた。

この三月一八日の晩、ヴェルサイユとパリ、すなわち逃避した国家とまだ輪郭が描ききれない対抗国家が向き合った。それでは、これが内戦の始まりだったのだろうか。赤旗の下にある中央委員会には、行動計画がなかった。一九一七年四月以降のボルシェヴィキ派とは、この点で異なっていた。中央委員会が望んでいたのは、自ら組織したわけではない状況を、法的に正統化することだった。最も緊急の課題は、パリ市民による選挙の実施だった。しかしながら、法的な権力との断絶は、すでに現実となっていた。委員会は、革命のプロセスに入るための行為を開始していたのである。実力行使により、権力の場を占拠していたからだ。とはいえ、それはまだ市庁舎に限られており、市における権力でしかなかった。三月一八日の晩、中央委員会にはフランスを統治する意図はなかった。委員会のメンバーの多数は、革命家と呼ばれる人々ではなかった。彼らは確かに共和派だったが、理性的な言葉を理解することができた。パリとヴェルサイユの間の妥協は、不可能だったのだろうか。

非妥協的態度の結果

内戦を避けようとする人々は、一週間にわたり、率先して次々と行動を起こした。パリにおいても、三月二〇日にティエールにより「セーヌ県上級司令官」に任命されたセセ提督だけではなく、市民の代表としての性格がより強い法的な権力保持者たちが引き続きポストにとどまり、平和的な問題解決への期待を集めていた。すなわち、攻囲戦の最中、一八七〇年一一月五日の選挙で選ばれた市内各区の区長である。内務大臣は、パリを離れるに際して、区長たちにパリ市の行政を一時的に託した。区長会議は、二区の区役所に居を定めた。すぐに、区役所と市庁舎の間を、代理人が往復するようになった。政府は、時間を稼ぎ、部隊を立て直し、反撃の準備ができることから、交渉に対して必ずしも否定的ではなかった。他方で、中央委員会は、三月一八日の直後に出現した、軍事的に有利な状況を利用してこの際ヴェルサイユに進軍すべきだと主張する人々に与《くみ》しなかった。両者の和解は、考えられないものではなかった。

こうした試みのうちで、ジョルジュ・クレマンソーの行動は特筆に値する。三〇歳のクレマンソーは、セーヌ県代議院（下院）議員とモンマルトル区長を兼任していた。ボルドーでは、彼は平和条約批准に反対した共和派野党の一員だった。しかしながら、モンマルトルが主要な舞台の一つとなった三月一八日には、彼は最悪の事態を回避しようと努めた。彼は、区長の三色の懸章を着用し、怒り狂って牙をむく人々を前に、捕らえられた二人の将軍の釈放を求めた。強硬な態度の政府と、熱狂して殺人にまで及ぶ街頭活動のいずれにも親近感を覚えなかった彼は、この一日を通じて節度ある行動を求め続けた。しかし、それはいかなる結果ももたらさなかった。翌日、彼は中央委員会に対して、市庁舎を区長たちに明け渡すよう要請した。その代わりに、区長たちは議会に対して、パリ市の権利を認めるよう強く要求する、というのだった。

この提案は他の共和派下院議員と区長の支持を得たが、非妥協的な委員会の拒絶にあった。委員会メンバーの一人は、こう述べた。「議会の任期は終了しました。我々にはフランス全体に命令する意図はありませんが――我々自身、フランスの命令にひどく苦しめられてきました――、もう田舎の人々の投票結果に左右されるのはご免なのです」。クレマンソーがさらに詳しい説明を求めると、ヴァルラン――彼は、労働インターナショナルの有力メンバーだった――はさらに明快に以下のように述べた。国民軍が求めるのは市議会を選出することだが、それればかりでなく「パリの自治権の獲得、警視庁の廃止、国民衛兵が司令官を含む将校全員を指名する権利、五〇〇フラン以下の家賃の無償化、それ以外の家賃については金額に相応する割引の適用、支払期限に関する公平な規則の制定、そして最後に、軍がパリから二〇里以上離れたところまで退くことを要求します(4)」。

この議論において、同じ三月一九日の朝、もう一人の人物が妥協を唱えていた。ブノワ・マロンである。彼の著した記録『フランス・プロレタリアの三回目の敗北』には、パリの革命がいかに脆弱であったかが描かれている（「これほど、革命が革命家たちを不意に襲ったことは、かつてなかった」）。

権力を握ったのは、明確な先導者もリーダーも持たない労働者階級だった。経験がなく、鷹揚であるがために、労働者階級は恐ろしい現実から生まれた状況を把握することができなかった。卑怯な侵入者たちが、逃亡して内戦を始めようとする試みに失敗した後、たとえ滝のような流血になろうともパリを支配するために、再び攻撃を仕掛けてくるとは考えなかったのである。労働者階級は、新たな世界の日の出を祝ったが、地平線では嵐が荒れ狂っているのに気づかなかった。

社会主義者ブノワ・マロンのこの見方は、事後になって考えたものではない。三月一九日の、クレマンソーとヴァルランの議論にも、彼は立ち会っていた。マロンはヴァルランと同じ望みを抱いていたが、クレマンソーの方法論を推奨していた。それは、中央委員会が、パリの法律上の代表者に市庁舎を明け渡すというものだ。すべてを獲得することはできないにせよ、下院は要求事項のうち最も重要なものを承認する可能性がある、というのである。「よく考えてください。まだ、平和的で受諾可能な政策を見出すための時間は残されています」。

その翌日には、平和を求める心は早くも革命的熱情の前に譲歩しなければならなかった。一八七〇年九月に設置され、攻囲戦の最中に重要な役割を果たした二〇区委員会には、多くの極左の人物がメンバーに加わっていた。この人々、労働インターナショナルおよび労働連盟会議所と合同することで結成されたコルドリ委員会〔マレ地区のコルドリ通りに置かれたことから、この名がある〕は、市内の各地区に警戒委員会を設けた。これが、革命の行動部隊であり、それはブランキ派グループによって補完されていた。政府がパリを離れたことから生じた幸福感の中で、過激な勢力が平和を求める人々の力を上回った。「市民たちよ、裏切り者どもの約束を信じるな！　取り戻した大砲を、守り続けなければならない！　市庁舎を手に入れた以上、明け渡してはならない！」。前日の合意事項は、反古となった。中央委員会は、三月二二日にパリ市議会選挙を実施すると宣言し、パリ市民に対し、「皆さんの知っている、献身的で、賢明で、誠実で、勇敢な共和的社会主義者」を選出するよう求める声明を出した。正統的権力の同意なくして行なわれた以上、これは反乱に類する行為だった。これは、革命的な行為でもあった。というのは、すべてのフランスの市町村に及ぶ呼びかけがなされ、それは「不可分にして民主的な共和国の最終的勝利」のために、「首都の例にならい、共和的に組織されるよう」求めていたからである。

この同じ日、クレマンソーはヴェルサイユの議会で、パリの立場を擁護しようとしていた。彼は何人かの左派共和派議員とともに、パリが求める選挙で選ばれる市議会の設置に関する法案を提出した。クレマンソーは述べた。「誰も無視することができない権力機構を組織しようではありませんか。なぜなら、それは市民の投票で選ばれるからです。そして、権威の回復を求める人々は、その周辺に集合することができるのです」。しかしながら、与党はまたしても政治的感覚の欠如を露呈した。クレマンソーが根拠とする理屈を理解しないまま、彼を攻撃したのである。クレマンソーはこう述べた。「私が信ずるところでは、もし皆さんがこの法案に賛成しないなら、我々は破滅に突き進むこととなるでしょう。私としては、皆さんにこう助言したと確認しておきたいのです…（中略）…皆さんは、実力行使をせざるをえなくなるでしょう。そうなれば、皆さんは重大な責任を負うことになります」。しかし、ヴェルサイユの非妥協的態度は、パリの非妥協的態度と相似形をなしていた。内戦を促すような言説が、双方に見られたのである。三月二一日、政府の共和派閣僚三人のうちの一人である外務大臣ジュール・ファーヴルは、次のような血なまぐさい発言を行なった。

私たちは、接収が始まろうとしているのを知っています。個人資産が侵されようとしているのです。それが転落の連続だとは申し上げませんが、巧みに計算された悪徳行為が次から次へと進み、社会の基盤が切り崩されて、崩壊するのを私たちは見ることになるでしょう…（中略）…ただし、蜂起した人々が知っておくべきは、現在議会はヴェルサイユにありますが、パリへ戻る意思があるということです。それは、反乱側と戦うため、徹底的に戦うためです。

この演説を聞いて、ラ・クロシュ紙のために議会の審議を取材していたエミール・ゾラは、次のように解説した。「とどのつまり、これはずいぶんととげがあり、きわめて政治性に欠ける発言だ。これは、内戦の炎が燃えさかる暖炉に、さらに空気を吹き込んで火勢を強くするようなものだ」。クレマンソー同様、彼は妥協を求める言葉を語り続けたが、その声はどこにも届かなかった。モンマルトル区長と同様に、彼は分別を欠き、非妥協的な態度を取るいずれの陣営も選択することができなかった。彼は次のように書いた。

私は、今日の審議に失望して議会を後にした。果たして、私たちの断末魔のときが訪れたのだろうか。市庁舎の反体制派と、盲目的で非寛容な議会の間に挟まれて、フランスは倒れ、血を流し、打ちのめされ、死に至る痙攣《けいれん》の中でのたうち回っている。そして、いつの日か、反乱がこの国を深淵にまで追いやったと歴史が語るとしても、同時に、正統政府はこの転落が死をもたらすよう、あらゆる手を尽くしたとも付け加えるだろう(5)。

この日、三月二三日に、議会は各地方においてパリに進軍するための義勇兵部隊を編成することを、賛成四三三票、反対二九票で決定した。

パリでは、中央委員会が初めての異議申し立てに直面していた。三月二一日には、下院を支持するデモ隊がヴァンドーム広場まで行進した。その翌日には、自信をつけた新たなデモ隊が、新司令官ベルジュレの指揮する国民衛兵と衝突した。流血の事態となったが、権力は引き続き反乱側指導部の手中にあった。反乱側指導部は選挙実施の決意を変えておらず、そのため合法的な権力の最後の残滓である共和派の区長および助役たちと手を切る意図はなかった。各区役所と市庁舎の間の交渉は、再開された。クレマンソー、メイエ、ロクロワらの区長と助役たちには、多くの支持者がいた。また、彼らの側にはブルジョワ層出身の国民衛兵部隊がいた。中央委員会に賛同せず、その点で「連盟兵」とは異なる選択をした人々の部隊である。合意形成は必要だった。しかし、そこに至るには、多くの困難があった。選挙の投票日は、何度も延期され、最終的に、三月二六日の日曜日とすることが決まった。

滑り込みで、中央委員会と区長会議の間で合意が成立した。三月二三日にヴェルサイユで「共和国万歳！」と叫んだときに野次を浴びせられたことで、共和派として心を傷つけられていた区長たちは、オーマル公〔ルイ＝フィリップの息子、王党派ながら第三共和制下で軍籍を回復した〕が行政府の長に任命されるとの噂に不安を覚えていた。ルイ＝フィリップの息子オーマル公は、弟のジョワンヴィル公とともに二月八日の選挙で議員に当選していた。しかし、彼らはいずれも旧王族の国外亡命を定めた法律のために、外国にいた。王政復古の危険をさらに増大させたこの噂を受けて、区長たちは選挙実施の承認に同意した。そして、パリにおける法的権力の名残である区長たちと、国民衛兵中央委員会は、市議会選挙の実施をパリ市民に向けて共同で発表した。議員と区長らのうちで、これに賛同したのは少数派ではあったが（セーヌ県選出下員議員四三名中六名、区長二〇名中七名、助役八〇名中二一名）、この数字は選挙に合法的な性格を与え、穏健な有権者の一部を投票所に出向かせるには十分だった。

コミューン、それは何のためか

選出される議員は全部で九〇名、人口二万人当たり一名の割合だった。二種類の候補者名簿が提出された。区長と和解を求める人々の名簿と、攻囲戦以来、各政治クラブは活発かつ警戒を緩めない社会的民主主義の実践の場となっていたが、それらのクラブの支援を受けた革命派の名簿である。三月二六日の日曜日、この日の選挙の争点は明確ではなかった。ある人々にとっては、第二帝政の崩壊以来待たれていたパリ市議会選挙にすぎなかった。他の人々にとっては、これはヴェルサイユに脅かされている共和国の新たな政府を選ぶための選挙だった。

中央委員会は、新市議会の位置付けを公表した。

パリは支配したいと望んではいない。求めているのは、自由だ。パリは模範を示そうとはするが、それ以外の独裁の野心はない。その意思を押しつけることも、蜂起することもない…（中略）…共和国へ至る道に、無理に進ませようとすることもない。ただ、最初にその道を進むことに喜びを見出すのみである。

しかしながら、三月二五日のコミューン官報に掲載された別の声明では、「労働者による世界の実現」を謳い、中央委員会の任務を「コミューンの恒常的な監督の下での共和国の最終的な確立であり、中央委員会はあらゆる階級を選挙で選ぶ国民衛兵の支援を受けて任務を遂行する」とした。したがって、新パリ市議会の権限は、選挙結果次第ということとなった。区長らの勢力が勝利を得るなら、それは市議会となる。革命派が多数を得るならコミューンとなり、ヴェルサイユ政府に対抗することになるのだった。

選挙は、一八七〇年の選挙人名簿により行なわれた。名簿に登録された四八万四〇〇〇人のうち、投票したのは二三万人だったため、棄権率は五〇％を上回った。戦争が始まってから、選挙人名簿に登録した市民の多数がパリを離れていた。それでも、一月八日には、棄権率は三三％でしかなかった。三月二六日の選挙結果が出ると、投票箱が半分空だったことを非難する声と、半分も埋まったことを喜ぶ声が上がった。よく考えてみると、棄権が多かったとはいえ、当時の状況からすれば、この投票数は中央委員会にとって成功だった。

政治勢力別の得票結果を見ると、革命派の勝利が確認された。パリ西部地域（七区、八区、九区、一六区）では棄権が非常に多かったのに対し、パリ北部と東部ではまったく対照的な結果となった。シャイヨーとベルヴィル、ショセ＝ダンタンとフォブール＝サン＝タントワーヌ[6]では、大きな相違があった。当選者八五人のうち（複数の区で同一人が当選した例があったため、全議席は埋まらなかった）、区長らの候補者名簿は一九人を当選させた。革命派が勝利し、市議会が政治的権限を逸脱して「パリ・コミューン」樹立を宣言したことで、区長派議員は市議会への出席を拒否し、間もなく辞職した。木材の心材と樹皮の間にある白太のようにはさまれて、和解派は押しつぶされたのである。

それ以外の議員をどのように分類するかは、誤解を生みやすい問題である。組織政党は存在しなかった。一部の議員は、複数の党派に属していた。大まかには、三つのグループを判別することができる。少数派ながら比較的強い勢力のインターナショナル派（一七議席）は大半の議員が労働者出身であり、これに近かったのが一二名の「社会主義者」たちである。「ブランキ派」の小グループは一二議席を占めた。もっとも、その中にはブランキ自身はいなかった。彼は三月一七日に逮捕され、カオール〔フランス南西部の都市〕に拘束されていた。残りの議員たちは一つのグループを構成したが、その中には左派共和派の議員も含まれた。中には、一八四八年のモンターニュ派四名もいた。ドレクリューズ、ピヤ、ミオとガンボン[7]である。四月一六日には補充選挙が行なわれ、二〇名ほどの新しい議員――棄権率は七〇％を超えていたから、よい条件で選出されたとは言えない――がコミューンの議会に加わった。このときから、二つの勢力が対立するようになる。多数派の、「ジャコバン・ブランキ派」と呼ばれることもある、公安委員会設置を支持する人々と、インターナショナル派の労働者が中核をなし、多数派の「強権的」志向に反対する少数派である。

当初は、パリは革命の開始を喜ぶ雰囲気であふれていた。恍惚感と祝賀気分で満たされた最初の時間だった。三月二八日、市庁舎前広場でコミューンの樹立が宣言された。「革命的かつ愛国的な、平和的かつ喜ばしい、陶酔と厳粛、偉大さと歓喜の一日だった」（ジュール・ヴァレス）。

その翌日、三月二九日に、コミューンは革命的な性格を明らかにした。コミューンの権限をパリに関する事項に限定しようとする人々に対して、多数派は「勝利する革命」を原則とするとの宣言を採択した。この革命の内容は、いかなるものだっただろうか。公式な定義は、四月一九日の「フランス国民への声明」を待たなければならなかった。この宣言は、全会一致に一票欠けるのみで決議された。パリ・コミューンは「共和国の認知と強化」、「コミューンの絶対的な自治権」を要求した――後者を制限できるのは、「契約に同意する他の市町村、すなわち結合することによってフランスの統一を保障する市町村の自治権」のみだった。この新たな組織の基礎となるのは連邦主義であり、プルードン主義の影響は明確だった。

パリが望む政治的統一は、一つの共通目的を目指す地域的イニシアティヴの意図的な結合と各個人のエネルギーの自発的かつ自由な協力であり、その目的とはすべての人々の幸福と安全である。

この革命は、政治的であると同時に社会的であると主張していた。

> これは、旧式な政府と教権主義の世界、軍国主義、官僚主義、搾取、投機、独占資本、特権の終わりである。プロレタリアはこれらにより虐げられ、祖国の不幸と敗北はこれらによりもたらされたのである。

しかし、この「反国家的」革命は緊急課題に対処し、効果的な対応を取る必要があった。原理原則を宣言した後には、生き延びるための措置を取らなければならなかった。そのためには、まず反革命を打ち負かすことだ。ここで、すべての革命に共通するジレンマが現れる。革命は自由をもたらすべきものだが、そのためにはまず強制し、制限しなくてはならないのである。自発性に任せ、「地域の自由」を尊重し、「大衆」の行動を束縛しないならば、待っているのは致命的な大混乱である。逆に、革命が持てる力を集中させ、妥協を排し、恐怖政治を強行するなら、本来意図した方向から逸脱し、解放者としての精髄は変質する。脱中央集権と直接民主主義の原則に基づきつつ、戦争、反革命、物資・食料の調達、必需品の生産に、どのように対処することができるだろうか。これらの手段をめぐり、コミューン派は対立することになる。多数派は、一七九三年の先例にならい、公安委員会の設置を望んだ。暫定的に公安委員会の数名のメンバーに権限を集中し、それをコミューンの評議会が監視する形である。少数派は、この「独裁的権力」に反対し、抗議した。五月一五日には、分裂が明らかとなった。コミューンのメンバー二二名が脱退したのである。彼らにとって、有権者による議員の監視は、譲ることのできない原則だった。

後になってから、コミューンが変化していく中での暴走を見ると、驚かずにはいられない。もともと、コミューンとはいかなるものだったのだろうか。それは、愛国的な共和派の運動だった。コミューンの発生は、パリ攻囲戦にさかのぼる。優柔不断で能力不足と見られた国防政府の下で、政治クラブと国民衛兵の間に、ある見解が浸透していった。それは、新政府、「コミューン」の樹立を求めるものであり、新政府にはパリの封鎖を解くためのあらゆる措置を取り、パリの城壁を越えて侵略者を追い払う役割が期待された。ただし、この見解は政府が一八七〇年一一月一日に実施した住民投票が示すように、まだ少数派だった。しかしながら、ヴェルサイユでの和平の予備協定締結、王党派が優位な構成の議会、四カ月半にわたる攻囲戦に耐えた住民にとって経済的、財政的に不利益な決定、これらすべてが、首都における共和国への支持を強化したのである。ゾラをはじめとする多くの観察者が批判したヴェルサイユ議会の思慮の欠如が、革命派に有利となるようパリ市内における力関係に一時的な変化を及ぼしたのだ。運動が過激化したのは、ティエールからいかなる支援も得られなかった和解派が妥協を求める主張をしても聞き届けられることがなかったためだった。これについては多くの証言があるが、穏健な意見の持ち主である二人の人物のそれを聞いてみることにしよう。まず、エドゥアール・ロクロワである。パリ選出の下院議員ロクロワは、四月一五日になってようやくパリを離れた。このために、彼は一時ヴェルサイユ警察によって拘束された。その後、彼は急進派の政治家としてキャリアを積むことになる。彼は、このように書いた。

コミューンは、攻囲戦に起因する絶望、落胆と怒りから生まれた。後になってから、社会的な要求も行なわれたが、それは付随的なもので、いわば方向がそれたことによるものだった。これが、この運動の原因であり、さらには侵略と敗北を招いた君主制に対する警戒と、下院が王政復古を企んでいるのではないかとの疑念にもよるものだった。[8]

次は、ジュール・アンドリウーの証言である。彼はコミューンのメンバーで、一〇〇年後に回想録が出版された。彼はこう書いた。

いくら繰り返しても足りないが、パリの革命は九月四日の人々〔国防政府を指す〕が始めた偽物の戦いの余波でしかなかった…（中略）…そのために、事態の進展は通常とは逆の順序になった。前世紀末のようにまず革命が起こり、次に外国との戦争になったのではなく、彼らはまず外国の勝利を決定的にし、次に突然の革命の爆発を招いたのである。いずれにしても、この犯罪は彼らによるものであり、すべて彼らの責任なのである。彼らに反対するパリでの運動は、一一月三日の住民投票により示された愚かな自信の後に出てくる必然的な反応だった。パリの間違いは日付に関するものだけであり、この間違いの根源にあるのは、彼らが決して理解できなかった偉大なる事柄だった。それは、愛国心である。[9]

しかしながら、内戦がそれぞれの態度を硬化させ、過激主義者の決意を一層強固にさせたことは疑いようがない。そして、真に社会主義的な要素は（いくつかの、象徴的な措置を除けば）なかったものの、ヴェルサイユ政府とパリ・コミューンの間の対決は、階級闘争の意味合いを持ったのである。

三者による衝突

パリ・コミューンの歴史は、いくつもの側面から問うことが可能である。歴史家たちは、長いこと、労働運動の歴史、社会主義的実験の歴史、革命の歴史の側面をより重視してきた。ここでは、異なる面からコミューンを検討してみたい。それは、共和国の歴史、重大な政治危機の歴史という面からである。

社会主義の歴史では、しばしば次のように問題提起が行なわれる。なぜ、コミューンは失敗したのか。いかなる政治的な教訓を引き出すべきなのか。マルクス・レーニン主義的伝統は、同じ解答を飽きるほど繰り返した。労働者による革命だったコミューンの最大の弱点は、労働者階級の政党を持たなかったことだ、というのである。この結論が正しいことを証明すべく、ロシアの一〇月革命についてはこう説明した。ボルシェヴィキ党の存在があったために、革命が勝利を収めたのだ、と。私たちの視点を忘れることなく、この視点で考えるならば、一八七一年におけるフランスの状況は、補正を行なったとしても、一九一七年のロシアの状況とはほぼ反対のものだった。

ロシアで問題になるのは、国全体を自らの法の支配下に位置づける革命運動である。この革命運動が、必要不可欠な幹部と公式理論を備えた前衛政党によって段階的に誘導され、利用され、従属させられたからだけではない。党が大勢の人々の意にかなう二つのスローガンを打ち出したからである。すなわち、即時停戦と、農民への土地の分配である。四年以上にわたる戦争に疲弊した国で、二月の革命から生まれた臨時政府は全国に広がる平和への希求に応えず、また農民大衆の待ち望む農地改革にも着手しなかった。

一八七一年のフランスにおいても、農民が大多数を占める中で、革命運動が見られた。しかし、農地の少なくとも一部は、すでに小規模農業を営む多くの農民の所有となっており、彼らはパリの「共同所有派」の運動に期待するよりも、むしろこれを恐れていた。共和国の基盤は、帝政に忠実であり続けるこれらの農民大衆の協力なしには、磐石にはならなかった。彼らの賛同を得るには、革命を約束するよりも、安心させることが適切だった。和平については、農民層はごく早くからこれを望んだ。だが、パリの革命運動を推進したのは、まさに攻囲戦中の革命派の「徹底抗戦」の意思であり、また二月八日の選挙後の、和平予備協定への反対だった。ボルシェヴィキは兵士と農民の親近感を芽生えさせることに成功したが、パリの革命派はそれに失敗する宿命にあった。パリとフランス農村部の間の対立は明らかだった。いずれにせよ、コミューンが農民層に宛てた呼びかけを行なったのは、五月になってからだった。

ボルシェヴィキのロシアに目を向けることで、私たちはパリの特殊性を理解するに至る。この都市は経済的、政治的、芸術的、知的な首都という機能を兼ね備えるがゆえに、他とは異なる特徴を持っていた。コミューンに先立つ数カ月間の愛国的過熱状態は、社会的構成と政治機能においてパリと他所との差異を生み出すべての要素を一層強化した。特に、パリには広い意味での革命運動の最も大きな部分が集中していた。無論、地方の大都市もかなり以前から共和派となっており、これらの都市もコミューン派的な計画を持っていた。しかし、この場合、政治的中心はパリ・コミューンのそれとは異なる。地方での共和派の運動は、急進派が支配していた。すなわち、第三勢力──クレマンソー、ガンベッタ〔共和派の代表的政治家〕、ヴィクトル・ユゴーらが共存する和解派──である。地方の運動を研究したジャンヌ・ガイヤールは、この差異の社会学的説明を私たちに提供してくれる。パリでは、国民衛兵部隊の四分の三が労働者地区の出身者で占められていたのに対し、リヨンとマルセイユでは労働者出身者の比率は四分の一でしかなく、他の都市ではそれ以上に低かったのである[10]。

パリでは、共和主義者の急進派は極左の革命派に先を越されたが、地方都市では急進主義の優位は揺るがなかった。ここでは、「赤色派」は急進派と手を結んだ。一例を挙げれば、ボルドーでは、ガンベッタの支持者により創刊されたラ・トリビューヌ紙は、インターナショナルのメンバーの支援を受けた[11]。パリでの蜂起後、各県で行なわれたコミューンの試みはすぐに失敗に終わったが、これらの試みは社会革命であるよりは、はるかに強く共和的急進主義の色彩を帯びていた。四月四日、マルセイユで最後の衝突があった後になお武器を手にしていたのは、パリとヴェルサイユだけとなった。しかし、そこに三番目の立役者が介在する余地はあった。第三の勢力である和解派は、地方の大都市では多数派を構成していた。これらの都市の市議会は共和国を支持しており、内戦には反対だった。コミューンの「危機」は、したがって二者の対立に限られたものではなかった。共和派もまた、以下の三つの陣営に分散していた。

1　「ヴェルサイユ・ブロック」は、国民議会の保守系多数派により構成され、これに少数派である共和派が加わっていた――特に、九月四日の共和国樹立宣言に寄与したジュール・ファーヴル、ジュール・シモン、エルネスト・ピカール、ジュール・フェリーである。フランス共和国行政府主席は「オルレアン派」と見なされていた。実際のところ、彼は「ボルドー協定」の陰で、暫定的な現状を保守的な共和国として恒久化すべく動いていた。そうなれば、彼は必然的にその大統領となるはずだった。彼にとって、その前提となるのは「パリを服従させる」ことだった。

2　パリ・コミューンは、革命派の支持を得ていただけではない――革命派の数は、パリ攻囲戦の最中に行なわれた選挙の結果から知ることができるが、その人数は七万人と見積もられ、これに彼らの妻と子供を加えなくてはならない。コミューンはまた、国防政府の無為無策に続くヴェルサイユ議会の動きに深く傷つけられた少なからぬ愛国的共和派からも支持を受けていた。

3　第三勢力（ティエール・パルティ）は、他の党派をはるかに上回る最大のグループだった。ヴェルサイユとパリがいずれも非妥協的だったために、当初は排除されていたが、地方の大都市の首長と議会を中心に、勢いを盛り返した。この第三の潮流のうちで最もよく知られていたのは、議員辞職した三人だった。すなわち、病を得てサン＝セバスティアンで療養していたガンベッタ、亡くなった息子シャルルの残務整理のためにブリュッセルにいたヴィクトル・ユゴー、三月二七日に議会を離れたクレマンソーである。この第三勢力は、対立の激化により、介在の余地を奪われていた。対立する勢力のいずれにも、賛同することができなかったからである。共和国防衛の観点からは、彼らは革命派の側にあったが、法と市民生活の平穏を尊重しており、共和主義的信条の内容は革命派と同一ではなかった。そのために除外された形とはなったが、それは一時的なものにすぎなかった。内戦の行方は、第三勢力の態度にかかっていたからだ。対立する両派は、第三勢力を味方につけるか、そうでなければ無力化する必要があった。

この、和解派共和主義者のグループは、三月一八日以降の最初の週に区長たちの試みが失敗した後、さらに存在を示すことになる。四月五日に、クレマンソー、ロクロワ、ランク、フロケを含む一部のメンバーが、最初の武力衝突が始まっていた内戦に、共和国と都市の自由権の名において反対する「パリの権利のための共和派同盟」を結成した。その綱領の三点目は、「健康な全有権者によって構成される国民衛兵に、パリの防衛を託する」と述べていた。同盟が行なった呼びかけは過激派新聞の攻撃ばかりでなく、コミューンの執行委員会の反撃を受けた。四月六日、執行委員会はある決定を告示した。その冒頭には、こうあった。「我らの将軍たちの喉をかき切り、非武装の捕虜を傷つけるカトリック王党派と警察のスパイと和解するとは！　こうした状況での和解は、裏切りでしかない！」。しかしながら、共和派同盟の呼びかけは何人かのヴェルサイユの共和派議員の注目を集めた。そのうちの一人、シュルシェールは四月八日に、同盟の主張を基本とする平和条約を提案した。その四日後、パリの権利のための共和派同盟の代表団は、ティエールと会見した。しかし、彼は体制の「共和国的形態」を保障しつつも、次のように明確に述べた。「反乱側に関しては、人殺しの連中は別として、武器を捨てる者の生命は助けましょう」。ヴェルサイユには譲歩の意思はなく、コミューン執行委員会も主戦論の立場を取る以外になかった。気力を失うことなく、同盟は四月半ばに地方都市向けの呼びかけを行なった。これらの都市は、ティエールに宛ててメッセージを送付した。リヨン市は代表団を派遣し、行政府主席により迎えられたが、この訪問も、またコミューンを前にしての説明も不毛に終わった。

共和派同盟の研究を行なった歴史家アンドレ・ルフェーヴルは、こう書いている。

当時、マコンとル・アーヴルの市議会における発言、その愛国的な要望に同意しない人々が果たしてあっただろうか。「共和国と都市の自由権は、あらゆる方面から求められている二つの主要な点である」とル・アーヴル市議会は書いた。マコンは、リヨンおよびリール、そしてやがてボルドーとも合意の下に、「まさに、武器による勝利は、いずれが勝つにせよ、フランスにとっては致命的な打撃となる！」と述べた。戦闘から離れたところにあって、眩暈を覚えることなく、しかし大きな不安を感じている者には、戦っている人々に祖国の声を届ける義務がある。祖国は、すべての人々に向けて、政府に向けて、パリ市民に向けて、こう叫んでいる。「武器を捨てなさい！　平和だけが、我々を救うことができる。和平を結ぶべきだ」[12]。

他の団体、個人、新聞も、パリ市内において、内戦の全期間を通じて、仲裁を提案し続けた。五六の会議所が所属する商工業連合もまた、和解のための計画案を提示した。フリーメーソンは四月二一日にヴェルサイユへの代表団派遣を決定、二六日にはパリの城壁において平和的なデモを組織し、城壁の上にフリーメーソンの旗を立てた。

第三勢力が地方都市で主導的な役割を果たしたことに関して、ジャンヌ・ガイヤールは社会的背景の説明にとどまらず、「ガンベッタ的妥協」という政治的な説明を行なった。換言すれば、共和派の結束は、パリ攻囲戦中に地方担当大臣を務めたガンベッタの行動に負うところが大きかった。結束はパリでは維持できなかったが、それ以外の地域では「急進派勢力」と「革命的勢力」は引き続き固く結ばれていた。各県の共和派は、彼らがパリを放棄したために不幸な結果を招いたと非難されることもあった。ダニエル・アレヴィーは、『名士たちの終焉』において、次のような取引が行なわれたと示唆している。それは、共和派の地方都市はティエールに自由裁量を与える一方で、「市議会議員のうちから」市長と助役は政府が政令により任命するとした四月一四日の法律を無視して、現行の体制と市政を維持するというものである。実際には、第三勢力が中立主義であるとの印象を信憑性のあるものにしたのは、ティエールとコミューンの双方の非妥協的な態度だった。最後まで、国内の平穏を回復すべく、第三勢力は共和国と都市の自由権への忠誠を誓いつつ、繰り返し呼びかけを行ない、交渉を続けた。この第三勢力は、捕虜を銃殺するヴェルサイユと、反コミューン派を拘束することで反撃するコミューンの双方を糾弾した。シュルシェールは、これを「四〇〇〇年後退」だと評した。

新聞について言うなら、最後まで、対立する両者間の仲立ちを務めようとした人々の声を伝えたのは、ル・タン紙だった。

和解だけがコミューンの政策の中で道理にかなったものを守ることができる。それは、もし和解が成立していたならパリ全体が擁護したであろうもの、すなわち都市の自由権である。我々が和解を求めるのは、ヴェルサイユ政府が尊重するとしている共和国が、常軌を逸した戦いの継続によって惹起された反動的な熱情の暴発に生き延びることができないからなのだ。

こうした第三陣営の意見を擁護していたのは、何よりもまず共和派ブルジョワジーだった。同盟は、パリのブルジョワジーのものだった。まだ農村が支配的なフランスにおいて、彼らはコミューンメンバーよりはフランスを代表していると感じていた。コミューンのメンバーの姿勢は、彼らの目には非現実的で嫌悪すべきものに映っていた。パリ・コミューンによる革命の進展――それは「社会的共和国」に向かうものだった――は、保守派の利益への脅威と感じられたのみならず、政治的感覚を持つ人々には夢物語と受け止められた。地方の急進派は、ヴェルサイユの多数派あるいは農村地帯と同様に、赤い共和国を望んではいなかった。コミューンにとっての課題は、当初は祖国防衛、次いで共和国防衛、そして最後には労働者的性格の革命の防衛と変化したが、その中で首都と地方の大都市との間に断絶が起きるときが訪れたのだった。

この第三勢力には、解決策があっただろうか。三月二六日にはすでに、ガンベッタがサン＝セバスティアンからサザンプトン駐在のフランス領事バルテレミーに宛てた書簡で、次のように書いていた。

私たちはどうなるのでしょうか。これは、破滅的な結果しか招かないでしょう。短期的に見れば、九月のような出来事か、白色テロ〔王党派による恐怖政治〕が訪れるでしょう。その両方かもしれません。この状況から逃れるためには、方法は一つしかありません。それは、共和国を恒久的な制度であると宣言し、共和国の原則を保証する三つか四つのラディカルな措置を取り、選挙法を制定した上で議会を解散し、あらかじめ審議すべき法案を明示した後に、新議会をパリに招集するのです。そして、フランス全土に向けて、この大都市にも合った適切な言葉で語りつつ、勇気をもってパリに帰還するのです。[13]

要するに、流血の事態を回避するために、ガンベッタは民主主義者にとって最も近代的で、最も疑問の余地が少ない平穏化のプロセスを提案したのである。それは、選挙という手段を全面的に活用することだった。後で見るように、いくつもの政治危機は選挙を通じて解決されてきた。ヴェルサイユ政府は、選挙は二月八日に実施済みであり、これはつい最近のことだと反論できた。その通りだ。しかし、三月二六日には、ドイツとの間での和平を実現するとの国民議会の任務はすでに達成されていた。悲劇的な情勢から発生した新たな問題に直面して、それも内戦の脅威という深刻な事態の下で、有権者に判断を委ねるのは恐怖感を排除し、紛争を実際の戦場で爆発させるのではなく象徴的な次元に位置付け、六週間前に特殊な状況下で選出された国民議会よりもよく国民を代表する政府を組織するには適切な方法だった。

しかしながら、議会を解散する権限は誰にあったのだろうか。誰の統制下にもない議会を解散できるのは、議会それ自身ではないだろうか。ところが、議会多数派も、多数派が選んだ行政府主席も、平穏化を求める議論に耳を傾けようとはしなかった。ティエール個人の動きはともかくとして、多数派の議員たちはパリの革命の火元を完全に消す義務が自分たちにあると信じていた。一九二三年に出版された『フランスにおける自由カトリシズムと社会的カトリシズムの歴史』の中で、E・バルビエはこう書いた。

一八七一年の議会は、人格の面でも、才能の面でも、国内の最良の人々を集めた第二の「またと見出しがたい議会」だった。フランスが、これほど賢明で、無欲で、仕事熱心で、各種の利害に対して献身的な人々を集めたことはかつてなかった…（中略）…多数派は、宗教を重視すると約束していた。政治的観点からは、議会はほとんど王党派で構成されていた…（後略）。

この率直すぎる文章を、文字通り受け止めてもよいだろう。これには、資料的価値があるからだ。しかしながら、この著者が褒め称える議員たちのほとんどは、対外的に安全を確保し、国内の統一を図るという、政治の最重要目的の達成に失敗した。彼らは何ら抵抗することなく、敵国が要求する和平の条件に性急に賛成した。その一方で、彼らは議会招集当初よりパリの住民を一顧だにせず、いかなる譲歩も拒否したのである。ビスマルクに降伏した彼らは、パリに向かって鬱憤を晴らしたのだった。

このはるか以前、宗教戦争の時代に、第三勢力――「ポリティーク派」――がユグノーとリーグの強硬派にはさまれ、一掃された歴史があった。それから三世紀が過ぎても、内戦の種にはこと欠かなかった。

内戦の流儀

激しい戦闘の中で、和解派の声は誰にも届かなかった。戦争は、二者が衝突するものだからだ。ましてや、内戦はそうである。外国との戦争であれば、少なくとも一八七一年までは、目的は敵を物理的に壊滅させることではなく、その政治的意思を打ち砕くことだった。そのためには、アランが言うように、冷静に対処し、軍の規律にも似た手法で、攻撃的な衝動を制御することができた。内戦は、オーこうした戦略家の計算には従わないものだ。敵対しあう情念と度を越した憤怒があふれ出し、オール・オア・ナッシングの論理に囚われてしまうのである。感情的な動揺が過激な発言と極端な行動を呼んだ。一八七一年の内戦は、三つの憎悪により引き起こされた。政治的憎悪、宗教的憎悪、階級的憎悪である。この三つのうち、最後のものが最も激しかった。

しかしながら、悲劇的結末に至る前に、コミューンは解放の祝祭的雰囲気の中で始まった。アンリ・ルフェーヴルはこう自問している。

パリ・コミューンとは何だったのか。それはまず、巨大な、大がかりな祝祭だった。フランスの民衆の、さらには民衆一般の真髄であり、象徴でもあるパリの民衆が自らに、そして世界に贈った祝祭だったのである。(14)

この点については、さまざまな修飾を加えて語られてきた。完全な自由をもたらす革命に感嘆する者もあれば、自殺行為だと嘆く者もあった。

血の週間までは、コミューンはこの紛争を象徴的な次元にとどめていた。敵を実力で壊滅させることができないため、この象徴をめぐる戦いは、黒魔術と同じ程度に他愛のないものだった。贖罪礼拝堂あるいはティエール邸の解体の決定は、代わりにその意図を徹底的に糾弾したのだ。それが頂点に達したのは、「野蛮の記念碑」、「粗暴な力と贋物の栄光のシンボル」、「フランス共和国の三大原則の一つ、友愛に対する恒常的なテロ行為」だとされたヴァンドーム柱の破壊によってである。五月一六日、ヴァンドーム柱はなおも革命を祝う群衆の喝采のうちに引き倒された。

コミューンの崩壊後、その支持者たち、社会主義の理論家たちは、厳格さと、毅然たる態度と、規律が何よりも求められる内戦の形態に十分に沿っていないと、革命の気楽さと無分別を厳しく批判した。しかしながら、四月三日にヴェルサイユ派とコミューン派の武力衝突が起きてからは、祝祭的な歓呼の声は、恐怖政治を求める勇ましい叫び声にかき消されるようになった。市庁舎からこうした動きを組織することはできなかったが、新聞あるいは新世代のサン＝キュロットの政治クラブでは、恐怖政治を求める声が絶え間なく上がった。「一〇万人の首を斬る」こと、容疑者逮捕令の復活、これらが公開集会の興奮の中、大声で求められた。同じころ、別の地区では公道上で断頭台を燃やし、死刑を死刑に処すとのアレゴリー劇が演じられた。

四月五日、コミューンは反対派の拘束に関する政令を可決した。その前々日、コミューン派の秩序なき出撃の際、ガリフェ将軍は捕虜となった何人もの連盟兵を裁判も経ずに処刑し、その上でこう宣言した。「私がこの人殺しどもに布告するのは、休戦も容赦もない戦争だ」。その前日、ル・プティ＝クラマールでは、ヴィノワ将軍が、パリから出撃した三つの部隊のうち一つを指揮していたエミール・デュヴァルとその参謀長を、降伏直前に生命を保証したにもかかわらず銃殺していた。四月五日には、同害報復法が発布された。

ヴェルサイユ政府と共犯関係にあるとされた被疑者は、直ちに告発され、拘留されるものとする…（中略）…被疑者は全員…（中略）…パリの民衆の捕虜とする。戦争捕虜あるいはコミューンの正式政府の支持者が処刑された場合、即座にその三倍の人数の捕虜を処刑するものとする。

現実には、コミューンはこの政令を適用することはなかったが、これによってかなりの数の人物が逮捕された。特に、パリ大司教ダルボワ猊下《げいか》と、多数の司祭および聖職者が身柄を拘束された。この問題を担当する保安委員会内部で、ブランキ派で絵に描いたような徹底抗戦論者のラウール・リゴーは、婉曲表現などを用いる人物ではなかったが、彼が宗教裁判にも似た被害者の迅速な死刑執行を行なうのに、血の週間を待たなければならなかった。

四月六日、ヴェルサイユで、ゾラはこう書いた。

（前略）…右派の苛立ちと狂ったような怒り。慈悲を語られると、右派は不満を述べる。パリ市民を山賊あるいは人殺し呼ばわりするたびに、右派は夢中になって喝采する。そして、私はこれを言うべきだろうか。遅れを取った大臣たちは、慎重なデュフォール氏に至るまで、完全な義務感にかられて、悪党だの、泥棒だの、盗賊だのといった右派が喜ぶ言葉を投げかけるのである。そうすると、右派はうっとりして幸福に浸るのだ。

一八七一年の内戦はさまざまな形を取ったが、新たな宗教戦争の形態をも取った。少数派の理神論者、プロテスタント、自由思想家を別にすれば、ヴェルサイユの議会は、ときとして「リベラル」ながら、ほとんどの場合は非妥協的なカトリシズムで満たされた王党派により支配されていた。コミューン派はと言えば、教会に忠実なごく一部の人々を除けば、戦闘的な無神論を表明していた。パリ市内の政治クラブは、多くの場合教会を集会の場所としていたが、「司祭」や「坊主」は、呪詛をかける演説者の長広舌の餌食となっていた。クラブでは、聖職者に対して脅迫めいた動議を採択した。祭式のパロディーが演じられた。聖なる器が、下品な歌が歌われる中で、ありきたりなコップのように使用された。重大事件の一つは、「サン＝ローラン教会での犯罪」の発見だった。これは、古い墓地で発見された遺骨を、神父たちに犯され、殺された若い女性のものだと想像したものである。これほど不気味ではないが、同じく有無を言わせぬ口調で、ギュスタヴ・マロトーはラ・モンターニュ紙に次のように書いた。「神様を喰ってやる！」。こうした反教権的情念の無数の証言のうちから、ジャン・アルマーヌの『あるコミューン派の回想』を取り上げてみよう。彼は一八八〇年の特赦によりニュー・カレドニアの流刑地から釈放された後、フランス社会主義の指導者の一人となった。[15] 彼が著書で描いた敵対者のうち、「司祭」や「修道女」ほど罵詈雑言の対象となった人々はなかった。獄吏たちがどれほど残酷だったとしても、必ずその職能グループを不名誉から救う者が一人はいる。教会には、しかし救済の余地はなかった。彼の物語は、徹頭徹尾、人類を中傷し続ける聖職者の服を着た人々の行進である。彼は、サン＝ジャック通りの修道女たちについて、「死体のようだ！」と述べた。「それは、従順で、社会にとって無益で、残酷で血に飢えた神への愛のためならとてつもなくひどい行動をすることのできる死体だった」。口調は政治指導者のそれであり、出来事のはるか後に書かれたものである。この暴力的な記述は、それでもコミューン派が教会に浴びせた言葉の暴力を伝えるごく弱いエコーにすぎなかった。

行き過ぎたものには意味がないと言われるものの、カトリシズムに対するコミューンの騒々しい抗議には根拠があった。いずれにしても、それは度を越しており、カリカチュアのようだと言ってもよかったが、教会に対する憎悪の表現はすでにフランス革命の際に爆発し、復古王政がそれを食い止めようとしてかえって活性化してしまい、第二帝政が一層悪化させていたのである。この反教権主義には、哲学的、政治的、社会的といった、複数の起源があった。二世紀にわたる、カトリックの権威と自由思想の間の戦いが、一八七一年の衝突のピークを準備していたのである。玉座と祭壇の同盟、教会とボナパルティスムとの妥協、近代社会のすべての側面に対してピウス九世が投げつけた厳しい非難（それは、一八六四年の「誤謬表」に列記された）、これらすべてが教会と反革命を強く結びつけているように思われた。あるいは、それ以上に、国が実行を放棄した社会的権限を教会が行使することが、さらに怒りを募らせたのかもしれない。パリでは、修道会が経営していた学校や作業所の不動産、すべての慈善事業、病院、刑務所で働く修道女の存在、こうしたあらゆるところに見られる教会の存在、経済活動上の競合、社会全体に網の目のように張りめぐらされた教会の影響力が、民衆の感情を逆なでしていた。教会は、金持ちと支配者の側にいるように思われた。

帝政下では、共和主義は必然的に反教権主義を伴っていた。一八六九年にレオン・ガンベッタが公表し、共和派の憲章とされたベルヴィル綱領は、「宗務関係予算の廃止と、教会と国家の分離」を主張していた。これは、一八七一年四月二日にコミューンが最初に発した政令の一つとなった。この考え方は、古くからあったものだ。コレージュ・ド・フランスでイエズス会に反対する講義を行なったエドガール・キネは、ミシュレにならって、一八四八年以来政教分離を提唱していた。彼は同時に、ローマ教会に対抗すべく、キリスト教の他の宗派と自由思想の神聖同盟結成も主張した。キネのソルボンヌの同僚であるエティエンヌ・ヴァシュロは、一八五九年にラ・デモクラシー紙にこう書いている。「カトリシズムと専制主義は兄弟関係にある。カトリックの民主主義者たちは、カトリシズムと民主主義が相容れないとの、痛ましい経験をしたのである」。一方、ブランキ派の実動部隊の活動家は、自由主義的帝政が大目に見ていた集会、デモ、新聞紙上で、純然たる強硬な無神論を展開した。ブランキはこう宣言していた。「敵である超自然と戦わねばならない」。

公的宗教を、秩序と社会的不平等の保証者だとする見方は、革命派だけのものではなかった。ヴェルサイユ派右派の下院議員マルシアル・デルピは、「一八七一年三月一八日の反乱に関する議会調査報告書」中で、まったく同様の指摘を行なっている。「不平等は物事の本質そのものである」とした上で、彼は次のように書いた。

道徳的権威の制御が存在しない社会は考えられない。そして、神の権威による制裁なしに道徳的権威を理解し、これを維持することはできない。

ブランキ派の無神論は神の権威を否定するときに、神の権威が階級間の搾取を正当化していることを見逃しはしなかった。デルピは保守的見方に基づいて、同じ考えを推し進めたのだった。彼によれば、コミューン派は「財産、家族、すべて社会が何世紀も以前から基盤としてきたもののみを攻撃しているのではない。彼らは神の存在、魂の不滅をも問題にしている。善と悪の違い、自由と人間の行為の道徳的価値を否定し、彼らはこれまで社会の底辺に秘められたままになっていた退廃、卑劣、野蛮な欲望を白日の下にさらしたのである」。教会と憲兵隊の分離は、まだ未来の課題だった。

しかしながら、コミューン派の革命的反教権主義が階級闘争に根拠を置いていたとはいえ、彼らは少なくとも積極策を取りすぎたという点において間違いを犯した。神の死は、政令で布告できるものではないのである。エンゲルスは一八七四年に次のように書いた。

この請求、すなわちムフティの命令により人々を無神論者に変える請求に、コミューンの二人のメンバーが署名した。しかし、彼らには経験から学ぶ機会があったはずである。第一に、書類上では何でも命令できても、実際には効果がない場合もあること。第二に、抑圧は本来信者でない者まで信者にするためには最良のやり方であること。(16)

コミューンの下で、五区の軍事委員会委員長だったジャン・アルマーヌは、パンテオンの丸屋根の上の十字架を、赤旗と交換させた。一八七三年のティエール失脚後、道徳秩序体制の下で、オータン司教は議会の同僚たちの名において、パレイ＝ル＝モニアルにて、フランスを聖心に捧げた。一九四〇年と同様、戦争とコミューンにより生まれた危機は、カトリック教会指導層からは神の裁きによるものだと解釈された。復活祭に聖体拝領を行なわない国民に起きたことは神の掟に背いた結果だ、とヴイヨは述べた。すなわち、宗教戦争はまだ続いていたのである。ルイ一四世によるナントの勅令の廃止から革命暦二年の非キリスト教化まで、宣誓拒否司祭の処刑から復古王政のブルボン家支配下での教会の復権まで、時代の変化に対するピウス九世のあらゆる譲歩の拒絶から帝政下における共和派の徹底的な反教権主義まで、コミューン派による退却する神父たちの処刑から道徳秩序派による騒がしい巡礼まで、マクマオン大統領の下での司教団と反動派の共謀とエミール・コンブの戦闘的反教権主義まで、フランス社会は宗教の問題による深い分裂を見せていた。それは、左派の文化と右派の文化を基本的に分かつ境界線であり、この繰り返される敵対関係は一九〇五年の教会と国家の分離を定めた法律により結局緩和されたとはいえ、完全に火が消えたわけではなかった。

この対立は、すでに見たように、純粋にイデオロギー的なものではない。最も貧しい人々に、自らの不幸と社会秩序を認めさせるための手段としての宗教という考え方は、ヴォルテール以来、そしてそれ以上に一八四八年六月の騒乱以来、力がある富裕なブルジョワジーにより評価されていた。これは保守派にとっての信仰上の真理であり、あまり福音的とは言えないながら、聖職者の多くからも支持されていた。それゆえに、一八七一年において、階級的憎悪と宗教的憎悪を分離することは困難だった。デルピは調査報告書の中で、この二種類の荒れ狂った情念を当然のことながら同一視した。この時代には、選挙公約はきわめてはっきりしていた。デルピはこう書いた。「富裕層に不利で、貧困層を利する政策が語られた。あたかも、富裕層と貧困層が存在すべきでないかのように」。この宿命こそが宗教の絶対的必要性を作り出していた。彼の用語に従えば、魂を「物質的利害への関心から」引き離さなければならなかった。この強者の論理を正当化し、あるかどうかさえわからないあの世以外には希望を「貧民」に認めない、特権と不平等に基づく固定化された社会という考え方は、まだそれから長いこと富裕層の論理であり続けた。労働者の生活条件の相対的な改善は、このヴェルサイユ派議員にとっては非難すべき現象であり、彼はそれゆえナポレオン三世を批判する義務があると考えた。

帝政は、大衆の野蛮な欲求を増大させた。帝政は家族の解体を加速させ、悪徳新聞、悪質な図書、下劣な芝居を推奨することで欲望を刺激するとともに道徳的反乱を促した……

貧民は、貧民にとどまるべきだった。労働者は、押さえつけておかなくてはならなかった。ストライキを助長することで、法は社会的戦争をいわば議事日程のごとき出来事にしてしまった。労働手帳を廃止することで、正直で働き者の労働者から保障を奪い、怠け者と無能な連中ばかりが得をするようになってしまった[17]。

階級意識は、コミューン派よりもヴェルサイユ派の方がはるかに強かった。コミューンの専門家によれば、革命を起こしたパリ市民が明確に認識した敵は、「経営者」あるいは資本の代表者であるよりは、伝統的な抑圧者だった。司祭に加えて、「家主」、「金持ち」、「欲張り」、「しゃれ者」、「貴族」、「お喋り」、「買い占め屋」などである。これは、一七九三年のサン＝キュロットの敵と同様だった。その理由は、フランスの産業構造から見れば明快だ。手工業と工房がまだ大きな部分を占めていたのである。「労働者」意識はまだ明確ではなく、「社会主義者」と称するよりは「共和主義者」を名乗ることが多かった。

ヴェルサイユでも、階級的視点は恐らく同じくらい古めかしいものだった。富裕層／貧困層の対立が、ブルジョワジー／プロレタリアの対立よりも頻繁に見られた。しかしながら、ヴェルサイユ派のジャーナリストと作家の記述の中では、コミューン派はある程度階級的に均質だと見なされていた。反乱の開始と何ら関係せず、コミューン内部では少数派だった労働インターナショナルにヴェルサイユ派の文筆家が過剰なまでの重要性を付与したことは、この幻影が示唆的だったことを裏付けている。これは、陰謀によって歴史を説明しようとする安易な発想に加えて、本物の社会的恐怖心を表出しているからだ。リュシアン・デカーヴは、コミューンを優しくも繊細に追憶する『老兵フィレモン』で、主人公のコロメスがコミューンに暴言を吐いた作家たちを「さらし台」にくくりつけて難詰する姿を描いた。マクシム・デュ・カン、ルナン、ゴンクール、ルコント・ド・リール、フランシスク・サルセ、デュマ・フィス、ブルジェらの著述家である。一例として、ポール・ド・サン＝ヴィクトルを見てみよう。彼は、一八七一年七月に、それまで書いた記事を一冊にまとめた『野蛮人と山賊』を出版した。この題名が指し示していたのは、プロイセン人とコミューン派である。第一七章の題「赤い遊蕩」は、著者の心理状態を要約していた。コミューン下のパリは「地獄の都市」、「両世界の澱と屑を集める下水道」、「泥を吐く火山」であり、この都市を占拠したのは「悪党」、「不吉な連中の群れ」、「暴動のプロ」、「急ごしらえの人殺し」、「狂ったジャーナリスト」、「場末のごろつき」、「政治クラブでわめく輩」、そして極めつけは「スト中の労働者」だった。この著者にとっては、コミューンの目的ははっきりしていた。それは、「一つの階級による他のすべての階級の財産の奪取であり、人類の食堂における取り分の平等であり、プロレタリアの欲望と羨望の眼差しの前に差し出された公共および私有の財産の奪い合い(18)」だった。

それでも、これらは言葉にすぎない。銃に比べれば、その影響は大きくなかった。五月二一日から二八日の血の週間は、内戦のむごたらしさを示した。「ヴェルサイユ派」の新聞と歴史書は、最後の大混乱の中で少数のコミューンのメンバーが決定した捕虜の処刑に注目した。捕虜のうちで最も知られていたのは、ダルボワ猊下だった。パリ市民は、ティエールにブランキとダルボワの交換を提案していた。この案は、拒否された。血の週間までは、反対派の拘束に関する政令は適用されていなかった。五月二四日になって、ロケット刑務所の前に集まった群衆が、捕虜を「あの世送り」にするよう求めた。ブランキ派のフェレは、処刑を命ずることを受諾した。この日、パリ大司教ダルボワ、ウージェニー皇妃〔ナポレオン三世の妃〕の聴罪司祭だったドゲリー神父、破棄院の部長の一人ボンジャンとイエズス会士三名が銃殺刑に処された。翌五月二五日、アルクイユの修道院の複数のドミニコ会士が殺害された。五月二六日に、群衆はまたしてもロケット刑務所前でさらなる血まみれの餌食を強く求めた。警官三六人、神父一〇人、密告者四人が、罵声を浴びながらアクソ通りまで連行され、ウジェーヌ・ヴァルランをはじめとするコミューンのメンバーの抗議にもかかわらず処刑された。これに、個別に処刑されたケース――リゴーが処刑させた人物も含め――を加えても、その総数は一〇〇人にはならない。だが、この数字はさほど重要ではない。ただの人質でしかない捕虜を、裁判も経ずに銃殺したことは、直感的に嫌悪を催させる。ただし、公平であるために、正規軍が四月三日に早くも裁判抜きの処刑を行なって、先例を示したことを挙げておくべきだろう。コミューンの支持者たちが大罪を犯したのは、ティエールに対するビスマルクの好意によりヴェルサイユ軍が再編成され、厳密な意味において殺戮と呼ぶべき行為を行なっている最中の、悲劇的な日々においてだった。

政府の命令に興奮したこの軍隊の、多数の死者を出した狂気じみた行為は度を越していたため、コミューンに徹底的に反対する人々の一部からも、強く非難されたほどだった。ルイ・ヴイヨは、五月二九日に次のように書いた。

> 裁判抜きの処刑は、社会が必要とする司法と、そしてまたいかなる罪を犯した者に対してもおろそかにしてはならない義務であるキリスト教的ヒューマニティーの双方を裏切るものである。

稀に見る慎重な言葉である。それというのも、血の週間の最後には、メディアは敗者に集中砲火を浴びせ、およそ考えうる陰鬱な伝説すべてを広めたからである――わけても、「ペトロルーズ」（女性放火犯）がバケツを片手にしてパリ市内を駆けめぐり、陶酔して火をつけていたとする一方で[19]、鎮圧する側の兵士は褒め称えられた。「何と名誉なことか！　わが軍は、かつての敗北に対し、この上なく貴重な勝利によって復讐を果たした」とル・ジュルナル・デ・デバ紙は書いた。侵略者を撃退することはできなかったが、代わりにコミューン派に勝利したというわけである。この驚くべき愛国心の方向転換は、ル・フィガロ紙も採用した。「わが軍の将校および兵士の態度は何と立派なことか！フランス兵のみが、これほど早く、そして正しく立ち直ることができるのである」。少なくとも、二万人ほどの男性、女性、子供が無規律な兵士たちによって殺害され、銃殺され、その残忍さは長く労働者たちの記憶にとどまることになった。何万人もの人々が捕らえられ、五人ずつつながれて、ヴェルサイユに連行される間、通り道に駆けつけた「紳士」や「淑女」たちから罵声を浴び、唾を吐きかけられ、日傘で叩かれなければならなかった。彼らはその後サトリの収容所まで移動させられ、折り重なるようにして収監された。

死を免れた者もいた。隠れていた者のうち多くは逮捕され、裁かれ、ニュー・カレドニアに送られて徒刑に処された。彼らは、少なくとも生き延びることができた。より幸運な者は、スイス、英国などに亡命した。亡命者が出ることを見越して、外務大臣ジュール・ファーヴルは、五月二六日に外国に駐在するフランス当局関係者に宛てて、次のメッセージを発した。

いかなる国家も、彼らに特権を付与することはできない。彼らの存在は、恥辱であり、危険である。パリでの暴動に関与した者が、国境を越えて貴職の任国に入国したとの情報に接した場合、任国当局に当該人物を即時に逮捕するよう要請されたい。また、かかる場合には、本大臣に直ちに報告されたい。当方より、常態を復するべく、身柄の引き渡しを要請するものとする。

ファーヴルの希望が叶えられることはなかった。それでも、勝者側がいかに激しい敵意を抱いていたかを知ることができる。

一八七一年の内戦が社会的戦争、階級間の血に染まった闘争だったことは、ある公式資料が証明している。それは、コミューンに関する裁判について、アペール将軍が一八七五年に議会に提出した報告書である。[20] この報告書は、血の週間の犠牲者には触れずに、逮捕され裁かれた人数を三万八五七八人（男性三万六九〇九人、女性一〇五四人、一六歳以下の子供六一五人）としている。最終的に、これらの人々のうち一万一三七人が有罪判決（死刑九三人、うち二三人に死刑執行）を受け、最も多くは通常の流刑となり（三四一七人）、あるいは要塞内の収容所に送られた（一一六九人）――これらの人々は、徒刑を科された二五一人も含め、いずれもニュー・カレドニアに向けて出発した。また、この報告書には、起訴された人々の職業別の統計が付されていた。詳細には触れないが、ひと目見ただけで明確になる事象がある。コミューン派の多数は、肉体労働者だった。以上の数字は「パリ市議会の一部」が調査を行なうと決定したときには明らかにされていなかったが、この調査の結果、血の週間の後には、首都は住民約一〇万人を失ったとされた。これは、男性労働者人口のおよそ四分の一に相当する。[21] 事務職にあった者の数は多かったが（流刑者の約一〇％）、反乱側で最大の人数を占めたのは小規模事業所の給与所得労働者だった（どちらかと言えば、近代的プロレタリアである）。これらの数字は、それだけでコミューンの最も重要な意味を示している。コミューンは、フランスがそれまで経験したことのない、そしてその後こんにちに至るまで経験しなかった階級間の戦いだった。ジョレスが『社会主義史』に記した次の言葉は、それゆえに根拠があると見ることができる。

（コミューンは）その本質において、その根本において、労働と資本の最初の本格的な衝突だった。そして、コミューンは何よりも、社会主義であることを自己認識していない共和主義だったために、また古い社会秩序の根幹そのものを危機に陥れ、さらに新秩序を唱えたために打ち倒され、倒されただけでなく、喉をかき切られたのである。

その後

パリ・コミューンは、歴史において、直接的な影響よりも、生み出した神話において重要性があったのかもしれない。最重要点は、社会主義思想に関連する。その度合いはさまざまながら、コミューンは史上初の「プロレタリア独裁」だとされている。不完全で、矛盾を内包し、初歩的ではあったが、コミューンは自由を告げる「曙」であり、マルクスからレーニン、レーニンから毛沢東に至るまでが礼賛した。まさにコミューンが内包した矛盾ゆえに、労働運動の主導権をめぐって争った諸勢力は、この出来事から国家について、党について、あるいは革命について、さまざまな教訓を引き出した。この点において、コミューンは心ならずも、こう表現してもよいなら、歴史の実験室となったのである。

それほど徹底してではないが、逆説的に、コミューンは極右からも利用された。それは、ヴェルサイユ議会に議席を有していた極右ではなくて、一八八〇年代に勢力を拡大し、議会制共和国が確立されてからはこれに反対し、民衆ばかりか労働者に支持基盤を求めた新右翼である。フランスの反ユダヤ主義の指揮者となったエドゥアール・ドリュモンは、パリの労働者が起こした行動を、「ユダヤとフリーメーソン」に抗うものだったとして、大いに利用したのだ。こうして彼は、少なくとも対独協力に至るまで続くことになる伝統を創始したのである。ドリオ派のファシズムは、わけても勇敢なコミューン派を「ユダヤ共和国」の犠牲者として賞賛したのだった。

私はここで、競合するイデオロギーによるある歴史的出来事の利用法について検討しようとしているのではない[22]。むしろ、この出来事のフランスにおける重要性を、終結した内戦の主役だった三者の状況を検討することで見てみたい。すなわち勝者、敗者とその他である。

ヴェルサイユ側で、議会で多数派を占める王党派にとって、理論的には王政復古は実現可能だった。この議会は憲法制定議会ではなかったが、誰も議会と決定権を奪い合うことはできなかった。ヴェルサイユ派のトップであるティエールは、多数派に対して王政復古に手を貸す意思はないことを明確にした。彼は保守的な共和国を選択していた。それは行政府主席が強い権限を持つ共和国であり、彼自身がその職にとどまるつもりだった。したがって、議会多数である王党派にとっては、暫定的な共和国を恒久化しようとしている国家元首を排除する必要があった。ドイツとの平和条約が締結され、コミューンが敗北した現在、その時期が訪れたのかもしれなかった。しかしながら、王政復古支持勢力は、表面的にはその実現の条件を備えているかに見えたが、実際には重要な点が欠けていた。王党派内部における、諸派間の合意である。ボナパルト派は競合できる状態になかったが、それ以外の二派はシャンボール伯の非妥協的な態度に対処しなければならなかった――レジティミストとオルレアニストは、伯を国王とすることで一致していたのではあるが。王党派は、ティエールとの最初の戦いに勝利を収めた。彼の反対にもかかわらず、亡命法の廃止と、オルレアン公、オーマル公、ジョワンヴィル公の議会当選の認定に成功したのである。三人の王族は、我慢できずに、即座に英国から帰国した。しかしながら、ティエールはただ七月六日の新聞各紙を読むことで、第二の戦いに勝利した。シャンボール伯は各紙に声明を掲載させ、白旗を放棄することは不可能だと宣言したのである――彼にとって、これは「原則」と「名誉」の象徴であり、「亡命の地で死を迎えようとしている祖父たる老王からの聖なる預かり物」だったからだ。王党派の悲嘆と反比例するように、共和派は歓喜した。移行期の体制は、そのまま歩み続けることができた。審議において、議会が憲法制定の権限を持つと確認されると、不可欠な存在となったティエールの肩書は、行政府主席からフランス共和国大統領へと変更された。彼は、一八七一年八月三一日に可決されたリヴェ＝ヴィテ法により、大統領、首相と国民議会議員を兼務することになった。王政復古の実現が不可能となったため、王党派は体制の共和主義的形態に同意を与えた。結束できなかったことで、右派はコミューンの敗北後の好機を無駄にした。合意形成の試みはその後も不首尾に終わり、フランスはダニエル・アレヴィーが巧みにも「公爵たちの共和国」と名づけた政治的怪物によって統治されることとなった。ティエールはその犠牲となり、一八七三年五月にその地位をマクマオンに譲らねばならなかった。それでも、マクマオンは彼なりに、シャンボール公と同じだけ、しかしより明敏に、共和体制に寄与したと言えよう。

一八七一年二月二八日の選挙結果は思いがけない奇跡だったが、何ももたらしはしなかった。君主制復活という解決法は、純粋に理論上のものだった。この解決法は、例外的な状況と、制度の選択に関わらない曖昧な選挙結果によってのみ、再浮上したのだった。しかしながら、国民議会は数年の間、王政復古を期待する聖櫃《せいひつ》となった。政権奪取ができなかったため、王党派は共和国という呼称の下で、権力を占拠することで満足した。時間は、彼らに味方しなかった。

長期的に見れば、一八七一年の勝者は、実のところ第三勢力、すなわち和解を試みて失敗した人々だった。ヴェルサイユ派は彼らのために、障害を取り除いた。すなわち、極左の排除、社会的民主主義の軽視、直接民主主義の過剰な要求である。共和体制を、「赤色派」と同一視することはできなかった。なぜなら、コミューンを鎮圧したのは共和国だったからだ。王党派の歴史家バンヴィルは、この件に関して次のように書いた。「(共和国は)強権的な体制、権威主義的な体制として、その姿を現した」。一八七一年七月二日に行なわれた補欠選挙は、複数選挙区で当選した候補が出たことと、三月の議員辞職のために生じた一一四名の欠員を埋めるために四八県で行なわれたが、有権者は共和派候補に大量の票を投じた。共和派が九九議席を獲得したのに対し、王党派は一二議席、ボナパルト派は三議席にとどまった。

この共和派の勝利には、二つの顔があった。ティエールとガンベッタである。ガンベッタは、ベルヴィルの過激な演説を封印した。一八七一年のフランスは、一八六九年の労働者街とは異なっていた。日和見共和主義の時代が訪れていた。共和国を樹立するが、その方法はドルチッシモでなくてはならなかった。村人たちを安心させ、預金を貯めているブルジョワジーに保証を与え、この体制が最も平和的であることを示すこと。ガンベッタにとって、これが取るべき方法となった。この観点からすれば、ティエールは味方だった。共和派はもはや、同時に白色派と赤色派と戦うために二正面作戦を取る必要がなくなった。残る敵は、一つしかなかった。反革命である。穏健共和派は、共和国そのものになった。なぜなら、もう一つの共和国は、流刑地にあるか、もしくは墓地に埋葬されていたからだ。最後の戦いは平和的に、投票によって決着がつけられ、ガンベッタ派の共和主義者による政権獲得を可能にした。歴史の皮肉というべきだろうか、和解のために最も熱心に活動した人々が、五月の虐殺の真の受益者となったのである。

敗者について、すなわち共同墓穴に入れられた人々、流刑者、亡命者について言うなら、彼らおよび彼らの記憶は、一八八〇年の特赦法まで公認されることはなかった。彼らが受けた苦しみは、毎年三月と五月に、労働運動各派によって忠実に記念されることになる。彼らは効果的に行動したのだと、彼ら自身の目には映っていたのだろうか。彼らの戦いを説得力のある言葉をもって支援したマルクスは、一〇年後になって、コミューン(「それはまったく社会主義的ではなかった」)には最小限の常識(コモンセンス)が欠けていたとして残念がった。それがあれば、「コミューンはヴェルサイユとの間で、庶民大衆に有利な妥協点を見出すことができたかもしれない[23]……」。しかし、これまで見てきたように、非妥協的態度と内戦の形態を取ったために、ヴェルサイユとパリの双方で生まれたかもしれない妥協への志向は打ち砕かれたのである。フランスでは、その後、「マルクス主義」の名前で、新たな非妥協的態度が生まれるが、「庶民大衆」はそれによって「有利」な条件を勝ち取ることはあまりなかった。革命的なスタイルは、こんにちに至るまで生き残った。軍隊めいたレトリック、断固たる調子、恐怖政治への郷愁である。バリケードが戦略的に意味をなさなくなってからもなお、バリケード症候群はフランス政治の中心に残った。しかしながら、この交渉能力の欠如は、多くの政治団体や労働団体にしばしば見られ、また批判もされるのであるが、「ヴェルサイユ派」という要因も忘れてはならない。交渉するには、相手が必要なのである。

　コミューンは敗北したが、それによってフランスの労働運動がなくなったわけではない。だが、それは政治の分野の外へと誘導された。労働運動は工事現場で、工房で、工場で力を蓄えるとともに、自覚を持つようになるのである。ストライキという局地的かつ個別的な重大事件を通して、労働運動は徐々に組織化されてゆく[24]。コミューンは敗北によって、労働者のための政党の形成を遅らせた。しかし、議会重視の社会主義政党を警戒する、労働者の独立の表現である後の革命的サンディカリスムは、確実にこの敗北の受益者だった。

　一八七一年の内戦は、フランス国民の対立の種となっていた三つの問題を分解させることで、プリズムのように社会的な可視化現象を引き起こした。第一に、階級闘争である。一八三一年のリヨンの絹職工、一八四八年六月のパリの労働者に続いて、手を用いて働く人々が一九世紀で三度目となる、政府による容赦のない弾圧の犠牲となった。フランスは定期的に、「社会問題」を発砲によって解決しなくてはならない運命にあったのだろうか。「フランス・プロレタリアの三回目の敗北」となったコミューンは、しかし工業化社会の巨大な害悪に対する反動的な言説にのみ刺激を与えたのではなかった。指導層の人々にも、「勤労者階層」が必然的に「危険な階級」となることを避けるための最良の手段を模索する機会を提供したのである。反共和派の伝統主義勢力は、社会的カトリシズムの流れを生み、アルベール・ド・マンがその最も知られた代表者となった。ヴェルサイユ政府軍の将校だった彼は、一八七一年五月に、反乱側と、彼が防衛する任務を与えられていた公式な社会との間の深い「溝」を見て、衝撃を受けた。血の週間から数カ月で、アルベール・ド・マンは、「エリート」に労働者の貧困に対する責任があると確信するようになった。しかしながら、彼が創設に積極的に貢献したカトリック労働者サークルの慈善事業と、一八七六年に下院議員となってからの彼の議会活動を見ると、それが非常に古めかしい世界観に基づくものだということが理解できる。それは、「誤謬表」の発想と、多元的な社会の拒絶に基づいていた。すなわち、キリスト教への回帰、革命に対する徹底的な反対が、社会的カトリシズムの強い願望であり、その非妥協的な立場を表していた。ここで推奨される解決法、すなわち経営者と労働者で形成される混合組合の設立といった解決法は、近代的な思考ではますます受け入れ難くなっていた協調組合主義的な思考に結びついていた。その一方で、自由主義グループにも、社会問題に関心を持つ人々がいた。ジュール・シーグフリードの周辺には、エミール・ブトミー、アナトール・ルロワ＝ボーリューといった、プロテスタント、自由カトリック、穏健共和派が集まり、大惨事の後に新たなエリートを育成し、安定した政治・社会組織に労働者階級を組み入れようと考えていた。実現したいくつかの案の中には、一八七二年の自由政治学院の開設と、一八九四年の社会博物館の開館が含まれる。

この博物館は、ル・プレイの弟子たち、実証主義派の組合指導者、開明的なブルジョワ、都市の自治を重視する社会主義者、改革派プロテスタント、温情主義の経営者などが協力して働く、積極的なフィランソロピーの場となった。フランス社会の平穏化に寄与したこれらのグループの歴史は、これから書かれなくてはならない。一九三六年に大半の経営者が古い考え方のままにとどまっていたことを知るならば、これらのグループがいかに重要な成果を上げたかは、いくら強調しても足りない。少なくとも、「上流階級」が「庶民階級」をよりよく理解しようと考え、努力したことは、特筆する価値がある。とはいえ、フランスでは社会法制は長らく消極的なものにとどまらざるをえなかった。それは、コミューンが鎮圧された後、二つの対立——政治的、そして宗教的——が、優先的な問題となったからである。

第二の対立は、コミューンによってその頂点に達した事実上の宗教戦争である。フランスには、こんにちもなお、カトリックの過去による痕跡が残されている。フランスの反自由主義の根源は、絶対王政が擁護した信仰上の独占体制にある。これに対し、教条主義的な教会と公式な宗教に反対する者は、非寛容という武器を取る傾向にあった。革命期には、宣誓司祭と宣誓拒否司祭の間の分裂、国家による脱キリスト教的施策、ヴァンデ戦争、こうした多くの出来事と暴力的なイメージが、かつての旧教と新教の間の宗教戦争を引き継いだ。大多数のフランス人にとって、長い間、多元主義は不適切であり、弱さであり、大問題だった。非寛容は、恐らく世界のいたるところで共有されており、フランス人だけが特権的に持っていたわけではない。ただし、言えることは、フランスでは宗教上の紛争は一方による他方の排除で終わるか、そうでなければどちらの側もいずれ復讐したいと考えながら脆弱な妥協に至るのである。中央集権的で絶対的な国家は、寛容を受け入れるための要因となる、異なる宗派の共存を許さなかったのだ。カトリシズムが、教義の面で非妥協的となり、また世俗の権力に関して過去の栄光を追い求め、硬化したことは、戦闘的な反教権主義の発展を促す結果を招いた。この反教権主義は、しばしばもう一つの宗教、もう一つの非寛容の形を取り、ローマが語る真理一つ一つに、もう一つの真理を対峙させた。教会と近代社会の和解、これこそカトリック教徒が受けた挑戦だった。ライック（世俗主義者）と反教権主義者が受けた挑戦は、共和国をすべての人々の体制とするために、カトリックを共和国に受け入れることだった。いずれもまだ、そのための準備はできていなかった。それゆえ、二つ目の紛争とも関連して、三つ目の重要な紛争へと至るのである。それが、政治制度に関するものである。

フランス国民にとって最も望ましい政治体制は何か。コミューンの直後、この問題は未解決なままだった。一七八九年以来、およそ考えうるすべての憲法上の体制が試されてきた。新しい体制が古い体制に取って代わっても、そこには常に互いに対立関係にある政治勢力が存在した。コミューンという悲劇的な事件は、すでに見たように、対立の要素を単純化する結果を招いた。共和制か、君主制かの対立である。一八七一年の夏に、共和派は勢いづき、王党派による王政復古は失敗した。それでも、国民の間にはなお深い亀裂が走っていた。

第2章　一八七七年五月一六日

コミューンの悲劇から六年後、フランスは新たな危機に直面していた。一八七七年五月一六日から、一〇月一四日と二八日に行なわれた選挙の直後までの半年間、共和制は再検討の対象となったのである。今回は、流血の事態とはならなかった。流れたのは、ジャーナリストのインクと、演説者の唾液のみだった。熱狂は議会の中、そして選挙に限られたが、だからと言ってこれは取るに足らない出来事ではなかった。国家の諸機関と、共和国の運命がかかっていたのであり、この紛争の中心には、はっきりと見えたわけではなかったが、近代フランスにおける教会の役割が問われていた。

一八七七年五月一六日、王党派が多数を占める議会により選出された大統領マクマオン元帥は、共和派のジュール・シモン首相を更迭する決意を固めた。首相は、それでも両院の多数派から支持を得ていた。しかし、マクマオンは、首相が下院議員たちに「自分の意見を認めさせるのに必要な影響力」をもはや持っていないとして非難した。ジュール・シモンは辞任した。

大統領は、新内閣の首班として、オルレアン派として知られるアルベール・ド・ブルイユ公を指名した。議会の新たな会期が始まってすぐに、不信任決議案が提出され、これは賛成三六三票で可決された。ブルイユ内閣の命運は尽きた。エリゼ宮と下院の対立に決着をつけるべく、大統領は解散権を行使することとした。解散には元老院（上院）の同意が必要だったが、同意は確実だった。こうして、下院は六月二五日に解散された。有権者は二つの勢力間の争いに決着をつけるべく、投票所に向かうこととなった。保守派は、大統領の公式な支援を得ただけでなく、上院からも控え目な支援を受けた。一方、共和派は下院でこれまで以上に大きな勢力を獲得して、議会制民主主義の権利を主張する考えだった。国民の代表の多数派に反対して統治することはできない、というのである。

三つの権力──大統領、下院、上院──のうちどれが勝利を収めるかによって、いずれが優位に立つのかが明らかになるはずだった。当面の課題は、憲法上の問題だった。一八七五年憲法により定められた制度は、どのように機能すべきなのだろうか。憲法のいかなる解釈を選択すべきなのだろうか。五月一六日の対立は、いかなるルールを設定するのかの判断を、いわば国民の投票に委ねたのである。実際には、この技術的に見える議論の背景には、いつまでも決着しない問題が隠れていた。共和制か、王政か。投票による、新たな回答が待たれていたのだ。しかし、コミューンの時期に起こった事態とは異なり、共和派は結束が必要だという点について合意していた。中道左派から極左に至るまで、彼らは一致団結し、主張を一つにし、右派に対抗していた。一方で、右派は足並みが乱れ、右派を構成する三勢力に共通していたのは、「急進主義」を敵視する態度だけだった。

この議論は非常に単純で、有権者はそれを完璧に理解していた。しかしそこには、触れられることのない、あるいはうまく説明されない、繰り返し提示される複雑な問題が隠されていた。これは本来、選挙戦とは無縁な要素だったが、これなしには相対立する情念を理解することができないものだった。それは、宗教の問題である。まだフランスが確立したとは言えない共和国において、教会はいかなる位置を占めるのか。カトリシズムと民主主義、神父たちによる教育と自由主義的な社会、科学を重んじる者と信仰を重視する者は両立できるのか。教会にとって、共和国の樹立は信仰の未来にとって重大な危機ではないのか。共和派にとって、教会の教導権は世俗的で独立した政治体制確立の障害ではないのか。「三六三議員」の再選あるいは道徳秩序派の勝利をめぐる当面の闘いにおいて、一七八九年に提示された疑問がいまなお緊急の課題であることが明らかになった。カトリック国が、果たして自由主義的で、民主的で、共和主義的になれるものだろうか。実際のところ、この質問は文言が厳密でないがために生じたものだ。なぜなら、この世紀の最後の四半世紀を見たときに、フランスは「カトリック」的だと言えるだろうか。

これらの疑問は、それぞれの文脈に位置づける必要がある。この危機はまず政治的であるのだから、憲法上、また議会政治の見地から用語を選ぶべきだ。一八七七年のフランスは共和国だった。しかし、この共和国は多くの点でまだ定義されていなかった。多くの人々にとって、この共和国は結果的に樹立されたもので、一時的なやむをえない手段だと認識されていた。国の諸制度は、まだあらゆる変更の可能性をその内側に抱えていた。

不可能な王政復古

体制が不安定であり続ける主たる理由は、国民議会で多数を占める右派内部の二大勢力間の、乖り越えがたい対立だった。一八七三年五月二四日、右派が一致して、共和国の原則を支持するようになったティエールを解任したとき、王政復古への希望はより確かなものとなった。その日の晩に、議会はティエールの後任としてマクマオン元帥を選ぶこととした。彼は軍人として名高いだけでなく誠実な人物としても知られ、あまり弁舌は立たず、本質的に保守的だったが、これは血気盛んな前任者の叱責や脅しに対する不満がたまっていた多数派を安心させた。ようやく、方向転換が行なわれた。王政を復活させるために、もはや延々と待ち続ける必要はなかった。レジティミストとオルレアニストは議会で多数を占めており、ブルボン家の両系統が合意しさえすればそれで十分だった。

一八七三年の夏から秋にかけての数カ月間、いまにも王政復古がなし遂げられそうな情勢と、道徳秩序の宣言が行なわれたことが相まって、ある人々は希望を抱き、他の人々は不安に陥っていた。ティエールが政権から遠ざけられたことで、保守派、王党派、カトリック派は勢力を盛り返した。この三つの傾向は、多くの場合重なり合うものだった。新内閣が最初に決定した措置の一つに、反教権、反王政デモの禁止があった。これによって、共和派の集会の隠れ蓑としてよく利用された無宗教の埋葬式が、午前七時以降禁止された。政府のバックアップを受けてのカトリックの勢力挽回の試みは巡礼の形を取った。いくつもの集団をなして次々と行進し、多くの議員たちがそれらに並んで参加した。ティエール失脚の週、シャルトルのノートル＝ダム聖堂への巡礼には、議員一四〇人が加わり、ポワティエ司教ピー猊下《げいか》がフランスの救世主に訴えかけるのに耳を傾けた。「フランスは指導者を待ち望んでいます。主人を待ち望んでいるのです」。下院議員でもあるオータン司教は、パレイ＝ル＝モニアルへの巡礼の際に、フランスを聖心に捧げた。「聖心の御名において、ローマとフランスをお助けください」というのが巡礼者たちの讃歌となった。これは、一八七〇年のローマ陥落以来、世俗権力を失った教皇への祈りであるとともに、聖王ルイの国における「キリスト教的王政」の復活への祈りでもあった。戦争と内戦を経たこの混乱期に、社会には宗教的感情、贖罪を求める意識、痛恨の祈り、集団的な祈禱のリヴァイヴァルが見られた。これについて、デュパンルー猊下は、一八七四年に次のように述べた。「あらゆる方面から、奇跡と予言を伝える声が聞こえてくる」。この民衆的ポピュリズムの潮流は、とりわけルイ・ヴイヨが主宰するリュニヴェール紙に端を発していた。同紙は、当時二二万人を数えた司祭、修道士と修道女からなる聖職者の多くに、強い精神的影響を与えていた。ヴイヨは、こう述べた。「王は殺された。王杖が正統なる血統に返されない限り、フランスにおいては何事も安定しない(1)」。

「正統なる血統」とは、シャンボール伯が属するそれだった。彼には跡継ぎがなかったため、彼が亡くなった後、「王杖」はオルレアン家の王子に渡ることになるはずだった。こうして、王朝の二つの系統の「融合」もしくは「和解」の成立が可能となるのだった。パリ伯〔ルイ＝フィリップの孫で、オルレアン家の当主、一八八三年よりフランス王位継承権者〕はオーストリアのフロースドルフで暮らしていた王位継承権者、「アンリ五世」を訪ねた。二人は抱き合ったが、腹を割って話したわけではない。しかし、保守派すべてを糾合するには、憲法上の体制について、また三色旗の受容についてのいくつかの保証が必要だった。この二つ目の点については、三色旗の下で名声を得ていたマクマオンとしては、妥協するわけにはいかなかった。国旗の色をどうするかという議論は、現代から見れば馬鹿げたことと見えるだろう。すでに、この議論は王党派の多数派からは不適切だと見なされていた。しかし、シャンボール伯とその側近の一部にとっては、三色旗の持つ象徴的な意味は、王政復古の考え方それ自体と相容れないものだった。王を殺した革命と、キリスト教的王政の間の妥協はありえなかった。この年の夏を通じて、パリとウィーンの間で、往来が盛んに行なわれた。秋口には、王政復古の可能性は高まったかと思われた。王党派の諸グループから選ばれたメンバーによる九人委員会が設置され、憲法上の形態について合意が形成された。残るは、国旗の問題である。マクマオンは、青と赤のない白旗には反対であることを通告した。九人委員会は、三色旗の維持の意向を明らかにした。それらには、何の効果もなかった。シャンボール伯は、一〇月二七日付の書簡で、シャルル一〇世の孫として妥協はできないとの立場を明確にした。「わが名誉を犠牲にせよ、との声がある…（中略）…余は、以前に述べた意見を取り消し、あるいは決定を変更することはない」。これによって、共和国は新たな猶予期間を得た。

フロースドルフの亡命者の熱狂的支持者ではなかったブルイユ公は、王政復古の可能性を担保するため――「アンリ五世」後のために！――、あるいは最低限国内における保守派の優位を確保するため、「限界ライン」を設定しようと考えた。この戦略の最初のポイントは、マクマオンの大統領権限の拡大だった。君主がいないとしても、名実ともに国家元首と認められた人物により、恒久的な権威が保たれるべきだった。その上で、大統領を中心として、「デマゴギー」への防波堤となる議会制度を構築するものとされた。パリ伯は、ささいな補欠選挙のたびに脅威が叫ばれた帝政の復活を避けたいとの立場から、これに全面的に賛成した。こうして、大統領任期を七年とする法案が準備されている最中に、シャンボール伯は最後の、かつ世間知らずを露呈する試みに出た。一八七三年一一月九日、彼はお忍びでヴェルサイユに赴き、マクマオンが議会に提案することで、歓喜の声が上がる中、即座に王となることを計画したのだ。大統領は、この試みに手を貸すことを明確に拒否した。彼は、王位継承権者から、次のような悔しさをにじませた言葉を聞かされた。「私の相手はフランス軍大元帥かと思っていたが、憲兵隊の大尉でしかなかった」。こうして、この一章の幕は閉じられた。

一一月一九日、議会はマクマオンの任期を七年間と定め、憲法制定準備のために三〇人からなる委員会を設置した。暫定的な体制が長く続くことで、人々は不安になっていた。この制度上の不安定を解消する必要があった――たとえそれが、マクマオンの新たな任期が終了する一八八〇年までだったとしても。ナポレオン三世の下で大臣を務めたルエールは、引き続き国民への直接の訴えが原則だと主張していたが、彼は七年の大統領任期の満了後に当然起こるべき事態を想定できた、右派では少数派の洞察力に優れた人物だった。「その翌日には新大統領が選ばれ、共和派の上下両院が存在しているだろう。共和国がそこに存在するだろう。王党派は、共和国の創始者となったことになる」。

妥協の産物としての共和国

マクマオンの大統領就任により、大統領の職務に変化が見られた。ティエールの時代とは異なり、大統領はもはや議会に出席して政府の政策を説明する行政府主席ではなくなった。任期七年の大統領として、大統領は責任を負わずにすむこととなった。政府の責任を負うのは、内閣の長、すなわちアルベール・ド・ブルイユだった。彼は輝かしい家系に属し、オルレアン派で、自由主義者だった。彼は英国の制度に感嘆の眼差しを向けており、フランスにも過度に民主主義的な動きを抑制する議会制度を導入したいと望んでいた。この時代には、民主主義と自由主義は必ずしも重なり合うものではなかった。自由を重んじる人々は、国民主権がもたらしうる過激で行きすぎた行動とその反動を警戒していた。ブルイユ公にとっては、自由主義は貴族階級、社会的序列、エリート層が指導する政府と結びついていた。だが、民主的な要求の高まりに直面して、ブルイユ公は自由主義的な信念を放棄することになる。政権の座につくと、彼は市町村長を政府任命とする法律を通すこととした。これによって、県知事や副知事に保守派を任命したのと同様に、保守系の人物を市町村長ポストに就かせることが可能になった。彼は共和派の新聞を行商人が売り歩くことを禁止し、また四九県で戒厳令を維持するのに躊躇しなかった。彼の自由主義的精神には限界があった。それは、「普通選挙の直接的な力[2]」が脅威となるところで止まったのである。

しかしながら、一八七四〜一八七五年には、一八四八年にフランスに導入された普通選挙――いくつかの例外が設けられたものの――に異議を唱えることは、もはや考えられなくなっていた。それゆえ、民の声を法により規制し、制御不能な事態が起きないようにすべきだった。アルベール・ド・ブルイユは、そこで、大統領と上院が秩序維持のための乗り越えがたい防波堤となる仕組みを考案した。すでに存在する大統領職に加えて、議会に第二院を作る必要があった。それは、議員となる資格を厳しく制限した（職権議員、大統領任命議員、県議会選出議員）「大評議会」で、名士たちの優位が保証される議院だった。自由主義の歴史家アンドレ・ジャルダンは、これを次のように解説した。

ブルイユ公はこの国の経済発展の現状を認識していなかったが、それ以上に民主主義の発展を知らなかった。彼の計画は、二五年遅れており、中道左派に上院を「売り込む」ことは道理にかなっていたが、その値段はあまりに高すぎた[3]。

結局、ブルイユ内閣は一八七四年五月一六日に、共和派、レジティミストとボナパルティストの連合によって倒された。

右派同士の対立は、共和派の目論見を利する結果となった。共和派内部で、徐々に頭角を現したのがレオン・ガンベッタである。彼は議会少数派内で、最も政治的な頭脳の持ち主の一人だった。共和派連合の指導者で、極左に位置していた彼は、右派の目には過激派の典型のように見えた。食料品屋の息子で、庶民受けのする演説家で、服装には無頓着で、発言が極端な彼は、レ枢機卿の言葉に従えば、「本質的」なものと「表面的」なものを見分ける能力を持つ、巧みに妥協を引き出す戦術家として認められるようになった。彼は、王党派が多数を占めるこの議会から共和国が生まれると考えた。それでも、方針を守り、行き過ぎた言葉に注意し、守るべき原則の一部も必要とあらば曲げ、状況の求めには応じて好機をつかまなければならなかった。これが、彼の政敵たちが「日和見主義」と呼んだものだった。彼は一八七一年に共和国の「セールスマン」としてキャンペーンを開始し、村から村へと移動しては、共和国を最も安心できる、冒険とは最も無縁な、時代の要請に最も適合した体制だと紹介しつつ、地方行脚の合間には、議会の舞台裏での多数派工作に余念がなかった。極左の仲間たちに対しては、一八四八年の老ビュルグラーヴ（要塞司令官）たちの意向にもかかわらず、彼は国民議会に憲法制定の権限を認めるよう示唆した。保守的共和国の効能を確信する保守的な中道左派に対しては、必要な票を中道右派の一部から引き寄せるために、最も注目を集める役割を与えた。次ページの図は、一八七四年の議会の勢力比を、簡略化して表したものである。

五月二四日の多数派は、ブルイユ内閣が倒れたのちに瓦解した。新たな多数派の形成には、中道右派の協力が必要だった。解決の鍵となるのは、二つの中道派による協調だった。憲法に関して不安定な状況が続くことを嫌った中道右派の一部が中道左派と協力するなら、これに残りの左派が合流して、共和国の体制の基礎を固めるための多数派が形成されるのだ！　それには、二つの条件が満たされる必要があった。それは、「歴史的」共和主義者たち、原理原則を重んじる人々が、適切な妥協を行ない、大原則を封印することである。そしてまた、最近になって共和派に転じたティエールとその仲間からなる中道左派、自由主義的保守派が舞台の前面に立って、中道右派のオルレアン派に舫《もや》い綱を解く決心をさせる必要があった。ガンベッタは難しい綱渡りを迫られた。なぜなら、彼は「昨日の共和主義者」の結束を保ちつつ、「明日の共和主義者」を怖がらせてはならないからだ。一八七四年には、彼はまだ共和派連合の絶対的な指導者ではなかった。彼自身、高い評価を得ているジュール・グレヴィや、名声あるアドルフ・ティエールの前では、一歩退くことを知っていた。しかし、彼の優れた戦術眼、フランスの現実を捉える鋭敏な感覚などは、彼を共和国の戦略家とするに十分な要素だった。

ガンベッタに促された中道左派は、案を提示した。一八七四年六月一五日、七月王政下の首相を父に持つカジミール＝ペリエは、憲法制定委員会が二院制の採用を前提に検討作業を行なうよう提案し

図　1874 年の議会勢力

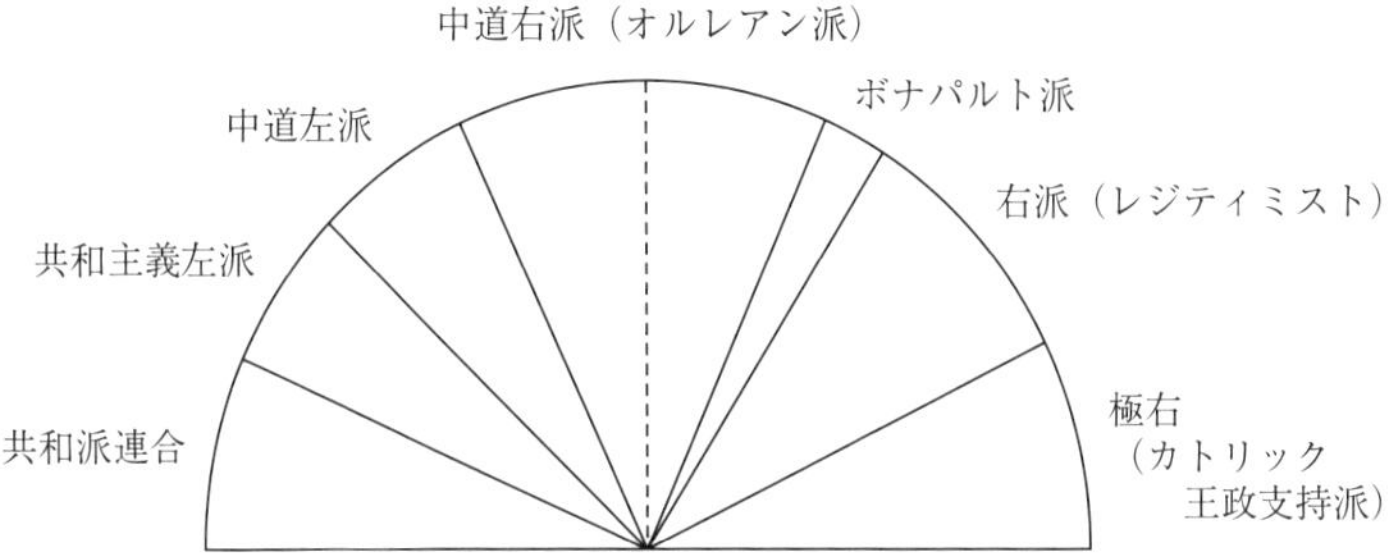

た。この案は、賛成三四五票、反対三四一票で採択された。前進はしたものの、歩みは遅く、困難だった。七月二九日、共和国の形態に関するカジミール＝ペリエ提出の法案は否決された。この法案の第一条には、「フランス共和国政府は二院制議会と、行政府の長である大統領により構成される」とあった。「フランス共和国」、この二語は余分だと感じられた。法案は、三三三対三七四で否決された。

審議は、一八七五年一月に再開された。この国は、たとえ大統領任期の残り六年のためだけだとしても、憲法を必要としていた。この問題の解決は、最も急進的な勢力が議会の解散要求を取り下げることで左派が一致団結し、また中道右派内部で分裂が起きたことからもたらされた。ブルイユ公が態度を変更しない一方で、彼の仲間の一部は中道左派とともに、憲法制定に関する審議結果に賛成票を投じたのである。決定的な提案を行なう栄誉を担ったのは、ソルボンヌ大学歴史教授で、ラヴェルニュ派――中道右派と中道左派の中間に位置する、中道派の極致とも言うべき小グループである！――所属議員のアンリ・ワロンだった。彼は、一八七三年五月二四日に、ティエール問責に賛成票を投じた一人だったが、これは多くの人の心理に変化が生じていた、明確な証拠である。提案は、委員会の採択した案に対する修正でしかなかった。「大統領は、上下両院の合同会議により、両院の議員により選出されるものとする」。これは、共和国の原理をごく控え目に承認したものだったが、ワロンはそのことを隠しはしなかった。「私は、現在の政府を成立させることだけを目指しています。あなた方が、よりよいものを作らない限り」。ワロン修正案は、ガンベッタが結束させるのに成功した左派と、中道右派の一部の賛成を得て、三五三票対三五二票で可決され、フランスは正式に共和国となった。この一票の差が中道右派の分断の口火を切り、その後、他の法案の採決に当たって、溝は一層深まった。

三〇〇議席からなる上院――うち二二五議席は各県と植民地により選出され、終身議員七五名は上下両院合同会議により選出される――の設置に関する条文は、一八七五年二月二四日に可決された。ガンベッタは、共和主義者の信念に反する第二院の設置を容認するよう仲間を説得すべく、その弁術の限りを尽くした。ごく一部のベテラン議員だけが、あくまで棄権を貫いた。ジュール・グレヴィ、ルイ・ブラン、マディエ・ド・モンジョー、ペイラとキネである。しかし、中道右派が左派とともに賛成に回ったことで、上院に関する法案は圧倒的多数で採択された。翌日の二月二五日には、行政機関の組織に関する法案が可決された。この簡素な構成の憲法は、七月一六日に各権力機構間の関係を定める法律によって完成に至った。最後に、二つの基本法により、上院議員（八月二日可決）と下院議員（一一月三〇日）の選出方法が定められた。

上院については、各県で、県選出下院議員、県議会議員、郡議会議員、県内各市町村議会がそれぞれ一名指名する代表からなる選挙人団が、議員二二五名を選出した。この上院の特徴は、農村地帯の代表が過度に多いことだったが、ブルイユの「大評議会」構想よりはエリート色が薄まっていた。この法案を擁護していたガンベッタは、オルレアン派のリーダーの言葉をもじって、こう説明した。「これは上院ではありません。フランスの市町村の大評議会です」。下院議員については、小選挙区制が採用された。ここでもまた、共和主義の原理――一八四八年に制定され、帝政により廃止された候補者名簿式比例代表制――が、議会制共和国の祭壇に犠牲として捧げられたことになるが、これはもともと想定されていたことではなかった。というのも、中道右派と右派は小選挙区制を支持しており、左派の多くとボナパルト派が反対する中、中道左派の一部が小選挙区制賛成に回ったからである。こうして、この妥協の産物の共和国を樹立するために、多数派はことあるたびに入れ替わったのだった。

閉会する前に、国民議会〔両院合同会議〕には終身上院議員七五名を選ぶ任務があった。これは重要な役割だった。というのも、王党派が再び一致団結した多数派を形成するなら、新たな上院は保守派支配の拠点となりうるからだ。そうなれば、エリゼ宮と連携することで、新たに選出される下院を締めつけることができるのである。ところが、王党派の諸勢力間の意見の相違は大きく、このために共和派は、上院がジュール・グレヴィの懸念する「オルレアン派の強力な兵器」となることを阻止できたのである。共和派とレジティミスト極右、そしてボナパルト派の連合は、共和派五七名とレジティミスト一〇名の選出を可能にした。中道右派は大敗を喫した。オルレアン派は上院を自らの牙城にしようと望んだが、ビュフェとブルイユ公というリーダーさえ、終身議員に選出させることができなかった。この事情によって、共和派は徹底的に敵対的な上院と対峙する事態を避けられたのである。

一八七五年一二月三一日、国民議会は閉会した。一八七一年二月八日に招集されたこの議会は、平和条約の締結を目的としていたが、当初は予定されていなかった憲法制定という機能が後に加わった。王党派と保守派が多数を占めたこの議会は、結局共和国の憲法を準備することとなった。この変化は、さまざまな要因によって説明することができる。第一に、一八七五年の議会はもはや、一八七一年のそれとは異なっていた。多数の補欠選挙が繰り返し実施され（フランス本土で一八四議席、アルジェリアと植民地で一一議席をめぐり、補選が行なわれた）、それによって「共和派」を構成する左派の力が大幅に強化された。しかしながら、一八七五年二月、議会が憲法を構成する法案すべてについての採決を行なう段になったとき、議会は七二七名の議員で構成されていた。絶対多数を得るには、したがって三六四票が必要だった。[4] 左派の三議員団の議席の合計は三五六である。ところが、一八七五年二月二三日の、憲法草案全体に関する投票では、賛成票が四二五を数え、草案は可決された。よって、第三共和制は共和派でない議員約七〇名の賛同を得て確立されたことになる。この七〇名は、中道右派であるオルレアン派の議員たちだった。彼らの大半は、共和主義の原理に賛成したのではなく、一定の状態の維持を目的として投票した。それは、将来立憲君主制を樹立する可能性を確保できる政府の仕組みを形成し、上院のごとき「非共和的」な機関と無答責の大統領、そして地方名士を利する選挙法を通じて、普通選挙をコントロールすることだった。それは同時に、彼らが最も恐れる事態を避けようとする試みでもあった。それは、帝政の再興である。一八七五年一月三日と一七日のオート＝ピレネー県での補欠選挙での「民衆への呼びかけ」派〔ボナパルト派〕の候補の健闘が、一月二九日のワロン修正案の採択に有利に働いたことは、周知の通りだ。いずれにしても、ブルボン家の両系統間の不和と、国旗の問題に関するシャンボール伯の頑なな態度が、王政復古の失敗を招いたのである。議会での票読みでは、王政の復活は可能だった。それがどれだけ続きえたかは、また別の問題である。

憲法は、妥協の産物だった。草案に賛成した共和派と王党派の大半にとって、この憲法は未来を見通すものではなかった――むしろ、一時的に未来を凍結したのである。共和派は、ガンベッタがそうだったように、妥協するために無理をしなければならなかった。上院の設置を受け入れ、主権在民の原則と、憲法の基本原理を規定する前文と、体制の非宗教性（各会期の開会式では、祈りが捧げられた）への要求を断念し、政府の所在地をヴェルサイユとすることに対して反対を唱えないようにしなくてはならなかった。これらは、所詮このときの状況に対応した法でしかなかった。少なくとも、共和派の人々は優れた政治的感覚を示し、教条主義的精神を捨てて、与えられた状況の下で最大限に有利な結論を引き出したのである。

とはいえ、短期的にだけ見た場合でも、すべてが決着したわけではない。議会が結局この国に与えた憲法上の枠組みを、有権者は投票によって有効に利用するよう求められた。だが、選挙の結果は、何度かの選挙により選ばれた憲法を制定した議員たちの間に、なお大きな亀裂があることを明らかにしたのである。

五月一六日

五月一六日の危機は、普通選挙を通じて共和派となったこの国と、オルレアン派的憲法の番人たちとの間の矛盾によりもたらされた。その矛盾が下院の権限を制限していたのである。この対立の萌芽は、すでに一八七六年の両院選挙から見られた。

最初の衝突は、一月三〇日に起こった。各県の選挙人団は、終身議員の欠員補充のための投票を行なった。最終的に、上院では保守派が僅差で多数を占めた（ボナパルト派四〇議席、極右一三議席、中道右派と穏健右派八一議席、憲法派一七議席、中道左派八四議席、共和主義左派五〇議席、極左一五議席）。二月二〇日投票となった下院選で、共和派の選挙戦をリードしたのはガンベッタだった。共和派内部では、一部の急進派は再び一院制を要求し、憲法の貴族的性格を糾弾した。ガンベッタは、中庸と現実重視を説き続けた。彼は、二月一五日、パリで次のように述べた。

私は、相対的なもの、分析、観察、事実の検討のみを信じる立場のものです。各階層、さまざまな傾向、先入観や敵対的な意識なども考慮する立場のものです。というのは、すべてを考慮に入れる必要があるからです。パラドックスも、屁理屈も、真実と同じだけ人々の言動に影響を及ぼすものだからです。(5)

こうして、かつての「ベルヴィル綱領」を説いて回った彼は、教会と国家の分離という理想を放棄することなく、その実現は無期延期した。政権を担当する責任を負う用意のある共和派の人々は、革命的で過激な言論により世論を恐れさせるのではなく、その実態を考慮に入れる必要があった。

一八七六年二月二〇日に行なわれた第一回投票で、共和派は過半数を楽に上回った（中道左派四〇議席、左派一八〇議席、極左八〇議席、自由主義憲法派二〇議席、オルレアン派四五議席、レジティミスト二〇議席、ボナパルティスト五〇議席）。第一回投票と決選投票の間で、ガンベッタはまたも慎重な行動を求める呼びかけを行なった。「我々の勢力が最も大きいのですから、穏健な態度を取るべきなのです」。選挙の結果、共和派は議会でおよそ三四〇議席を占め、「憲法派」は二〇名ほどが当選した。三月八日、ジュール・グレヴィが議長に選出され、オーディフレ＝パスキエ公が上院議長に選ばれた。五月一六日の危機をもたらす要因がこうしてそろうこととなった。保守派の大統領、保守派の上院（左右の議席数の差は数議席だったが）、共和派が絶対多数を占める下院、の三つである。この権力を司る三機関は、どのようにして協調しようとしていたのだろうか。

最初の議会任期初の内閣は、ジュール・デュフォールが率いることとなった。ルイ＝フィリップの下で閣僚を務めた彼はカトリックにして自由主義者であり、中道左派に属し、国民議会が解散する際にすでに行政府の長の立場にあった。デュフォールは正式に首相となり、大統領は行政府の長ではなくなった。デュフォールは、下院の多数派である共和派の代表としてふさわしい人物とは言えなかったが、右派が主導するエリゼ宮から支持を受けているわけでもなかった。一二月三日、両院の頻繁な対立を理由に、デュフォールは辞任した。マクマオンの『回想録』には、このときから大統領が「完全に右派により構成された内閣」を構想したと記されている。しかし、右派のリーダーたちはこの策を取ることを勧めなかった[6]。

一二月一三日、マクマオンはジュール・シモンに新内閣の組閣を要請した。今回、エリゼ宮は巧妙にも、デュフォールのような元オルレアン派ではなく、生粋の共和主義者を選んだ。というのも、ジュール・シモンは共和主義者ではあったものの保守派で、彼とガンベッタとの間の反目を知らぬ者はなかったからだ。マクマオンの顧問たちは、下院の共和派を分断しようと計算したのだった。新内閣には、保守的な政策を推進しようとする大統領と、新内閣を思い通りに動かそうとする下院との間でバランスを取るという困難な仕事が待ち受けていた。新内閣は、すぐにその双方を失望させることになる。春のローマ教皇支持派の動きが、ジュール・シモンを難しい立場に追い込むことになるのだった。

一八七〇年のイタリア統一以来、世俗権力の及ぶ範囲がヴァチカンに限られるようになっていた教皇ピウス九世は、イタリア王国に抗って教皇の利益を擁護するよう、カトリック世界に向けて呼びかけを行なった。三月一二日に、教皇は次のように述べた。

支配者たちの隷属下にある限り、我々は必要とされるすべての権力とすべての自由を奪われたままです。

司教たちと信者たちは、教会の長の独立を妨げる「障害を取り除くための有効な決断」を各国政府に行なわせなくてはならない、というのである。この呼びかけには、大きな反響があった。英国、アイルランド、ドイツ（カトリックは、ビスマルクの「文化闘争」の対象だった）、ベルギー、スペインなど多くの国で、相次いで請願書や声明書が発された。フランスのカトリックも、この大規模な抗議行動に、大勢で参加しなければならないと感じた。代表団が、外務大臣と面会した。特に、パリでは四月三日から七日にかけてカトリックの集会が開催され、その結論として大統領と国会議員に対して、「教皇の独立を尊重させるよう」求める請願書を提出することが決まった。加えて、何人かの司教は、司牧書簡において通常の控え目な態度から逸脱した。四月に、ニーム司教ベッソン猊下は、次のように直接的な表現を書き表した。

ピウス九世は、その敵の目にも、略奪者の目にも、まだ王なのである。イタリア統一は成し遂げられていないと言わざるをえないのであり、また世俗権力は同じことを繰り返すに違いない。そして、いくつもの軍と冠がのみ込まれるような大震動の後に、ヨーロッパの端から端まで、各国の政策には全員一致の声が響きわたるだろう。「ローマを元の支配者に返還しなさい！　ローマは教皇のものだ！　ローマは神のものだ！」と。(7)

ヌヴェール司教のラドゥー猊下は、マクマオンに「イタリア革命といかなる連帯も行なわない」よう求め、そればかりか、その書簡の写しを教区の全市町村長と治安判事に送った。宗務大臣とニエーヴル県知事は、ジュール・シモンの名において司教を叱責し、共和派のメディアは激しく抗議した。

カトリックは、教皇の世俗権力の回復のために、イタリアとの戦争を望んでいるとして非難された。

議会が五月一日に開会すると、左派三議員団（共和派連合、共和左派、中道左派）の団長は、下院の最初の会議で、早くも政府への質問を申し入れた。五月三日、ルブロンは左派諸勢力の名において、質問の趣旨を説明した。これは宗教に対する攻撃ではなく、宗教を口実とした政治的陰謀ではないかとの疑問がある、というのだった。困惑したジュール・シモンは、請願書と司教の教書を強く牽制したが、多数派を満足させることはできなかった。翌日の五月四日、後世に残る演説でこれに応えたのは、ガンベッタだった。

問題は宗教ではなく、政治なのです。宗教の名において、国家に打撃を与えようとしているのです。国の機関に向けて攻勢をかけているのは、カトリック団体を指導する人々なのです…（中略）…この国が、アンシアン・レジームと同じだけ嫌っているものがあります。それは、教権による支配です。私は、ある日友人のペイラ君が述べた言葉をこの場で発することで、フランスの民の声を代弁いたします。教権主義、これが我らの敵なのです！

ガンベッタにとって、これは宗教に対する宣戦布告ではなかった。彼は、これまでも、現在も、そしてこれ以後も、カトリシズムと教権主義を混同することはなかった。教権主義とは聖職者の政治への介入、聖職者の組織の正当化のことである。しかし、聖職者とフランスのカトリック信者の大半は、この繊細な区別を拒絶していた。また、ガンベッタが引用した友人ペイラの言葉は、あまり正確ではなかった。というのは、元神学生で、反教権主義者となったこの人物は、一八七六年一月の上院選キャンペーン中に、こう述べていたのだった。「カトリシズム、これこそが敵なのです!」[8]。極左とカトリック指導層はガンベッタの演説の結論をこのように理解し、共和派議員はこれを聞いて熱狂した。これを受けて教皇庁支持のデモの禁止と、政府にこれを取り締まるよう求める決議案が提出された。ジュール・シモンの要請にもかかわらず、「政府の信任」を伴わない決議案が、賛成三四六票、反対一一四票で採択された。

五月一一日、フランスの信者たちと対面するために、はるばるローマからやって来たピウス九世は、ジュール・シモンを批判した。教皇庁は、フランス首相の退陣を求めていた。そのために、教皇庁は長く待つ必要はなかった。五月四日以降の数日間、議場が熱気を帯びる中で二つの法案が採決されたが、これによってマクマオンはジュール・シモンを更迭する機会を得たのである。五月五日、市町村法に関する質疑が行なわれた。主要な論点は、市町村議会の議事録公開である。共和派は公開を求める投票を行ない、大統領はこれに反対していた。このとき、首相は体調を崩して、欠席していた。五月一五日には、報道に関する法案の審議が始まった。ここでの左右の対立点は、報道における禁止事項をめぐるものだった。これは、軽罪裁判所で裁かれるべきか(これが右派の主張だった)、それとも陪審裁判とすべきか(左派の主張)、という点である。一八七五年の法律は共和派の要求に沿って、三七七票対五五票で、廃止が決まった。ジュール・シモンはこの件については、態度を明確にしなかった。

翌五月一六日、マクマオンは下院の勝手な行動と、首相が議会をコントロールできないことに業を煮やし、ジュール・シモンを叱責し、責務を遂行するよう要求した。

内閣総理大臣殿

「官報」に掲載の議事録で、昨日の議会の審議の様子を知りました。驚くべきは、貴殿も、また法務大臣も、演壇にて報道に関する法律の廃止を阻止すべく、必要な説明をされなかったことです。この法律は、デュフォール氏の提案に基づき制定されてから、まだ二年も経っていません。貴殿は、つい先日も、裁判所に対して本法律を適用するよう求められていました。その前にも、下院がつい最近の会議において、市町村に関する法案について審議し、貴殿が閣議において自ら危険性を認めていた、市町村議会の議事録の公開といった条項を、内務大臣が審議に出席しないまま、複数採択したことは驚きを禁じえません。

こうした行政府の長の態度を見ると、果たして貴殿の考え方を下院に認めさせるのに必要な影響力を持っておられるのか、疑問に感じます。この点については、説明をしていただく必要が感じられます。なぜなら、本職は貴殿とは異なり議会に対し責任を持つものではありませんが、フランスに対する責任は有しており、現在、この責任については大いに関心を寄せるべきだと考えるからです。

敬具(9)

この書簡は知られるや否や、単なる首相に対する不信任の意思表明ではなく、下院多数派を標的とする「議会クーデター」の一種、普通選挙と共和国に対する権力濫用だと解釈された。しかも、ジュール・シモンが辞表を提出すると、マクマオンは五月一八日に、後任として反共和派の右派の象徴的人物であるブルイユ公を選任した。新内閣は上院議員中心の構成で〔ブルイユ公自身、ウール県選出上院議員だった〕、これは下院の逆手を取る形となった。後にガンベッタが認めたように、これは実のところクーデターというよりは、元帥＝大統領の軽率な行動だった[10]。これが王党派の陰謀によるものだと証明されたことはない。アルベール・ド・ブルイユは、首相として最後まで、忠実にこのエリゼ宮の軽挙の結果に対する責任を果たしたが、彼は喜んで首相に就任したのではなかった。それでも、「五月一六日」とその後の動きは、結果として「三つの権力」間の序列を明確化し、国家元首の役割、議会の権限、そしてその双方と内閣との関係を定義した。いわばこの衝突は、必要とされていた回答をもたらしたのである。

六月一六日、大統領が上院に下院解散の要請〔第三共和制憲法では、大統領が下院を解散するには上院の同意を必要とした〕を行なったのと同じ日、下院は本会議を開催し、ブルイユ内閣に対する不信任決議案を審議し、これは三六三対一五八で可決された。下院を支配する左派諸グループには、有力な手段がなかった。それは、予算案の採決である。大統領は、強行突破を図ることはできなかった。しかし、上院の支援を受けている大統領は、解散権を行使することができた。左右両派の間の闘いが始まった。この日、六月一六日に、上院で下院解散の説明を行なったブルイユ公は、次のように発言した。

有権者は、マクマオン元帥とボルドーの独裁者、あるいは過激な大衆と新たな社会階層の蜂起をかろうじて押し留めているベルヴィルの演説家、のいずれかを選ばなければなりません。

下院で、内務大臣フルトゥーは、こう明快に語った。

下院多数派と大統領との間には、きわめて深く、絶対的な溝があります。審議を行なっても、議会の内外で政治状況を変えるものを生み出すことはできません。明瞭で確実な政治状況を得るために、国民の判断を求めるときが来ているのです[11]。

引き続き行なわれた、熱を帯びた審議の際に、ガンベッタはフルトゥー内相に次の言葉を放った。「この政府は神父たちの政府、司祭たちの内閣なのです」。この言葉により、左右の対立は原点に立ち戻った。これが、左派連合に反教権主義という共通原則を思い出させたのである。すべての左派が同じように反教権主義を解釈していたわけではないが。ガンベッタの狙いは的中した。この言葉は、選挙戦中、繰り返し用いられた。

上院は、大統領の下院解散の提案に賛成一四九票、反対一二〇票で同意し、下院は六月二五日解散された。

左派連合の勝利

五月一六日の「衝撃」は、左派諸勢力、左派の全勢力を、ティエールからルイ・ブランに至るまで結集させる効果があった。これらの勢力が構成する「共和派」は、二つの課題について共通の認識を持っていた。すなわち、議会の権利と教権派のもたらす危機について、である。というのも、批判の対象になっていたのは、マクマオンの持つ剣の背後にある、司教杖だったからだ。ジュール・シモンの辞任直後から、左派諸勢力はレゼルヴォワール館〔ヴェルサイユにある、一八世紀の館。ポンパドゥール夫人のために建設された〕に集い、抗議の声を上げた。下院が解散されると、「党派」は組織化された。三大勢力は、七月初めにそれぞれの代表者を、ジェネラル＝フォワ通りにあるエマニュエル・アラゴの自宅（二重の象徴である！）〔フォワ将軍は、復古王政下の自由主義派議員。エマニュエル・アラゴは共和派議員で、第二帝政に反対した〕に送った。ここで、来るべき選挙戦のために、共同政策綱領を決定した。これは困難な仕事だった。歴史的左派の理論家たち――ルイ・ブラン、ルドリュ＝ロラン、エドガール・キネら――とガンベッタ派の「日和見派」、反ガンベッタの「日和見派」、共和国を現時点では最も不適切でない体制としか見ていなかった中道左派の間には、あまり共通点がなかったからだ。最も巧妙な方策は、重大な意見の相違を目立たないようにしつつ、共和派を「議会に対して行なわれた攻撃」の被害者として見せることだった。これは、簡潔な声明文の中に明記され、「三六三人」〔共和派議員の数。この声明文は、「三六三人の声明」と呼ばれる〕は「一つの考え方を共有して一致団結し」、「一丸となって、同じ一つの立場で、有権者の審判を仰ぐ」としていた⑿。

この声明文に加えて、左派諸勢力による選挙対策委員会が設置され、毎週木曜日に会議が開催された。その成果の一つは、各選挙区の選挙対策委員会に、三六三人を統一候補として受け入れさせたことだった。共和派は一致して選挙戦に臨み、その規律は万全だった。共和派には、頼りになる雄弁家が複数いた。中でもガンベッタは第一級の弁論術を用いて、情熱的に穏健路線を訴えた。八月一五日に、リールで、後世まで語り伝えられる、この危機における最良の言葉を残したのはガンベッタであり、その犠牲となったのがマクマオンだった。「フランスが結論を下したときには、それに従うか、辞職するか、いずれかしかありません」。発言の直後に、これは大統領に対する侮辱だとしてガンベッタは訴追され、欠席裁判で禁固三カ月と罰金二〇〇〇フランの判決を受けた。もっとも、議員としての不可侵権により、この刑は後に免除となった。

共和派は、またティエール氏の支持も受けていた。パリ・コミューン鎮圧から六年が経ち、彼は共和国の賢人の一人と見なされていた。一八七三年五月二四日以来、彼は誰からも左派の人物だと見られていた。なぜならば、この当時、左派だというのは、共和国を望み、反動から共和国を守ることだったからだ。非常に穏健な左派ではあるが、これがなければ一八七五年に共和国は確立されなかったのである。ところが、前大統領は一八七七年九月三日に亡くなった。左派のためにその身を捧げるには、これほど絶好の機会はなかった。というのは、葬儀には荘重な共和国のデモ行進のように、多数の大衆が詰めかけたからだ。行進は棺の後を追うときに最も威厳ある姿を見せるのである[13]。ガンベッタは、次のように書いた。

私は、これほど素晴らしい勝利を収められるとは夢にも思っていなかった。この世紀には多くの偉大な儀式があったが、その中でも最高の輝かしい儀式に立ち会うことができたのである。この国民は、我々の大義に大勝利をもたらし、クーデターを夢見る人々に無力感を味わわせて、間もなく退場させることになろう。このパリの熱情的な民衆の集合ほど驚くべき、そして同時に安心感を与えるものはない。この群衆は、六年前にティエール氏により砲撃され、銃撃されたが、理性と祖国愛の中に勝者を赦し、かつ礼賛する勇気を見出したのだから。(14)

左派には、文書による宣伝活動という有力な手段もあった。まだまだ農村中心の社会だったこの国では、行商人が情報伝達の上で積極的な役割を担っていた。彼らは、行政警察の監視にもかかわらず、チラシ、パンフレット、選挙公約集、風刺画などを、地方都市の定期市やその他の市場で配布していた。当然ながら、新聞は早くから地ならしを行なっていた。七月王政下で安価な新聞を初めて発行したエミール・ド・ジラルダンは、共和派の新聞では最も影響力があるものの一つだったラ・フランス紙を主宰していた。もう一人、有能なジャーナリストで、少し前からル・プティ・パリジアンの編集長を務めていたエクトル・ペサールは、この新聞を五月一六日の首謀者たちを攻撃する兵器にした。新たに共和主義に転じたジョン・ルモワヌは、レ・デバ紙を左派寄りにシフトした。もちろん、ガンベッタは選挙戦のための組織を準備していた。彼は宣伝活動委員会を設け、ここに共和派周辺のすべての新聞雑誌の編集長を集め、彼自身が主宰するラ・レピュブリック・フランセーズ紙編集部を左派系ジャーナリズムの司令部とした。勇猛果敢に闘いを進めた新聞のうちには、裁判所の犠牲となるものも見られた。ラ・マルセイエーズ紙とル・ラディカル紙は、六カ月の発行停止処分を受けた。それ以外にも、ラ・レピュブリック・フランセーズ、ル・ビアン・ピュブリック、ル・モ・ドルドル、ル・クリエ・ド・ラ・フランス、ラ・ランテルヌの各紙が、訴追の対象となった。
選挙の投票日は一〇月一四日に決まった。左派が結束していたのに対して、右派は分裂の様相を呈していた。リュニオン、ル・モニトゥール・ユニヴェルセル、ラ・デファンスの各紙は、ボナパルト派の新聞、ルエールの主宰するロルドル紙、ポール・ド・カサニャックのル・ペイ紙と論争を繰り広げた。しかし、ボナパルティストたちもまた、内部対立を見せていた。ポール・ド・カサニャックは、次のように書いた。

我々は皆、それぞれの旗を掲げて進むことになる。王党派は百合の花、我々は鷲、オルレアン派は雄鶏を掲げて。十字軍の時代には、それぞれの国民が自らの軍旗の下で、共通の敵と戦ったように。

この右派の三派間の意見の相違を、共和派は巧みに利用した。有権者たちの目には、共和派は国の内外で策謀家に抗して一定の秩序を防衛する機会を得たと映ったのである。
右派は、それでも政府の後押しを受け、内務大臣フルトゥーの強力な指導の下、選挙戦にボナパルティスト的な性格を付与した。内相はあらゆる手段を動員し、有権者に脅しをかけ、左派には一貫して厳しく対処し、保守派には集中的な支援を行なった。政治活動の場になったとの理由で酒場を営業停止にし、市町村議会を解散させ、新聞を告訴し、家宅捜索を行ない、合法的なものも、非合法なものも含め、ありとあらゆる手段を講じて、三六三人が下院に戻れないよう妨害した。

選挙戦が終わったときには、解散を命じられた市町村議会は六一三に上り、市町村長一七四三人と助役一三三四人が解任され、各種団体三四三が解散され、飲食店二〇六七軒が閉鎖、公務員四七七九人が異動を命じられ、出版物四二一点が告発され、一七〇人が反乱を呼びかけたかどで訴追されて、罰金刑、禁固刑を言い渡された。これらを、ジョン・ルモワヌはル・ジュルナル・デ・デバ紙上で「行政の乱痴気騒ぎ」(15)と評した。

これに加えて、内務大臣は政府支援候補には正統性があるとしていたのだが、七月二日に候補者四九〇名──ボナパルト派二四〇人、王党派二五〇人──に、白色ポスター(「元帥(マクマオン大統領を指す)の政府の公式候補」との文言が印刷されたポスター)の独占的な掲示という恩恵を受けることになった。大統領自ら、体を張ったというわけである。彼は、国内で人気があった。彼は官僚と消防士に取り囲まれて、地方を訪問した。彼は、常に人々を安心させる言葉を口にできたわけではない。七月一日には、観兵式の折に、彼は次のように述べた。「私は、皆さんが権威と法に対する尊重を維持するために助けてくれるものと確信しています」。一〇月一日付の、内務大臣が副署した声明文では、彼は憲法を尊重すると主張した──しかし、その後には次のように述べた。「私は、デマゴギーの命ずるところに従うわけにはいかない。私は、急進主義の手先になることもできなければ、憲法の定めに従い就いた職務を放棄するわけにもいかない」。

教会もまた、この論戦に参入した。ガンベッタは繰り返し、反教権主義と宗教それ自体への反対を混同すべきではないと主張した。

私たちが、教権主義の脅威を作り出したと言われることがあります。私は、聖職者が宗教と道徳の分野にとどまる限り、彼らを攻撃したことはありません。しかし、本来慰めと救済のためにある宗教を、支配し君臨するための道具と見なす人々とはこれまでも戦ってきたし、これからも戦うつもりです[16]。

実際、左派の選挙キャンペーンは節度あるものだった。コンビスム〔エミール・コンブが主張した、徹底した反教権主義〕の時代の幕開けとなった一九〇二年の選挙とは、まったく類似点がなかった。中道左派には多くのカトリックがいて、彼らには急進主義的な主張をする意図はまったくなかった。連合は、穏健共和派の政策を基礎として成り立っていた。E・ド・マルセールは、次のように述べた。

体制の基盤作りに全力を挙げていた我々中道左派は、共和派が国民の間に宗教論争を引き起こして、多くの良きフランス人を共和国から遠ざけ、また彼らが共和国に賛同するのを妨げることによって、この基盤作りという事業を危険にさらすかもしれないとは想像もしていなかった[17]。

それでも、聖職者とカトリック派の他の指導者たちは、こうした考察の対象とはされず、また彼らは教権主義とカトリックを別のものだと区分する見方を拒否していた。

この区分が理論的には正しかったとしても、反教権的な警戒感は聖職者組織に敵対的であり、教会の影響力を低下させることによってこの国の脱キリスト教化を進めようとしていると、カトリック指導者には感じられた。たとえば、ガンベッタがキリスト教を尊重するといくら繰り返し述べても、彼は下院予算委員長として、教会に対する国の財政支援を減少させようとしていることを表明したではないか。大勢の司祭と信者の支援を受けるルイ・ヴィヨは、一八七七年八月二五日付のリュニヴェール紙に次のように書いた。「ガンベッタ氏が〝司祭たちの政府〟をでっち上げたのは、より確実に〝使徒信条〟を殺すためである」。

実際のところ、カトリック陣営は守勢に回っていた。ローマ教皇の世俗権の喪失は、キリスト教世界の衰退を引き起こしたというよりも、むしろその衰退を象徴していた。民衆的カトリックの巡礼の波や信仰の表現も、一八七〇年代における実態を隠すことはできなかった。ほとんどすべてのフランス人がなおカトリックを自称していたとしても、いくつかの地方を除けば、実際に信仰を実践していたのは女性と子供が多数だった。ヴィヨの憤りは多くの農村地帯の司祭たちを喜ばせたが、それは彼らの孤立に向けられた慰めだった。というのは、彼ら自身、農村の大衆が「宗教に関して無関心」であることを実感していたからだ。カトリック委員会の総会は九つの常任委員会に支えられており、教権派幹部の勢力がうかがえるが、「信仰を実践しているのは、多くの都市では一〇〇人中五人以下、キリスト教が強くない地方では労働者あるいは農村住民五人以下だった[18]」。カトリシズム防衛は、ローマ教皇庁の主権の擁護ばかりではなく、エリート層のみならず庶民からも見放されつつある宗教の防衛でもあったのである。

脱キリスト教化と呼ばれるこの現象は、政治面にも現れていた。カトリシズムは、近代世界からあらゆる攻撃を受けていたために、徹底して反近代となった。ピウス九世の時代からはるか後、ベルナノスは次のように書いた。「近代国家は、本質的に反キリスト教である」。確かに、カトリシズムに独自の政治思想は存在せず、いかなる形態の政府にも適応できるはずではあった。だが、実際にはカトリシズムは反革命勢力と深い紐帯で結ばれていると感じていた。ピウス九世時代のカトリシズムは、近代社会との和解を図ろうとはせずに、逆に消滅しつつあったキリスト教世界への強いノスタルジーにより動かされていた。真理を独占するとの立場から、カトリシズムは自由主義的、もしくは民主的な多元性の原理をまったく受け入れることができなかった。あらゆる方面からの脅威にさらされて、カトリシズムは非妥協的な立場をさらに強化すべく、教義のリストに新たな項目を付け加えた。一八五四年には、無原罪のお宿りの教義を、一八七〇年には教皇の無謬性の教義を。一八三〇年から一八四八年の間に見られたキリスト教民主主義の試みは、ローマから非難を受けた。自由カトリシズムは、少数派とエリート層にしか浸透しなかった。ローマの「囚人」の教皇三重冠、「近代思想」の蔑視者、古い宗教の徹底した擁護者が、歴史の激動、「恐るべき年」〔一八七〇年のフランスとパリを主題とするヴィクトル・ユゴーの著書の題名による〕の悲劇的な出来事と国家の不安定な状況に不安を覚える信者を引き寄せていたのである。この反自由主義で反共和国の、自らを誇示するカトリシズムに対して、左派は教権派の脅威との闘いを主張する傾向が強かった。反教権派の攻撃は、カトリックを教会を尊重する王党派勢力と手を結ばせる結果となった。

五月一六日の危機に際しては、司教たちによる介入は控え目なものだった。なぜなら、右派の候補者の大半は、「司祭たちの政府」と同一視されるのを好まなかったからだ。しかしながら、カンブレーで、モンペリエで、リモージュで、アヌシーで、司教たちは保守派の候補を公に支援した。ブルジュ司教は、次のように書いた。

このたびの選挙は、フランスと教会にとって決定的に重要である…（中略）…もしも革命的綱領が勝利を得るなら、我々の国も、国の運命も、国の最も重要な利益も、そして我々が最も大切にしている大義も、恐らくは長期間にわたって生命を奪われるであろう。

教育・宗務大臣ブリュネは各県知事に特別な通達を発し、司教たちに沈黙を守らせるよう命じた。(19) 教会からの支援は、保守派に不安を与えた。有権者――フランス国籍を有する二一歳以上の男子――の多数はもはや教会の影響下になく、むしろ信用していないことを知っていたからだ。それゆえ、一〇月九日に、ガンベッタは次のように述べたのである。

我々は、以前こう言いました。敵は教権主義だ！　有権者は、この声に応えなくてはなりません。そして、人々に選挙の結果を注視するように求めて、こう言うのです。教権主義は敗れた！

第一回投票と決選投票を経て、三六三人は、ガンベッタが議会解散時に予言したように四〇〇人にはならなかった。それでも、左派は多数で議会に復帰した。共和派三二六人に対して、右派は二〇七人が当選した。それぞれの得票数は、左派が四二〇万票、右派が三六〇万票だった。マクマオンは、すぐにはこの結果に「従う」つもりはなかった。しかしながら、上院は、議長のオーディフレ＝パスキエ公を通じて、新たな下院の解散には協力できないと大統領に伝えた。結局、マクマオンはやむなくデュフォールに再び組閣を要請し、しかも彼の求める条件を受け入れたのだった。マクマオンが一二月一五日に下院に伝えたメッセージはデュフォール内閣の閣僚三人により書かれたもので、次のような内容だった。

解散権の行使は、決定権を持つ審判者の最終的判断を仰ぐ手段であり…（中略）…統治の仕組みとして確立されうるものではありません。私は、この権限を行使すべきと考えました。そして、国民の出した回答に従うものです。

一八七五年憲法は、議会制共和国を樹立しました。大統領を無答責とする一方で、大臣には連帯責任と個人的責任を持つものとしました。

このように、我々の義務と権限は、それぞれ定められています。大臣の独立性は、新たな責任を果たすための条件なのです。

憲法に基づくこれらの原則は、我々政府の原則です。

（中略）

上院と、今後は任期満了まで務めることを保証された下院の間に成立した合意は、公共の利益が求める立法のための重要な仕事の完遂を可能とするものです…（後略）。

五月一六日の中心課題

一八七八年五月一日、パリで万国博覧会が開会した。この日の開会式の際には、一八七〇年以来初めて、オーケストラによる「ラ・マルセイエーズ」の演奏が行なわれた。パリ市民と地方からの来場者は、一瞬驚いたものの、すぐに自分たちが共和国の国民であるとの感覚を抱いたのだった。しかし、それはいかなる共和国だったのだろうか。この質問に対して、五月一六日の危機は複数の回答を出していた。

第一に、「五月一六日」はフランス国民が共和制を選択したことを確認するものだった。行政当局による巨大な圧力にもかかわらず、有権者は一八七五年憲法の制定以来二度目となる、共和派に多数を与える選択を行なった。一八七一年以降、共和派は全国で影響力を徐々に、そして確実に拡大していた。特に顕著だったのは、それまでは圧倒的に少数派だった農村地域においてである。一八七七年の市町村議会選挙も、この傾向を示す指標となった。ダニエル・アレヴィーは、これを「市役所の革命」と呼んだ。この共和派の勢力伸張は、共和国が革命と戦争と結びつくとの印象が消滅したことによるものだ。急進派から日和見派の穏健路線に転じたガンベッタは、フランス国民に与えられた共和制の基本概念を適切に説明した。これは安定と平和をもたらす体制だというのである。これに対して王党派は、五月一六日の危機に際して、混乱ばかりでなく、対外戦争の危険をも体現していた。ガンベッタにより代表される、共和国支持勢力である左派は、依然として暫定的で、王政復古の脅威にさらされていた共和制を確固たるものとするために、受け入れ可能なすべての妥協を行なうよう努めた。共和国は、大多数の人々を不安にさせることがなくなった——共和国は、もはや「赤」くなく、「社会的」でもなかった。全国民のための体制であろうとして、「金持ち」と「貧乏人」を区別しなかった。ガンベッタは、次の後世に残る言葉を述べたとされる。「社会問題は存在しない」。実際には、この言葉は一八七三年四月一八日のル・アーヴルでの演説から引かれたもので、不正確である。ガンベッタの発言は、以下の通りだった。

民主主義の下でも、一部に貧困と苦しみがあることを否定すべきではありません。しかし、万能薬があると信じる人々の語るユートピア、世界に幸福をもたらす呪文には用心が必要です。社会を一気によくする治療法などありません。なぜなら、たった一つの社会問題が存在するのではないからです。あるのは、解決すべき一連の問題、打ち負かさなければならない一連の困難なのです。これらの問題は、ただ一つの魔法の言葉で解決されるものではなく、一つ一つに対処することが必要なのです(20)。

ガンベッタは、きわめて経験主義的な考え方を示して、社会主義者と対立した。いわく、階級闘争は社会の実態のアルファとオメガではない。共和国は、他の階級に対抗する、特定の階級のためだけの制度ではない。共和国は、さまざまな社会問題の解決を図る体制であって、「資本」に対する「労働」の勝利ではない。しかし、共和国には、それとは異なる階級的な意味があったのかもしれない

――ガンベッタの別の演説が、それを示唆している。それは、新たな階層、彼自身の出自でもある、中小ブルジョワジーの権力への進出である。一八八二年九月二六日、グルノーブルで、彼はこの「新たな社会階層」、民衆の立派な息子たちの政治の舞台への登場について語った。有権者は、貴族もしくはブルジョワジーの古い家系の代表者と並んで、彼らを議員として選んだのである。小ブルジョワジー中のエリートは、指導的階層と民衆層の間をつなぐ役割を果たし、共和制を支える多くの政治家や官僚を輩出してゆくことになる。

第二に、五月一六日の危機は、左派に共和派としての正統性の独占を許す結果を生んだ。一八七七年においては――これは、その後も長く続くことになる――、左派とは共和国、そして共和国とは左派を意味したのである。「左派」と「共和制」はこのとき完全に一致し、それによって長期にわたり「右派」の語にマイナスのイメージを与えることになった。共和国が誰からも受け入れられるようになると、誰も右派だと言われたくなくなったのである。ティボーデが、フランス人の「シニストリスム」と呼んだものである。しかしこの危機は、左派に一致団結の原則と同時に、結束の習慣も与えた。それ自体としては、左派は存在しない。それは、乗り越えがたい矛盾を含むさまざまな傾向や潮流の総体であり、共和国の大義を守るときを除いては存在しないのだ。長期間政府を主導するためには一致できない一方で、左派の各構成団体は共和制の敵対者と闘う場合には、結束して有効に対処することができた。選挙戦の期間中、一つの闘争の期間中、あるいはより長期にわたる野党暮らしの期間においては、左派は内部対立を脇に置いて、やがて「共和国防衛」と呼ばれるようになる行動を取ったのである。

一一月七日に招集された新議会を前に、マクマオンはなお抵抗を試みた。危険に直面した左派は、共通の幹部会議を設置することで、結束を保とうとした。幹部会メンバーの一人は、次のように書いた。「暗黙の了解により、議会は幹部会議からの伝達事項を指令のように受け取った……（中略）……最終的に我々が勝利を得たのは、恐らくこの規律のお陰である」[21]。この規律は、有権者によっても守られた。選挙戦に際して、前職議員三六三人に対抗して出馬した共和派候補は一人もいなかった。前職議員が右派だった選挙区では、複数の共和派候補の出馬が認められたが、決選投票では第一回投票で最多の票を得た候補を支援するため、他の共和派候補は立候補を辞退することが義務づけられた。この行動は、一八八五年の選挙から「共和的規律」と呼ばれるようになった。

しかしながら、選挙戦期間中と「共和的正統性」を持たない政敵に対抗する場合の左派の統一と結束は、第三共和制の持つ弱点を維持する方向に働いた。右派は、五月一六日の後には、長期にわたり権力から遠ざけられ、いわば政府への出入り禁止をくらったのである。右というときに、それを政治家と捉えるとしても、忘れてはならないのは一八七七年の選挙で、右派が投票総数の四六%を獲得したことである——これは、フランス全体の半分近くに当たる。残りの半分——一八七七年における約五四%——から、一八七九年以降のすべての首相と大統領が選ばれた。この状況を定義するために、オディール・リュデルは「絶対共和制」という概念を考え出した。それは、本物の政権交代を禁じた仕組みであり、正統性の証明書を持つ共和派のみが政権に就けるとするものだった。ところが、この仕組みは「正統でない」少数派を排除するばかりでなく、これに加えて「選挙のたびに再確認を必要とする、左派としての正統性を有する義務」と、「左派としての正統性を持つ義務と相容れない、中道的な妥協の穏和な政策」を必要とする「議会制を基盤とする政権への欲求[22]」の間の矛盾に基礎を置いていたのである。

この左右両派の根本的な分離は、教会をめぐる問題により、一層重大となった。左派は「教権派の脅威」を結束のための合言葉の一つとし、右派はカトリシズムの擁護者と見られたからである。この左右両派のイデオロギー上の対立は、社会・経済問題に関わる対立以上に重要なものとなった。この対立には、哲学的な根拠があった。それは、「啓蒙主義」と「蒙昧主義」の闘いである。「近代的」精神の持ち主が、どうして聖シュルピス教会辺りで売られている「美術品」、巡礼者たちの大仰な聖母崇拝、聖遺物崇拝の復活のもたらす災害の妥当性を認めることができただろうか。一八七五年の高等教育法案審議に際して、ラ・スメーヌ・ルリジューズ誌は、タルヌ県の信者にトゥールーズにカトリック大学を創立する資金の寄付を呼びかけて、「一七八九年以前と同様な、素晴らしい大学を再び創らなければならない」と書き、さらにそこでは国立大学で容認されている科目の教育は行なわないとした。その例として、同誌は「聖書の土台を掘り崩す地学、人間が猿から進化したとする理論、聖書に反対を唱える言語学、キリスト教に反して歴史を作り変える歴史学[23]」を挙げている。反教権派もまた、多くの愚かな言動を行なっていたに違いない。左右いずれにとっても、宗教戦争はよいインスピレーションを与えるものではないのだ。しかし、一八七七年においては、三六三人の反教権主義は穏当なものであり、中道左派は急進派の政策にはまったく同意しなかった。しかし、聖職者とカトリック系新聞の取った態度は、左派と共和国と反教権主義の一体化を明確にするものだった。二つの党派というより、二つの世界観が衝突した。一八七五年憲法が、宗教的、哲学的な多元性をもたらす自由主義的な体制を確立すると期待させたが、五月一六日の危機とその結末は長期間にわたりカトリシズムを右派に根付かせ、「共和的正統性」からは遠ざけたのである。左右対立の弁証法は、結果として中道諸派を壊滅させ、宗教問題の平穏化を図る代わりに、際だった敵対関係を産み出す結果となった。左派にとっては、教会は進歩と自由の敵だった。右派にとっては、王政復古への最後の希望が失われてからは、教会の擁護がその苦悩するアイデンティティーの最後の原理となるのである。

最後に、五月一六日に問題となったのは、諸制度の機能ばかりでなく、それ以上に体制の本質に関わるものである。この危機以前には、マクマオンのように一八七五年憲法を解釈することは法に適っていた。大統領であるマクマオンは、議会と同等の法案提出権を有し、文民と軍人双方の人事を全面的に掌握し、上院の同意の下に解散権を持つなど、王政に匹敵する権限を持っていた。この解散権を彼は誠実に行使した。なぜなら、それは彼が任命した内閣が、議会と対立したからだ。しかしながら、この解釈は共和派の勝利によってもはや有効ではなくなった。この勝利が、「三権力」の序列を定めたからだ。上院は、直接選挙で選ばれる下院の優位を認めた。下院の優位は、大統領に対しても確認され、大統領は下院多数派の意思を尊重しなければならなくなった。マクマオンは、結局、一八七九年一月九日の上院選で共和派が多数派となると、一月三〇日に辞任した。この同じ日に、共和派として知られる人物が、新大統領に選出された。ジュール・グレヴィである。グレヴィは、人物として、またその主義主張から――彼は、特に下院の解散に反対の立場だった――、大統領職の役割の縮小と、議会の優位を明確化することになる。一八七五年憲法の定めるところでは、「大統領の発する政令は、いずれも大臣によって副署されるものとする」。一八七五年二月二五日の法律第三条のこの項の文言を修正することなく、グレヴィは運用においてこれを変更した。大統領の署名は、単なる形式的手続きとなった。発意は大臣の側にあり、大統領の署名は、議会の同意を得られる見込みがある場合のみに求められることとなった。それは、オルレアニスト的憲法を逆転させるものだった――しかし、同時に議会による厳しいチェックが行政府に入るようになり、それは内閣の不安定を招く結果となった。この観点から、第五共和制はマクマオンによる復讐のように見えたかもしれない。

五月一六日から二年も経たないうちに、共和国は「共和派」に掌握された。しかしながら、共和国はまだ、ガンベッタが宣言したように、「全国民のための体制」になっているとは言えなかった。一八七五年の自由主義的な妥協は脆いもので、相矛盾する言外の了解事項を内包していた。それでも、この憲法はイデオロギー的な内容を含んでいなかったから、フランス国民の間で最小限の合意が得られるとの期待を持つことはできた。五月一六日の危機は、それとは逆に、結局、事実関係以上に集団的記憶において、それぞれが文化的な重みを持つ二つのフランスの間の分裂を招いた。敗北し、排除されたフランスは、君主制支持の三つの右派にとどまらず、戦闘的カトリシズムをも含んでいた。勝利を収めたフランスは、結局のところ、ローマの権威から自由になり、共和国のうちにこの宗教からの解放を得られる体制を見出したのだった。フランス現代史がいまなお影響を受けているこの分裂を、回避する手立てはあったのだろうか。すべての人々を、司祭もフリーメーソン団員も、パレイ＝ル＝モニアルの巡礼者も、自由思想家の薬剤師も、ヴイヨの弟子もキネの弟子も満足させられる中立的な体制を夢見ることは可能だったのだろうか。それは、教会とその時代との、過去におけるすべての闘いの夢だった。もしカトリックがより早くに共和国に賛同していたなら、共和主義がこれほど反教権的になるのを回避することは可能だったかもしれない。しかし、ごく一部のカトリックが望んだこの賛同は、政治以外の信念と相容れないものだった。それは教義の問題以上に、ある種の感性、いままでは過去に属する自然な秩序、私が先にキリスト教世界に対する郷愁と呼んだものを傷つけたのである。カトリック教徒が多様な信条の存在に対して覚える断腸の思いを乗り越えるには、長い時間が必要だった。信仰による一致に重きを置いていたこの人々は、自分の殻に閉じこもり、復讐の機会を待ち、共和的精神に対する長きにわたる敵対心を抱くことにより、希望を持ち続けようと考えたのである。

教会とその敵対者のいずれの責任がより重いかはともかくとしても、この対立は第三共和制の歴史に重要な痕跡をとどめた。一八七一年五月に、この共和国は労働者を弾圧することにより根付いた。一八七七年には、カトリック市民を排除することで――明確に意図してのことではなかったが――、共和国はその地位を確固たるものとした。この二つの分断、二つの分裂は、共和主義の精神があらかじめ「意図した」ものではなく、歴史と偶然の出来事が組み合わさって、できあがったものだ。そして二つの分断、二つの分裂は、徐々に議会制共和国の特徴を形成することになる。それから一〇年も経たないうちに、ブーランジェ危機はこの共和的コンセンサスの重大な欠陥を明らかにするのである。

第3章　ブーランジスム

一八七一年のパリ・コミューンと「ヴェルサイユ派」の間の内戦の主要な原因は、階級闘争に求めることができた。一八七七年の左派と右派の闘いは、体制の問題（共和制か君主制か）、およびこれにつながる問題（諸制度の世俗化か、それとも諸制度に対する教権の影響力の維持か）をめぐるものだった。さて、一八八七年から一八八九年にかけて、社会の平穏と当時の体制の再検討を迫ろうとしたブーランジスムが何だったのかを短く表現しようとするならば、これは「疎外された人々」による、議会制共和国に対する反乱だったと言うことができよう。議会制共和国は、一八八〇年代初めに、「オポルテュニスト（日和見派）」の指揮の下に、その法的基盤を確立していた。この共和国は慎重で用心深かったにもかかわらず、一部の人々からは革命の忌むべき子供であり、打倒すべき体制であり、「神なき」国家だと見られ続けていた。また他の人々にとっては、この用心深さゆえに、議会制共和国は揺るぎないブルジョワ支配を隠すための見せかけにすぎないのだった。それというのも、ブーランジェ運動は過去に存在したものの再現ではなく、新たな状況から派生したものだったからである。この運動は、確立された共和制という枠組みの中で発展した。ブーランジェ派と反ブーランジェ派を分かつ境界線は、「ブルジョワ」と「労働者」を分かつ線とは異なるものだった。それはまた、共和派と反共和派の間の境界線とも異なっていた。ブーランジェの運動の構成は、複合的である。抗議、復讐、もしくは希望のための手段であるこの運動を利用しようとする人々に共通していたのは、「フェリー派」共和国を敵視している点だけだったのかもしれない。この共和国は、パリの土木作業員とペリグーの代訴人、急進派に投票する有権者とボナパルト派支持者、ブランキ派の無神論者とラ・クロワ紙の定期購読者のいずれからも、反感を買っていたのである。

しかしながら、ブーランジスムは単なる「不平分子の集合体」、「人々を結集させる嫌悪感」、不満を抱き復讐を望む雑多な人々の連合体だったわけではない。フランス特有の熱狂が冷めた途端に衰退することが想定される不均衡な運動ではなかったのである。この運動の中には、運動の目的とは無関係に、新たな政治モデルの萌芽が存在したかもしれない。要するに、ポーリュス（歌手。一八八六年にブーランジスムを支持するブルジョワジーを皮肉った歌「パレードから戻って」を歌った）の歌のリフレインに彩られた「国民的フォークロア」という側面にしか目を向けないならば、フランス人の歴史によくも（可能性なきにしもあらず）悪くも（自明の理）与えられることになる、結集、抗議、対決の新しい形態を十分には捉えられないのである。

ジュール・フェリーの共和国

一八七九年一月三〇日にジュール・グレヴィが大統領に選出されて以来、共和派が統治機構を支配するようになった。数年間で、次々と法案を通すことにより、共和派は体制にほぼ最終的な制度上の枠組み、価値体系と慣行を付与した。一八七七年五月一六日危機の際に獲得した権威ある立場により、レオン・ガンベッタは共和国の基盤を確立したこの時期を代表する人物になることも可能だった。しかしながら、共和派内でジュール・グレヴィをはじめとする有力者たちから不信感を持たれていた彼は、一八八二年一二月三一日に早世したこともあり、六歳年長のジュール・フェリーに、揺籃期にある議会制共和国を象徴する英雄となる名誉を譲ったのである。こんにち、歴史家たちは彼の業績に対する分析に賛辞を付け加えるが（一九八二年一月にソルボンヌで開催された、彼の記憶に関するシンポジウムの際にもそうした言葉が聞かれた）、サン＝ディエ選出議員は生前、こうした全員一致の賛同を得たことはない。ジュール・フェリーは、その時代においては、最も風刺の対象となり、最も揶揄され、最も嫌われた人物の一人だった。右派からは、「神なき学校」を非難された。左派からは、社会的に保守であるとして批判を受けた。右派と左派の一部は、彼の植民地政策を責め立てた。教育相を三度、首相を二度務めた彼は、一八七九年から一八八五年までの六年間を、建設的実証主義の偉大な実践者として権力を行使したが、彼の実績はあるいは非難の対象となり、あるいは理解されず、反感を買ったのである。ブーランジェ将軍は、人気の絶頂にあった時期に、この反感を大いに利用した。

彼の政策は、結局のところ、ガンベッタのオポルテュニスム（日和見共和主義）の延長線上にあるものだった。一八八〇年ごろにガンベッタとフェリーが異なる道を歩むようになったのは、思想的な原因によると言うよりは、個人的なスタイル、社会的出自、かつての意見の相違によるものだった[1]。共和派連合の後輩よりもはるかに早く、ジュール・フェリーは穏和主義に傾いていた。彼が推奨する共和国は、フリギア帽を被ったマリアンヌのそれ〔革命の流れを汲む戦闘的な共和国〕ではなく、麦の穂の束の共和国だった[2]。実証主義者で、一八七五年にフリーメーソンのロッジ「慈しみに満ちた友情」にリトレと同時に入会を許され、一八七九年から一八八六年にかけて、無償義務教育の非宗教化を実現する重要な法律を成立させた彼は、カトリック右派を憤慨させた。彼らは好んで、次のような黙示録的コメントを加えた。「キリストの治世の代わりに、サタンの帝国が望まれているのだ[3]」。それでも、ジュール・フェリーは左派の急進派にも満足を与えてはいなかった。そのうちの一人、元パリ市議会議員のジュール・フィオーは、一八八六年にきわめて直截的な題名の政治文書を著した。『公衆に害を及ぼす悪党』というのが、その題名だった。フィオーは次のように書いた。

オポルテュニスムは、一人の人物のうちに凝縮し、具現化された。この人物の行動により、フランスと共和国は危機に瀕したが、世論は無関心と無気力に目隠しされて、まだこのことに気づいていない。

一八八一年の下院選挙で左派が圧倒的な勝利を収めた後、急進派は憲法改正を要求した。クレマンソーにとっては、「いまや、共和派的秩序を築き、フランスの民主主義が完全に自由を回復するために有利な条件が整った」のだった。一八八三年三月七日に、下院で急進派の指導者が表明した、この共和主義の純粋な根源への回帰の希求に対して、フェリーは「非妥協的な態度の拡大」だとして抵抗した。「文明の異なる段階」理論を形成したオーギュスト・コントの思想に学び、長期的な視点を重視する彼は、急進派の騒々しい行動を批判した。

進歩とは、痙攣《けいれん》の連続でも、実力行使の繰り返しでもありません。否、それは社会が成長し、変化するときの現象であり、それはまず思想の面に現れます。それが慣習と化し、さらに法律となって取り入れられるのです。(4)

彼が中心となった一八八四年の憲法改正は、したがって左派野党を満足させるにはほど遠いものだった。上院は存続し、終身議員の廃止と選挙人団内部の不均衡を是正するにとどまった。解散権も維持された。フェリーは「政府中心」の共和国を望んだからである。もっとも、それは無駄なことだった。ジュール・グレヴィからアルベール・ルブランに至るまで、どの大統領も解散権を行使しなかったからである。急進派はまた、フェリーには社会政策がないとして異議を唱えた。平等主義的なこの政治勢力は、彼が資本と融和的すぎるとして糾弾した。この点に関して、ジュール・フェリーはすでに第二帝政時代に説明していた。彼は、「社会問題」の存在を否定はしなかったが、現代世界の実情、すなわち「進行する資本と労働の分離」、「不可避にして漸進的な、一定の範囲内における資本の集中」(5)も否定しないよう求めていた。彼にとっては、「現実に存在するものに対して反抗すべきではない」のだった。それは現実のなすがままにされることではなく、彼の師であるオーギュスト・コントが言いえたように「文明の傾向」に「適合した政治行動」をとることが重要なのだった。資本の集中に対して、彼は均衡をとるための措置を推奨した。それは「社会道徳を伝える要素」である世論であり、また「労働大衆の集団組織と段階的な教化」だった。

ジュール・フェリーの政治哲学の中核を形成したのは、「教育における平等」である。国民の統合を求め、革命の世紀によって分裂状態にあった社会の回復を図ろうとして、彼は学校に将来の社会の調和を実現する役割を与えたのである。その結果、彼の業績には進歩的精神と保守的精神の二重の刻印が残された。社会の結束を図る役割を教会から取り上げた点においては、進歩的だった。統合のミッションは、以後、宗教上の教義ではなく、科学に与えられたのである。フェリーのライシテに関する業績を讃えて、ピエール・ラフィットが「もはや神は公共の範疇のものではなくなった。以後、神は私的な範疇のものとなった[6]」と言ったように。しかしながら、彼の業績は保守的でもあった。なぜならば、学校教育は社会階層間の関係を穏やかにし、被支配者たちに社会的ヒエラルキーにおける自らの位置を受け入れさせるよう努めなければならなかったからである。道徳と市民教育がその役割を果たすはずだった。貯蓄の美徳とエリート主義が、最も優れた者と貧しい者を分かつのである。反パリ・コミューンの共和派であるジュール・フェリーは、「黒色インターナショナル」と「赤色インターナショナル」との二正面の闘いを並行して行ない、また反革命と社会主義革命のいずれをも退けた。彼によれば、時が経てば前者は消滅し、後者は弱体化するだろうというのだった。

フェリーの共和国は、社会と国家を世俗化しようと努めた。物事の進展を急がせることを避けて、教会と国家の分離を制度化することはしなかった。というのも、フェリーにはカトリックと闘う意図はまったくなかったのである。「闘いは、統治のための方法ではない」と彼は言った。彼は反教権主義者を自称したが、反宗教的な政策を行なってはいないと主張した。これについて、ラフィットは次のように述べている。「彼には、フランスの全人口の半数近くに対する闘いを、主要な目標とすることは考えられなかった」。いずれにしても、カトリックは日和見派の共和国が教権主義の影響力に対抗すべく取る措置（公的高等教育機関における学位授与の権限独占、不認可修道会に対する政令公布とそれに伴うイエズス会士の追放、公教育機関における教育カリキュラムと教師の世俗化）には反対であり、またフランス国民の結束を図る坩堝《るつぼ》である共和国の公教育の発展促進政策（師範学校、女子生徒の自宅通学、教育無償化、一三歳までの初等教育の義務化と非宗教化）についても同様だった。彼らはまた、一八八四年に復活が決まった、「反キリスト教的」な離婚法についても憤っていた。離婚を再び可能にした体制の最も有力な代表者たち――ガンベッタ、あるいはフェリー――は、祭壇の前で結婚することを拒否していたのである。

カトリック教会は、実態において、すでに人々の精神面を支配する力を失っていたが、こうして共和国の法は教会の失敗を法制化した。一八八一年に共和派に投票したフランス国民の多数派にとって、共和国は秩序と進歩という二つの概念を和解させたのである。秩序と進歩は、フェリーが自らのものとしたオーギュスト・コントのもう一つの標語だった[7]。

しかしながら、一八八二～一八八三年から、経済危機によって、確立したばかりの体制に対する、社会的、政治的に不穏な動きが再び頭をもたげてきた。この動きの中で、フェリーの植民地政策に対するナショナリストの怒りと、一八八五年の選挙後に広がり始める反議会主義の波が混合することになる。この新たな集団的熱狂となったブーランジスムの原因を探る上で、説明を明確化するために、病因となる三つの要素を挙げておくことにしよう。

経済の不振

一八八二年以降フランスが経験することになる経済の停滞と、部分的にブーランジスムに合流することとなる労働運動との間には、一定の因果関係があるとしばらく以前から認められるようになった[8]。事実、ブーランジェの運動は、経済危機を背景として勢力を伸ばしたのである。金融危機と失業のみに、世論がもたらしたこれほど複雑な現象の説明を求めることは決してできないだろう。それでも、労働市場の沈滞と全般的な経済不振は、大衆層（労働者と小ブルジョワ）を、現体制に対してブーランジスムが投げかけた修正論というテーマに引き付ける要因の一つとなったのである。

一八八二〜一八八三年から、フランスは世界的な不況の影響を受け始めた。この危機は、かつてのように、農民の収入の低下から工業製品市場および労働市場の縮小へと連鎖する農産品の不作に起因するものではなかった。しかしながら、農民たちもやはり大きな困難に直面した。外国産小麦との競争に加えて、フィロキセラによるブドウ畑の荒廃が、不幸な影響をもたらした。一八七五年に、ワイン生産量は八三〇〇万ヘクトリットルに達し、これまでの最高を記録した。それが、一八八七年には二四〇〇万ヘクトリットルにまで減少した。多数の県でワイン生産は壊滅的打撃を受け、この被害の影響は一五年間続いた。穀物に関しては、一八七三年以降、平均価格が下降線をたどった。農業生産による所得は減少し、農産物の価格上昇が農民に満足を与えた時代にピリオドが打たれた。

一八八〇年代に自らが脅かされていると感じるようになったもう一つの社会階層は、小規模商店主である。これらの商店主は数が多く、体制を支持する社会的基盤の一つだった。しかし、彼らは大規模商店との競争において、体制から本格的な保護を受けることを常に期待していた。「怪物」である ル・ボン・マルシェ百貨店の売上高は、一八八一年には一〇〇万フランを超えていた。ゾラが『オ・ボヌール・デ・ダム百貨店』を発表したのは、一八八三年のことである。この小説の舞台は第二帝政末期であるが、バロワの土地の接収、ロビノーの破産と自殺の試み、ボデュ夫人の死と夫人の棺に付き添う「この町内の破綻した個人商店」は、あたかも現実に起きていることのアレゴリーのように思われた。ブーランジェ派のプロパガンダは、大規模店舗を規制する法案をちらつかせることで、小規模商店主の注意を引き付けた。急進派も同種の公約を掲げることで、これに対抗しなければならなかった[9]。

工業分野では、部分失業ないしは完全失業が憂慮すべき規模に達していた。何十万人もの労働者が仕事を失い、その状態は何年も続いた。しかるに、働き口の不足に対する保障は存在しなかった。ギュスタヴ・ルアネは、ラ・ルヴュー・ソシアリスト（社会主義雑誌）誌の記事で、人々が議会に期待する労働法制定を議会が行なえなかった、あるいは行なおうとしなかったことを非難した。彼はこう書いた。

> ドイツ、英国、オーストリア、スイス、アメリカには、労働法が存在する。フランスでは、まだまったく手が付けられていない。革命の祖国であり、両世界の社会主義の発祥地であるこの国では、あたかも社会的進歩は停止してしまったかのようだ[10]。

ドイツに対する賠償金の重圧は、投資能力を減退させた。そこで、ブーランジェのナショナリズムは、極度に高率の課税というアイデアを利用することになる。当時のフランスの生産手段は、非常に分散していた。競争力は弱く、不況の時期にあっては国の介入が必要だと思われた。ところが、一八八四年からは国の歳出は減少し、その後数年間にわたりこの傾向は強まった。

国による大規模公共事業は、一八八五年から大幅に後退した。同様の傾向は、これ以外の分野をも襲った。しかし、フランスの労働者はまだ強固な組織を持っていなかった。労働組合（一八八四年の法律により正式に認められたが、実際にはそれ以前から存在していた）も、階級政党（いくつもの政党が競い合っていたが、いずれも依然として萌芽状態にあった）も、まだ結集のための枠組みとはなりえず、労働者の擁護や新たな権利の獲得のための有効な武器とはなりえなかった。防御的な性格のストライキはこの時期に多かったが、ほとんどの場合、敗北に終わった。二つの長期間にわたるストライキが、人々の注目を集めた。一八八六年のドカーズヴィルの炭鉱労働者のストライキ（一〇九日間）と、一八八七年のヴィエルゾンでの金属労働者のストライキ（二五七日間）である。しかし、他にも多くの、あまり知られることのないストライキが、「貧困と飢餓の運動」という「原始的」な形で行なわれていた。この見解を提示したミシェル・ペロは、一八八三〜一八八七年の時期について、次のように結論づけた。「ブーランジスムの成功は、民衆の大きな動揺の表れである」[11]。労働者組織の脆弱性は、不況の影響が最も大きかった社会階層が、至高の救世主の神話に耳を傾けるようになるのに実際に寄与した。バレスは、『兵士への呼びかけ』の中で、ブーランジスムを支持する「勇敢にして苦しむ大衆」の熱気を描写した。ロマン・ロランは『回想録』において、高等師範学校在学中の思い出を記す中で、一八八七年に学生と労働者の意見の相違についての場面を描写している。

私たちの学校では、黒い馬に乗った人物について〔ブーランジェ将軍を指す。将軍は常に黒い馬に乗ってい
た〕、激しい、嵐のような議論が戦わされた。しかしながら、全体として見れば、高等教育を受ける若者たちは、彼への反対を宣言した。若者たちは、盲目的な熱意をもって長靴をはいた救世主に従った商人や労働者たちといった民衆よりも物事がよく見えていた。偶像に対して罵詈雑言を浴びせながら、カルティエ・ラタンを行進するデモ隊を呆然として見ている人々の顔つきが、いまも私の記憶に残っている。青い仕事着姿の年配の労働者が、学生に向けて拳を突き出しながら叫んだ。

「あいつらは全員下司《げす》野郎だ――権力を握っている奴らの息子だ――打倒ブーランジェ！と叫ぶ奴らだ」

そして、彼の頬を大粒の涙が流れた(12)……

ブーランジスムは複合体であるが、この現象に誤った解釈を与えないためには、その民衆的、さらにはプロレタリア的要素を当初から考慮に入れておく必要がある。農民や保守的ブルジョワのブーランジスムがあるように、都市周辺部や北仏の炭鉱町のブーランジスムがあるのだ。ブーランジェの運動と階級の関係は、一八八九年一月のパリでの補欠選挙の際ほど明確になったことはないが、それに

ついてはまた後に触れる。ライバル関係にある社会主義グループが、いずれも反ブーランジェ派の側についたというわけではない。というのも、運動体の一般活動家の支持を失いたくない社会主義グループ指導者は、下部組織の動きに無関心ではいられなかったからである。そのうちの一人、エルネスト・ロシュは、一八八六年五月二日のパリでの補欠選挙に立候補して、権力者の「事なかれ主義」に対する民衆の怒りの力を、身をもって知ることになった。ロシュはブランキ派だった。彼は、この年の三月に、ドカーズヴィルのスト決行中の炭鉱労働者たちを支援する行動を取ったために、禁固一五カ月の刑を宣告されたことで知られていた。ロシュフォールの議員辞職により実施された補欠選挙で、ロシュはロシュフォールの支援を受けて、社会主義諸グループの候補者として出馬した。五月二日、急進派のゴーティエが一四万六〇〇〇票を得て当選したが、エルネスト・ロシュも一〇万票以上を集めた。しかるに、彼が属していたブランキ派は、ブーランジェを支持することになる。その最も明快な説明は、一八九〇年五月二五日になって、当時下院議員だった彼がル・ブランキスト誌上で行なった以下のようなものである。

我々の伝統は、民衆、特にパリの民衆とともに、その部隊の前衛となって歩むことだ。我々が彼らを指導するのではない。なぜなら民衆は、生まれながらに、正義に対する至高の関心を持ち合わせているからだ[13]。

ブーランジスムは、部分的には、権力の座にある共和派に対する深い失望から生まれた。急進派さえも、フロケ内閣の時期には、それまで民衆の大義を擁護するとしていたにもかかわらず、約束違反を行なったのである。

経済危機の発端となったのは、一八八二年のユニオン・ジェネラル銀行の破綻だった。この銀行は、その四年前に、保守派とカトリック派の出資により設立されていた（オーギュスト・シラクは「カトリシズムと、軍と、司法界と、老資産家の中の不満分子によるものだ[14]」と書いた）。この銀行は軽率な経営のために破綻に追い込まれ、頭取のポール＝ウジェーヌ・ボントゥーは裁判で責任を問われ、禁固五年の判決を受けた。被害者と保守系メディアは、この不運な出来事がユダヤ系およびプロテスタント系の銀行家の責任によるものだとした。これが、反ユダヤ的世論が広がる契機となった。エドゥアール・ドリュモンが、一八八六年に『ユダヤ人のフランス』を出版し成功して以降、その最も有名なスポークスマンとなるのである。それはともかく、ユニオン・ジェネラルの破綻は、金融危機を引き起こした。銀行預金の引き出しは貸出額の縮小、企業の資金難を招き、それは失業を拡大させた。

この社会的な不安を、二つの大衆紙がパリで大きく取り上げ、度合いの違いこそあれ、ブーランジスムの人気に寄与した。ラントランジジャン紙と、ル・クリ・デュ・プープル紙である。いずれの新聞も、一八八〇年七月一一日に公布された特赦法によりフランスに帰国した元パリ・コミューン派によって創刊された。アンリ・ロシュフォールは早くも七月一四日にラントランジジャン紙を発行し、好評を得た。ジュール・ヴァレスは一八八三年にル・クリ・デュ・プープル紙の発行を再開し、一八八五年に他界した際には精神的後継者セヴリーヌに編集を託した。この同じ年に起きたイエズス会士追放とパリ・コミューン派の帰還は、ポール・ド・カサニャックに次のように語らせた。「人殺しと放火犯は戻ってきた。去ってゆくのは神父たちだ」。ロシュフォールは愚弄するような発言を通じた第二帝政への反対、パリ・コミューンへの参加、ニューカレドニアからの脱走、悪趣味の極みの駄じゃれと悪質なデマゴギーが競い合う長広舌によって、パリの民衆の間で人気があり、世紀末のポピュリズムを作り出した人物で、またその代表者でもあった。社会的共和国の使徒で、反教権的であるとともにナショナリストの彼は、ブーランジスムのスピーカー役の一人であり、その後は反ドレフュスの看板を掲げることになる。セヴリーヌの新聞はより控え目で、より慎重ながら、それでも「ラ・ブーランジュ」に対して一定の共感を示していた。

選挙結果の社会学的分析は、新聞記事の解読、あるいはこの時期の公開集会に関する警察の資料の閲覧とともに、ジャック・ネレの説の中核部分を確認するものだ。それはすなわち、ブーランジェの運動の行動的構成員の一部は、貧困化し、議会制共和国に失望した労働者層だった、というものだ。ブーランジスムはあらゆる階級を分裂させたのであり、これを単なる階級運動だとして矮小化することはできない。しかし、ブーランジスムへの支持に関する地方別の差異の分析はともかくとして、重要なのは一八八五年までは急進派に投票していた低所得者、もしくは所得のない人々が、ブーランジェ派に投票した有権者のうちで少なからぬ割合を占めていたと認識することである。急進派が現行の体制内で、期待される社会政策を実行に移すことができなかったために、ノール県やセーヌ県の労働者街で、ブーランジスムの魅力が人々を捉え、この運動の突破口となったのである。ブーランジスムは複雑ではあるが、単純な考え方により表現することができる。それは、議会から「お喋りども」を追い出し、純粋かつ妥協のない共和国に取って代わらせることである。また、議会制度は外交政策というまったく別の分野において、共和派世論を失望させてもいた。労働者の抗議運動の利用に長《た》けたブーランジスムは、ジュール・フェリーの政策に憤り、勇ましい将軍が陸軍大臣としてビスマルクに対抗しようとしたことを喜んだナショナリスティックな感情を引き付けたのである。

ナショナリズムの危機

一八七一年の敗戦と、「アルザス・ロレーヌ」三県の割譲は、革命神話と共和国の信奉に基づくナショナリズムの高揚の出発点となった。フランクフルト条約締結後の二〇年間、フランスは失われた地方の喪に服し、ドイツが勝利を収めた理由につき思いをめぐらした。このもっともな愛国的感情は、フランスは諸国民の先導者であり、人類の未来を照らす、開かれた「偉大な国民」であるとの、ナショナリストに特有な信念である考え方と重ね合わされていた。一八七二年にサヴォワ県を訪れたガンベッタは、次のように述べた。

わが友人の皆さん、私たちは大変な経験をしてきました。フランスは、正確に言うなら宗教改革から、つまり一五世紀の半ばから、ヨーロッパのすべての国民にとって、ときには先導者であり、ときには先覚者であり、ときには殉教者でありました。フランスは自らの血と、献身と、犠牲と、隷属によって、他の国民の栄光と、解放と、自由を勝ち取ってきたのです。

極左から発されたかかる言葉は、「長く続く喝采[15]」を引き起こした。よく理解する必要があるのは、共和国は平和を求めるということである。共和国は、ヨーロッパでの新たな戦争を望んではいない。しかし、共和国は正義を求めており、領土の割譲が未来永劫にわたるものだとは認めないのである。クレマンソーは「もし我々に戦争をさせようとするのならば、受けて立とうではないか[16]」と述べた。パリ市民は、コンコルド広場にあるストラスブールを擬人化した像に花を捧げた。軍は誰からも尊敬され、愛され、感嘆の念を呼び起こした。共和国とはオッシュとクレベールの共和国、君主たちに敢然と立ち向かう武装した国民、専制政治に向けて突撃する貧民でもあった。この伝説的な物語は、左派と極左の共和派が好んで用いた。フランスでは、ナショナリズムはまだ右派のものではなかったのである。

一八八二年は年末にガンベッタが亡くなった年に当たるが、その友人ポール・デルレードが愛国者同盟を結成した年でもあった。ヴィクトル・ユゴーは、愛国者同盟を後援している。フランス・ナショナリズム団体の一つは、こうして有力な共和主義者の推薦を得てスタートしたのである。この団体の目的は、国民の愛国的警戒感を緩めず、若者に戦争になった場合の準備をさせることにあった。そのために、愛国者同盟は体育団体のネットワークを基盤として、身体の育成を行ない、また精神面の修養のためには、道徳上の教えを満載した週刊誌ル・ドラポーを発行した。同盟はまた、いくつかの記念日に歩調を取った行進を組織し、野次馬から喝采を受けた。愛国者同盟はあらゆる階層出身の会員を徐々に増やし、その数は数万人に達した。組織は、軍をモデルとしたものだった。特にパリでは、愛国者同盟はブーランジスムの主要な支援団体となった。

実際、ポール・デルレードは穏健共和派の外交政策にだまされたと感じていた。というのも、フェリーの共和国は国家としての義務である「復讐」の準備をなおざりにしたからだ。はるか後年、王党派のシャルル・モーラスはこの時期を語って、「フランス王妃である復讐」と述べている。デルレードと他の多くの共和派が批判の対象としたのは、フェリーの植民地政策だった。チュニジアとトンキン〔現在のベトナム北部〕への「長距離遠征」を、多額の財政負担を理由に右派が非難したのに対して、左派の一部――特に急進派の一部――はフランス軍の精鋭をヴォージュ山地の青い稜線から遠く離れた土地に派遣するのは、ビスマルクの作戦を利するものだとして、フェリーに異議を唱えた。実際のところ、この植民地政策はジュール・フェリーが政権を担う以前からのものだったが、彼はこの政策を進んで遂行し、哲学的、道徳的な面において、実証主義的な思想上の立場から正当化したのだった。「中心にある国民」であるフランスは、「優秀な人種」に与えられる、「下等な人種」に対する全地球的な任務を持っている――その優秀性は、歴史に基づくものであって、生物学的観点によるものではない。その任務とは、人類の進歩のために、文明化を行ない、教育的で、兄の友愛に基づくものだ[17]。理想主義的な論拠に加えて、ジュール・フェリーは経済的な理由も挙げていた。それは、主としてて『近代民族における植民地化について』（一八七四年）を著した自由主義経済学者ポール・ルロワ＝ボーリューの説に基づいていた。「植民地政策は産業政策の娘」であり、輸出の必要性に対応し、富裕国の資本の投資先と、その国の船隊に港湾施設を提供する、というのである。こうして、フェリーの意識においては、文明の法則、人間性が課す責務と戦略的意図が、精神的であると同時に物質的な影響力の行使という共通の目的のために結びついたのである。この政策は、一八八一年にはチュニジアの、一八八三年には安南〔ベトナム中部〕との保護領協定への署名という具体的な成果をもたらしたが、一方では失敗もあった。チュニジアの支配は、エジプトにおける英国の優越をフランスが許したこととのバランスを取るに至らなかったし、トンキンではフランス遠征軍が現地軍と中国軍の抵抗を受けた。一八八五年三月三〇日にランソンからの撤退が報じられると、急進派と保守派からなる野党は一致して長期政権となっていたフェリー内閣を倒したのだった。

「日和見派」の三種の論拠――哲学的、経済的、軍事的――に対して、左派共和派は明確に反植民地的な主張を行なっていた。その代表が、ジョルジュ・クレマンソーである。

優等人種！　下等人種！　彼はこう言っていました。言うのは簡単です。私としては、フランスとドイツが戦争をすれば、フランス人の方がドイツ人よりも下等な人種であるためにフランスが負けるはずだと、ドイツの学者たちが科学的に証明するのを目にして以来、まったく信用できなくなりました。それ以来、正直に申し上げますが、人間と文明について意見を述べる前に、じっくりと検討するようになりました。下等な人間もしくは文明なのかどうか！(18)

クレマンソーによると、経済面に関しては、植民地化はフランス資本と、フランスが保有する金《きん》を無駄に費消する結果を招くのだった――議会での同じ審議の場で、経済学者で中道左派の議員フレデリック・パッシーは、この財政に関する見解を支持し、さらに掘り下げてこう発言した。

私は、フランスには集中して思いをめぐらす義務があると考えます。そして、もしフランスが影響力を持ち、それを広げようとするなら、高く噴き上がった水が広がるようにしなくてはならないのです。一〇〇〇カ所の亀裂と一〇〇〇カ所の漏水で貶められながら失われていく水のようにではなく。

クレマンソーは、祖国愛と戦略の名において、論を展開した。すなわち、わが国は持てる力を「世界各地」に分散してしまっている、そうすることで我々の「抵抗力」を弱めている。これに祝福を与えているのは、「恐らく、さらに危険な友人」になっている危険な敵、ドイツ首相である、と。それより先、一八八四年一〇月に、デルレードはトロカデロでの演説で、植民地主義の冒険に反対する大陸的祖国愛の諸原則を、強く短い言葉で訴えた。

私は前にも申し上げましたが、ここでいま一度申し上げます。フランス国旗を未知の土地にはためかせる以前に、かつてこの旗がはためいていた場所に、我々全員がこの目で見た場所に掲げるべきだったのです。

このように、ジュール・フェリーの植民地政策は、ブルイユ公を上院での旗頭とする保守系右派ばかりでなく、経済的リスクに不安を抱く実業界に近い中道左派の人々、さらには議会外の社会主義勢力による批判により支援を受けた極左からの反対をも受けたのである。

一八八六年に、デルレードは「復讐」には国内での新たな前提が必要であることに気がついた。それは、国会議員たちに牛耳られる共和国ではなく、強力な行政府を基盤とし、普通選挙により支えられた共和国を樹立することである。彼は新たに陸軍大臣となったブーランジェが、この必要な「修正」を行なうための契機と実施主体になると感じた。名を知られるようになったブーランジェに、彼は自らが率いる大衆運動の支援をもたらすことになる。彼らの間には、国への強い愛情と社会的要求が共通していただけに、それは自然なことだった。一八七〇〜一八七一年のパリ攻囲線のさなかにも、祖国と生活の名において、「飢餓をもたらすフェリー」は罵られた。だが、一八八五年の総選挙以降、社会的、国民的な抗議の声は、新たな次元によって強化された。それは、世論における反議会主義の高まりである。

繰り返される病

一八七七年の王党派の敗北以来、下院は「日和見」共和派により支配されてきた。しかし、一八八五年一〇月四日および一八日の下院選では、「王党派右派」と「非妥協的左派」の二つの野党勢力が「日和見」共和派の敗北を引き起こした。このときの選挙では、新たな選挙方式が採用された。県単位の、候補者名簿式二回投票制である。ジュール・フェリー内閣の内相ワルデック＝ルソーがこの法案を成立に導いた。彼は、一八八五年三月の下院での審議で、郡単位の投票制を極端な制度だとして非難した。実際には、彼にとって名簿方式の主な利点は、共和派議員たちの統制を県単位の枠組みで強化することだった。はっきりと現れた効果は、ワルデック＝ルソーの期待とは正反対で、多数派である共和派の分断だった。一〇月の選挙の争点は、「フェリー派」の政策をめぐるものとなった。その際、ジュール・フェリーに反対する人々が有権者の多数を味方につけることに成功したかのように、すべては展開した。これが、ワルデック＝ルソーが回避したいと考えた、「過激派の伸張」と呼ばれる現象だった。実際のところ、この選挙に関するオディール・リュデルの分析は、日和見派の敗北は主として新選挙方式によるものだと証明する傾向にある。主たる野党勢力は、選挙公約が示すように引き続き左派と右派からなっていた[19]とはいえ、最も明確な分断が起こったのは共和派内部においてだった。三月三〇日のフェリー内閣総辞職は、深い傷跡を残した。それとは逆に、保守的右派は、一八八三年のシャンボール伯の死去が有利に働き、団結によって力を取り戻した。そのため、一〇月四日の第一回投票では、フェリー派議員で当選したのは一八名にすぎなかった。第一回投票で当選を果たした共和派議員は一二四名に及んだが、その一方で右派は一七六議席を確保していた。これは思いがけない大勝利だった。一八八一年の選挙に比べると得票数は倍増し、得票率も前回の二五％から四四％に伸びた。日和見派は四〇％の票を得て、勢力を維持した。中道左派は大きく後退し、急進派は九・八％から一三・七％へと票を伸ばした。急進派の勢力伸張は顕著ではあったが、全体としては限定的だった。一方、穏健共和派（日和見派と中道左派）は総体で見ると票を減らし、それらはまず右派に流れていた。ところが、選挙法のもたらす効果により、決選投票では急進派議員が多数当選し、一方で右派の得票は伸び悩んだ[20]。右派の候補者が当選するのを防ぐために、急進派と日和見派は「共和的規律」戦術を採用し、クレマンソーがラ・ジュスティス紙上で行なった呼びかけを具体化したのである。その呼びかけとは、「もはや議論すべきときではない。隊列を組むのだ」というものだった。決選投票では、すべての県において、反動勢力に対抗すべく、第一回投票でより多くの票を得た共和派名簿だけを残すというのがその戦術である。一部では例外を設けて、急進派名簿を残すこととしたが、すべての県で団結が求められた。この「共和的規律」は、当時は考えもしなかった未来をたどることになるが、決選投票では保守派の希望を打ち砕いて、保守派二六議席に対して、共和派に二四一議席を与えた。団結と規律という前向きな課題だけが、保守派の敗北の唯一の原因でなかったのも事実である。体制を支持する有権者の一部が、一〇月四日に、危険はないと考えた上で、これまでの為政者たちへの抗議の意思を示す投票を行ない、それが一〇月一八日の決選投票では共和派に票を戻したのである。いずれにしても、「共和的規律」による立候補辞退は急進派に一四四議席を与え、それは一八八一年選挙の当選者数の三倍近くに上った。最も明確な結果は、下院内の勢力が、概ね均等な三つのグループに分かれたことだ。そのいずれも、連立を組まなければ多数派を形成できなかった。ところが、一一月四日に新議会が招集されると、共和派の分裂状態が明らかとなった。急進派のフロケは問題なく下院議長に選出されたが、急進派と右派の反対のために、日和見派のスピュレールの副議長選出はならなかった。O・リュデルが明らかにしたこの矛盾が、構造的な問題となるのである。右派と対抗するために共和派としての正統性を示すために団結した左派は、政権運営のために一致することができなかった。穏健で、「中道」の共和国は、恐らく国内で多数の支持を得ていたと思われ、中道諸派の連合ができればそれが適切だったのだろうが、選挙期間中は実現不可能だった。日和見派は、急進派の要求に応じるほかはなかった。クレマンソーは「民主化」と言ったが、それは急進派の人々がポストを得ることをも意味した。こうして、一八八六年一月に新たに成立したフレシネ内閣で、ブーランジェ将軍が陸軍大臣に就任した。彼の背後にいたのは、クレマンソーだった。同様に、初めて急進派四人が入閣を果たした。グラネ、ゴブレ、ロクロワとサリヤンである。
多数派形成の困難が、内閣の不安定をもたらした。第二次フェリー内閣は二年以上も続いた（一八八三年二月二一日〜一八八五年三月三〇日）。この内閣が倒れて以降、一八八九年秋の選挙までの時期における各内閣の平均在任期間は、わずか八カ月でしかなかった。議会制は——その指導者たち以上に——批判の対象となっていた。急進派下院議員アルフレッド・レザンは後にブーランジェ将軍の知恵袋となる人物だが、彼は一八八七年に『ブルジョワ的無政府状態』において、「議会の腐敗」と呼ぶものを強い調子で非難した。

議会の規則に沿って、手続きや愚行に血道を上げることで、人々は目的を見失い、議会の運営にしか関心を持たなくなってしまう。さらには——これが最も重大なのだが——、この無益な騒動の中での共同生活は、国民と自身との間に壁を立てるという結果を招くのである。我々が吸っているのは、特殊な空気だ。あなたが当選する基となった希望や民主主義の希求は、見失われてしまうのである。(21)

まだ一九一四年にロベール・ド・ジュヴネルが批判した「同級生の共和国」の時代ではなかったが、すでに「組織的浪費」が行なわれ、「民主主義に反対」するための「抑圧機関」が組織され、「有益な変革、あらゆる進歩、あらゆる改革を妨害」するための「内閣の交代という策略[22]」が行なわれていたのだった。

議会制共和国は、単に無力だったのみならず、スキャンダルまみれだった。一八八七年に始まったウィルソン事件は、その後この体制が繰り返し糾弾されることになる腐敗の歴史の始まりを告げていた。この事件は、下院議員で大統領ジュール・グレヴィ（彼は一八八五年一二月に再選されていた）の娘婿であり、エリゼ宮に執務室を構えていたダニエル・ウィルソンが、ここで大がかりな汚職に手を染めていることが明るみに出たものだった。彼は気前よくレジオン・ドヌール勲章を与えることで、自らが所有する新聞社の株式に、苦労せずに受勲者から投資を受けていたと判明したのである。ある事件からこの秘密が知られると、下院は一一月五日に調査委員会の設置を決定した。五月三〇日に成立していたルヴィエ内閣は持ちこたえることができずに倒れ、グレヴィは意に反して、始まったばかりの二期目の任期を満了することができなかった。彼が「娘婿を持つ不幸」（この年流行した歌の歌詞）について思いを巡らす間に、「賄賂とその仲間」（別の歌の歌詞）は、モンテスキューによれば道徳的であることが特性であるべきこの体制の評判に傷をつけたのである。内閣総辞職に引き続く大統領の辞職は、騒乱を引き起こした。グレヴィの後任大統領を選出するための両院合同会議は、警察が警備する中、ヴェルサイユで開会された。パリでは、愛国者同盟とブランキ派の極左が、フェリーの立候補に反対するよう民衆を扇動していた。最終的に、クレマンソーはサディ・カルノーを大統領に選出させることに成功した。彼はイポリートの息子、ラザールの孫で、文句のない共和派の姓を名乗る三代目の人物だった〔ラザール・カルノー（一七五三〜一八二三）はフランス革命期の政治家で、軍の組織に貢献した。息子のイポリート・カルノー（一八〇一～一八八八）は第二共和制下で教育相を務めたが、ルイ＝ナポレオン・ボナパルトのクーデターに反対し議員を辞職。第三共和制樹立後は上院議員。その息子サディ・カルノー（一八三七～一八九四）は財務大臣などを務めた後、一八八七年に大統領に選出された。一八九四年、イタリア人アナーキストのカゼーリオにリヨンで暗殺される」。

エリゼ宮の醜聞事件は政界全体の評判を失墜させ、議会政治に対する軽侮の念をあらゆる階層に拡散させた。こうした、下院の無力と政治家の品行の乱れへの抗議が広がる時期に、ブーランジェ将軍の人物に対する評価が高まるのである。彼は、ブルボン宮の「お喋りども」と「腐敗した連中」を一掃する「掃討将軍」として期待された。

第二帝政の後にフランス国民が求めた、より自由でより民主的な体制の基盤を七、八年で何とか築いてきた政治家たちに対する非難には、確かに大いに不当なものがあった。それに、彼らに反対する勢力は、いかなる有効な多数派も形成することができなかった。それでも、事実ははっきりしていた。共和派世論の一部は、経済危機のために、失望していた。共和国が、より大きな社会的正義をもたらすと期待していたからである。それは幻想だったのかもしれないが、幻滅した共和派支持者の一部は投票により支援してきた人々に対して反乱を起こしたのだ。一八八一年四月に、シャルル・フロケが急進派として初めて首相に就任したとき――もっとも、それはいかなる結果も生まなかった、というのも彼は左派の政権公約を実現するためのまとまった多数派を、他の内閣同様に、獲得できなかったからだ――、これらの失望した人々の目には、この体制が富裕層には有利に働くが、貧困層にはパンすら与えない証拠だと映ったのだった。アレクサンドル・ゼヴァエスは、著書『ブーランジェ運動の時代』に次のように書いて、民衆層の抗議活動の様子を伝えた。

日和見派の構成員である大企業経営者、裕福なブルジョワ、太った国会議員、金持ちの銀行家、従順な官吏たちのみが、現状は満足すべきものだと主張し、彼らに分け前と、安楽な立場と、ポストと、勲章を与えてくれる体制の下で傲慢なほど上機嫌でいられる。彼らにとっては、最良の世界と最もフェリー的な共和国において、すべてがうまく行くのである。(23)

反議会主義、祖国愛に基づく異議申し立て、社会的反乱、王党派の恨みつらみ、カトリック派の拒否行動、一八八五年選挙の結果により元気を回復した右派による復讐の計画、これらが危機の背景にあった。しかしながら、これらの失望や怨恨は、直接に政治危機につながるものではなかった。実際に危機が起こるには、これらのさまざまな原因が、ある時点で絡み合わなければならない。突如として人気を得た一人の人物、ジョルジュ・ブーランジェが、そのための装置の役割を演じた。ブーランジスムは、既存の体制に対するすべての怒りを、同じ一つの嵐で煽り立てたのだった。しかし、それは嘆きと希望の単なる足し算ではなかった。この運動に特有の力学により、反体制勢力を何倍にも増幅させたのである。もっとも、この運動の中心人物は、当初は完全に体制によって作り出された存在だった。

陸軍大臣ブーランジェ

一八八六年一月七日、グレヴィはシャルル・ド・フレシネに新内閣の組閣を要請した。理工科学校出身で、デュフォール内閣とワディントン内閣で公共事業相を務めていたフレシネは、すでに二度にわたり首相を経験し、彼の内閣ではフェリーが教育相の任にあった。三度目の内閣を組織するに当たり、彼に求められたのは、急進派を入閣させて、「共和派合同」と呼ばれる日和見派と急進派の同盟を実現することだった。クレマンソーの推薦により陸軍大臣のポストを与えられたブーランジュ将軍は一般国民からは知られていなかったが、政界ではまったく未知の人物ではなかった。

ジョルジュ・ブーランジェは四九歳だった。財産を失った代訴人の息子としてレンヌに生まれた彼は、ナントの高校で学んでいるときに四歳年下のクレマンソーと知り合った。その後、彼はサン＝シール（陸軍士官学校）に合格した。第二帝政下の戦場で戦うことで、彼は迅速な出世を果たすことができた。アルジェリアでは、彼は少尉としてカビリーの戦いに参加した。イタリアではマジェンタの戦いで負傷し、褒賞としてレジオン・ドヌール勲章を授与された。彼はコーチシナでも戦った。こうして、一八七〇年の普仏戦争開始時に中佐だった彼は、戦争が終わるときには大佐に昇進していた。内戦に際して、彼はパリ・コミューン鎮圧を指揮する立場でこれに参加した――これが、旧コミューン派の間で、ブーランジェ派となる者と、反乱派の「死刑執行人」を許さない人々の間の対立の火種となることになる。平和が戻ると、何人もの有力者たちと手を結ぶことに長けた彼は、オーマル公だけでなくガンベッタにも接近した。一八八〇年に、この出世欲の強い人物は、准将の位を手に入れた。

このブーランジェという人物には風格があった。しかし、その勇ましい風貌と妥協を拒む愛国者の姿勢は、多くの人々に尊敬の念を起こさせたとはいえ、彼の芝居がかった態度を馬鹿にする同僚たちの目には、いささかやりすぎだと映っていた。それは、嫉妬でしかなかったのかもしれない。というのは、この虚勢を張る人物は女性にもて、それゆえにヴォードヴィルまがいの情事に関わることがあったからだ。しかし、ガリア気質的な特徴を持ちながらも、彼は支援を得ている政治家には配慮していた。特に、同窓のクレマンソーの支持を当てにしていた。

一八八四年に少将に昇進すると、ブーランジェはチュニジア占領フランス軍の司令官に任命された。この植民地において、砂漠を疾走する騎乗、スパイ騎兵〔北アフリカ人騎兵〕を従えた姿、ナショナリスト的な演説は、配下の部隊でまず人気を集めるようになった。兵士たちとイタリア人コミュニティーの衝突が起きた後、彼はフランスの名誉を守ろうとして、反フランス的な行動が見られた場合には反撃するようにとの命令を配下の軍部隊に発した。彼の強硬姿勢はイタリアと外交上の困難を引き起こし、それはポール・カンボン総督との個人的対立に発展した。そうしたときに、クレマンソーの強い要請により、ブーランジェは陸軍大臣としてフレシネ内閣に入閣したのである。

ブーランジェには、当時の将官にはまだ比較的珍しかった有利な点があった。共和派と見られていたのである。クレマンソーは、軍を共和国化することがブーランジェの役割だと考えていた。当時の軍は、幹部も内部習慣も、帝政期と王党派軍人の増加の影響を色濃く残していたからである。ヴァール県選出下院議員のクレマンソーにとって、彼が「ブールブール」と呼んでいた人物は、自分が使うための道具でしかなかった(24)。ブーランジェの陸軍大臣任命を受けての保守派のメディアの反応は一致していた。急進派が陸軍省を手に入れた、いまや極左が国の防衛を掌握した、というのである。実際、新大臣が就任直後に取った行動は、保守派の怒りを買うと同時に、急進左派の喝采を浴びるものだった。

きわめて活動的なブーランジェは、全力を挙げてさまざまな施策を実施した。その重要性はまちまちだったが、それらによって彼の人気は徐々に高まった。フランス国民の「契約の櫃《ひつ》」である軍のために、彼は国民の心を引き付ける象徴的な施策を決定した。軍の歩哨詰め所は三色旗の色に塗り替えられ、駐屯地のある都市では松明行列が催され、将校クラブが創設された。兵士に対しては日常食の改善を図り、髭《ひげ》を伸ばすことを許可し、休暇に関する規則をより柔軟にした。彼が現代に生きていたら、「メディア的」な人物だと評されただろう。彼には演出を意識し、また大衆心理を読み取る感覚があった。装備面でも、彼は動いた。彼はルベル式連発銃を、一八七四年のグラ式銃に代えて採用した。これは八連発の銃で、その後長く使用されることになる。彼は軍の電話担当部局を初めて設置し、地図作成部局の再編を行なった……。しかし、彼は政治的な施策も実施した。軍の改革案を作成し(後に、一八八九年七月一五日の法律となる)、兵役期間を五年から三年に短縮する一方、神学生の兵役免除を含む各種の兵役免除を廃止した。左派は、「招集司祭」を軍に送るジャコバン的な大臣に賛辞を送った。ブーランジェの共和主義は、反共和派の将校が指揮する部隊の所在地変更措置を取った事実からも明らかだった。それればかりでなく、パリ伯が娘とポルトガル王太子の婚礼に際してパリで盛大なレセプションを開催し、これが左派メディアからの激しい批判の対象となると、ブーランジェは、かつてフランス王位に就いた家系の当主のフランス滞在を禁じた一八八六年六月の法律を根拠として、旧王家に属する将校全員を軍から除籍させた。その中には、以前ブーランジェの庇護者だったオーマル公も含まれた。七月一一日、公は公式に抗議した。自制心に乏しかった彼は、政府が発した政令により追放の対象となった。ブーランジェの政治家としてのキャリアは、挑発的な調子で、左派の側で始まったのである。

共和派にして、共和国化を進めるこの将軍には、「社会派」の将軍との側面もあった。ドカーズヴィルの炭鉱労働者のストライキが、それを知らしめる機会となった。アヴェイロン石炭・鋳造会社を雇用主とする彼らは、賃金引き下げと、副社長のヴァトランが労働者に課した過酷な措置に抗議して、一八八六年一月二六日にストライキに入った。これは何カ月も続く長期ストとなり、一般からの、これまで例のない寄付に支えられた。この厳しいストは、議論が高じて副社長がスト中の労働者に窓から突き落とされたために、多数の人々に動揺を与えた。政府は、慣例に従い、ドカーズヴィルに軍部隊を派遣した。一八八六年二月一一日に、下院で社会主義者の議員で元炭鉱労働者のバスリーの質問を受けたブーランジェは、デマゴーグ的でありながら、長い間民衆の心に響くことになる言葉で、軍は労働者側と会社側のいずれに対しても中立であると、次のように宣言した。「現時点において、一人ひとりの兵士が、炭鉱労働者と、自分に割り当てられたスープとパンを分かち合っているかもしれないのです」。軍中心の国家を支持する人々の耳には、予想外かつ危険な言葉だった！

兵舎内と農家では、「勇敢な将軍」の人気はいやが上にも高まった。彼にはこの人気を、最高潮に至らせる出来事が必要だった。ブーランジェは自分でその機会を用意した。一八八〇年に再び国祭日とされた七月一四日に、彼は軍事パレードを復活させたのである。パレードはロンシャンで、愛国的な高揚が見られる中で行なわれた。陸軍大臣は、この機会にふさわしい衣装を準備した。白い羽根つきの二角帽をかぶり、上着とエナメルの長靴をきわだたせる真新しい綾織の乗馬ズボンを身に着け、彼は見事な黒馬に乗って来賓席の前を通りかかると、微動だにせず大統領に敬礼した。このとき、初めて発された「ブーランジェ万歳！」の声が共和派の魂に不安を感じさせる一方で、当時最も知られたシャンソニエだったポーリュスは、この日の英雄を称える歌「パレードから戻って」を作った。その後の数カ月で、陸軍大臣は数多くの攻撃にもかかわらず、自らの人物像を形成するのに成功した。一八八六年一二月三日にフレシネ内閣が総辞職すると、彼はゴブレ内閣の陸軍大臣に留任した。

一八八七年四月に起きた仏独国境での出来事――シュネブレ事件――は、彼の栄光に新たな一ページを付け加えた。仏独間の緊張は、薄らいではいなかった。ビスマルクは、ドイツ帝国軍の兵力強化を図る新たな法案の帝国議会での審議において一八八七年一月に、ブーランジェ将軍が戦争の危険をもたらしていると述べた。法案が不成立となり、帝国議会が解散されると、ドイツ帝国首相はその後数カ月間にわたり、有権者を説得するために、報復を狙う脅威として将軍を利用した。二月二一日、彼は求めていた多数派の獲得に成功し、ドイツ帝国軍の強化に関する法案は成立した。シュネブレ事件が発生したのは、両国関係がこうした緊張状態にあったときだった。国境警備官シュネブレはドイツ側に四月二〇日に逮捕されたが、目撃者によれば、逮捕されたのはフランス領内においてだった。ブーランジェは、非妥協的愛国者としての人物像に違《たが》わず動員令に言及したが、その実現は控えねばならなかった。何日間にもわたる調査と、大使同士の接触、閣議などを経て、四月三〇日、ビスマルクはシュネブレの釈放を決定した。ところが、外交的配慮からなされた判断は、根拠もないままに、ブーランジェの強硬路線の結果だとされた。彼が、ビスマルクに譲歩を強いたというのである！　彼は「勝利将軍」、「復讐将軍」となった。国民の大義が、その代表者たる人物を見出したのである。

ブーランジェ派

ブーランジェ人気は、彼を権力へと押し上げた人々にとっても脅威となった。一八八七年五月一七日、ジュール・フェリーおよび彼と行動を共にする共和派議員七〇名は、右派と手を携えてゴブレ内閣を倒した。五月三〇日、ガンベッタとフェリーの内閣で商務大臣を務めたモーリス・ルヴィエが新内閣を組織した。彼は、人気のありすぎる将軍を、内閣から排除した。ルヴィエは、急進派の政策とは異なる政策を実施したいと主張した。いわく、「成熟した共和派政権は、戦闘的政権ではなく、思いやりのある、優しい政権であるべきだ」。しかし、政治情勢は熱を帯びていた。その一週間前、パリでの市議補選に際して、ラントランジジャン紙は有権者に対して、投票用紙の唯一の候補者の名前の脇に、ブーランジェの名を記入するよう推奨した。ブーランジェには被選挙権がなかったにもかかわらず〔第三共和制下では、軍人には選挙権、被選挙権ともに与えられていなかった〕、投票総数の一二％に当たる三万八〇〇〇人の有権者が、このアイデアに従ったのである。このようにして、ブーランジェ派の運動は始まった——共和派が優勢のパリにおいて、ロシュフォールの攻撃的演説と、デルレードの進軍ラッパとともに。

一八八一年法により自由化されたメディアは、この政治危機において重要な役割を担った。この混乱した数年間は、政治活動において大衆が登場した時期でもあった。その前提となる要因――普通選挙、報道と集会の自由、都市化、教育無償化――が出そろい、条件が整ったのである。これ以降、あらゆる危機は事実上思想的な危機となった。ある思想をめぐって、相対立する人々が、最新のコミュニケーション手段を用いて争うのだ。ブーランジスムは、この歴史においてきわめて重要な契機となった。非常に多く発行されるようなった新聞・雑誌は、一八八七年に、この将軍をめぐって対立した。注目すべきは、熱心な支持者たちが極左派のメディアに記事を発表したことである。クレマンソーのラ・ジュスティス紙――もっとも、彼自身はブーランジェの個人的人気に不安を覚えていたが――、ル・モ・ドルドル紙、レヴェヌマン紙、ル・クリ・デュ・プープル紙、そして、もちろんラントランジジャン紙である。反対派は、日和見共和派、もしくは保守派のメディアを活用した。ロトリテ紙、ラ・レピュブリック・フランセーズ紙、ル・タン紙、ル・フィガロ紙などである。しかし、一八八七年七月に新内閣がブーランジェをクレルモン＝フェランに異動させると、各紙の論調に変化が見られた。これは政治的アクターとなった軍人、つまりは望まれざる人物をパリから遠ざけるための措置であり、「リモージュ」（第一次大戦中、最高司令官だったジョッフル将軍が、能力不足と判断した将軍たちを前線から遠く離れたリモージュに異動させたことから、「リモジャージュ」limogeage という単語がフランス語で更迭を意味するようになる）がそうした意味を持つようになる以前のリモージュ送りだった。七月八日、ブーランジェはパリのリヨン駅で列車に乗らなければならなかった。愛国者同盟は、列車の運行を妨害しようと市内でデモを組織し、警備が対応しきれずにデモ隊は列車の出発を阻止したのだった。このパリでの一日は、叫び声と、涙と、歌が入り混じり、何人もが自ら志願して線路の上に身を横たえた。やむをえず、ブーランジェはプラットホームから遠く離れた場所で待っていた列車に乗り込み、パリ近郊のヴィルヌーヴ＝サン＝ジョルジュまで赴き、そこでクレルモン行きの列車に乗り込むことができたのだった。

ブーランジェの冒険において有名になったこの場面は、やや度を越していた。パリだけで二万五〇〇〇人から三万人の会員を擁していた愛国者同盟(25)は、共和派の秩序にとって危険なデモを取り仕切った。「カエサル的」な危険が明らかとなったのである。ラ・ジュスティス紙は、この晩の途方もない出来事を次のように非難した。「共和派の教養の否定…（中略）…共和派の人々にとっての最大の義務は、これほどまでに一人の人物を称揚しないことなのである」。しかしながら、ある人々の危惧は、別の人々にとっては希望となった。さまざまな反体制勢力は、いまや復讐将軍に関心を示し始めていた。極左とパリの超愛国的な勢力の支援を得た群衆の動き以外に、敗北を味わっていた各党派の幹部たちは議会制共和国の犠牲となったブーランジェを、以前とは異なる目で見るようになっていた。こうした相互の関係性に欠ける計算が、ブーランジスムに混合的な性格を付与したのである。彼の周囲にいる人々は、極左の出身だった。失敗を認識したクレマンソーは「ブールブール」と絶縁したが、他の急進派の人々は引き続き彼を支持した。たとえば、上院議員アルフレッド・ナケは、徹底した憲法改正論者で、彼にとっては、ブーランジェは実現されなかった急進派の政策を実施してくれる人物だった。また、急進派議員、理工科学校教授で、「ブルジョワ的無政府状態」に反対して「共和派社会主義」を主唱するアルフレッド・レザンもその一人だった。[26] 同じく左派で、ラ・プレス紙主筆のジョルジュ・ラゲールも同様だった。さらに、ロシュフォールと彼の主宰するラントランジジャン紙が、パリの民衆に対して持っていた影響力は周知の通りである。デルレードについて言えば、このガンベッタの元友人がブーランジスムに与《くみ》したのは、日和見共和派の共和国にはもはや復讐のための力があると信じられなくなったからだった。いまや、ナショナリズムは新たな共和国、プレビシット的共和国の樹立を求めていた。すなわち、普通選挙に直接に連動する共和国である。

しかしながら、ブーランジェの運動は右派の戦略家たちを魅了するために、あらゆる手段に訴えることになる。王党派では、二つの系統が和解して、王位継承権者はパリ伯一人になっていた。ところが、パリ伯は伝統的オルレアニスムとは決別し、いまではプレビシットが王政復古の手段の一つだと考えるようになっていた。[27] 一八八七年一一月一日、ブーランジェの「マネージャー」とされるディヨン伯とパリ伯の会談が、シーン・ハウス〔ロンドン西方にある、パリ伯の住居〕で密かに行なわれた。その数週間後には、ブーランジェ自身が王位継承権者の代理人と接触した。こうして、ブーランジェとオルレアン派の間で、どちらが相手をよりうまく利用するか、というゲームが秘密裡に始まった。その結果、前陸軍大臣は、かなりの財政支援を獲得することになる――それは主として、ユゼス公爵夫人の豊かにして友情にあつい財布から出されたもので、何百万フランにも上るその資金はうまい具合にブーランジェの選挙資金用金庫に収まったのである。謹厳なアルベール・ド・マンも含めて、保守系議員のうち何人かはマクマオンが実行しようとしなかったことを王政復古のために実行する最高司令官に将軍を仕立てようとする陰謀に加わった。策略に長けたブーランジェは、株式を売却して調達した資金を財布に入れる一方で、配当金の支払いを行なうつもりはさらさらなかった。いずれにしても、彼は明確な約束はせず、期待を持たせるばかりだった。ブーランジェと右派との間に交渉があったことが明らかとなり、ブーランジェのマキャヴェリズムが知られるようになるのはかなり後、一八九〇年のことである[28]。

ブーランジェ運動の幹部の一人に、ボナパルト派の若手ジャーナリスト、ジョルジュ・ティエボーがいた。彼は、将軍とナポレオン公の間を取り持つことになる。両者の会見は、一八八八年一月一日に、ジュネーヴで行なわれた。ティエボーは、公に次のように書き送っていた。

フランスには、ブーランジェ運動というものがあります。この運動は、大通りから郊外へ、リヨン駅から地方都市へ、都会から村へと広がっています。いまでは、農民にも浸透し始めました…（中略）…もし将軍が彼の名を中心にして作られた力を用いる力量がないか、あるいはそうできない事情にあるならば、この力を捉えて新たな別の風車を回すことが政治的に必要ではないかと思われるのです[29]。

このように、ディヨンがブーランジェによる王政復古の可能性をちらつかせたのに対し、ティエボーはと言えばナポレオン公に期待させ、むなしい夢を抱かせたのである。ブーランジェは、互いにライバルの立場にある人々の希望につけ込むことで、彼らからの支援を自身のために利用したのだった。

カトリック世論は、将軍に対する右派の見方の変化に概ね追随した。教会の利益のみを大義とし、長いこと急進派の大臣に警戒心を抱いてきたラ・クロワ紙は、一八八八年八月、ブーランジェが三つの選挙区で立候補した際の次の宣言で、態度を一変させた。「何があろうとも、私は決して宗教を抑圧することはしない」。アソンプシオン会の新聞は、以後、かつて神学生を迫害した人物を支援するようになる。将軍のケピ〔フランス陸軍などの円筒形でひさしの付いた帽子〕にはあらゆるものが転がり込んできたが、ブーランジェは肝心なときが訪れる前に、これほどばらばらな主張をしている支持者たちを失望させるわけにはいかなかった。それゆえに、彼の政策綱領はきわめてシンプルで、以下の三語に要約できた。議会解散、憲法改正、憲法制定議会、である。

運動の最盛期

「亡命」の地クレルモン＝フェランにあって、将軍は忘れられることのないよう心を砕いていた。パリでは、デルレードの仲間たちが絶えず活動し、大通りで「彼は戻ってくる」が歌われる中、将軍は政府といざこざを起こしていた。下院議員フランシス・ロールに宛てた書簡を新聞紙上で公開させたからである。これには、軍人としての節度と義務を遵守するよう求めるロールの同僚議員たちから非難の声が上がった。一八八七年七月二四日のエピナルでの演説で、ジュール・フェリーは「カフェ・コンセール〔ショーを見ながら飲食する劇場〕のサン＝タルノー元帥〔ルイ・ナポレオン・ボナパルトのクーデターを助けた軍人〕の二輪馬車の後ろから突進する」人々に言及した。この言葉は長く語り伝えられるようになったのだが、フェリーはブーランジェが決闘を申し入れるよう挑発したのだった。決闘は行なわれなかった。それは、とても受け入れがたい条件を将軍が要求したためだったが、逃げたと見られたのはフェリーの方だった。その後、ウィルソン事件が起きたとき、前陸軍大臣の名前が取り沙汰されると、勲章の売買に何ら関与していないと主張するために、ブーランジェは新聞二紙にまたしても否定の声明を掲載させた。前任者に対して容赦のない陸軍大臣フェロンは、規則通り、彼に三〇日間の職務停止を命じた。

ウィルソン事件に関連して大統領が窮地に陥り、ロシュフォール、デルレードとその他大勢によって扇動された群衆が、フェリーのエリゼ宮入りを阻止すべくまたしても街頭を埋めると、将軍は再び立場を強めて、策略をめぐらした。一八八八年二月二七日には、七つの県で補欠選挙が実施された。ブーランジェは立候補せず、被選挙権もなかったが、合計で五万五〇〇〇票を獲得した。この方法〔一四二ページ参照〕は、ジョルジュ・ティエボーが発見したものだった。ブーランジェは、これらとは無関係だとの態度を取った。三月一二日、ジャーナリストでセヴリーヌの友人ジョルジュ・ド・ラブリュイエールは、「ブーランジェ派機関紙」を公言するラ・コカルド紙を創刊した。これは、すぐに成功を収めた。軍の内規では、ブーランジェのケースは間違いなく違反行為に当たった。三月一七日、サディ・カルノ大統領は将軍の軍での活動停止を命ずる政令に署名した。翌日、将軍はパリに到着した。彼の仲間は、全国で抗議運動を行なうために委員会を組織した。当面の目的は、三月二五日にエーヌ県とブーシュ＝デュ＝ローヌ県で行なわれる補欠選挙にブーランジェを立候補させることだった。エーヌ県では、ブーランジェは四万五〇〇〇票を得て、保守系候補（二万五〇〇〇票）と急進派候補（一万七〇〇〇票）を抑えた。彼にはまだ被選挙権がなかったため立候補を取り下げなければならなかったが、それでもこの結果は注目すべきものだった。彼は、右からの票も、左からの票も引き付けることができた。三月二六日、ブーランジェは退役となった。軍籍を離れて、彼はいまや完全に自由となり、政治に打って出ることができた。「兵士への呼びかけ」は、全国に広がっていった。

一八八八年四月には、三つの補欠選挙が行なわれた。オード県、ドルドーニュ県、そしてノール県においてである。一八八五年の選挙法は、選挙区を全県一区に拡大していた。これによって、補選はこれまでにない意味を持つようになった。ティエボーは、ブーランジェ派の選挙戦術を編み出した。大衆の投票に基づく運動を拡大し、ブーランジェの名の下に政府への反対派を最大限に糾合するために、すべての補選を、同時にであっても活用するというものである。というのも、同時に複数選挙区への立候補が認められていたからだった。当選を果たしたら、将軍は次の補選直前に議員辞職すればよかった。四月八日、ブーランジェはドルドーニュ県で日和見共和派の候補者を破って当選した。その次の日曜、彼はノール県で、同じ「議会解散、憲法改正、愛国心の高揚」とのスローガンの下に立候補した。彼は圧倒的な勝利を収めた。彼が一七万三〇〇〇票を得たのに対し、二人の対立候補は合計して八万五〇〇〇票だった。一週間のうちに、農村のフランスと工場と炭鉱のフランスは彼に票を投じたのである。社会主義者でマルクスの娘婿のポール・ラファルグは、フリードリヒ・エンゲルスに宛てて次のように書いた。

ブーランジェは、フェリー、クレマンソーと国会議員たちとは対照的に、民衆を代表しています……（中略）……ブーランジェの立ち位置が独特なのは、わずかな例外を除き彼が豊かで満たされたブルジョワジーおよびその政治的指導者たちと対立関係にあり、そして自身の力の源泉を、共和国に漠然とした幻滅を抱く貧しい民衆から得ているためです。そして、民衆とともに歩むことで、彼にはクーデターではなく、革命を起こす手立てがあるのです[30]。

エンゲルスは、「ブーランジェのせいで正気を失った[31]」としてポールをたしなめたが、ゲード派であるラファルグの態度は、一八七九〜一八八〇年に再建された社会主義運動がグループ同士で対立し、ブーランジスムの魅力から逃れられなかった事実を示すものだ。剣を手にしたこの人物に魅了されたのではないが、彼が引き起こした大衆運動が強い印象を与えたのである。

一八八八年八月には、ストライキやデモが続く時期にあって、ブーランジェはノール、ソンム、シャラント＝アンフェリウールの三県で勝利を収め、彼の支持者がさまざまな層に及んでいることを明らかにした。いずれにせよ、彼の失敗を待ち構え、あるいは勝利を期待して多くの人々が待ち受ける場所であるパリで、彼は活動を開始した。首都で、一議席が欠員となったためである（ユード議員の死去による）。補選は、一八八九年一月二七日に行なわれることになった。

一八七三年に反教権派のバロデが当選して以来、パリは急進派の拠点との評価を得ていた。一八八五年には、共和派候補三八人が当選していた。パリ市議会では、急進派が絶対多数を占めていた。共和派で革命的なパリ、ボナパルティスムの不倶戴天の敵でコミューンの都市パリは、カエサルになりたい男の阻止可能な栄達を、ついに打ち破るのだろうか。クレマンソーは、そのために首都における急進派の力に期待していた。しかしながら、元陸軍大臣を支える最良の組織が本拠とするのもパリだった。ラントランジジャン、ラ・コカルド、ラ・プレス等の新聞、愛国者同盟、そしてセーヌ県共和・社会主義者連盟を形成した急進派からの脱退者などである。ナケとヴェルゴワンが活発に活動する全国共和派委員会は、市内各区の委員会を監督し、区委員会はまた地区委員会に分割されていた。パリと近郊では組織的に、憲法改正派、愛国者、ブーランジェ派が、将軍のためのプロパガンダ活動を展開した。(32) これらの共和派勢力に加えて、ボナパルト派委員会はブーランジェ支持を明らかにし、王党派はそれほど積極的でなかったとはいえ、王党派委員会はブーランジェに対立候補を擁立しないことを決定した。議会制共和国に、非難が集中していた。

この危機に対応するために、日和見派と急進派は統一候補擁立で意見を一致させるほかなかった。反ブーランジェ派による共和派大会が一月七日に開催され、急進派でセーヌ県議会議長のジャックを擁立することが決定された。統一候補を支えるテーマは共和国防衛であり、彼は選挙公約において共和国への賛同の合図を示したのだった。「またしても、反教権主義があらゆる共和国の敵を戦いへと駆り立てた。その旗手となったのが、ブーランジェ氏だ」。他方で、ル・タン紙は、穏健派の読者に対して、なぜ極左の政治家を支持するのが適切かを説明した。

ジャック氏に投票することは、議会制共和国に票を投じることだ。最も穏和な者から最も熱情的な者までが、この国が平穏のうちに公共の自由を保障し、希望を実現することのできるこの体制を、敵対者から守ることで合意している。ジャック氏に投票することは、フェリー氏に投票し、

クレマンソー氏に投票するのと同じなのである。(33)

共和国防衛の装置は動き始めた。フリーメーソンのロッジは、その最も有効な歯車の一つだった。ロッジの監督の下に、独裁支持派の攻撃を受ける体制を守るべく、あらゆる傾向の共和派が隊列を組み、助け合うよう求められた。人権・市民協会が、グラン＝トリアン〔フリーメーソンの組織の一つ〕の後援の下、急進派、日和見共和派、さらにはジャン・アルマーヌやポール・ブルスといった社会主義者の合意も得て、このとき結成された。すべての潮流が手を携えて、危機に直面した共和国を防衛しなければならなかった。(34)

実のところ、社会主義勢力内部では、ブーランジェの立候補に関して意見が分かれていた。パリで力のある二派、すなわちブランキ派とポシビリスト（ブルス派）は、それぞれ異なる分析を行なっていた。ポシビリストは、独裁の危険が元ヴェルサイユ派の将軍の姿を借りて再び現れたとして、これを非難した。彼らは一八八八年にル・クリ・デュ・プープル紙編集部が分裂し、その後社会主義者以外の支援も得て創刊されたル・パルティ・ウヴリエ紙を通じて発言した。彼らは一時的に社会主義的要求を封印し、この危険を前にしてあらゆる傾向の共和派と共同戦線を構築することを受け入れたのである。これとは反対に、ブランキ派はブルジョワ共和国を利する行為を拒否した。彼らは、労働者出身の候補者ブレを出馬させた。実際には、この候補者は急進派候補に攻撃を集中させた。ブランキ派のうち、エドゥアール・ヴァイヤンは明確に反ブーランジェだったが、ロシュ、グランジェ、ド・シュジニらは「ラ・ブーランジュ（パン屋稼業）」〔ブーランジェという姓がパン屋もしくはパン職人を意味することに由来する呼び方〕とロシュフォールの後に起こるであろう動きに希望を託していた。陽動作戦で擁立された候補者ブレは、その後公然とブーランジェを支持するようになる。

一八八九年一月の選挙戦では、新たなプロパガンダの手法が確立された。メディアは、政治の米国化について書いた。途絶えることのないポスター貼り出し、新聞・雑誌による激しい闘い、興奮で満たされた選挙集会、候補者の顔が印刷されたバッジやさまざまな物品の販売、訴求対象となる社会階層に合わせた演説、などである。ジャックは自分が「すべての共和主義者」の統一候補だと主張したが、ブーランジェは反動主義的に見えるには極左の支援を多く受けすぎていた。加えて、彼は共和主義者だとの主張を繰り返し行なっていた。しかしながら、彼は現在とは異なる共和国に奉仕したいと考えていた。それは、「トンキン人」〔ジュール・フェリーを指す。植民地拡大を推進したことから、こう呼ばれた〕の共和国ではなく、名誉も、祖国も、その子供たちのためのパンもおろそかにしない共和国だった。一致団結のための唯一のテーマは、「憲法改正」だった。

一八八九年一月二七日のセーヌ県での選挙で、投票率は七八％に上った。ブーランジェは大きな成功を収めた。彼は二四万五〇〇〇票を獲得し、対するジャックは一六万二〇〇〇票だった。彼は七区と八区のブルジョワからも、一五区の庶民層からも大量得票した。パリ郊外では、労働者の住むサン＝ドニ郡でも、小ブルジョワの多いソーでも、相手候補をそれ以上に圧倒した。結局、彼に有効投票の過半数を与えなかったのは三区だけだった。

投票日の晩、投票箱の中での大勝利が明らかになり始めると、大群衆が主要新聞社の前に詰めかけた。人々は急ごしらえのスローガンを叫び、マルセイエーズの歌声を上げ、フロケ内閣を野次り、陽気に次のように歌った。「ブーランジュ、ランジュ、ランジュ、ランジュ／我々にはブーランジェが必要だ、オー、オー、オー！」。ブランキ派とデルレードの愛国者同盟団員は臨戦態勢を組んだ。もしブーランジェが望むなら、実力行使が可能だった。そのとき、ブーランジェは自派の幹部たちとともに、マドレーヌ広場のレストラン、デュランで食事をしていた。一部の幹部は、エリゼ宮に向けて行進するよう求めた。将軍は、クーデターを起こすような人物ではなかった。彼は拒否した。『兵士への呼びかけ』でこの場面を描いたモーリス・バレスは、次の言葉をブーランジェに発させた。「なぜ私が違法な手段を用いて権力を獲得しにゆく必要があるのだ。あと半年たてば、間違いなく全フランス国民の支持が得られるというのに」。この遵法主義に関して、ティエボーはこう述べた。「ただいま午前零時五分です。五分前から、ブーランジスムの人気は下降し始めました」。

実際、ブーランジェ派は九月の選挙で勝利を収めることができなかった。その間に、彼はティラール率いる新内閣の「共和主義的」攻勢に対抗しなければならなかった。英雄の輝きを消す役割を務めたのは、内相のエルネスト・コンスタンである。上院議員、弁護士で法学教授、ガンベッタの友人だったコンスタンは、ジュール・フェリー内閣で内相経験があった。当時、彼は無認可修道会に対する政令を施行する仕事を与えられた。「イエズス会の追放者」となったのがコンスタンだったのである。法律家でありながら慎重すぎないコンスタンは、警察の最高責任者にふさわしい勘を働かせて、ブーランジェに揺さぶりをかけることにした。彼は法で禁じられた秘密結社に当たるとして解散させられた愛国者同盟の元幹部を訴追する一方、上院には高等法院《オート・クール》〔大統領、閣僚などを裁くための特別裁判所で、上院に置かれた〕を設置するための法律を成立させるよう働きかけた。ブーランジェを欠席裁判で追及しようと望んだコンスタンは、将軍の逮捕が迫っているとの噂を流させる作戦に出て、これが成功した。逮捕を逃れるため、将軍は四月一日にベルギーに逃亡し、数週間後にはロンドンに渡った。これによって、ブーランジェの名声は大きく毀損された。一方で、コンスタンはブーランジェ派連合を解体に導くため、王党派に向けて象徴的な決定を行なった。オーマル公に、フランスへの帰国を許可したのである。八月八日、高等法院《オート・クール》となった上院は、ブーランジェ、ロシュフォールとディヨンを、「一八八六年、一八八七年、一八八八年および一八八九年において、内閣を交代させるか倒す目的で、もしくは憲法に基づく権威に反対して武器を取るよう市民あるいは住民を扇動する目的で陰謀を共同して図り、その実行を決定した」との容疑で裁いた。加えて、ブーランジェには、ロシュフォールとディヨンの協力の下に国家の安全を脅かし、この目的のために大臣在任当時、公金を横領したとの嫌疑もかけられた。これらの起訴事実には証拠はなかったが、高等法院《オート・クール》は八月一四日の判決で三人の被告を有罪とし、要塞内に収容することを決定した。将軍は被選挙権を剥奪され、指導者を失ったブーランジェ派は壊滅状態となった(35)。新たな選挙法が、共和派の攻勢を補完した。複数選挙区への同時立候補が禁じられ、また小選挙区制への回帰により、大量得票を基盤とする運動が再び生じることを防ごうとしたのである。

ブーランジェの運動が瓦解する中、政治的な闘いから世論の目をそらす役割を果たした出来事の存在を忘れるべきではない。それは、エッフェル塔が最大の目玉となった万国博覧会の開催である。あまりにも多くのパリ市民、特に商人たちは万博に関心を持ち、これが革命によって失敗するのではないかと懸念した。急進派と日和見共和派は、この正当な不安に応えるべく、パリの手工業と商業の擁護者となって手工業者、商人を安心させようと努めた。この祭典は、成功を収めた。すべての地方、すべてのヨーロッパの大都市から、人々が詰めかけた。高等法院《オート・クール》の判決から間もない八月一八日、サディ・カルノーが主催して、「フランスの市町村長」の半数を集める大宴会が開かれた。この共和派の名門の名は、革命一〇〇周年を記念するのにふさわしかった。「皆さん、共和国は、一七八九年から一〇〇年を経た現在、共和国はフランスそのものとなったのです！」

それでは、ブーランジスムはこれで完全に敗退したのだろうか。九月の選挙は、逆に、この愛国的な運動が武装解除されずに、生き残っていることを明らかにした。七月一三日、ブーランジェはロンドンから、愛国的共和国建設のための声明を発表した。愛国的勢力の力は「その出自を問わずに、フランスを真摯に愛する人々が新たに共通の感情を通わせて」一致団結することで得られる、というのだった[36]。保守派諸勢力の指導者たちは、ブーランジェ派と手を組んで憲法改正連合を形成した。八月二七日に、ブーランジェは初めてパリ伯と会見した。これは、活動的なユゼス公爵夫人が二人に勧めた結果だった[37]。パリでは、ブーランジェを支持する極左は、ブランキ派の組織である中央革命委員会の脱退者の合流により強化された。その中には、ロシュとグランジェも含まれていた。「民主的・社会的共和国」への希望は、このように王政復古の最後の幻影と隣り合っていた。

しかし、九月二二日、憲法改正派は敗北を認めなくてはならなかった。多数派である共和派が、第一回投票で二三六議席を得たのに対し、野党は全党派の合計で一三〇議席にとどまったからだ。一〇月六日の決選投票が終了し、全議席が確定すると、共和派三六六議席に対し、右派は一六八議席となった。ブーランジェ派はと言えば、それでも四八人が当選した。特に、この運動はパリと近郊では引き続き力を持ち、セーヌ県では与党が二四議席を得たのに対し、一八議席を獲得した。当選者一八人のうち、一四人は労働者居住地区、もしくは民衆層の居住地区で当選していた。被選挙権のないブーランジェとロシュフォールは、それぞれモンマルトルとベルヴィルで、対立候補を大きく引き離した。グット・ドール、ジャヴェル、ネッケルとサン＝ドニでは、ブーランジェ派候補が第一回投票で当選を決めていた[38]。ナンシーでは、その後ブーランジェ運動を文学作品で描くことになる人物が議席を獲得した。モーリス・バレスである。

議会制共和国は、政権運営能力の不足のために苦しんだ。しかし、防衛能力には優れていることを、この選挙で証明した。ブーランジェ将軍個人の物語は、恋愛に関する悲劇により終わった。彼は一八九一年に、愛人だったボヌマン夫人の墓の前で、自殺したのである。この最後の挿話は、ブーランジスムに演劇的な様相を与えるのに寄与した。この芝居は、カフェ・コンセールに始まり、メロドラマで終わったのだ。とはいえ、ブーランジスムは馬鹿にして笑う人たちばかりの前で輝いた束の間の炎ではなかった。以後のフランス政治に、深い刻印を残すこととなったのである。

ブーランジスムをどう捉えるか

ブーランジェ運動はさまざまな解釈を生み出したが、それらは相矛盾すると同時に、相互補完的でもあった。

ルネ・レモンは、古典的な著書『フランスの右派[39]』において、ブーランジスムは多くの側面から右派の歴史的な三系統の一つ、ボナパルティスムに類似しているとする。それより早く、アドリアン・ダンセットは選挙におけるブーランジェ派の勝利は、一八四八年一二月一〇日の大統領選挙の結果と一致すると指摘している(40)。ブーランジェ派議員のその後と、彼らの最終的な右派への帰属について調べたルネ・レモンは、こう書いている。

この系統の運命は、まず左派から人材を集め、真摯な態度で左右の和解に努め、最終的には保守的な右派の勢力圏内に着地するというものである(41)。

二つの異なる勢力――右派および左派――からの支援、大量得票の力を背景とする手法、「カリスマ性」に富む人物による有権者への直接的な訴求、中間団体と特に議会に対する軽侮……事実、ボナパルティスムとの類似点にはこと欠かない。ギゾがボナパルティスムについて述べた言葉は、ブーランジェについても当てはまるかもしれない。「同時に国民的栄光、革命の保証人、そして権威の体現者であるというのは、大変なことだ」。ブーランジェはクーデターを起こすような人物ではなかったとはいえ、同時代の人々にとっても、ブーランジスムとボナパルティスムは比較されて当然と思われた。たとえば、エンゲルスの意見である。彼と、マルクスの娘ラウラ、その夫でゲード派のポール・ラファルグとの往復書簡は、社会主義関係史料として貴重なものである。すでに見たように、ラファルグはブーランジスムに魅力を感じはしなかったが、ブルジョワ共和国に対して革命を起こしうる潜在的な力に強烈な印象を受けた。彼は、ロンドンに暮らすエンゲルスに、この意見を共有させたいと考え、こう書いた。「多数の労働者とプチ・ブルジョワにとって、ブーランジェは革命そのものです。この事実は、否定できるものではありません」。彼がこれを書いたのは一八八九年一月三日だったが、この言葉はその数週間後に、パリでの選挙によって確認された。そのとき、エンゲルスは次のように解説している。

ブーランジェの当選は、私にはパリの人々の大きな特徴であるボナパルティスト的傾向が覚醒したものにしか見えません…（中略）…この覚醒は、ブルジョワ共和国に対する不満により引き起こされたものですが、その独特の形態（社会の救世主への訴え）は、盲目的愛国主義の結果でしかないのです[42]。

エンゲルスは、その後の事態の推移を予測しようとして、ブーランジェの未来とナポレオン三世の運命とを重ねてみせた。

そして、権力の座に就いたならば、ブーランジェはどのようにして戦争をせずに、必ず訪れる人々の失望に生き延びることができるでしょうか[43]。

また、他の多くの社会主義者がブーランジェに反発したのは、反ボナパルト的な反応によるものだった。ルヴュー・ソシアリスト誌には、次のように書かれていた。

我々は、たとえそれが善意によるものだとしても（反ブーランジェ派の議論の中で何と言われようと、大多数の人々はそうなのである）、一人の人物、それも軍人である人物が進歩と民衆の要求を体現していると考える人々とともに歩むわけにはいかない。フランスはこの道に進むたびに、専制主義と軍事侵略の沼に足を取られた。彼らは、次のような忌まわしい名前を忘れてしまったのだろうか。ブリュメールとワーテルロー、一二月とスダンを。(44)

オディール・リュデルは、先にも触れた『絶対的共和国』において、ブーランジスムそれ自身が主張した憲法改正の重要性を指摘している。この著者によれば、ブーランジスムはこの「絶対的共和国」、すなわち安定した多数派を形成できず、政権交代も不可能な議会制共和国と断絶しようとする試みだった。これは反共和国の運動ではなく、議会による少数者の政治に反対する運動だったと言うのである。一八八九年九月と一〇月の選挙では、現体制に対する圧倒的な支持が表明されたとされることもあるが、この選挙でも有権者の憲法改正への意志は明確だった。O・リュデルによれば、議会制共和国の擁護者と、これに反対する各候補（社会主義者、ブーランジェ派、保守派）の得票数の差は、一万一六七三票にすぎなかった。体制と普通選挙による投票結果の間には、対立があったのである。こうした対立には前例があった。一八七三年五月二四日には、世論と乖離した国民議会がティエールを倒していた。「共和派の共和国」の下でも、政治家たちが世論と異なる判断をし、一八八二年一月二六日にはガンベッタを、一八八五年三月三〇日にはフェリーを打倒した。さらに、一八八七年一二月二日には、フェリーのエリゼ宮入りを阻止した。これらの事例については、議論があろう。というのは、ブーランジスムは基本的に「反フェリー主義」だったからだ。しかし、ブーランジスムが異議を唱えたのは、まさに民衆の投ずる票と政治家との間にある断絶に対してだった。第三共和制の根本的な問題は、次のようなものだ。正統的な共和主義は、右派を権力から排除した（右派は憲法の少なくとも一部に反対し、また五月一六日以降議会多数派の意思に反する政策運営を試み、有権者により反対を突き付けられた）。しかし、それゆえにこの統治機構では二大政党制は幻想となり、十分に機能しなくなった。正統的共和主義を前面に押し出す必要がある場合には、選挙の際に見られたように、左派の諸勢力は団結することができた。しかし、統治するために必要な妥協点を見出すための、強く連帯した多数派を形成することはできなかった。一八八五年の選挙法は、この問題点をさらに拡大した。この年の選挙で、有権者が選択したのは穏健な中道路線だったが、議会の構成は極左と極右が支配的となった。あらゆる面で対立する急進派と保守派は、下院を統制不能にするという点で一致した。こうした状況下で、ブーランジェの存在は何を意味したのだろうか。彼の運動がさまざまな方向性を持ったことはおくとして、彼はまず繰り返し無視されてきた選挙結果の代表者であり、選挙結果に「政治的優位」を与えるべきだとしていた。彼は、「有権者が望む融和を実現できない政治家たちの姿勢を前にした、選挙民の反乱」[45]の表現だった。

秋の重要日程を前にして突きつけられた警察、司法、立法（新選挙法）の三重の障害を越えられなかったブーランジスムの敗北は、選挙での投票に対抗して議会の権限を維持しようとする政治家たちの復讐を意味していた。

以上の説の長所は、この制度が「閉ざされている」のは、左右の分断という当初からの状態に起因するという事実を明らかにしたところにある。しかしながら、この説は、ブーランジェ派の勢力の大きな部分が保守派支持の有権者からなっていたとの見方を根拠としている。「保守派の人々は共和派としての〝アイデンティティー〟を求めていたが、ブーランジェは国民的共和国を通じて彼らを通常の政治活動に復帰させることで、奇跡的にも彼らにそのアイデンティティーをもたらすように思われたのである」。フランス東部と南部ではその通りだったが、北部とパリにおけるブーランジェの成功に関しては、この傾向によるものだとは解釈できない。極左による異議申し立て、労働者の投票行動、ブルジョワによる少数政治と見なされた「フェリー派共和国」に対する継続的な批判といった事実は、少なくとも証明の一部と矛盾している。ブーランジスムは、それを支持する有権者の一部、あるいはその半分だけにとどまるものではないのだ。

ゼーフ・ステルネルは、著書『革命的右翼』[46]において、ブーランジスムの近代性を提示した。それは、「国民社会主義」の始まりであり、プレファシズムの下書きを描いたものだと言う。すなわち、カリスマ的な指導者、ナショナリズム的で、反議会的、反自由主義的なイデオロギー、大規模なプロパガンダによる世論操作などである。これに加えて、愛国者同盟という行動部隊の存在がある。愛国者同盟は、街頭活動を組織し、選挙活動を監視するとともに統御し、集会における警備を行なう能力を備えていた。そして、それ以上に何よりも、社会主義者、ブランキ派、革命派――コミューン派、左派ナショナリズムなどの傾向を代表していた――といった極左と、反動的右翼の結束だった。

ブーランジェ派内部では、左派――「社会主義者」を自称する急進派の脱退者、「無神論者の革命的共産主義者」を自称するエルネスト・グランジェのようなブランキ派——は決してマージナルな構成要素ではなく、しばしば、そして特にパリでは、運動の推進力となっていた。一八八九年の選挙結果は、ラントランジジャン紙を読むことで得られる次のような見方を裏付けている。左派のブーランジスムは、決して穏健で、保守的で、妥協に長けた共和国を求めるものではなく、共和主義の純粋な根源への回帰を要求しており、堕落した急進主義に対しては警告を発し、国民的にして社会的な共和国を夢見ていたのである[47]。

ステルネルは、ブーランジェ派議員の一八八九年以降の、一八八九～一八九三年にわたる議員任期を通じての姿勢を追っている。彼らの三分の二は、社会主義グループの議員の近くに席を占め、社会主義者の議員（その数は多くなかった）と同様に労働関係の法案に賛成しつつ、ナショナリストとして一定の距離を置いていた。それゆえ、ブーランジェ派議員のリーダーであるデルレードは、一八九一年七月に、与党議員に向けて次のように述べることができた。

革命と共和国により生を受けたあなた方は、共和国も革命も知らずにいます…（中略）…注意してください！　一〇〇年前の第三身分と同様に、第四身分は振る舞うことになるでしょう。第四身分が求めるものを何も与えなければ、第四身分はあなた方からすべてを奪い取るでしょう[48]。

これが、ブーランジスムが示した新規性であり、その後の歴史がその爆発的な力を示すことになるのである。

大衆にとって、左派の社会的価値観と右派の政治的価値観を兼ね備えた運動体を支持するのは容易なことである(49)。

私は、これまでに紹介した解釈に新たな解釈を付け加えようとは考えていない。ブーランジスムがもたらした結果と、その影響について検討する前に、最も重要なポイントを見てみよう。第一に、この現象は未完成のまま終わったと言わなければならない。なぜなら、国家権力を掌握して、その本来の性質を明らかにするに至らなかったからだ。ブーランジスムは、どのような潜在的可能性を持っていたのか明確でなく、複数の可能性が競合関係にあったために、多面的だった。この運動の特徴は、当時の体制の欠点を明らかにしたことだ。第三共和制は一定の成功を収めていたが十分には機能しておらず、マクマオンの辞任後一〇年を経ても、フランス国民全員の合意を得ていなかった。この合意の欠如は、有権者の半数近くに及んでいた。国民が共同して暮らしてゆくための最小限のコンセンサスが得られないという事実に、フランスは長期間にわたって苦しむこととなる。フランス国民は、議会政治を好まなかったと言うべきだろうか。これは、第三共和制と第四共和制の政治的な問題点を適切に表現していないように思われる。実際のところ、フランス国民は効率性に欠ける議会政治に、あるいは、さらに言うなら、擬似議会政治に満足できなかった。同等の勢力を持つ二大政党による政権交代を基礎とする、共通のルールによる英国モデルは、フランスでは一九八一年に至るまで現実のものとならなかった。すなわち、第三・第四共和制の議会政治が終わってから、初めて実現したのである。この観点から、オディール・リュデルの研究は私たちにとって貴重である。なぜなら、強固な多数派を有せず、内閣の不安定と無力（実際にそうである場合もあれば、そのように言われるだけの場合もあったが）が恒常化した議会制共和国の慢性的な問題点を明らかにしたからである。私の見解では、Z・ステルネルの研究の短所は、反議会主義を分析する上で不完全で、バランスを欠き、それゆえに不人気なフランスの議会政治独特の欠点を軽視した点にある。

ブーランジスムは、明快な解決法を提案していた。不毛な左右の対立を、民衆の支持を受けた英雄の存在を通じて、下院の解散と憲法改正により解消しようというのである。この方法は、ボナパルトの実験以来、古典的なものとなった。矛盾を解決するには、国家機構の持つ権力を強化し、それを救世主的人物が掌握して、相互に矛盾する力関係のバランスを取るのである。この観点から、潜在的なボナパルティスト的性質を読み取ることは間違いではない。ブーランジェ自身が相対立する人々から支援を受けた様子を見ても、こうした敵対する党派の上に立つ主権者に抗して、自らの意思を通そうとした傾向を確認することができる。

しかし、このような試みは、さまざまな形態を取りうる。右と左の「超克」は、異なる性質の歴史的結末に至っている。一九二〇年代初めに、イタリアで勝利を収めたファシズムはその一つだ。だが、一九五八年にフランスで確立されたゴーリスムは、また別のものである。前者は、全体主義国家を樹立しようとする。後者は、基本的な自由を保障し、また国民投票と、強大な権限を持つ大統領の直接選挙を通じて、普通選挙を維持する体制だ。それでは、ブーランジェはどうだったのか。彼は、ファシズムを予告したのか、それともゴーリスムを予告したのだろうか。ブーランジスムは権力を獲得しなかったため、何よりも異議申し立ての運動、個人的野心と、危機的状況と、早期の社会改革と政治の浄化を求める群衆と、さらには自らの主張に大衆の流れを引き込みたい諸党派幹部の打算にとどまった。もし権力を獲得していたなら、ブーランジスムはそれ自体の持つ力学によって崩壊しただろうし、事態の展開によっては意義を持ったかもしれない。物事の成り行きによる部分は、常に存在する。実際に起こらなかったことについて、いろいろ考えてみても、結論は得られないのである。

共和国の強化

ここで、フランス政治におけるブーランジスムの主要な長期的影響を見る必要がある。まず、与党である多数派内部で、急進派が主張していた「憲法改正」という課題が信用を失ったことである。ジュール・グレヴィの共和国は、より強固になった。一八七七〜七九年に修正された一八七五年の妥協は、もはや政権を担当する左派から再検討の対象とされることはなかった――それは、行政府（大統領権限の制限）においても、立法府（上院の存続）においてもそうだった。かつては地方名士たちを利する「王党派」の選挙制度として批判の対象となった郡単位の選挙区制（小選挙区制）さえもが、復活した。

ブーランジェの失敗は、王党派の敗北を決定づけた。フランスには、マンク将軍は現れなかった。保守連合の指導者たちは、民衆の動きのうちに、王政の復帰をもたらすかもしれない根の深い震動を見出していた。マコー、ブルトゥイユ、アルベール・ド・マンらは、いくらかの「知性の欠如」に耐えつつ、希望を抱いたのである。しかし、彼らの策謀は、闘いの目的を隠さずに明らかにする王位継承権者によって、妨げられた(50)。王政そのもの以上に、王党派は社会体制と教会の立場の維持を擁護していた。最も深く関与した人々は、ブーランジスムの失敗を通じて、王政復古以外の道によってこうした目的に至ることができると気づいたのだった。それが、「ラリマン」である。共和主義イデオロギーに賛同するのではなく、共和国という政体への賛同である。ローマ教皇レオ一三世は、一八八九年の選挙直後に、フランスのカトリックに対して、彼らの主義主張と王政の大義を分離するよう勧告した。教皇は、有権者の投票により強固となった体制との間で妥協を見出し、それによってカトリック教徒の利益（コンコルダート、宗教関係予算、修道会）とローマの利益（教皇庁とイタリア王国が対立する中での、フランスとの接近）を保護しようと考えたのである。一八九二年二月二〇日、レオ一三世は回勅「インテル・ソリチトゥディネス」を発して、教会はいかなる政府の形態も非難することはないとして、カトリック教徒に共和国を受け入れるよう促した。しかし、教皇の言う共和国とは、いかなるものだったのか。それは、反教権的でない、理想的な共和国だったのか、もしくはプロテスタントとフリーメーソンが樹立した共和国だったのか。「ラリマン」への誘いは、統治機構に関するコンセンサスを生み出す代わりに、右派の内部対立をより深める結果を生んだ。政治システム内部にカトリックを復帰させる目途は、まだ立たなかった。それでも、状況が変化する可能性は見え始めていた。それは、ライックとカトリックという二つの保守的政治文化の事実上の連携により、社会主義の赤い旗の下で復活しつつあった極左の危険に対抗することである。しばらく経って、その萌芽がメリーヌ内閣に見られることとなる。

ブーランジスムは、社会主義運動にとって、一種の予備段階のようなものともなった。あえて別の言い方をするなら、初歩的、本能的で、まだ組織化されない、感情的な社会主義だった、と言ってもよいだろう。部分的には経済不況と失業から生まれたブーランジスムは、未組織であるがゆえに労働者層にその支持を広げた。まだ社会主義運動は揺籃期にあり、分裂し、対立しあい、その影響力は限られていた。ジャック・ネレは、ブーランジスムについて、次のように述べている。

その主要な結果は、労働者層の大部分を一気に伝統的急進主義から切り離したことです。そして彼らが、新たな党派を支持することを可能にしたことです。(51)

事実、一八九三年の下院選では、社会主義勢力は初めて大きく票と議席を伸ばした。同時に、すでに見た通り、ポシビリストは共和国防衛の重要性から反ブーランジェの活動を行ない、それによって「ブルジョワ」政党との連携へと進んだが、これは社会主義勢力の議会制共和国の仕組みへの統合を予告していた。これ以降、フランスの社会主義者たちは共和国の体制（すなわち、議会政治）が危機に直面するたびに、階級闘争の立場を離れて、その義務を果たした。体制にとって、プロレタリアの集団を当てにすることができるのは大きな切り札だった。社会的平穏が再び訪れたときには、体制は彼らを忘れたのではあるが。組織化が進み、制度化されるに伴って、社会主義勢力は選挙と議会の仕組みに組み込まれるようになる。これから逃れようとする人々は、無政府主義と革命的サンディカリスムに道を求め、階級的な要求を掲げ続けたが、フランスの労働者たちがこの立場を唯一の原則として採用することはなかった。

しかしながら、社会主義勢力の一部は、当初の基本から離れて、もはやそこに戻ることがなかった。すなわち、Z・ステルネルがその歴史を描いた、やがてナショナリズムの構成要素の一つとなる「国民的社会主義」である。この点に関して、ステルネルはブーランジスムの失敗の後に、フランスでは右派の再編が行なわれたと指摘している。かつては三つあった党派は、いまや二つに集約された。保守的右派と、「革命的右派」である。後者は、社会主義者、コミューン派、ブランキ派、愛国派から多くを受け継ぎ、ますます反ユダヤ的傾向を強めたが、その代表となったのがロシュフォールだった。かつての王党派もしくはボナパルト派とは別に、彼らは民衆的、社会的、反議会的、そしてナショナリストの共和国を求めて、反乱の伝統の代表者となったのである。この流れの活動家の中から、ドレフュス事件に際して街頭で活動するリーグ〔一九世紀末から二〇世紀前半にかけて活動した右派（右翼）の政治団体。代表的なものにアクシオン・フランセーズがある〕の団員が輩出されるようになる。

とはいえ、この新たな現象の重要性にもかかわらず、不完全ではありながらも共和国が持ちこたえたことを認めなくてはならない。ブーランジスムの失敗は、単なる偶然によるものではない。確かに、議会制共和国は広いコンセンサスを背景としてはいなかったが、一世紀にわたり国内対立が続いてきた国で、コンセンサスは可能だっただろうか。ブーランジスムによる危機は、一八七七年五月一六日と同様に、血を流すことなく終わった。それだけでも特筆に値する。他方で、共和国の支持者は有権者の半数を若干上回るにすぎなかったとはいえ、地方においてはその基盤は強化された。当時の新聞を見ると、各県の新聞が「共和国」の大義を支持したさまは顕著である。パリでは多数の新聞がブーランジェの人気上昇に寄与したのとは対照的に、ル・プティ・マルセイエ、ラ・プティト・ジロンド、ル・ジュルナル・ド・ルーアン、レコー・デュ・ノール、ラ・デペーシュ・ド・トゥールーズ、リヨン・レピュブリカン、ル・ファール・ド・ラ・ロワール、ル・クーリエ・デュ・サントル紙などは、反ブーランジェの立場を取った。一八八九年秋の選挙では、共和派は二つの重要な例外を除いて、すべての地方で多数を占めた。例外とは、西部（フィニステール県を除くブルターニュ各県、ヴァンデ県、メーヌ＝エ＝ロワール県、カルヴァドス県、シャラント県、ドゥー＝セーヴル県）と中央山地の南東側の地方（タルヌ、アヴェイロン、ロゼール、アルデーシュの各県）である。農民や地方の県の民衆は、いくつもの君主制を震撼とさせた後に共和制を脅かすようになったパリの過激な動きに対抗する、体制の支持基盤を形成するようになったのである。

また、共和制は自己防御の仕組みを作り上げた。それは、革命のさまざまな場面と、ヒューマニズムの大原則を基礎とする、イデオロギーと神話からなっていた。さらに、複数の顔を持つ敵を特定した。教権主義、ボナパルティスムあるいはカエサル主義、反動の三つである。繰り返し息を吹き返すこれらの敵に対抗することは、利害関係の違いを超える連帯を強化するものだった。そのため、選挙公約での用語には、「防衛」に関連する語彙が多く見られた。アントワーヌ・プロは、こう書いている。

もはやすべての出来事が共和派を守りの態勢に追い込み、肩を寄せ合わなければならないかのように思われた。一八八五年に、名簿式の選挙法のために必要となった団結が、一八八九年に郡単位の小選挙区制となっても引き続き必要とされた。彼らが「過去」について語るようになったことは、決して無意味ではない。過去は、彼らにとっての保証であり、担保なのである[52]。

こうして語彙について検討する中で、プロはそれまでは主として右派の言説に見られた農民の世界の用語が多く用いられるようになったと指摘する。これは、共和国が、たとえそれが右派に「国民的価値観」を明け渡すことになろうとも、田園地帯を、地方を支持基盤とするようになったことのもう一つの証しである。

フランス政治の二極化構造は、これを壊そうと試みたブーランジスムによって、かえって強化された。「共和派連合」は、五月一六日と同様に、再び連携を強めた。これから脱退した者、落ちこぼれた者、抗議の声を上げた者は、裏切り者となるしかなかった。ブーランジスムは右と左の双方の怒りと希望を集めたが、いまや左右の対立は激しさを増していた。共和国は、議会制共和国を意味するようになった。共和国防衛を拒否する者は、共和派から追放され、左派から追放され、極右と一体化するしかなかった。ブーランジェ運動が起こした危機は、その後長期間にわたって、第三共和制の主だった特徴をさらに強める結果を生んだ。第三共和制は、ある人々にとっては正統性がなく、他の人々にとっては共和国の起源である革命に対して忠実でなかったが、対立しがちなフランス社会とって当面の策として見出された体制ではあった。対立する派閥に「分割可能」ではあっても、敵に直面すれば「一致団結」する。それが、第三共和制が長く続いた秘訣であったと同時に、その弱点でもあったのである。

第4章

ドレフュス事件

ドレフュス事件は、一二年間にわたった。それは、一八九四年一二月、パリでの最初の軍法会議においてアルフレッド・ドレフュス大尉が有罪判決を受けたときから、一九〇六年に破棄院が大尉に対するあらゆる起訴事由を取り消し、彼が軍に復帰したときまで続いた。

しかしながら、この事件が一二年間にわたるとするのは、過剰であると同時に不十分であり、適切ではない。時間的経過については、より短い期間で考えるべきだ。というのは、社会的事件としてのドレフュス事件は、一八九六年末以前にはまだ始まっていないからである。この事件が情念に訴える性格を持つようになるのは、一八九八年一月にエミール・ゾラが「私は弾劾する」を発表してからのことだ。そして、一八九九年九月に、ワルデック＝ルソーを首班とする「共和国防衛内閣」の下で、ドレフュスに対する大統領の特赦が認められるとともに、高等法院《オート・クール》による反体制的反ドレフュス派に対する有罪判決という二重の出来事により、終結するのである。このより短い時間においては、「事件」は主に一八九八年と一八九九年を占めることになる。とはいえ、フランスおよび世界における人々の意識における影響からして、ドレフュス事件をこれほど短い時間のうちに閉じ込めておくことはできない。この事件は普遍的な歴史に属するものであり、ある意味で不朽の出来事なのである。それというのも、この事件は単なる政治危機ではない。なぜなら、この事件はいくつかの道徳的価値に関する問題を提起し、それらをめぐり、二〇世紀という時代を通じて対立が続いたからだ。事件をめぐっては二つの政治哲学が相対し、双方の支持者たちはいまでも全世界で衝突を続けているのである。

しかしながらこの事件は当初、小さなありふれたスパイ事件でしかなく、大急ぎで裁判が行なわれ、決着したのだった。それが、やがて人々が公に知るところとなり、大事件に発展した。熱狂を巻き起こしたブーランジェ事件から一〇年の後に、ナショナリズムの熱に浮かされたこの国で、新たな混乱が引き起こされたのである。

「軍による不公正な行ない」(クレマンソー)

在仏ドイツ大使館の駐在武官シュヴァルツコッペン大佐は、外交活動を装ってフランスにおけるドイツ情報機関の指揮を執っていた。彼はこの活動においてフランス人情報提供者を使い、謝金と引き換えに軍に関するあらゆる情報を収集していた。フランス側では、一八七一年の敗戦以降、本格的な諜報・防諜機関を組織していた。この機関は、控え目に「統計部」と名乗っていた。統計部は、当然ながら、ドイツ武官の行動を監視し、「先祖代々の敵」に、二重スパイを使って贋物の報告書を届けさせるといった「攪乱」ないしは「情報操作」とも呼ぶべき手段を取ることも厭わなかった。長年にわたりフランスとドイツが欺瞞と偽造を争う二重性の競争、両国間の深い断絶、秘かに隠された戦争という文脈の中で、ドレフュスが犠牲者となる悲劇が生まれたのである。

ドイツ大使館内部には、疑いを抱かれないフランス側の情報提供者が一人いた。それは、自称読み書きのできない掃除婦バスティアン夫人である。一八八九年以来、彼女は、秘密の会合の機会に、ドイツ大使館の事務室のくずかごの中身やそこいらに放り出された書類を、統計部に渡していた（彼女のこの活動は一八九七年まで続いた）。この「通常ルート」――定期的な情報提供はこう呼ばれていた――を通じて、一八九四年九月末に、フランス側防諜機関はシュヴァルツコッペンに宛てられた一通の手紙――事件を通じて「明細書」と呼ばれることになる――を入手した。その手紙は、部外秘の軍事関係文書の送付を予告していた。即座に、秘密裡に調査が行なわれ、数日後には裏切り者は砲兵将校であるとの結論が出された。明細書で提供するとされていた五つの文書のうち、三つまでが砲兵関係のものだったからだ。これらの文書が扱っている問題は、参謀本部で検討中の案件だったところから、問題の将校は参謀本部所属だと考えられた。さらに、この将校は研修中だと思われた。というのは、参謀本部内の複数の部署に次々と勤務し、複数部署を横断した情報を集められるのは研修中の将校に限られたからである。参謀本部第四部次長のアボヴィル大佐が組み立てたこの論証が多くの人々の支持を受け、容疑者が特定された。参謀本部で研修中の砲兵大尉、アルフレッド・ドレフュスである。加えて、二つの不利な事実が容疑者を犯人に仕立て上げた。一つは、「証拠」として挙げられた明細書の筆跡と、ドレフュスに課された書き取りの筆跡の酷似である。もう一つは暗黙のものだったが、この砲兵大尉がユダヤ人であったことである。これについて、デュ・パティ・ド・クラム少佐は、『回想録』に次のように記した。「間違いなくフランスのフランス人でない人物を、ある場に置くのが適切でない状況というものがある……」。[1] 一八九四年には、反ユダヤ主義はフランス国内にかなり広がっていた。軍では、他の国家組織に比しても反ユダヤ主義が流布していた。

一八九四年一〇月一五日、アルフレッド・ドレフュスは逮捕され、拘留された。情報流出により、一一月一日にはメディアがこの事件を取り上げた。しかしながら、具体的な情報が乏しいために、メディアは好き勝手にアルフレッド・ドレフュスの人物像につき悪意に満ちた描写を行なった。すなわち、無一文で借金まみれの不名誉なユダヤ人、賭け事と女に溺れて裏切りに走った男、というのである。当初から、どんなことでも書く一部のメディアは、この事件を金儲けに利用できるスキャンダルだと捉えて利用した。この事件を通じて、この種のメディアは大変な影響力を誇った――幸いにして、それは逆転可能だったのであるが。

一一月七日、ドレフュス大尉に対する予審が開始された。捜査当局の仮説を確認するために動員された五人の筆跡鑑定の専門家の意見は分かれた。それで構わない！　情報部の結論と一致する見解のみが採用された。特に、警視庁鑑識課長アルフォンス・ベルティヨンの論証である。彼は、意味不明な「科学的」論拠をいくつも挙げて論証を行なったが、それには軍関係者の意見を補強するという利点があった。一一月二八日に、陸軍大臣メルシエ将軍は、裁判の前にル・フィガロ紙のインタビューに答えて、ドレフュスに対しては「きわめて重大な疑い」が持たれており、彼は「疑問の余地なく」有罪だと語った。メルシエは、軍法会議の裁判官たちに、弁護側に何も知らせないまま、統計部が作成した「秘密書類」を届けていた。この書類の中で裁判官たちが特に目に止めたのは、シュヴァルツコッペンがイタリア大使館付き武官パニッツァルディに宛てたメモである（ドイツとイタリアは同盟関係にあり、また二人の駐在武官は親しい間柄だった）。このメモには「あのDの下種野郎……」と記されており、メモの日付と内容からして、事件の本質とは何の関係もなかったにもかかわらず、この頭文字はドレフュスを指すとの判断が下された。加えて、書類のうちには、ドイツ武官と交流がある「参謀本部付き将校」に嫌疑があるとする、情報部員ゲネによる複数の報告書が含まれていた。ずっと後になってから、これらの文書が単なる偽造文書であることが明らかになった。十分な証拠が得られなかったため、文書偽造に熟達した統計部は、裏切り者の士官を罰するべく、何らの躊躇もなくいくつかの書類を追加したのである。

この脆弱かつ違法な根拠（筆跡鑑定には異論があり、「秘密書類」は軍による捏造だった）を元に、一八九四年一二月二二日、アルフレッド・ドレフュスは有罪を宣告され、終身流刑とされた。しかし、この理工科学校卒業生で、裕福な家庭に生まれた人物のうちに、「裏切り者」の嫌疑をかけられて人々の餌食になるべき理由は見出せなかった。誰か犯人が必要だったのと、ドレフュスがユダヤ人だったことを除いては。

一八九四年一二月二二日の判決から、一八九五年一月五日のエコール・ミリテールの中庭での厳かな大尉の階級剝奪式、そして二月二一日のギアナの悪魔島への出発に至るまで、この悲劇の第一段階は世論がほとんど一致する中で、あたかも断末魔の苦しみであるかのように続いた。アルフレッドの無罪を確信するドレフュス一族は、恐ろしい孤独を覚えていた。後にドレフュス派のうちで最も重要な人物のうちに数えられるようになる二人、ジョルジュ・クレマンソーとジャン・ジョレスは、軍法会議の判断が寛容すぎるとして、反対の意見を述べさえした。クレマンソーは、死刑廃止を望みながらも、規律違反を犯した気の毒な兵士に最高刑を言い渡し、「敵が祖国を侵略するのに手を貸す人物」に「ココ椰子栽培の喜び(2)」を与える軍法会議の不公平な行ないに抗議した。実際には、軍法会議の判断は許された範囲で最も重いものだった。政治的犯罪に対しては、一八四八年以来死刑は適用されないようになっていたからである。しかし、クレマンソーは、これが政治的犯罪であるとの見方を否定していた。この記事が掲載される前日の一二月二四日、メルシエ将軍はスパイ罪と反逆罪に関しては死刑を復活させるとの提案を行なっていた。この機会を捉えて、ジョレスは「勤務中の暴力行為」により銃殺刑に処されるべく裁かれる、ごく普通の兵士たちを擁護した。彼らは、要するに、ダブル・スタンダードが存在すると主張していた。仲間が判事を務める中で裁判を受けた裏切り者ドレフュスは、同一カーストによる連帯を享受し、一方重大な結果をもたらさない過失を犯した下っ端の兵隊は射撃隊の前に立たされたというのである。それればかりか、ジョレスは軍事裁判法第七六条が適用されなかった理由を説明しさえした。彼によれば、それは「ユダヤ人からの大きな圧力よるもので、決して効果がなかったわけではない(3)」というものだった。ドレフュスにとって、状況は明らかだった。彼が有罪であるかどうかは、議論されなかった。彼に関する闘いがあったとすれば、それは軽すぎる刑をめぐってだった。極左から極右に至るまで、彼に政治的制裁を加えようとする声ばかりが聞こえてきた(4)。

真犯人の発見だけが、ドレフュスの兄で、軍法会議終了後すぐに再審請求の準備に取り組み始めたマチュー・ドレフュスを助けることができた。真犯人の発見だけが、世論と政府・軍当局のほぼ一致した意見に楔《くさび》を打ち込むことができた。それは容易な仕事ではなかった。しかし、すでに忘れられ始めた弟のためのマチュー・ドレフュスの活動が成果をもたらさない一方で、統計部長の交代が、事件に新たな展開を引き起こすこととなった。一八九五年七月、健康上の理由から、サンデール中佐はピカール少佐と交代した。すると、少佐は一八九六年三月に、いくつにも破った上で捨てられていた電報葉書(「プティ・ブルー」と呼ばれる)を統計部が――いつもの「通常ルート」を通じて――入手の上、再構成したものの内容を知るところとなった。この電報葉書は、電報文のドラフト、もしくは結局送信されなかった電報の文案だとされた。差出人はドイツ大使館であり、宛先はパリのビヤンフザンス通り二七番地を住所とする、エステラジなる人物だった。ピカールは上官に報告することなく個人的に宛名の将校につき調査を開始し、一八九四年の「秘密書類」を入手し、最終的に、ドレフュス有罪の根拠となった「明細書」の筆跡がエステラジのものだとの確信を持つに至った。犯人が彼であることは知られていたが、彼がいかなる同僚の助力を得ているかは依然として不明だった[5]。一文無しで、借金まみれで、道徳意識に欠け、嫉妬深く、空想にふけりがちな詐欺師で、不運な投資家で、落伍者であるこの将校は、連載小説に登場する悪役の特性をすべて兼ね備えていた――本当らしく見えるには、あまりにステレオタイプ的な「メロドラマ中の裏切り者」だった[6]。エステラジは一八九四年夏に、シュヴァルツコッペン武官に協力を申し出て、軍の装備に関する情報提供を開始したのだった――その情報の質は、大したものではなかったのだが。この取引は、ドレフュス裁判によっても中断されることはなかった。むしろ、ドレフュスが有罪となったことで、一層活発にさえなったのである。

もはや疑問を持たなくなったピカールは、誤審を改めるべく、真犯人を明らかにしようと決意していた。アルザス出身で、陸軍士官学校卒業生のピカールは、かつてアフリカとトンキンで戦った疑いようのない愛国者で、当時の反ユダヤ的な偏見を共有しており、いかなるイデオロギー的な動機も持っていなかった。しかし、彼は道徳的に厳しく、強い個性の持ち主だった。裁判に間違いがあるならば、それは改められねばならない。誰も反論できない、常識人のシンプルな信念である。ピカールは、自分が発見した事実について、陸軍参謀長のボワドフェール将軍に相談した。ボワドフェールは参謀次長のゴンス将軍にこれを伝達し、ゴンスは今後の進め方についてこう提案した。「二つの事案を、別々に取り扱うべきだ」と。ボワドフェールは、これを承認した。このとき以降、ピカールは自らが責任者を務める統計部、参謀本部、そして陸軍大臣ビヨ将軍の妨害を受けることになる。ピカールの意思に反して、彼の発見した事実は軍の外部に流出しないよう、政治権力の知るところとならないよう措置された。一〇月末、危険な人物と見なされるようになったピカールは、チュニジアに異動させられた。こうした中、サンデールとピカールの下で統計部次長を務め、一八九四年九月以来ドレフュスを有罪にすべく執念を燃やしてきたアンリ少佐は、一八九六年一一月二日、ゴンス将軍にドイツ大使館を出所とする一通の書類を提出した。これが、ドレフュスにとってとどめの一撃となるはずだった。「アンリ偽造文書」――というのも、これは新たなでっち上げだったからだ――は、ピカールが調査を行なってから脆弱さが明らかになる危機に直面していた「秘密文書」を補強する役割を担っていたのである。しかし、アンリと仲違いしたピカールは、一八九七年六月、休暇でパリに戻った。知ってしまった秘密を重荷に感じ、これを墓場にまで持っていきたくないと考えた彼は、友人のルブロワ弁護士に打ち明けた。弁護士は七月に、二重の新事実を上院副議長のシュレール＝ケストネルに伝達した。エステラジが真犯人であり、ドレフュスは無実だ、との新事実である。

事件捜査の次の段階は、長いこと目に見えないまま繰り広げられた、マチュー・ドレフュスと作家ベルナール・ラザールの周りに集まった「再審派」と、軍情報部および参謀本部との間の闘いである。ここでは、恥ずべき行動と風変わりなエピソードが競い合う筋書きの詳細――マルセル・トマがその歴史を完璧に描いている[7]――には、触れないでおこう。簡潔に言うなら、防諜機関の面々は、ピカールを失脚させ、エステラジをかばい、ドレフュスが犯人であることを再確認するために全力を挙げた。「確定した判決」と一八九四年一二月二二日の決定を何としても守ろうとする人々は、いまやあらゆる推論が真犯人であると示している人物を無関係だとする地獄の論理に絡め取られていった。この理屈を強化するべく、アンリとデュ・パティ・ド・クラムは、エステラジを有利にするための迎合的な行為により、自らの名誉を危険にさらすことになる。一八九七年一一月一五日、マチュー・ドレフュスは、「明細書」の実際の作成者であるエステラジが真犯人であるとの確信を抱くに至ったと、公に発言した。エステラジの行動について調査が開始され、彼は結局パリ第一軍事法廷で裁かれることとなった。ついに、事実が明らかにされるのだろうか。再審派は、一八九八年一月一〇日と一一日の裁判にすべての期待を寄せたが、結論は裁判官全員一致での無罪判決だった。「正義に対する、強力な一撃だった」とペギーは書いた。レオン・ブルムは「軍の名誉とエステラジの救済が頑なに結びつけられたことを、どのように考えるべきだろうか[8]」と書いた。一八九四年の裁判が誤審であったことを明らかにすること以上にフランスと軍にとって恐ろしく、おぞましく、忌まわしいことなどないかのように、すべてが進んだのである。無実である人物の無実を認めるくらいなら、いかなる犠牲を払っても構わなかった。真犯人とその破廉恥な言動を隠匿し、各種偽造文書を作成し、メディアを通じて常軌を逸したキャンペーンを繰り広げるなど、このでっち上げに関与した将校たちは、面目を保ち、ドレフュスを絶望の淵にまで追い詰め、「軍の名誉」を守るためにあらゆることを試みた。エステラジが無罪となると、マチューとベルナール・ラザールの周囲に集まる人々に広がった再審派は、再び仕事に取りかかった。人々のエネルギーを新たにかき立てた英雄的な行為がなされたのは、このときである。一八九八年一月一三日、ロロール紙がエミール・ゾラの手になる記事を掲載したのだ。この記事は「革命的」と形容され、こんにちでもなお預言者の叫びとして鳴り響いている。「私は弾劾する」。クレマンソーが示唆した、シンプルにして、天才的な題名だ。この題は巨大な文字で書かれ、その下に大統領に宛てた、しかし実際には二重の「誤審」――一八九四年一二月二二日と、一八九八年一月一一日の判決――に関わった人々に向けて投げつけられた書簡が続いた。ペギーは次のように書いている。

一日中、パリ市内では新聞の売り子たちがかすれた声で「ロロール」と叫び、束になったロロール紙を脇に抱えて走りまわり、熱心な読者たちに次々とロロール紙を売っていたのだった。嗄《しゃが》れ声の反逆者たるこの新聞の美しい名は、街の熱い賑わいの上をどよめきのように飛び交った。与えられた衝撃はきわめて強く、パリが横転してしまいかねないほどだった。(9)

ドレフュス事件は、まだ始まったばかりだった。

世論をめぐる問題

スパイ事件、司法に関する問題、捜査の問題だったドレフュス事件は、それればかりでなく、特に世論をめぐる問題だった。しかし、世論とは、このつかみどころのない政治上のアクターとはいったい何なのだろうか。大きく変化することもあれば、世論の名において発言するとしながら対立しあう声はいったい何なのだろうか。世論がメディアでないとしたら、それは何なのだろうか。一八八一年の法律によって数が増加したメディアは、ヒステリックなメディアでもあった。読者の要求に応えて、各メディアは可能な限りセンセーショナルな報道を行ない、論争を仕掛け、驚くべき未確認の新事実を暴露した。個人攻撃が当たり前のように行なわれた。メディアは罵倒し、告発し、侮辱した。その結果、有力なジャーナリストは皆、頻繁にフェンシング場に通わねばならなくなった。というのも、決闘は職業上の危険の一つだったからだ。現代では裁判所で決着がつけられるべき事案が、ブーローニュの森で、剣もしくは拳銃によって結論が出されたのである。ドレフュス事件により、直接または間接に引き起こされた決闘の統計が取られたことがあるだろうか。この事件の時代は剣客たちの最盛期であり、無分別に決闘の申し入れが行なわれた。ジャーナリスト、下院議員、上院議員、軍人は、誰もが証人を従えて「決闘場」に赴いた。たいていの場合、彼らはいくつかのかすり傷を負うことで、面目が「保たれ」、あるいは対立は「解消」した。この一対一の戦いで、ときには命を落とす者もあったが、そのときどきのニュースをよりきわだたせ、情報に劇的な要素を付け加えた。こうして、メディアは事件により大きな広がりを与え、それによって事件を非公開で行なわれる軍法会議と、閣議の秘密から解放したのである。メディアが噂を作り出し――その情報は正確であることもあれば、根拠に欠ける場合もあった――、それによって人々に確信を抱かせ、人々の情念を刺激し、権力の座にある者たちを脅かした。

当時のメディアには、大衆的な文芸ジャンルである連載小説が掲載されていた。連載小説の途方もなく奔放な想像力と、事件のめまぐるしい展開の間に、暗示的な類似性を見て取ることもできるだろう。事件の「シナリオ」は、大衆受けする超自然的な原則に基づき、書かれたように思われる。思いがけない出会い、予期しない発見、自らの策謀の犠牲となる死刑執行人、夜な夜な企まれる陰謀、庶民の涙を誘う健気な主人公、偶然の一致と劇的な展開、ヴェールで顔を隠した女と隠された物語……ポンソン・デュ・テライユの連載小説『ロカンボル』の冒険全編が一八八四年に刊行されて以来、荒唐無稽な物語と悪魔的な事象に対する嗜好は、想像力に富む他の作家たちによって継承されていた。この世紀末の新進「オピニオン・リーダー」の一人だったドリュモンは、奇々怪々な物語の大の愛好家で、自ら著した反ユダヤ文書にも、秘密、神秘、地下、秘術といった同様の嗜好を散りばめた。当時の作家たちの一部は、実際に、ナショナリズムと反ユダヤ主義の大義のための闘いに参加していた。ジップ、別名マルテル伯爵夫人はミラボーの子孫で、『シフォンの結婚』の作者としていまも知られるが、彼女は反ユダヤ的連載小説というジャンルを知らしめた。一八九七年刊の『シナイ男爵』に続いて、彼女は一八九八年に『イスラエル』を発表した。これらの小説中でも、現実世界同様に、悪役の名前はキリスト教徒の名前ではなかった[10]!

メディアは、言論の自由により当然ながら相反する意見を伝えていたが、それは対立を生んでは激化させる効果も持っていた。メディアは新たな権力ではあったが、多くの場合他の権力の道具でしかなかった。これらの新聞・雑誌は、有力者もしくは金融グループの支配下に置かれていた。採算が取りにくく、競争が激しく、市場が比較的小さいために、これらのメディアは売れるならば何にでも手を出した。幸いなことに、利害が対立関係にあったため、複数メディアの存在と編集方針の多様性は保証されていた。さらに、この当時の新聞・雑誌はさまざまな批判の対象となったとはいえ、同時に真実を求める上でかけがえのない手段でもあった。法と正義の擁護者が闘いを進められたのも、新聞を用いることができたためだった。

大反響を巻き起こした「私は弾劾する」以前にも、新聞・雑誌はさかんにこの事件について書いた。一八九四年一一月から一二月にかけては、ほとんどすべての新聞が一致してドレフュスを攻撃していた。しかしながら、事件に新たな展開をもたらしたのも新聞だった。一八九六年、軍法会議の不備を暴露し、有罪となったドレフュスは世論の一部の同情を勝ち得たのである。一八九六年、弟の再審を実現させる望みがないと感じたマチュー・ドレフュスは、英国で「デマ」を流布することで弟に世論の注意を向けさせようと考えた。九月二日、ニュー・ポートのサウス・ウェールズ・アーガス紙は、マチューから謝礼を得て、ドレフュスが悪魔島から脱走したと報じた。この虚偽情報が、九月二日にデイリー・クロニクル紙で報道されると、すぐにフランスの新聞もこれを取り上げた。効果はてきめんだった。ドレフュスのことが、再び話題となったのである。九月一〇日からの数日間、レクレール紙は軍法会議を取り巻いた諸条件を、再び採り上げた。一四日には、非常に反ドレフュス的な論調の無署名記事が、それまで取り上げられたことのなかった関連文書中の書類に言及した。その文書とはドイツ大使館付き武官が書いた手紙で、武官自身の手でドレフュスの名前が記されているというのだった。これは、「あのDの下種野郎……」を指すもので、ドレフュスを意味するものではなかったのだが、弁護人に知らされないままドレフュス有罪の証拠として利用されていた。秘密にされた証拠の存在が明らかになったことは、再審派にとって最初の得点だった。この記事に基づき、ジョゼフ・レイナックは法務大臣に調査の実施を申し入れ、ドレフュスの妻リュシーは下院議長に請願書を提出した。

ゾラが告発の爆弾を投げつけてからというもの、新聞を通じた闘いは街路におけるデモにも反映されるようになった。二つの陣営が、明確に描かれた。一方は、ゾラと再審の原則を支持する陣営である。毎日、クレマンソーが正義を求める記事を書くロロール紙と、間もなくジョレスが人々を引き付ける信念を広めるようになるラ・プティト・レピュブリック紙以外に、最も熱心に闘ったのは一八九八年一月九日にこの事件を受けて創刊されたレ・ドロワ・ド・ロム（人権）紙の記者たち、アルテュール・ランクとシジスモン・ラクロワのル・ラディカル紙、アンリ・フキエのル・ラペル紙だった。これら五紙は、主要紙のうちで最も強力で最もゆるぎないドレフュス派の代表だった。これらとともに、発行部数では劣るが、非常に新しい性格を持つラ・フロンド紙を挙げておかなくてはならない。というのは、これは女性だけで書かれ、制作されたフェミニズムの新聞だったからだ。一八九七年に創刊された、マルグリート・デュランが主宰するこの日刊紙は、当時の最良の女性専門記者とコラムニストの手になる、優れた文体で書かれた記事によって抜きん出た存在だった。その中で、最も知られていたのがセヴリーヌである。一八九四年には、彼女もまた、ほとんどすべての人々と同様に「裏切り者」を、この「ユダの孫」を非難した。彼女もまた、他の人々と同じく、当初の確信を撤回した。しかし、彼女は他の人々以上に、流刑にされた人物に課された厳しい運命を、感受性に富む筆致で書くことができた。後に一冊にまとめられる「反逆児ノート」により、彼女はドレフュス派陣営の最も優れた闘士の一人となった。ある一つの事実や一つの語を中心にして巧みに書かれた短い記事はしばしば効果を発揮した。ラ・フロンド紙は、ゾラの挑発的な文章を再掲したが、それにはセヴリーヌの筆になる前文が添えられていた。

エミール・ゾラ氏が擁護する大義に関していかなる意見を持つにせよ、以下に再掲する書簡をロロール紙に送ることで、著名な作家である同氏が勇気ある行動を取ったことを認めないわけにはいかないだろう。この無気力と臆病の時代にあって、精神的な勇気を必要とするこの行為に対して、喝采を送れることを女性たちは幸福に感じている。[11]

反対側の陣営では、その読者数から、四紙がこの闘いにおいて重要な役割を演じた。まず、ロシュフォールが主宰するラントランジジャン紙である。雪辱を果たそうとするこのブーランジェ派の新聞は、最も熱狂的なナショナリズムに接近していた。同紙は、パリの下層庶民の英雄でもある主筆ロシュフォールの意見を広める役割を担っていた。永遠のコミューン派を自称するロシュフォールは、スト決行中の労働者の庇護者であり、非寛容な反教権主義に代えて、同じだけ強烈な怒りをプロテスタントとユダヤ人に向けたのだった。[12] カトリック派について言うなら、ラ・クロワ紙が非常に広い範囲をカバーしていた。というのは、同紙の発行元であるラ・ボヌ・プレスは、パリで編集されたニュースと地方の情報を組み合わせ、それを地方版で詳細に報道するとの巧妙なアイデアを得たからである。そうすることで、一八九五年に同紙は六種の日刊紙、週二回発行する七紙、そして七三種の週刊ラ・クロワを発行するまでに拡大した。アソンプシオン会は、これによってフランス全国で、安価で魅力的な新聞を販売することに成功した。読者である一般庶民の要求に応えるべく、略号も、扱うテーマも、何もおろそかにはされなかった。ラ・クロワ紙による激しい反ユダヤ主義的な攻撃（記事および風刺漫画）は、キリスト教世界を破壊し、立法を含むあらゆる手段によりフランスを徐々に蝕もうとするユダヤ人の陰謀、という神話に想を得たものだった。「民族的に純粋なフランス人であれば、祖国を同じくする市民同士を分断させようとする明確な目的を持つ政体を、一から作り上げようとは考えなかっただろう[13]」。ドレフュスの「裏切り」は、ラ・クロワ紙にとり「ユダヤ禍論」の新たな証拠であり、一八九〇年以来「フランスで最も反ユダヤ的で、ユダヤ人嫌悪の印であるキリストを頂く」と称するこの新聞の闘いを正当化するものだった。

そこまで徹底してはいなかったが、エルネスト・ジュデのル・プティ・ジュルナル紙は、最大で一五〇万部に達する発行部数から、反ドレフュス陣営内部で大きな位置を占めていた。この新聞は、一面にカラーのイラストを掲げることで人気を博し、それによって読者と事件の主だった関係者との距離を縮めたのである。そして、ドリュモンのラ・リーブル・パロル紙である。一八八六年刊の『ユダヤ人のフランス』以来多数の著書で反ユダヤ主義の普及に大きく貢献してきた主筆のドリュモンによって、一八九二年に反ユダヤ主義を主導すべく創刊されたこの新聞は、告発調のキャンペーンを間断なく繰り広げることで、熱心な読者を獲得していた。「ユダヤ人による征服」の固定観念に取り憑かれ、古きフランスの大魔術師として、何の後悔も覚えずに政治文書を量産するエドゥアール・ドリュモンは、自著においても、またラ・リーブル・パロル紙においても、ラントランジジャン紙の反ユダヤ主義と、ラ・クロワ紙の反ユダヤ主義を取り入れることに成功していた。ロシュフォールと同様に、彼はパリ・コミューンの記憶を称え、ユダヤ人資本家によって搾取される労働者を擁護し、型にはまった考え方をする人々を非難した。バイイー神父と同様に、彼はカトリックの古くからの反ユダヤ主義、反フリーメーソン感情とキリストの迫害者どもに対する十字軍精神を再燃させた。さらに、ドリュモンは自らの哲学的・社会的な「証明」に、明らかに人種差別的で、自称「科学的」な記述を付け加えた。(14) ペンによる殺人者の時代が到来したのである。

しかしながら多くの新聞は、この明快すぎる区分には当てはまらなかった。多数の新聞は、一時期反ドレフュス的な立場を示した後に、徐々に再審を求める方向に転換した。その他の新聞は、さまざまな形で反対のコースを歩んだ。たとえばル・フィガロ紙は、主筆ガストン・カルメットの確信にもかかわらず、多くの読者を失うことを恐れ、方向転換するのが適切だと判断したが、その後再びドレフュス派寄りの立場に回帰した。急進派のカミーユ・ペルタンのラ・ランテルヌ紙は、再審反対の態度を改めることはなかった。それとは逆に、ボナパルト派のポール・ド・カサニャックが主宰するロトリテ紙は、裁判の異状に最初に気づいた新聞の一つだった。結果として、ブーランジスムの時期と同様に、事件をめぐる対立が最も激しかった時期の世論の対立は左右対立の構図によるものではなかった。政治的左派のうちの多数派は、まだごく少数だった再審派を支持していなかった。再審派と対立する人々は、再審派を馬鹿にして「組合（サンディカ）」と呼んだ。ユダヤ人の「裏金」で雇われた圧力団体だと見なしてのことである。しかしながら、「私は弾劾する」とそれに引き続くゾラ裁判は、一部の人々の確信を揺るがせ、再審派陣営を増大させた。とはいえ、一八九八年一月には、ゾラが宣言したように「真実は前進」していたが、その前進は非常に長距離に及んだのである。

ゾラはそれでも、エステラジが無罪となったことで途方に暮れたドレフュス派に、見事に自信を取り戻させた。陸軍大臣がゾラに対して起こさざるをえないと考えた裁判は、二月七日、パリ重罪裁判所で開廷された。ようやく、ドレフュスの弁護人たちに一八九四年の軍法会議の瑕疵を公にする機会が与えられたのである。被告は重量級だ。最も著名であるとともに、最も憎まれている作家でもある。ルーゴン＝マカール叢書は新刊が出るたびにベストセラーを記録するが、彼をポルノ作家同然だとする一部の批評家の反発を引き起こしていた。また同様に、彼の著書『ルルド』と『ローマ』も、カトリック批評家の批判を招く、追加的な理由となった。裁判は、騒乱の雰囲気の中で行なわれた。裁判所の入り口で大声を上げる群衆は、被告が入館し、また退出するたびごとに罵声を浴びせ、毎日のように乱闘を引き起こし、「ユダヤ人」と「裏切り者」の死を求める叫び声を上げた（二月九日のラ・リーブル・パロル紙は「群衆は〝ユダ公を水にぶち込め！　ユダヤ人は死ね！〟と叫んでいた。彼のおぞましい、人を見下す獣のような顔面は、不気味にもしわくちゃになった……」と書いた）。裁判長に課された至上命題は、ゾラ裁判がドレフュス裁判の再審に変化しないよう努めることだった。しかし、かかる命令を、どうすれば遵守できるものだろうか。被告の弁護人ラボリは有能だったが、それに加えて検察側の証人の度を過ぎた熱意によって、一八九四年の裁判が違法な条件下で行なわれたことが明白になった。結局、ゾラには最大限の刑が科された。禁固一年と、罰金三〇〇〇フランである。数日後、ピカール中佐は退役させられた。ドレフュス派の大義は新たな敗北を喫し、エステラジ裁判が再審につながらなかったように、ゾラ裁判も再審をもたらすことはなかった。判決が明らかになると、街路と新聞紙上では喝采が叫ばれた。作家が有罪となった背景には、世論の圧力があったのだろうか。ラ・プティト・レピュブリック紙によれば、陪審員たちは「戦々恐々」としていたのだという。

民衆は、一言一言が虚言で、裁判所が黒と言えば白と伝える新聞にだまされた。民衆は、荒唐無稽なお話、でっち上げの報道、政府と参謀本部の態度に慌てふためき、聖具室の手先によって洗脳された。民衆は、陪審員が寛大な結論を出したなら、それは不名誉な理由によるものだとしたに違いない[15]。

しかし、これは一つの戦いの敗北にすぎなかった。一八九八年四月二日、ゾラ裁判は手続き上の不備のために破棄された。告訴状が軍法会議により提出されるべきところを、陸軍大臣から提出されたからである。それにより、手続きは無効となった。これによって、破棄院は、ドレフュス派に再び希望を与えたのである。二度目のゾラ裁判は、ヴェルサイユのセーヌ＝エ＝オワーズ県重罪裁判所で五月二三日に開廷した。大衆の熱狂はさらに拡大した。四月一〇日、ゾラはメダンの近くで、石を投げつけられた。パリとアルジェでは、反ユダヤ主義者による事件が何度も起きた。五月二二日は、総選挙の第一回投票の日だった。ジョレスはカルモーで落選し、ドリュモンはアルジェで当選した。五月二三日、ル・プティ・ジュルナルはゾラの父親の経歴を記事にしたが、その内容は虚偽であり、名誉を毀損するものだった。「軍」を告発する人物に対して、反対派はいかなる容赦もしなかった。しかしながら、上訴により裁判は一時中断となり、六月一六日に再開されると決まった。結局、ゾラは七月一八日に有罪判決を受け、このため彼は即座にフランスを離れて英国に向かった。彼が一一カ月間の亡命生活を終えて帰国したのは、一八九九年六月のことだった。

ところが、六月一五日、メリーヌ内閣は議会多数派の支持を失っていた。それまで、メリーヌはこの裁判から距離を置いていた。彼にとっては、ゾラ事件も、ドレフュス事件も存在しなかった。しかし、六月二八日に成立したブリソン内閣で新たに陸軍大臣に就任した急進派のカヴェニャックの態度は、まったく違った。誠実にドレフュスが犯人だと確信していたカヴェニャックは、二度のゾラ裁判の際に問題が起きたことに苛立ちを覚え、またリュシー・ドレフュスがサリアン法相に裁判取り消しの請願書を提出したことで挑戦を受けたと感じて、この事案に決着をつけるべく、自ら乗り出すことを決意した。七月七日、下院の演壇に上がった彼は、ドレフュス有罪の証拠だとして三件の文書を挙げるとともに、「裏切り者」が告白したと説明した。この強烈なインパクトのある演説は大喝采を浴び、議員たちのほぼ満場一致（約二〇名が棄権）で公示することが決議された。翌日、ピカールは首相に宛てて書簡を送った。その中で、彼は下院で読み上げられた三件の文書のうち、二件はドレフュスとは関係がなく、三件目は偽造文書であることを証明しようとした。七月一三日、ピカールはカヴェニャックの告発により、国防に関する秘密文書を公表したかどで逮捕された。

この新たな打撃を受けて、ドレフュス派は気力を失いそうになった。ゾラの弁護人ラボリに法律家として協力したレオン・ブルムは、『ドレフュス事件の思い出』の中で、ナショナリスティックかつ反ユダヤ的なキャンペーンに、いわば「公式認定」を与えたカヴェニャック演説の後に、彼と仲間たちがいかに大きな衝撃を受けたかについて書いている。この日の晩、彼はマチュー・ドレフュスとリュシアン・エールとともにいたが、誰もが無言で、憔悴し、落胆していた。ブルムは書いている。「突然ベルが鳴り、扉が開くとジョレスが入ってきた」。ジョレスは勝ち誇ったように、彼らを叱りつけるようにして言った。

あなた方にはわからないのですか。我々はいま初めて、間違いなく勝利を得る確信を持つことができるのです。メリーヌは沈黙を守っていたがために、つけ入る隙がありませんでした。カヴェニャックは発言し、議論に応じます。それゆえに、彼は敗北するのです[16]。

もはや、すべてが秘密である状況ではなくなっていた。関連文書全体の公開を要求できるようになったのである。そこで、ジョレスは徹底した論理で貫かれた一連の記事を書き、それによってドレフュスを非難する人々が組み立てた理屈を一つずつ崩していった[17]。早くも七月九日に、彼はラ・プティト・レピュブリック紙上で、脅しめいた調子でカヴェニャックに向けてこう書いた。

（前略）…私たちが得心するのに資する証拠書類、裁判資料には含まれていない証拠書類をあなた自身が提示することで、あなたは軍法会議の手続きがまったく公正でないことを告白し、天下に明らかにしたのです。そうすることで、あなたは内閣の同僚であるサリアン氏に、再審決定に必要な証拠を提供したのです。

レオン・ブルムは、ドレフュス派の主張の再構築がジョレスの「弁証法的反語」により図られたことを、次のように言い表した。「二度目の失墜の後に、二度目の奇跡が訪れた」。めまぐるしく展開するこの事件に、ジョレスの『証拠』執筆中、新たな突発事が発生した。一八九八年八月一三日、カヴェニャックの官房付きで、大臣からドレフュスの一件を引き継ぐよう指示を受けていたキュイニェ大尉が、下院で言及された書類が偽造であることに気がついたのである。これはドレフュスを具体的に名指しした唯一の文書で、パニッツァルディ大佐がシュヴァルツコッペンに宛てた書簡だった。ところが、キュイニェがデスクのランプで観察すると、書簡の書かれた便箋の格子の線が、異なる二つの色で印刷されていると気づいた（いわゆる「アンリ偽造文書」は、二つの異なる紙片を貼り合わせたものだった）。この文書は、「通常ルート」経由で入手したとしてアンリ少佐から提供されたものだったが、偽造ではないかとの疑いが持たれるに至った。尋問を受けたアンリは、八月三〇日に罪を犯したと自白した。規則に従い、モン＝ヴァレリアン要塞に拘留されたアンリは、翌八月三一日に、独房内で、喉をかき切って死んでいるところを発見された。偽造犯の発見と彼の自殺は、再審に反対することを不可能にした。九月三日、カヴェニャックは辞表を提出した。その翌日、エステラジはベルギーに逃れ、その後英国に渡った。九月二七日、リュシー・ドレフュスが提出した再審の請願書は、法務大臣の命令により、ようやく破棄院刑事部により検討されることとなった。闇夜に、かすかな光が見えてきていた。

知識人の登場

私たちの歴史において、ドレフュス事件による危機が特に人々を引き付けるのは、それが当初においては政治的な危機ではなく、精神的な危機だったからである。この事件を機に、新たな登場人物が舞台に姿を現した。「知識人」と呼ばれる人々である。クレマンソーは、一八九八年一月一八日のロール紙に次のように書いている。

あの人々の名誉のために言っておかなければならない。この思想家たちは、まず行動を起こすことから始めたのだ。このサインを見逃すべきではない。世論の動きの中で、純然たる知的労働者が第一線に立つのは滅多にないことなのである。

ゾラは大胆な行動を取ることで、名声を危険にさらし、攻撃の標的となり、アカデミー・フランセーズ会員に選ばれるために残された最後の望みを捨てたのだが、何百という教授たち、大臣の補佐官連、穏やかな学者たちがこれに呼応して、再審を求める宣言文に署名したのだった。この「知識人」という名詞は、新しいものだった。ジョゼフ・レイナックは、次のように説明している。

再審を求める文書に最初に署名したのは、著述家と学者だった。そのために、彼らは知識人と称された。この言葉は、少し前から、いくつかの小さな文芸雑誌で用いられていた。政治を軽蔑する何人かの若者が、自分たちが他の人類よりも上位に位置することを示すために、自分たちをそう呼んだのである。誰だかはわからないが、誰かがこの言葉を、「剣」が「理性」を軽蔑するようなニュアンスを込めて用いた。しかし、そのように呼ばれた人々は、喜んでこの呼び名を受け入れたのだった。[18]

以来、誰もがこの単語を口にするようになった。それは、馬鹿にするために使われることもあったし、褒めている場合もあった。モーリス・パレオローグは、『ドレフュス事件日記』の中で、オーベルノン夫人の屋敷で一八九八年一月一五日に開かれた夕食会における熱のこもった議論を叙述しつつ、アカデミー会員フェルディナン・ブリュヌティエールの次の発言を紹介している。

知識人たちが署名集めをしているこの請願書ときたら、とんでもないものです。この貴族的カーストめいた、研究室や図書館で暮らしている人々を指すために最近知識人という単語をこしらえたという一事が、私たちの時代の最も馬鹿げた悪癖の一つを示しています。私が言いたいのは、作家や学者、教師を超人だと持ち上げたがるのは空虚だということです。[19]

ブリュヌティエールは、この格好のテーマを取り上げて論じてもいる。この同じ一八九八年に刊行した小冊子中で、彼は自らの苛立ちを次のように記した。「彼らは、専門外の事項について、堂々と間違った意見を述べているだけだ[20]」。論争的な要素はともかく、ブリュヌティエールはドレフュス事件が生み出した新たな現象に光を当てたのである。知的な人々が、集団として政治・社会に関する発言を行なう、という現象である。サルトルは、これを別の形で表現した。

もともとは、したがって、知識人集団は知的な業績（自然科学、応用科学、医学、文学、その他）によって程度の差こそあれ知名度を得た多様な人々の集まりであり、その知名度を利用して自らの分野以外の、社会や権力機構を包括的、かつ理論的な人間の概念の名において批判しようとする人々のことなのである[21]。

この社会参加の動機は、一様ではない。再審のための闘いの元には、二つの主要な理由があった。多くの人々、大半の人々の場合、道徳的至上命令と同情心が組み合わさることで、行動に弾みがついた。パレオローグが語るところの夕食会で、宣言文に署名した出席者の一人は次のように述べている。「個人の名誉は、軍の名誉に比べて価値が劣るものではありません……無実の人が刑罰を受けるのを見るのは、いくらかでも同情心があるなら、誰にとっても耐えがたいのです」。他の参加者は、純然たる知識人として振る舞い、感情を押し殺して、論理的思考の大地を離れることを拒否した。「理性の擁護と、ドレフュス主義を内包する心情的な側面を切り離すこと」、これが「バレスや、モーラスや、ルメートル」に反対し、「理性を社会の利益に服従させる[22]」ことを拒否したジュリアン・バンダが掲げた原則だった。こうして、ドレフュス派知識人には二つのモデルがあることが明らかになる。モラリストと合理主義者である。前者は、対立関係にある反ドレフュス派と同様に社会の統合を目指していたが、反ドレフュス派とは異なり、社会の統合には倫理と正義の価値観が必要だと考えていた――反ドレフュス派は、法制度、軍、「確定した判決」が社会の基盤を構築していると主張し、そのために場合によっては個人を軽視し、また公然と人権を無視していた。彼らはオーベルノン夫人の食卓で対立したが、それでもまだ夕食をともにすることができた。パレオローグはこう書いている。

徒歩で帰宅する道すがら、これだけ口論して罵詈雑言を浴びせ合い、大騒ぎと品のない言動をしているにもかかわらず、フランス中を大混乱に陥れた悲劇には何か高貴なところがあると私は考えた。なぜなら、この事件は正義を求める心と、祖国への信仰という二つの神聖な感情を相争わせていたからだ。(23)

これに対して、バンダの「絶対的合理主義」にはアナーキズム的な要素があるため、こうした夕食会に招かれるにはふさわしくなかった。彼はこう書いている。

我々の合理主義が反社会的な性格を帯びていることを、私はよく理解していた。私の仲間は、国は我々の要求すべてに応じるべきだと考え、そうならないことに憤慨していたが、私はそうは思わなかった。国が我々のことを大目に見てくれるのは結構なことだが、国には我々を黙らせる義務があるのかもしれないと私は考えていたのだ。ソクラテスが真実を実用性よりも上位に置いたのは当然のことだったが、国には彼に毒薬を飲ませる役割があったのである。[24]

ペギーの目に、真実と正義のための闘いの対立が、和解した後の社会の理想と不可分だったように、バンダにとっては「社会の利害と真実の利害の間には、根本的な対立」があったのである。バンダの絶対的合理主義は、再審派の間で広く共有されてはいなかったが、彼の告白は反対派陣営の理屈を理解するための一助となる。右派の知識人、という言い方はできるものだろうか。恐らく、この呼称は彼らから受け入れられなかっただろう。いずれにしても、彼らの意見も一致してはいなかった。モーラスのように実証主義の洗礼を受けていた一部の人々は、理性を放棄するつもりはさらさらなかったし、感傷の罠に陥った敵をやはり理性の名において軽蔑したのである。それ以外の、バレスのような人々は、知性の産物にはあまり信頼を置かずに、本能、伝統、生ける者と死せる者とを結び付ける連続性に身を任せて、根を持つ者と根を持たぬ者とを対立させた。彼らに共通していたのは、普遍性の拒絶だった。彼らは、抽象的な概念である人間性には価値を認めなかった。なぜなら、ジョゼフ・ド・メストルと同様に、彼らは一度たりともそれと出会ったことがなかったからだ。普遍的精神への彼らの異議申し立ては、それに起因するのである。バレスは次のように書いている。

大学を監視しなくてはならない。大学は、フランスの根幹の破壊に、また我々の頭脳の除去に寄与しているからだ。我々を人類社会の市民にするとの口実の下に、大学は我々を大地から切り離し、また我々の理想をも大地から引き抜こうとしている。[25]

ナショナリスト作家たちにとって、ドレフュス事件は堕落の印だったが、それは同時に再生のための契機でもあった。彼らは、知識人とユダヤ人を唾棄すべき現代社会の補完しあう二つの側面だとして告発した。この二つの集団は、手を携えて何百年来の古きフランスの根幹を揺るがす混乱を起こし、社会を分解させ、軍と教会を筆頭とする祖国の基本的な制度を破壊しているというのである。反知性主義と反ユダヤ主義は、ときとして真の人種主義的世界観を生み出すものだ。一八九九年のレンヌでのドレフュス裁判の際、バレスはレンヌにいた。高等応用研究院教授のジュール・スリーもこの町にやって来た。この学者は、何と言っただろうか。

以前、あなたはこう言われました。私にとって重要なのは伝統だけであり、秩序と誇りは軍の中にしかない、と。いま、私もそう思っています。フランス人とアーリア人のために闘うこと…(中略)…まさにあなたが言われた通り、問題は取るに足らないユダヤ人大尉ではありません。ユダヤ人とアーリア人の永遠の闘いなのです。[26]

ドレフュス事件をめぐる知識人の間の対立を、社会学的に分析することもできる。[27] もし高等師範学校とアカデミーが同じセーヌ左岸になかったなら、それは右岸と左岸の対立だと言うこともできたかもしれない。文壇と学会のエスタブリッシュメントは、実際圧倒的に再審反対派だった。ジュール・ルメートルが会長を務める、上品な反ドレフュス派のフランス祖国同盟において最も著名な会員たちは、このエスタブリッシュメント出身の人々だった。この団体は、ドレフュス支持の運動が大学と学界を席巻しているわけではないことを示すために、一八九八年の秋に結成された。実際、アカデミー・フランセーズ会員二二名に加えて、学士院会員、有力な弁護士、医師、ジャーナリスト、芸術家、そしてかなりの数の大学教授が、祖国同盟の設立趣意書に署名していた(28)。しかしながら、それは再審を求める知識人たちが、それより数カ月も先に動き出していたことに対抗するためだった。再審派知識人たちの拠点は、ユルム通り(高等師範学校)とソルボンヌ通りの間に位置していた。レオン・ブルムは次のように書いている。

全体として、学術の世界は、どの面から見てもドレフュス擁護が支持を得られる最大の社会的、あるいは職業的階層だった(29)。

しかしながら、再審派の最初の知識人は大学人ではなかった。それほど知られていない作家で、アナーキズムに近く、反ユダヤ主義に関する著書の中で同宗者に対してきわめて厳しい意見を書いたベルナール・ラザールがその人である。マチュー・ドレフュスは、彼に事件の真相を解明するために協力を依頼したのだ。彼は、この砂漠の横断——ドレフュスへの有罪判決から知識人が立ち上がるまでの間——において、誰にも知られず事件を根気よく調べ上げた。有罪判決が誤りであることを明らかにした彼の最初の小冊子は、一八九六年一一月にブリュッセルで発行されたが、ほとんど誰の目にもとまらなかった。一八九七年には、より多くの論拠を示す形で、再度小冊子を出版した。一八九八年に出た小冊子は、より多く注目を集めた。ペギーは『われらの青春』に、いまもなお感動を伝える数ページを書き残している。

このイスラエルと世界全体にとっての重大な危機において、預言者となったのはベルナール・ラザールだった。ここで、現代の大人物の一人に敬意を表しようではないか…（中略）…彼は、イスラエルの最も偉大な預言者の一人である。[30]

次に挙げなくてはならないのは、リュシアン・エールの名である。彼とともに、私たちは完全に知識人の世界に足を踏み入れることになる。それというのも、彼は哲学のアグレジェ（高等教員資格保持者）であり、高等師範学校の図書館長だったからだ。最初の請願書のために署名活動は、彼が行なった。ユルム通りの図書館は、現役の学生だけでなく卒業生も利用していたから、彼が占めていたのは戦略的に第一級のポストだった。リュシアン・エールが若きシャルル・ペギーと出会ったのは、この図書館でのことだ。ペギーはその重々しい態度、威圧的な風格、ゆっくりとした口調と同じ言葉を巧みに繰り返す独特な話法で、同期生ばかりでなく上級生からも一目置かれていた。ペギーはドレフュス擁護の熱心な活動家の一人で、仲間を集める係を務め、現場で積極的に動いた。その後、彼はドレフュス擁護の詩人、モラリストとなるのである。シャルル・アンドレールは、「ペギーと彼の友人たちは、ドレフュス事件の時期に、高等師範学校の情熱的で若々しい民兵団を形成していた[31]」と書いている。少し離れたコレージュ・ド・フランスと古文書学校は再審派の宣伝活動の拠点として、アンドレールが言うように「国民意識の火が燃え盛る暖炉」である高等師範学校を補完していた。

これらのドレフュス派は、一八九八年までバレスを尊敬していた。バレスの崇拝者の一人だったレオン・ブルムは、『ドレフュス事件の思い出』で、彼を再審派に仲間入りさせることにどれだけ望みを持っていたかについて語っている。結果は、ブルムに残酷な幻滅を覚えさせた。エール、ブルムとバレスは、いずれもラ・ルヴュー・ブランシュ誌に寄稿していた。バレスにこの雑誌との協力関係の終了を伝える役割を与えられたのは、リュシアン・エールだった。彼は、一八九八年一月一五日発行の号に寄せた記事でそれを伝えた。威厳を帯びた調子の文章は、事件によって知識人の世界に断絶が生じたことを示していた。

あなたの中にいる、ユダヤ人を憎み、ヴォージュ山地の向こう側に住む人々を憎む人間は、間違いなく一二世紀の野獣であり、一七世紀の野蛮人です。そして、もし本能を制御し、憎しみを排除する新たな法の登場、理性的な欲求の緩やかな拡大がなかったなら、近代社会は大したものではなかったと思われることでしょう。

この後で、エールは決定的な境界線について書いている。

真実の民衆と、思慮深く意志を持った人々のいずれもが、あなたに敵対しています。根こぎにされた人々、あるいは私心のない人々だと言ってもいいでしょう。それは、自分自身よりも、自然な本能と集団的エゴイズムよりも、法と正義の理想を優先することのできる人々の大多数なのです。

重要なのは、知識人たちが擁護する理想を具体的な形にすることだった。フランス人権擁護同盟の創立は、この必要性に基づくものだ。リュシアン・エールとソルボンヌ大学で歴史を講じる准教授のシャルル・セイニョボスは、中央委員会委員に就任した。ドレフュスの個別的事例にとどまらず、あらゆる個人に対して公平性と尊厳への不可侵の権利を広げることが目標だった。「私たち一人ひとりに、重要な任務が与えられています。私たちは、正義と真実と自由の観念を広め、理解させ、愛されるようにしなければならないのです[32]」。

ドレフュス事件を通じて、知識人は新たな圧力団体として登場しただけではなかった――その後の政治においては、確かにそうなったのではあるが。彼らはまた、決して無意味ではない、ある種のフランスについての観念を具現化していた。知識人の一人は、一九〇二年一〇月のエミール・ゾラの葬儀の際に、そのフランスの観念について発言した。ドレフュスのために危険を冒したただ一人のアカデミー会員、アナトール・フランスである。彼は、ゾラの墓前で、こう叫んだ。

皆さん、このような素晴らしいことが実現できる国は、世界に一つしかありません。わが祖国の精髄は、いかに見事なのでしょう！　フランスは理性の国であり、さらには思いやりの心を持っています。公正な裁判官と人間的な哲学者の国なのです。テュルゴーの、モンテスキューの、ヴォルテールの、マルゼルブの祖国なのです。ゾラは、祖国から感謝されるにふさわしい人物です。彼はこの国の司法に対して、決して絶望しませんでした…（中略）…私たちは、彼をうらやましく思うべきです。彼は、その素晴らしい傑作と偉大な行為によって、祖国と世界にとっての名誉となったのです。彼をうらやましく思うべきです。彼の生涯と彼の心は、最も偉大な運命をもたらしたのです。彼は、あるとき、人間の良心となったのです。(33)

ナショナリズムの脅威

再審反対派には、少なくとも二種類の人々がいた。ドレフュス派は、二つの反ドレフュス派の連合に相対していたために、彼らの主張を受け入れさせるのに非常に苦労した。穏健で、相手を尊重し、保守的な反ドレフュス派と、過激で「革命派」の反ドレフュス派が協力していたのだ。体制的な反ドレフュス派と、クーデターを求める反ドレフュス派だと言ってもよい。前者は、長いことその活動の中心を議会に置いていた。その主張は閣僚が代弁し、下院で圧倒的な多数派を占め、ときとして全会一致となることもあった。この勢力は右派だけで構成されているわけではなく、急進派の大半も含めた共和派も加わっており、社会主義派議員の棄権による協力を得られることもあった。カヴェニャック陸軍大臣は「歴史的」共和派に属しており、国家と軍事に強い関心を抱く急進主義を代表する人物だった。本格的な政治的対立、二つのブロックの分離が起きるのは、一八九九年のワルデック＝ルソーによる共和国防衛政府成立時のこととなる。それまでの間、歴代の内閣と大統領フェリクス・フォールは、「確定した判決」に疑問を差し挟んで軍の「名誉」を傷つけるようなことを避け、クレマンソーあるいはシュレール＝ケストネルの見解に賛同しようとはしなかった。政界以外では、大勢順応的でフランス国内で広く共有されていたこの反ドレフュス主義は、先にも触れたフランス祖国同盟が象徴していた。この団体の会員の大多数は、反ユダヤ主義からも、カトリック防衛からも感化されてはいなかった。彼らが祖国愛と軍への深い信頼を称揚するとしても、それは穏健な共和国、もしくは名士たちの保守主義の名においてだった。

しかしながら、はるかに過激な反ドレフュス主義が勢力を伸ばしていた。その表現術は演壇においても、街頭においても、暴力的だった。この傾向は、「ナショナリズム」の名で呼ばれた――ドレフュス事件の際に広く知られるようになった、もう一つの言葉である。[34] いかにも、ガンベッタとフェリーの共和国は、ある意味ではナショナリスト的だったし、それ以降もそうだった。共和国は、国民意識がフランスという共同体を強固にすると主張しさえしていた。だがしかし、この愛国心は優越感を内包し、起こした革命を普及させようとする思い上がりに依るところもあり、また復讐の理想や軍の権威を軽んじるものでもなかったが、この愛国心は議会制共和国を疑問視することはなく、むしろこれを補強しようとしていたのである。厳密な意味でのナショナリズムは、一八八六年ごろに誕生し、ドレフュス事件の時期を通じて新たな政治勢力として定着した。ブーランジェ事件の危機からドレフュス事件の危機に至る間が、ナショナリズムの準備期間となったのである。ナショナリズムは、一つの単純な観念だと見なすことができる。国民を優先するならば、議会政治という体制を新しい強力な国家に代えることになるという観念である。その対外政策の目標は、失われた地方の回復だったが、その前提として、まず国内における秩序の回復を目指す政策が実施される必要があった。一八九〇年代初めに起きたパナマ事件では、複数の議員が直接あるいは間接に関与し、あたかもブーランジェ派の復讐であるかのように感じられた。ポール・デルレードは下院の演壇から、クレマンソーが自分の主宰する新聞のために、パナマ運河会社の倒産に関与した利権屋コルネリユス・エルズから資金を受け取ったとして非難した。クレマンソーが金を受け取ったと証明するものは一つもなかったが、彼の評判に傷がついたことは事実だった。民衆の一部にとっては、彼は「シェカール」〔小切手を受け取った人物、の意。パナマ事件で賄賂を受け取った政治家らを指した〕の一人となった。これは、ドリュモンがラ・リーブル・パロル紙を創刊した一八九二年の出来事だった。ドリュモンの新聞と、バレスが寄稿していたラ・コカルド紙、ロシュフォールのラントランジジャン紙は、体制に対する集中攻撃を行なうようになった。ナショナリズムは、誠実をひけらかして汚職に関与した議員たちを攻撃した。

ナショナリズムは共通の敵を持たなければ、統一はできなかった。ドレフュス事件によってナショナリズムは、裏切りに抗い、軍を擁護するという単純化された名目の戦いのもとに、異質な構成要員を結集することができたのである。その構成員の一部は、ブーランジェの運動に加わったベテランたちだった。大道芸人のようなロシュフォール、詩人のバレス、進軍ラッパを吹くデルレードが、カピトリウム丘に祭られた三神だった。彼らは、それぞれ異なるニュアンスを示しつつ、「国民的共和国」の樹立を要求した。ロシュフォールは「この共和国は、同じ旗の下に社会主義と祖国愛を統合するものだ」と述べた。この国民社会主義は、既成のブルジョワ共和国に対する反逆から生まれた。この思想はかつて極左に深く根を張り、ブーランジェ派の群衆から活動家を集めた。そして国民社会主義は、国際協調主義的社会主義に対抗して、いまでは極右に位置するようになった。国際協調主義的社会主義は、後年第二インターナショナルと呼ばれることになる組織にフランスの社会主義諸グループが参加した一八八九年以降、フランスで勢力を伸ばしていたのである。社会主義者たちはまだ内部分裂を抱えていたが、一八九三年の選挙では初の大勝利を収めた。拡大しつつあるこの政治勢力は、全体として、軍事優先主義への反感を明らかにしており、最も極端な者は反愛国主義を賞賛していた[35]。ナショナリズムの勢力の一つは、もう一つの社会主義――「インターナショナル」を拒否する社会主義を擁護する人々によって成立した。その代表例がエルネスト・ロシュである。彼はブランキ派からブーランジェ派となった人物で、一八九三年と一八九八年に下院議員に当選していた。彼の選挙対策委員会は「さまざまな活動を停滞させ、労働を妨げ、祖国の名誉を汚す、恐るべきドレフュス派の陰謀が行なわれる中、市民エルネスト・ロシュは二度にわたり、下院の演壇で裏切り者とユダヤ人とドイツに雇われた、フランスと共和国を弱体化させようとする連中の仮面を剥いで、糾弾した[36]」と宣伝した。

もう一つの構成員は、保守勢力の過激化に由来する。王党派の王位継承者であるオルレアン公は、支持者たちをナショナリズムの旗の下で運動に参加するよう促した。公自身も、軍の敵対者に宛てた公開書簡を発表し、躊躇することなく反ユダヤ主義に与《くみ》し、人気のある反ユダヤ主義指導者の一人だったゲランを工作員として雇い入れた。王党派と反ユダヤ同盟の連合は、こうした大衆運動の盛り上がりを、自分たちの目的達成のために利用できるのではないかと多くの王党派の人々が夢想した思いの強さを物語るものだ。ブーランジェ派の工作が繰り返された。ジュール・ゲランは、かつてブーランジェがそうだったように、王党派から資金の提供を受けた。王党派はすでに大衆迎合的だったが、いまやいかがわしいものとなった。

ナショナリズムは、カトリックの寄与によっても強化された。ドレフュス派に与した聖職者と信者は少数だった。『リュシアン・エールの生涯』で、著者シャルル・アンドレールは彼らの勇気に敬意を表した。[37] しかしながら、パリおよび地方発行のラ・クロワ紙、ル・ペルラン誌、さらにはイエズス会の雑誌レ・ゼテュード、そして新たなキリスト教民主主義の機関紙であるラ・ジュスティス・ソシアル、ラ・デモクラシー・クレティエンヌ、ヴァンティエム・シエークル各紙を見れば、残りの信者は狂信的と言ってもよい反ドレフュス運動に賛同しており、それと比較すれば、ドレフュス派の重みはわずかなものでしかなかった。[38] ラ・ボヌ・プレス社は、読者層を拡大することで、設立当時から大きな変貌を遂げた。労働者至上主義的で、一八八〇年以前には「復讐」の考え方からは距離を置いていたのが一九世紀の最後にはますます保守的、外国人排斥的、反ユダヤ的で軍国主義的になった。極端な考え方は取らず、デルレードが起こす騒乱に反対さえしていたが、毒のある誹謗中傷、および聖職者とカトリック信者に対する強い影響力によって、人々の情念の激化に非常に大きな位置を占めたのである。[39] キリストの信仰者たちに反ユダヤ主義を広めた媒体のラ・クロワ紙は、カトリシズムと最も排他的なナショナリズムの結合に大きく貢献した――それは、普遍的な原理と、国民国家の特殊性との、相矛盾する同盟だった。しかしながら、すでに見た通り、当時カトリシズムは守勢に立たされていた。ナショナリズムも、同様の内向性、同様の閉鎖性、また包囲されたと感じる同様の神経症を抱えていた。ドレフュス派の大義に対する敵意のうちには、「退廃」がもたらすものに対抗しようとする意思の硬直が見られた。教会、墓地、家族、集落、伝統、秩序の根幹となる諸制度の保全は、あらゆる面で絶望的な状況に陥っている祖国の称揚と歩調を合わせていたのである。

しかし、王政を懐かしむ人々と、「社会政策」の擁護者と、国民主義的な自由思想家と、村の司祭を結びつけることができるものは一体何なのだろうか。ブーランジェ運動の際には、これらの要素の結合を粗削りながら実現した指導者がいた。ドレフュス事件当時のナショナリズムは、ブーランジェのような人物を見出すことができなかった。しかしながら、ナショナリズムは一〇年前にはまだ効力がなかったものの中に、団結のための主張を見出した。反ユダヤ主義である。反ユダヤ主義は、二つの危機の間の時期に、恐るべき力を持つようになった。パナマ事件は、ドリュモンと彼の仲間に、またしても検事の真似事をする機会を提供したのである。反ユダヤ主義は、あらゆるものを引き付ける主張となった。反ユダヤ主義は、ユダヤ人金融資本家がどのように労働者に貧困をもたらすのか説明した。教会の不幸は、ユダヤ人とフリーメーソンの陰謀によるものだった。フランス人は、「ユダヤ人による征服」のために分断されたのである。実際には、フランス本土に居住する「ユダヤ教徒」は、八万人ほどでしかなかった。しかし、フランス革命によって自由な身分を獲得し、完全な市民の資格を得た彼らの名前は、経済、社会、政治の分野で、徐々に見られるようになった。第三共和制の樹立により、新たな人材が必要となり、そのために従来はユダヤ人がいなかったか、ほとんどいなかった職務に進出するようになったのである。知事団、議会、軍の将校などである。報道の自由と、報道機関の発展により、新聞の紙面にはユダヤ人の名前が登場するようになった。不幸の預言者たちは、あらゆる悪の原因、「退廃」のアルファでありオメガであるスケープゴートを見出した。ユダヤ人はいたるところではびこっている、ユダヤ人は陰謀を企てている！　反ユダヤ的偏見は、反資本主義の考え方（社会主義と反動主義）によって強化され、「アーリア人神話」によって裏づけられた。自然科学と言語学は、体系的で賞賛に値する「人種」の一覧表を作成するために協力し合った。反ユダヤ主義者たちは、階級闘争によるマルクス主義的な歴史解釈を、同じくらい包括的な人種間の闘争という解釈に取って替えた。それによると、アーリア人とユダヤ人の間の戦争は、人類の起源以来続いてきたのである。ヒトラーが大量虐殺のためのイデオロギーとする以前に、一九世紀のフランス・ナショナリズムには、政治的人種差別主義の萌芽が見られたのである。ドリュモン、ロシュフォールとバイー神父は、希少種となったフランス人を、ユダヤ人に対抗する形で定義するようになった[40]。

一八九八年一月、ゾラの告発に続いて知識人たちが宣言文を発表する一方で、何週間にもわたって、狂信的な行動の波がフランス国内を襲った。一月一七日、ナントではデモ隊がユダヤ人の経営する商店のショーウィンドウを破壊した。ナンシーではシナゴーグが襲われた。レンヌでは、ヴィクトル・バッシュ教授が非難を受けた。ボルドーでは、他の都市でと同じように、次のような叫びが聞かれた。「ユダヤ人に死を！　ゾラに死を！　ドレフュスに死を！」。これに引き続く数日間、ほとんどの都市がナショナリスト的で反ユダヤ的なデモの舞台となった。ムーラン、モンペリエ、アングレーム、トゥール、ポワティエ、トゥールーズ、リール、アンジェなどである。一月二二日、サン＝マローでは、ドレフュスに似せた人形が燃やされた。マルセイユ、オルレアン、グルノーブル、ル・アーヴルでは、ユダヤ人に対する喧嘩や襲撃が相次いだ。一月二三日には、アルジェで大きな混乱が発生した。ユダヤ人と反ユダヤ主義者の間で、衝突が起きたのである。暴動が始まり、これに火事が加わって事態は深刻化した。その翌日、バブ・エル＝ウェドでは略奪が再開され、ジュール・ゲランの友人である若きマックス・レジスが喝采を受けた。パリでは、反ユダヤ同盟を率いるゲランが軍の指揮官のように振る舞った。エドゥアール・ドリュモンの影響下に一八八九年に結成された反ユダヤ同盟は、当初はドリュモンの友人のモレス侯爵が指導者だった。一八九六年に亡くなるまで、この冒険家は徒党の首領として、ラ・ヴィレットの食肉業者や壊し屋を行動部隊としてリクルートしていた。侯爵の補佐役の一人だったジュール・ゲランが、一八九七年に同盟の指導者となった。彼は「フランス人とこの国を、ユダヤ人の支配から解放する」役割を引き受けた。同盟のパリでの会員数は、二万人と見積もられた。一八九八年に下院議員に当選したドリュモンが反ユダヤ主義の名士の一人となったのに対し、ゲランは騒々しくも華々しい闘士となったのである。彼の主宰する週刊誌ランティ＝ジュイフ（反ユダヤ）は、最大で発行部数一五万部を数えた。オルレアン公をはじめとするさまざまな人たちから資金援助を受けた同盟は、「グラントクシダン・ド・フランス」に衣替えし、シャブロル通りの建物に本拠を構えた――およそ五〇人の職員が常駐する、要塞のような建物である。こうして、ゲランは反ドレフュス派ナショナリズムの庶民による私兵団を組織したのである。

その一方で、デルレードの愛国者同盟は、活力を取り戻していた。一八九八年九月に再建された愛国者同盟は、ブーランジスムの時代には縁がなかった反ユダヤ的な主張を取り入れ、積極的に反ドレフュス運動に参加した。下院議員に再選され、一定の影響力を持つデルレードは、「民衆の共和国」の樹立を目指していた。いまや、彼は実力行使も辞さなかった。彼の雄弁ぶりと勇気に感嘆し、彼の滑稽さに気づかない忠実な部下たちに囲まれたデルレードは、パリのプチ・ブルジョワ階層から集められた団員のグループに支えられ、また多くの寄付金を得て、宣伝活動とドラポー（旗）紙の発行を行なった。ドレフュス事件を通して、これらのリーグは首都に革命をもたらそうとしていた。騒々しい公開集会、絶えず行なわれる街路でのデモ行進、挑発的内容のポスター張り出し、威嚇的なさまざまな活動……一八九八年一二月二二日、トゥールーズでの「集会」の際に、人権同盟の指導者たち、プレサンセ、ミルボーおよびキヤールは、杖で攻撃を受け、唾を吐きかけられて、演壇から突き落とされた。これは、ありふれたものとなった政治的暴力の、ほんの一例だった。ときとして、ゲランとその仲間は、議論の相手と遭遇することもあった。一二月一一日、ナントで、アルマーヌ派の社会主義者たちは、ミルロワとゲランの仲間の反ユダヤ主義者と街路で衝突した。このように繰り返される混乱は都市住民、特に街頭での騒乱に直接影響を受ける商店主に、不安感を植え付ける危険があった。秩序の要請は、性急な解決法を優先させる根拠になりうる、と過激なナショナリストたちは計算した。

アンリの自白と自殺は、再審手続きを不可避とした。しかしながら、怒り狂ったナショナリストたちはこれに恐れをなすことなく、モン・ヴァレリアン要塞の悲劇によりさらに興奮の度を高めた。文書偽造の犯人と認められたアンリは、英雄となった。エステラジを擁護し、当初からドレフュスを激しく糾弾していたアンリは、ドレフュス派全員に疑念を抱かせる人物となった。彼は、スパイ活動にどの程度関与していたのだろうか。それを証明する材料はなかったが、この将校のケースには謎の部分があった。しかし、これはナショナリストたちがアンリを殉教者と見るのを妨げるものではまったくなかった。モーラスは、他の人々が「愛国的文書偽造」と呼んだものについての理論さえ編み出した。彼は簡潔に次のように述べた。いかにも、虚言は合法である。裏切りを明らかにし、祖国を救うためであれば、文書偽造は名誉ある行為と認められる、と。レゾン・デタ〔国家理性〕の名におけるこの詐欺行為のシニカルな正当化は、二〇世紀の全体主義がありふれたものにする道徳的退行に影響を与えたのである。いずれにせよ、エステラジの無実が宣言されると、アンリは賞賛の対象となった。あたかも、次の要求を満たす上で、真犯人の発見に何の価値もないかのようにすべては運んだ――「確定した判決」の擁護、すなわち疑うべき点がない軍に対する崇敬と、ユダヤ人ドレフュスに対する攻撃である。彼に罪があるかどうかは、二義的な問題となった。有罪であれ無罪であれ、彼は裏切り者の役割にとどまるべきなのだった。彼の復権は、国家の大義にとってあまりにも有害なのだった。

この論理に従い、アンリは死後の栄誉を受ける権利を得た。少佐の誠意に疑問を呈するジョゼフ・レイナックの記事を受けて、アンリ未亡人はレイナックを名誉毀損で告訴した。この機会を捉えて、ドリュモンはアンリ夫人のための募金を行なうこととした。彼は、ラ・リーブル・パロル紙編集部の窓の上に、次のように書かれた横断幕を掲げた。「ユダヤ人レイナックに反対し、アンリ大佐の未亡人および孤児のために」。一八九八年一二月一四日から一八九九年一月一五日まで、およそ一万五〇〇〇人の寄付者が、一三万フランを「ユダヤ人により殺されたフランス人将校」に敬意を表すために寄付した。寄付者名簿と添え書きはピエール・キヤールにより一冊にまとめられ、『アンリ記念碑』との題が与えられた(41)。狂信、憎悪と人種差別が、これほどまでに凝縮された例は稀有である。この書籍ほど、内戦意識が扇動された世論を捉える様子を伝えたものはないだろう。特定の人物を殺せとの呼びかけが、愛国的な美徳となったのである。

ナショナリズムの脅威が明確化したのは、大統領フェリクス・フォールの死の直後、一八九九年二月のことである。この突然の死は、大統領が再審に反対していただけに、再審派の主張に有利に働く可能性があった。どんなことでも説明できるドリュモンは、「この棺からは殺人の臭いが上ってくる」として、ユダヤ人が関与しているとにおわせた。二月一九日、上院議長エミール・ルベが、第一回投票で大統領に選ばれた。再審に好意的とされる人物である。このニュースは、動員の号令のように機能した。ルベのエリゼ宮入りは抗議の声が響く中で行なわれ、同じころゲランの活動家たちは「ユダヤ人に選ばれた大統領」を非難するビラをまいていた。一方、ピラミッド広場に集まった仲間とともにいたデルレードは、「ジャンヌ・ダルクがイギリス人をフランスから追放したように、外国製の憲法を追放する」と述べた。「エリゼ宮へ！」との声が上がる中、デルレードは、木曜に予定されるフェリクス・フォールの葬儀に備えて準備をするよう仲間たちに要請した。「一撃を加えるべきとき」——後に、高等法院《オート・クール》で語られたように——が訪れた。デルレードは、こう付け加えさえした。「半年前から、私は全国的な蜂起のためのすべての要素を集め、準備をしてきた[42]」。それは、どのような計画だったのだろうか。リーグ団員を先頭とする大衆は、選ばれた将軍を護衛してパリ市庁舎、次いでエリゼ宮に向けて行進する。ここで、暫定的執政官三名が一八七五年憲法を廃止し、議会を解散して選挙を実施するというのである。フェリクス・フォールの葬儀は、非常によい機会だった。街路には群衆が集まり、適度な興奮状態が計画の実行に有利に働くと思われた。しかし、行動を起こすには、将軍が必要だった。これが、この計画の弱点だった。デルレードは、軍の側から明確な約束を取り付けることができなかったからである。これに並行して、ゲランは食肉業者やその他の実行部隊に準備をさせていた。サン・レモで注目を集める声明を発表したオルレアン公は、依然としてゲランに期待を寄せていた。これは二つの陰謀が競い合う状況だった。後者の陰謀は、オルレアン公を利するべく、前者の陰謀に寄生していたのである。しかし、デルレードはライバルと直接に対決する必要はなかった。彼の「クーデターの技術」は、その野心ほどには優れていなかったからである。

二月二三日、期待された将軍が姿を現すと、それはロジェ将軍だった。彼は、ペール＝ラシェーズ墓地からの帰路、部隊の先頭に立った。デルレードは、ペリュー将軍を期待していた。しかし、彼は退却を選ばずに、仲間たちが「軍万歳」、「共和国万歳」と張り裂けるような大声で叫ぶ中、ロジェの馬の手綱をつかんだ。ロジェは、要求を拒んだ。ルイー兵舎にデルレードとリーグ団員らが監禁され、すべては終わった。このクーデターは賭けだったが、デルレードは負けたのである。

しかしながら、ナショナリズムの脅威がなくなったわけではない。一八九九年五月三一日に、それが確認された。この日、セーヌ県重罪裁判所で、デルレードは無罪判決を受け、勝利したのである。その翌日、ファショダから帰国したマルシャン少佐の歓迎式は、政府とドレフュス派に対する示威行動となった。マルシャンは、トゥーロンで次のように述べた。

この事件がなければ、フランスは英国に対して、一〇世紀にわたる歴史の教訓から学んだ、エネルギーにあふれる誇り高い回答を与えることができたでしょう。

しかしながら、六月三日には、ドレフュス派は雪辱した。破棄院は、「全部会合同会議において」、「一八九四年一二月二二日のアルフレッド・ドレフュス大尉に対する有罪判決を破棄」し、レンヌの軍法会議に被告の再審を命じたのである。この決定により、ゾラはフランスに帰国することを決めた。一八九九年六月五日付ロロール紙に、彼はこう書いた。

> 本日、真実は勝利し、ようやく正義が君臨することとなった。私は力を取り戻し、帰国してフランスの大地における私の居場所に戻るつもりだ。

クレマンソーはと言えば、彼は大きな喜びをもってこの結論を歓迎した。

> 電報が、新聞記事が、一八カ月来、啓蒙と正義の告知者であるフランスが不公平の闇の中に消えてしまうのではないかとの恐ろしい不安にさいなまれてきた、文明の地のすべての人々に、この数行の知らせを届けてくれるように……虚言は敗退し、犯罪は打ち砕かれ、真実は輝き、正義は勝利したのである[43]。

しかしながら、その翌日、六月四日日曜日、ルベ大統領は慣例に従って、オートゥイユ大障害レースとグランプリ・ド・パリを観戦していたところ、数人のグループの襲撃を受け、その一人クリスティアニ男爵は持っていた杖で大統領を殴打しようとした。大統領は帽子を失ったにすぎなかったが、ナショナリズムの脅威はいまなお重大であることが明らかとなった。ドレフュス事件の法的な局面は終わりに近づいていたが、それに代わって政治的な局面が待っていたのである。

共和国防衛と共和国の勝利

一八九九年六月初めに極右の脅威が明らかとなると、それは五月一六日あるいはブーランジスム当時と同様に、「共和国防衛」の名の下の左派再結集という効果をもたらした。ドレフュス危機に先立つ数年の間に、第三共和制の政治システムの変化が始まっていたことは注目に値する。一八九二年にローマ教皇レオ一三世が推奨したラリマンは、十分な成果を得たわけではなかった。しかしながら、それまで忠実な王党派だったアルベール・ド・マンをはじめとするカトリックの一部は、「ローマの決定」の規律を守っていた。ド・マンおよびジャック・ピウーの周辺に、「共和派」の右派が形成されていった。革命思想に賛同することなく、民主的な制度を誠実に受け入れる、共和国に与する右派である。ほぼ同じころに、「左からの危険」――かつてジュール・フェリーが述べた言葉である――が、一八九三年選挙で社会主義者の議員約五〇人が当選したことで迫っていた。これらの事実関係が、穏健共和派のうちに、その一員であるシャルル・スピュレールが「新思潮」と呼んだ考え方を発展させた。それは、カトリックとの宥和を図る政治への希求である。極左の脅威に直面して、穏健共和派――かつての日和見派は、「進歩派」および右派賛同派と呼ばれていた――諸勢力による中道連合の結成が可能と思われた。この連合は、経済・社会分野において保守の多数派を形成する力を持っていた。これが、一八九六年四月から一八九八年六月まで続いたメリーヌ内閣の持つ方向性だった。「政権担当する共和派」は他の左派系党派と初めて袂を分かち、右派（共和国への賛同を明らかにしなかった勢力も含めて）の協力を得て、政権運営に当たった。彼らにとっては、社会的脅威が教権の脅威よりも深刻になっていたのである。メリーヌは宥和政策により右派に保証を与え、それは具体的には修道会士たちの帰還に対して寛大な措置を取ったことで示された。この件のために、彼は宗教政策に関する急進派の攻撃に対応しなければならなかった。急進派は、いままでは都市部において勢いのある社会主義者たちに取って代わられ、農村地帯に根を下ろして上院で勢力を伸ばしつつあった。第三共和制初期には日和見派内部で力を持っていたフリーメーソンのロッジは、いまや急進派と密接な関係を築いていた。一八九八年選挙に先立つ数カ月の間、反教権的左派は「新思潮」および影響力を拡大しつつある「教権という怪物」と対決すべく、活動家たちの士気を鼓舞した。一方、カトリックは分裂していたものの、ライック諸法への反対を緩めていなかったラ・ボヌ・プレスの極端な立場を全国的に擁護していた。メリーヌによって代表される中道派は、議会では安定した多数派の支援を受けていたものの、世論は相対立する二つのイデオロギーに分裂しており、「共和派」と「教権派」のいずれか、教会の擁護者と「フリーメーソン」のいずれかを選ばねばならなかった。

一八九八年五月八日と二二日の下院選挙では、争点はドレフュス事件ではなく、今回もまた宗教問題をめぐる闘いとなった。一つ違ったのは、これが二つの勢力間の対立にとどまらず、メリーヌに協力した穏健共和派は双方からの批判にさらされたことである。穏健共和派は、下院で最大のグループを構成したが、絶対多数には達していなかった。二種類の連立に可能性があった。共和派連合――すなわち、急進派との連立――、あるいは、メリーヌが長いこと実践してきた右派との連携である。メリーヌの希望にもかかわらず、この連携の継続は不可能だった。多くの「進歩派」が、選挙期間中にカトリック右派の激しい攻撃に苦しんだためである。三〇人程度の議員が離脱すれば、メリーヌの右派との連立策を妨害することが可能だった。彼は、一八九八年六月一五日に辞任した。

後継首相となったアンリ・ブリソンは、したがって共和派連合内閣を組織し、大半のポストに急進派を起用した――その代表が、陸軍大臣となったゴドフロワ・カヴェニャックである。この左派内閣は、すでに見たように再審派ではまったくなかったが、裁判で証拠とされた文書を公表することで事件が生じさせた病根を絶ち、それによって右派を沈黙させ、国内に広がった一連の混乱を収束させようと考えていた。ところが、アンリ偽造文書が明るみに出るとカヴェニャックは辞任を余儀なくされ、さらに一連の複雑な問題から、ブリソンは一八九八年一〇月二六日に辞任に追い込まれた。後任首相となったシャルル・デュピュイは、より中道に軸足を置いた内閣を組織した。しかしながら、リーグが引き起こす騒乱は以前にも増して憂慮すべき状態となり、これにより左派共和派の結集が見られるようになった。それが最初に行動に現れたのが、ルベの大統領選出である。ルベはメリーヌを退けて大統領に当選したことで、後の「共和国防衛」の先駆けとなった。一八九九年二月二八日、最後は笑劇と化したデルレードの企ての後、ワルデック＝ルソーはナショナリストの脅威に対抗する明確な立場を明らかにした。

安全がますます脅かされているとの感覚が広がっています…（中略）…リーグが結成され、無政府状態の夜明けが訪れたかのようです…（中略）…具体的な陰謀はどこにもないとはいえ、精神的な策謀はあらゆる場でうごめいているのです。(44)

ロワール県選出上院議員で、穏健共和派のワルデック＝ルソーは、中途半端な共和派ではないことを明らかにしようとしていた。彼は、やがて首相となるべき人物として、アナトール・フランスが「トリュブリオン」（扇動者）なる新造語で呼んだ人々を改悛させようと決意していた。共和国の法を尊重させるべき時期が来ていたのである。

その機会は、六月に訪れた。六月初めにデルレードが重罪裁判所で無罪を勝ち取り、それを受けてナショナリストたちが興奮し始めると、デュピュイ内閣は総辞職に追い込まれた。ルベはまずポワンカレに打診したが、固辞され、六月一七日にワルデック＝ルソーに首相就任を要請した。「共和国防衛」を決意したワルデック＝ルソーは、急進派と社会主義者から好意的に迎えられた。彼自身の仲間はより慎重で、多数派を形成できるかどうかは確実ではなかった。彼は決意をもって組閣に取り組み、ガリフェ将軍――一八九五年に退役していた――と社会主義者のアレクサンドル・ミルランを閣内に共存させるとの大胆な選択を行なった。ミルランが入閣要請を受諾すると、社会主義陣営内ではすぐに対立が起こった。「コミューンの銃殺者」〔ガリフェは一八七一年にパリ・コミューン鎮圧を指揮した〕を含む内閣に仲間が加わることは、入閣それ自体にも増して受け入れ難いことと思われたのである。ジョレスは、ガリフェが陸軍大臣となることを知る以前にミルランの入閣に賛意を示しており、仲間からの批判を退けて、社会主義勢力の多くを引き連れて「共和国防衛」に加わった。最終的に、六月二六日、ワルデック＝ルソー内閣は二五票差で多数を獲得した。その四日後、ナショナリストの議員から質問を受けたワルデック＝ルソーは、進歩派議員の過半を与党に合流させることに成功した。これによって、いまや左派を構成する三大勢力――社会主義者、急進派と穏健共和派――による安定した多数派の支持を受けたワルデック＝ルソーは、議会の任期満了まで政権にとどまることになる。政治危機を収束させようとして彼は、閣僚たちに演説原稿を事前に提出させるなどして彼らを掌握し、まずガリフェと手を携えて軍を従わせようとした。

新任の陸軍大臣は、決して模範的な共和主義者ではなかった。しかし、ワルデック＝ルソーとジョゼフ・レイナックの友人であるガリフェは、かつてブーランジェの人気が許せなかったように、デルレードとドリュモンを憎みまた軽蔑していた。彼の軍に対する愛情は、将校たち――誰一人として、彼の評価に耐える者はなかった――に対する特別な感情を排除しており、彼は同僚たちの凡庸さゆえに生じた危機的状況を立て直そうと決意していた。彼は陸軍省内の各部局で大幅な整理を行ない、軍司令部を大きく変える一連の待命、異動、退役などの措置を講じた。この「沈黙せよ」との命令は、反抗への傾倒を強く牽制した。緊急な課題は、ドレフュス事件そのものに終止符を打つことだった。ワルデック＝ルソー内閣は、厳密な意味でのドレフュス派ではない。内閣の意思は、人々の気持ちを落ち着かせることだった。ワルデック＝ルソーは、事件の解決が大前提だとの認識を持っていた。首相は七月末に事件の詳細に接し、一八九四年以来積み重ねられてきた過誤や工作を知るに至った。それによって、彼はドレフュスが無罪だとの確信を抱いた。八月七日から、レンヌでの二度目となる軍法会議でドレフュスが裁かれ、「情状」を認められながらも再び有罪となり、九月九日に禁固一〇年を宣告されると、ナショナリストたちは大いに喜んだ。しかし、ワルデック＝ルソーは再度破棄院に提訴し、事件を出発点に戻して最初からやり直そうと決意していた。彼が、結局提訴を断念したのは、ガリフェの要請によるものだった。そこで、ワルデック＝ルソーはエミール・ルベに、ドレフュスを特赦するよう示唆したのだった[45]。

この解決策をめぐって、ドレフュス派陣営内では意見が分かれた。ドレフュスの健康状態を心配する兄マチューとジョゼフ・レイナックは、この妥協案を受け入れた。その一方で、「軍の不当な行為」を糾弾し続けてきたクレマンソーは、この後退に承服できなかった。「あなたは剣の前で共和国を侮辱した！」と彼はマチュー・ドレフュスを前にして叫んだ[46]。それでも、クレマンソーはこの問題の人道的な側面から、やむなく決定を容認した。特赦を決定する政令は、九月一九日に署名された。ガリフェは、軍に対する日々命令において、次のように結論づけた。「一件落着とする」。こうして、無実の罪で罰を受けた囚人を牢獄から解放しつつも、軍の「名誉」を守ったのである。ドレフュスの名誉はと言えば、傷つけられたままだった。彼の無罪の公式な確認は、一九〇六年まで待たねばならなかった。

残されたのは、反乱分子の処罰だった。ワルデック＝ルソーは、彼らには非常に厳しく対処しようとしていた。十分な資産を持つ商法専門の弁護士であるこの穏健派の議員には、ナショナリスト右派は常軌を逸脱していると思われたのである。階級闘争に反対し、極左と厳しく対立していたが、それでも彼は一八九九年において、主要な危険はリーグ――この「政治的党派の歴史においてこれまでになかった現象」――に煽られて興奮し、自制心を失った右派から来るものだと確信していた。彼らのナショナリスティックで反ユダヤ的なスローガンの背後から、ワルデック＝ルソーは共和国の永遠の敵が再び姿を現すのだと考えていた。すなわち王政である。共和国の秩序の擁護者たる彼は、脅威に対して強力な一撃を加えなければならないと決意していた。

彼のナショナリストとの戦いにおける最初のエピソードは、一八九九年夏のフォール＝シャブロル（シャブロル要塞）事件である。八月一二日に、過激派の逮捕が始まったとの情報に接したジュール・ゲランは、仲間とともに、グラントクシダン・ド・フランス本部のあるシャブロル小路の建物に閉じこもった。ワルデック＝ルソーは彼らに攻撃を仕掛けるのではなく、封鎖策に出るにとどめた。この出来事は、当初は騒乱を引き起こしたものの、封鎖が長引くと次第に人々の関心は薄れた。九月二〇日にゲランが降伏したとき、彼は世論の支持を失っていた。取り締まりの二番目のエピソードは、九月一八日に、ナショナリズムの指導者たちが出廷した高等法院《オート・クール》で繰り広げられた。デルレードとゲランとその他数名が、国家の安全に対する陰謀で告訴された。この裁判には、非合法であるとの問題点があった。なぜならば、国家に対する陰謀の存在は証明されず、またデルレードはすでに同じ容疑で裁判にかけられ、この年の五月三一日に重罪裁判所で無罪判決を受けていたからである。デルレードとビュフェは六年間の追放刑を宣告された。ゲランはと言えば、関連する余罪についても問われたため、禁固一〇年の判決を受けた。他の被告は、釈放された。この判決は、一九〇〇年一月八日、国内情勢が次第に平常化する中、言い渡された。

一一月一九日、ある象徴的な出来事が、反動勢力の敗北を決定的にした。彫刻家ダルーの作になる「共和国の勝利」〔パリのナシオン広場の中央緑地帯に設置されている〕の除幕式に合わせ、大規模な行進が組織された。このとき、民衆は政府関係者とともに行進したのである。ペギーは一九〇〇年一月五日、「半月手帖」創刊号に、この日の有名な描写を掲載した。

（前略）…何人かは「ドレフュス万歳」と歌い始めた。この叫び声が上がることは、完璧なドレフュス派のデモにおいてさえあまりなかった。素晴らしい出来事だった。群衆は殴打を受けたけれども、これに対抗すべく奮起した。群衆は動揺することなく、我々が正しいのだと理解し、それを確認した…（中略）…それから、我々は懸命に行進を続けた…（中略）…ドレフュスの名に対する喝采、人々の激しく挑発的な喝采が、この日の最も重要な新しい出来事であり、今世紀における最大の断絶であり、最大の封蠟破りだったことに、我々は突如として気づいたのである。いかなる叫びも、いかなる歌も、いかなる音楽も、この「ドレフュス万歳！」の叫びほどに、ついに自由を得た反抗心に満ちたものはなかった。

一九〇〇年三月に、ワルデック＝ルソーはドレフュス事件に関するすべての裁判上の行為に関し赦免を行なうとの法案を議会に提出した。宥和を目的とするこの法案は、容易に可決成立した。一九〇〇年春から秋にかけてパリで開催された万国博覧会は、政治の舞台から人々の注目をそらすことになった。この現象は習慣のようになっていた。というのも、一八七八年以来、万博のけたたましい音楽の中で、全国的な危機が収束を迎えるのは、これで三回目だったからである。

事件の後に

一九〇六年七月一二日、破棄院は全部会合同会議において、レンヌ裁判の判決を「錯誤による不当な」ものだったとして、取り消しを決定した。判事たちは、賛成三一票、反対一八票で、判決を他の裁判所への移送なしで破棄した。三度目のドレフュス裁判は行なわれないことが決まった。公式には、事件は最終的に決着したが、再審の回避および「赦免を決定した法律」のために、またドレフュスを不利な立場に追い込んだ「違法行為」を不問にしたために、疑問を残すままになり、ナショナリストと反ユダヤ主義者のグループは、それを最大限利用しようとした。一方、下院はドレフュスの軍への復帰を認め、少佐の階級を与えた。また、ピカールも軍へ復帰させ、将軍に昇進させた。一九〇六年七月二二日、エコール・ミリテールの中庭、かつて不名誉な階級剝奪式に甘んじなければならなかったその場所で、ドレフュスはレジオン・ドヌール勲章を授与された。一九〇六年一〇月二六日、戦闘的ドレフュス主義は、その勝利を完璧なものとした。最も熱心な闘士の一人だったジョルジュ・クレマンソーは首相に就任し、ナショナリストたちから最も忌み嫌われていた人物を陸軍大臣に起用した。ピカール将軍である。ロシュフォールは、一九〇六年一〇月二六日のラントランジジャン紙にこう書いた。「ピカールとドレフュスは、同じようなものだ。この二人の惨めな人物は、いずれも裏切りの専門家なのである」。このように、反ドレフュス主義は敗れたとはいえ、敗北に生き延びることができた。なぜなら、事件は共和国防衛の勝利によっても、破棄院の決定によっても終わらなかったからである。この事件は、フランスの政治文化の重要な「神話」――人類学的な意味においてであるが――がそうであるように、生き続けた。したがって、ドレフュス事件の重要性とその反響を、複数の側面について見ておく必要がある。

ドレフュス事件は、「メリーヌの実験」と呼ぶべきものに終止符を打った。すなわち、議会における多数派形成を通じた、穏健共和派と右派の一部――共和国に賛同した勢力と保守派――の和解である。この長期にわたる政権は、急進派から激しい攻撃の対象となった。レオン・ブルジョワは、「世俗、政治、選挙の分野における」ローマの介入を受け入れられない共和国の正統な路線に立ち戻るよう、厳かにメリーヌに要請していた。一八九八年の総選挙後には、まず共和派連合政権が再構築され、急進派のアンリ・ブリソンが首相に就いた。しかし、社会主義左派から中道左派に至る共和派勢力の強力な連合体が再構成されたのは、ワルデック＝ルソーの政権においてだった。ナショナリストたちによる脅威が、「共和派」諸党派を結束させたのである。「新思潮」は長くは続かなかった。「ラリマン」政策は、間違いなく失敗だった。

新たな政敵であるナショナリズムは、結局のところ古くからの政敵である教権主義ほどの重みは持たなかった。教権主義は、統一を実現するために求められる大義として、理論的に作り出されたものではない。恐らく、カトリック派の姿勢を過度に単純化すべきではないのである。その姿勢には、さまざまなものがあった。ドレフュス派は皆、法律家で、「法の擁護のためのカトリック委員会」(Comité catholique pour la défense du Droit) を創設したポール・ヴィオレに敬意を表した。この委員会には、ある程度の人数の再審派が加入していた。また、シャンボール伯の死は、カトリック派を政治的に分裂させた。この勢力の投票先は、穏健共和派から王党派に至るまで、右派の諸傾向に分かれていた。一九世紀の表現で「社会問題」と呼ばれていたものは、保守派の中でも自由主義と社会的カトリックの二つの傾向に分断されていた。彼らのうちには、新たな（一八四八年のキリスト教民主主義に次ぐ）キリスト教民主主義が、社会的な回勅「レールム・ノワルム」を実現すべく組織されようとしていた。しかしながら、この多元主義によって、支配的な潮流を隠蔽することはできない。ローマ教会を支持する団体や新聞は、ライックな共和国に対して引き続き敵対的だった——ライックの語は、最も中立的に位置づけられなければならない。確かに、フランスのカトリック信者の多数は、いまだに「誤謬表」の精神に支配されている世界においては例外的なことだったが、政治と宗教を分離したいと望んでいた。プロテスタント同様、また自由思想家が求めていたように、宗教を私的な事柄だとの考え方を受け入れていた。これが、ほとんどすべての人々がカトリックの洗礼を受け、大多数の人々が神を信じるこの国で、市民たちが反教権的であることの説明となるのである。反教権主義は過激な、さらにはときとして奇妙な展開を見せることがあったが、たいていの場合フランス人にとっては非常に古くにさかのぼる確かな信念なのだった。その起源は、教皇からの独立を志向する王のガリカニスム（フランス教会主義）である。しかしながら、カトリシズムの公式な声は、闘争的な少数派のものだった。この少数派は宗教の擁護を掲げて結束し、積極的に教皇権至上主義であり、根本的に反自由主義的な著作や新聞・雑誌に支えられていた。一般社会において少数派で、国家機関においても少数派の、非妥協的思想、教条主義に取りつかれたこのカトリック派は、学校教育における影響力をますます強化しつつあった。一九世紀末の中等教育におけるカトリック系学校の生徒数は、国家による公教育の生徒数を上回っていた（五二％対四八％）。一八八七年から一八九五年の間には、三〇〇〇校の小学校が新規に開校された。青少年会のような放課後の活動は大きく増加した[47]。この勢力は、学校教育からキリスト教の影響を排除することを受け入れようとはしなかった。共和国の原理を次第に受け入れるようになっていたとはいえ、この人々が求めるのはキリスト教的共和国だった。一八八四年に反革命同盟（Ligue de la Contre-Révolution）を結成したリュニヴェール紙、ラリマンの考え方を受け入れた――しかし、それは国家の内部に教権の影響力を再び取り入れるためだった――ラ・クロワ紙、そしてその他のカトリック系新聞・雑誌は、自由主義的多元主義を容認することはできなかった。真理は彼らの目には「分割できない」ものだったからである。前任者のピウス九世よりも政治的で、より外交上の手腕があるレオ一三世が宥和に向けた変化を遂げるのではないかとの期待もあった。しかしながら、メリーヌの実験の過程を見れば、一八九八年の総選挙に際して、ラ・クロワ紙が全国各地に設立した委員会が、「新思潮」がその効果を和らげようとしていたライック諸法に対する抗議運動を展開したことがわかる。自由主義的でライックな共和国に対する敵意が維持される中で、カトリック派のオピニオン・リーダーたちは、しばしば反ユダヤ主義者およびナショナリストとともに発言するようになっていた。確かに、彼らの大半はデルレードの反乱行為を非難したが、彼らの言論機関を通じたキャンペーン、彼らの憎しみに満ちた極端な発言、彼らの常軌を逸した短絡的言動（ラ・クロワ紙は「社会問題とは、結局のところユダヤ人問題である[48]」と書いた）によって、カトリシズムの最も活動的で、最も目立ち、最も影響力のある一派が、支持者たちの気持ちに、十字軍的な心情を植えつけたことには疑問の余地がない。ドレフュス事件とその結末がこうした心情をかき立て、維持したのである。

この種のカトリシズムと右派全体との関係、そしてわけても極右との関係は、フランスの政治システム内へのカトリック派の復帰を遅らせる結果を招いた。特に社会主義勢力の台頭によりアイデンティティーが脅かされていた左派にとって、反教権主義は団結を促す有効な手段だったからである。したがって、ドレフュス事件の延長線上で、教会と国家の関係が問題とされたのには、一定の論理性があったのである。こうした中、ワルデック＝ルソーが一九〇一年に成立させた結社に関する法律は、対立を再燃させた。当局による許可――許可は、立法によってのみ与えられる――がない限り、修道会を明確に禁止するものだったからである。この議論において、ワルデック＝ルソーは修道会に課す義務を拡大しようとする与党内の左派を抑えられなかった。換言すれば、首相があくまで「共和国防衛」の枠内にとどまろうとしたのに対し、彼を支える左派は新たな「共和主義的攻勢」に出たのである。宗教的な情念は、そのときからナショナリズムの情念に取って代わったのだった。一九〇二年の選挙における左派諸勢力の勝利の後、コンブ内閣の下でカトリックと左派は厳しく対立する。今回は、ワルデック＝ルソーが取ったような慎重で穏健な態度は示されなかった。彼の名が冠された法律は、彼自身の意思に反して、修道会に対する武器として用いられるのである。この対立の結末が、一九〇五年の教会と国家の分離を定める法律の制定だった。この法律は、やがて、有益なものであることが明らかになる。と言うのは、カトリックも含むフランス国民の大多数が必要だと認識する政治の世俗化（脱宗教化）を具体化したからである。しかし、当時においてこれは、キリスト教徒にとっては忌まわしい、「近代的」な考え方の一つであり、「自由主義的」な思想の表現の一つだと受け止められた。共和国とカトリック派は、まだ和解できてはいなかったのである。

それでも、ドレフュス事件が議会における諸勢力間の力関係にもたらした変化に注目しておくべきである。共和派のすべてが、「共和国防衛」を、ワルデック＝ルソー内閣を、ましてやコンブ内閣を支持したわけではない。「進歩派」のかなりの部分はメリーヌの側についた。穏健共和派の団結に、亀裂が入ったのである。一部の人々が、ナショナリズムと教権主義の脅威を最大かつ直近の危険と見て、ワルデック＝ルソーを先頭とする左派連合に合流する（特に、バルトゥーあるいはポワンカレのような若手がそうだった）一方で、他の人々――より保守的で、「左からの脅威」に懸念を抱く人々――は、右派と手を結んだ。右派はそれまで体制に敵対的な、あるいは本当に共和国に賛同しているのか疑わしい議員たちで構成されていたが、いまやその出自からして間違いなく共和派の中道右派が構築されたのである。「共和主義的正統性」は、将来的にはもはや左派の占有物ではなくなるのかもしれず、これは第三共和制における左派勢力全体の右への移動の重要な段階となった。メリーヌと彼の仲間たちは、こうして最初にルビコン河を逆向きに渡る人々となったのである。彼らは、一九〇三年に政党の形を取り、共和派連盟を結成した。それより以前、「共和国防衛」さらには左派ブロックに与した穏健派は、共和民主同盟を形成した。これに参加したバルトゥー、ポワンカレとカイヨーは、「反教権的だが、反宗教的ではない」政策に忠実であると宣言した。こうして、共和派的保守主義は事件によって二つに分断された。ライシテの問題は社会問題よりも決定的であり、反教権主義は左派にとって依然として必要な基準だった。これによって、左派は「ブロック」を構成することができたのである。

同時に、拡大しつつある社会主義勢力は、戦略的な課題に直面していた。ドレフュス事件とそれがもたらした影響は、社会主義を本来の土俵、すなわち階級闘争の外側へと導きかねなかった。反ユダヤ主義との闘いは、まだ社会主義の重要課題とはなっていなかった――社会主義者の間にも、反ユダヤ的な偏見は広く行き渡っていたのである。[49] 社会主義議員団は、一八九八年一月一九日の宣言文で、この闘いにおいて言わば中立的な立場を取った――この闘いでは、敵である同じ一つの階級の二つの別々の流れが対立していた。すなわち、日和見派のブルジョワジーと、教権派のブルジョワジーである。「プロレタリア諸君、このブルジョワ同士の内戦のいずれの一味にも加わるな」。ジャン・アルマーヌとセバスティアン・フォールのような社会主義者あるいは無政府主義者は、ゾラとともに反ユダヤ主義者や軍国主義者と闘ったが、他の潮流は一八九八年五月の選挙までは、慎重に構えるか、中立を保っていた。しかしながら、その一八九八年五月に、社会主義者と、ロシュフォールに代表される左派から生まれたナショナリズムの間の断絶が明らかになった。一八九七年一二月以来、ジョレスは徐々に再審派の主張が正しいと考えるようになっていた。しかし、彼は議員団を離れることはなく、一月一九日の「中立派」宣言文に署名していた。けれども、彼はやがて慎重な姿勢を脱して、下院でメリーヌを攻撃した。「そうです、〝ユダヤ人に死を！〟の声を街頭で上げたのは、あなたを支持する人たちだったのです」[50]。カルモーでソラージュ侯爵に選挙で敗れたジョレスは、それ以降さらに力を込めて事件に取り組むことができた。『証拠』の執筆により具体化する彼自身の行動の他に、彼の仲間の社会主義者たちは、ナショナリズムの脅威の拡大を意識するようになった。一八九八年一一月末、社会主義系諸派は協同委員会を組織して接近し、複数の防衛グループを構成した――社会主義者が無関心ではいられない、共和国の防衛である。しかしながら、この団結の必要性は、ワルデック＝ルソーの組閣に際し、新たな分断の要因となった。ガリフェの入閣と、「ミルラン問題」が団結を破壊し、ジョレスとアルマーヌを、ゲードとヴァイヤンに対立させたのである。両者が和解し、SFIOが誕生するのには、一九〇五年まで待たなければならなかった。

ドレフュス事件による危機には、フランス社会主義の発展にとって、少なくとも二つの意味で重要性があった。一つには、この危機には、モラルの面および知的な面において影響を及ぼした。ドレフュス派の大義を社会主義の大義に同化させたのは、ジョレスの天分によるものだった。将校であり、ブルジョワであるとしても、迫害される無実の人間を擁護することは、社会主義の普遍的な目標へと向かうものである。これは、不公平の犠牲となった一人の人間の苦しみを通じて、人類全体の大義、資本主義による不公平の構造的な犠牲者である最も虐げられた階級の大義を守ることなのだった。階級を剝奪され、名誉を奪われ、流刑にされたユダヤ人の大尉の人物を通じて、ジョレスは普遍的な正義から分かつことのできないプロレタリアの大義のために尽くそうとしたのである。それとは反対に、ジュール・ゲードは、ゾラを尊敬しながらも、この状況下では、ブルジョワ同士を対立させるべきだとの考え方を支持した。富裕であることが知られた将校であるドレフュスの支援者たちは、労働者を支持する人々ではなかったのである。しかしながら、ジョレスが主張する社会主義と人権のための闘争を行なう共同体は、ドレフュス派に加わった知識人たちの一部を、ジョレスおよび社会主義へと引き寄せたのだった。リュシアン・エールが集めるのに成功した高等師範学校卒業生と大学人からなるグループは、フランス社会主義の形成に大きな役割を果たした。この人々の出版の分野における活動（「社会主義文庫」の創立）、ジョレスが一九〇四年に創刊したリュマニテ紙編集部への彼らの多くの参加、人民大学の組織……これらは、彼らの独自の貢献を明らかにするものである。ドレフュス事件は、長期間にわたり、知識人を社会主義の希望と結びつけた。左派ブロックの時代に非常に活発だった「知識人の社会主義」は、「労働者の社会主義」の支持者たちからの非難を引き起こした。ル・ムーヴマン・ソシアリスト（社会主義運動）誌は、ロベール・ルーゾンとジョルジュ・ソレルの抗議を広く伝えた。これ以降、左派の反知性主義が生まれ、議会の「喋り屋」を警戒するフランスの労働組合運動の労働者優先主義が強化された。これはまた別の話ではあるが、ドレフュス事件はここにも痕跡を残したのである。

しかしながら、ドレフュス事件の危機の中で、ジョレスと彼の仲間がモラルの面で優位に立ったことについては、強調しておく必要がある。フランス社会主義は彼らによって共和国のシステムに組み込まれ、ヨーロッパにおいて独特な特徴を持つようになった――これはフランス社会主義の力であり、また弱さでもあった。社会主義勢力は、特にジョレスがその影響力を最大限に用いてコンブを支援した左派ブロックにおいてそうだったように、共和派の大連合の活動的な構成員となったのである。革命的視点、マルクス主義的視点からは、社会主義勢力はこうして階級的精神を後退させたとして批判を受けた。いずれにしても、社会主義勢力は共和主義体制を支援する力となったのである。ナショナリズムと教権主義から体制を擁護したこともそうだった。労働者を共和主義体制に組み入れるための手段ともなった。この資本主義体制との事実上の妥協は、共和主義思想の枠組みの内部で行なわれた。フランスにおいて社会主義は、自らに関する言説にもかかわらず、さまざまな側面から、共和主義的総合の一部となった。大革命は、一七八九年に始まった。大革命を完成させるのは社会主義の役割だったが、それは共和国の内側においてのみ可能なのだと思われた。それまでの間、共和国は「労働者階級」によってあらゆる敵から擁護されるのだと思われたのである。

社会主義者とロシュフォールの間の最終的な断絶は、フランス・ナショナリズムを定義し直すことにもつながった。共和主義的ナショナリズムは、当時ブーランジェ運動を支えた勢力の一つだった。ドレフュス事件とともに、この潮流は性格と基盤を変更した。共和的愛国主義の普遍性を捨てて、ロシュフォールはいまや神聖なるエゴイズムを称賛し、外国人排斥を高く掲げ、反ユダヤ主義を模範だとして説教した。いまや、彼は右派の一部およびカトリックと手を組み、左派の議会主義と国際協調主義に異議を申し立てた。最も過激な擁護者たちがクーデター計画を支持するこの闘争的なナショナリズムが、民衆的な広い裾野を引き続き維持していたことに注目すべきである。古くからの共和派で、ロシュフォールを尊敬し、あるいはドリュモンを読む人々が、ナショナリズム的、また反ユダヤ的情念のために、こうして左から右へと移行したのである。それによって、一九〇〇年の選挙以降、パリ市議会は最も共和派的な都市を代表した後で、ナショナリズムに与したのだった。コンブ主義がそのあらゆる証拠を示すことになる。すなわち共和国支持の土壌は、最終的には地方にあることが明らかになったのである。

このナショナリズムには、リーグを結成し、街路でデモ行進を行ない、騒乱を起こすための各種のテクニックを試みたところにも、新しさがあった。ブーランジェ運動の時期に始まったものが堅固になり、組織化された。これらのリーグは、ワルデック＝ルソーのような議会主義の共和派にとっては、突飛で、恐ろしく、危険なものと思われた。この世紀末に、新たな時代が始まった。政治がプロの政治家によって独占されることを禁じる、「大衆の時代」である。職業政治家は、以前にも増して力を持つようになった世論を考慮に入れなければならなくなった。世論に耳を傾けることが重要であり、世論を操作しようとの誘惑が生まれた。この意味において、事件のさまざまな挿話、激しいデモ、党派間の街路での争い、公開集会を通じた競争、行き過ぎたメディアの報道、これらすべてが政治活動における新しいルールと、伝統的名士たちの終焉を示していた。

反ドレフュスのナショナリズムは、国内すべての社会階層における反ユダヤ主義の根深さを明らかにした。素朴な反資本主義、カトリックの反ユダヤ教感情、新しい「科学」に基づく人種主義、これらすべての枝は、ドリュモンの著作と彼のラ・リーブル・パロル紙ばかりでなく、アソンプシオン会の神父たちのラ・クロワ紙において一つの束となった。同時に、ドレフュス派は人種差別的憎悪の恐ろしさを非難した。それまで、フランスのすべての政治的党派において、反ユダヤ的偏見は共有されていた。あるいは、自由主義者だけが——カトリックであれ、プロテスタントであれ、自由思想家であれ——、これと無縁だったかもしれない。いずれにせよ、反ユダヤ主義に対する拒絶は、左派の政策綱領にも、右派のそれにも含まれてはいなかった。ところが、ドレフュス事件が、反ユダヤ主義がナショナリズムの共通項であることを明らかにしたことで、左派に対して大きく作用する結果をもたらした。「共和派」の公式な行事において、また彼らの私的な発言においても、反ユダヤ的な言辞は禁じられた。一八九八年初めまでは、偏見をにおわせる演説をすることもあったジョレスは、それ以降ユダヤ人攻撃を控えるようになった。ドレフュス事件以降、左派の人間は反ユダヤ的であってはならなくなった。この掟を破ることは――破ることもあったのだが――、人種差別だとの批判にさらされ、属する党派から自らを排除することを意味した。また、右派の一部――自由主義的潮流、あるいは「オルレアン派」――は、反ユダヤ主義を糧としたことはなかった。アナトール・ルロワ＝ボーリユーのような自由カトリック派が、その代表である。しかし、自由主義経済の擁護者であるこの勢力は、あらゆる「反資本主義」的潮流から標的とされていた。「ユダヤ人問題」は、左右の対立だけに還元可能なものではなかったのである[51]。

最後に、ドレフュス事件は、知識人たちが集団として政治活動に参加する契機となった。フランスにおける知識人の非常に特殊な位置付け、他国における習慣に比して大きなその影響力は、部分的にはこの事件に起因するものだ。それ以前の、大革命前の「哲学者」たちの事例は別として、であるが。ただし、この知識人の政治参加は、それぞれ異なる形態を取った。一方の知識人は、ある哲学、ある普遍的道徳、そして特に真実と正義という価値の擁護のために、彼らの名声と才能のすべてを投じた。また他方の知識人は、普遍的価値を顧みずに、彼らは社会的団結、有機的に一体のものと考えられた国民の特殊性の擁護のために、個人の利益を考慮することなく、結集したのである[52]。この観点から、ゾラとバレスのパラダイム上の対立を通して、ドレフュス事件はフランス人の意識のうちで、神話的起源に類する歴史上の重要な出来事として機能し続けたのである。フランソワ・モーリアックは、一九六〇年に次のように書いた。

こんにち、私たちはこの事件が偶然によるものでなかったことを知っている。この事件により対立した二つの思想潮流は闘うことをやめたのではない。いまから六〇年前に、無実の人物を流刑地に留め置くことのできた人々は、いまでもレゾン・デタが覆い隠すこの種の犯罪に平気で手を染めることができるのである(53)。

極右では、モーラスと彼の仲間たちは、ドレフュス事件を契機に誕生し、一九〇五年にリーグとなったアクシオン・フランセーズのうちに、この事件の思い出を持ち続けた。しかし、モーラスは最終的には新王党主義のある形――その抽象的性格ゆえに、自ら主張していた「実証的」実体からは遠ざかっていた――の内側に閉じ込めることで、ナショナリズムを弱体化させる結果を招いた。共和国の枠組みは、堅固なものとなった。これ以後、フランス人の情念は、この枠組みの中で衝突し合うのである。

第5章　一九三四年二月六日

ドレフュス事件から一九三四年二月六日まで、フランスは三〇年余りにわたり、重大な政治危機を経験せずに過ごした。この平穏な市民生活を強調しすぎるのは、適切でないかもしれない。国家と教会の分離法の適用に引き続く、教会財産の「目録作成」をめぐる紛争があった。一九〇六年から一九一〇年にかけての階級間の衝突では、クレマンソーやブリアンといった左派出身の人々が、CGTの攻勢に対して、実力行使によって共和国の秩序を尊重させなければならなかった。一九一九年と一九二〇年には、ペトログラードから始まった革命の炎により、ヨーロッパは大きなストライキの波に直面した。その四年後、選挙での勝利の後に「カルテル・デ・ゴーシュ」（左派連合）が厳格なライシテに基づく政策を実施しようとしたときに行なわれたカトリック勢力の動員……これらの出来事は、フランス社会において対立が続いていたことを示している。それでも、現在から見るならば、一見基盤が脆弱に見えた第三共和制が、フランス革命以降のいかなる体制よりも長期にわたり存続したことを認めないわけにはいかない。

この観点からすると、第一次大戦は驚くべきコンセンサスを可能にした出来事だと言えよう。外敵に対して、フランス国民は四年余りにわたって、祖国防衛への意思をほぼ一致して示したのである。一九一六年に、ルイ・バルトゥーは次のように述べた。

もはや政治的な区別も、信仰上の宗派も、階級闘争も存在しない[1]。

この全般的な状況の説明には、当然ながら注意が必要である。考え方の変化があったことは間違いなく、一例を挙げるなら、SFIO党内では、開戦当初に神聖同盟に好意的だった多数派は次第に勢力を失い、戦争終結の年には少数派となっていた。一九一七年と一九一八年においては、さまざまな制約を課され、苦しみ、近親者を失った国民の間には、「白色和平」（勝者も敗者もない戦争終結）を求める気持ちがますます高まった。しかし、検証してみると、兵士の反乱――期間としては短いものだった――、平和主義の拡大と神聖同盟の後退は、一九一四年から一九一八年まで、それまで人類が経験したことのない過酷な戦争の中でフランス社会が結束と勇気を保ったという重要な事実を見れば、それほどの重みを持たなかったと言うことができる。右派と左派に共有されていた国民意識は、称賛されるにせよ、批判されるにせよ、一つの共同の意志を生み出し、それは祖国が直面する不幸によっても揺らぎはしなかったのである。

ところが、一九三四年二月六日に、その一六年前に世界大戦で勝利を得た議会制共和国は、大きな衝撃を受けることになった。これは、一九三一年以来フランスを直撃した世界恐慌によるものだと考えたくなるところである。この一年前に、経済危機と失業によって、ドイツでヒトラーが政権の座についたのではなかっただろうか。一九二九年に、国の援助を受けた失業者の数は皆無に近かったが、一九三二年には二七万三〇〇〇人に、一九三四年には三四万人以上に増加した。この時期に、工業生産指数は確実に低下した。一九三二年には改善が見られたものの、一九三三年には再び生産活動は後退し、フランスは沈滞した空気の中にあった。次々と交代する内閣は、いずれも価値が低下した英ポンドと米ドルに対してフランの価値を維持しようとした結果、フランスの工業製品は海外への輸出が困難となった。景気後退は税収の減少、予算の不均衡および財政赤字の増大を招いた。徐々に、あらゆる社会階層が影響を受けるようになった。労働者は、失業に直面した。農民は農産品の価格低下の直撃を受け、それは一九三三年が豊作だったためさらに悪化した。公務員は、政府のデフレ政策ゆえに、給与の減額に脅かされた。小売商は、購買力の低下と増税に苦しめられた。工業分野の経営者は、製品を売りさばき、輸出することの困難に見舞われた。倒産と失業——これが、経済危機がもたらす恐るべき組み合わせだった。

しかしながら、経済危機はすぐに政治問題と化した。というのは、一九三二年の選挙で選ばれた下院は、首尾一貫した政策を実施することができなかったのである。事実、いかなる財政政策も、安定的な多数派の支持を集めることができなかった。一二カ月に満たない期間に、四つの内閣が成立し、そのいずれもが財政問題のために倒された。[2] 一九三三年一一月末に誕生した急進党のカミーユ・ショータン率いる内閣は、あきらめ気味になった左派の多数派に、実質的な財政支出の削減を受け入れさせることに成功した。しかし、一息つけるとの希望は、スタヴィスキー事件の発生により一掃された。一二月二四日、バイヨンヌ市立信用金庫の支配人、ティシエが逮捕された。一月八日には、詐欺師スタヴィスキーがシャモニーで自殺したと伝えられた。この二つの日付の間に、新たな政治と金をめぐるスキャンダルが人々からの非難の対象となり、反議会政治のあらゆる動きが再活性化した。世論の大きな部分が、政治の仕組みと政治家に信頼を寄せなくなっていた。この、ごくありふれた事実の確認には、しかしながら二点の指摘を付け加える必要がある。第一に、当時のフランスには、明らかに議会の機能不全があった。多くのフランス国民が政治制度に対して反対の態度を取った客観的な理由を認識しなければ、二月六日の危機が起きた理由を理解することは不可能である。第二に、極右勢力の反体制的な行動を見逃してはならない。この勢力は、体制の慢性的な脆弱性に付け込んで、行動を活発化させた。二月六日の出来事は、事実に基づくというよりは確信によって「ファシスト」による陰謀だと呼ばれたが、これは単純すぎる見方だと思われる。「この日の事件」を、従来よりもいくらか激しい、国家を食い物にする連中に対する民衆の怒りの表明でしかなかったと考えるのは、無邪気にすぎよう。クーデターを夢見る人々は、民衆の支援の欠如により目標達成に失敗するが、世論の大きな動向が公権力にとって危険となるのは、民衆の運動を自らの目的の補完とする指導部によって運動が方向づけられたときだけなのである。この点からすると、「二月六日」の大きな弱点は、戦略的方向性の一致の欠如だった。指導者なら、十分すぎるほどいた。むしろ数が多すぎ、それぞれの意図は共通していなかった。ここから混乱の印象が強まり、歴史家は脅威の実態を過小評価しがちになった。同時代の人々は、強い衝撃を受けて、むしろ過大に評価したかもしれない。

機能不全に陥った制度

一九三〇年代初頭に、反議会的な反乱が起きたのはいかなる理由によるものだろうか。反議会主義は、過度に単純な政治的立場としてありがちなものではあっても、当時の議会に対する攻撃に理由がないわけではなかった。議会の活動は、第一次大戦以前と同じではなかった。二月六日の事件の独自性を知るためには、議会に目を向けてみる必要がある。

政治勢力は対立しあう右派と左派に二極化していたが、両陣営の内部では大きな変化が起きていた。戦争と神聖同盟は、共和体制内部へのカトリック派の取り込みを加速させた。フォッシュ元帥は、かつてイエズス会の学校で学んだではないか。修道会に関する法は、その会員の多くが塹壕の中で他の国民とともに戦ったことで、より柔軟に運用されるようになった。勝利によって再びフランス領となった「アルザス・ロレーヌ」に関しては、国内の他の地域でコンコルダートに代わって制定された国家と教会の分離法を、この地方の意に反して押し付けるのは適切ではなかった。一九一九年の選挙で勝利を収め、多数派を得たブロック・ナシオナル（右派連合）は、フランスに復帰したこの地方のカトリック文化を尊重し、またフランスと教皇庁の外交関係を復活させることでカトリックによる「第二のラリマン」を容易にしたのである。

しかしながら、このラリマンは急進党と社会党という左派にとっては疑義なしとは言えず、両党は一八九三年にレオン・ブルジョワが共和国支持に転じたカトリックに向けて述べた言葉を再び口にした。「紳士諸君、皆さんは共和国を受け入れると言います。よくわかりました。しかし、皆さんはフランス革命を受け入れているのでしょうか」。また、一九二四年の選挙で勝利を収めたカルテル・デ・ゴーシュ（左派連合）は、ブロック・ナシオナルが運用を中断していたライシテに関する諸法を厳格に運用し、まだこれらの法の適用範囲外にあったアルザス・ロレーヌ三県（バ＝ラン、オー＝ラン、モーゼル）に強制的に適用しようとの意図を持っていた。これは、空想に基づいた左派の暴走のようなものだった。もはや、エミール・コンブの共和国の時代ではなかったからだ。アルザスから始まったライシテの脅威に対する抗議は全国に広がり、熱狂した多数の群衆を集め、宗教の擁護を目的としたさまざまな団体が結成された。そのうちの一つ、カステルノー将軍の全国カトリック連盟は、大衆的な抗議行動に適していた。エリオ内閣は、結局非宗教化の諸計画を断念した。

しかしながら、この左派の失敗が共和国に対する打撃となったと解釈するのは誤りである。というのは、カトリック派は共和国の枠組みの中で自らの利益を擁護したからだ。この成功により、彼らの体制への賛同が再確認された。しかも、一九二六年には、教皇ピウス一一世が、シャルル・モーラスが反共和主義の思想的拠点とし、教権派とカトリックのブルジョワジーに大きな影響を持ったアクシオン・フランセーズを正式に禁止していた。王党派で唯一、積極的に反革命的な姿勢を貫いてきたこの運動体は、衰退の道をたどっていた。カトリックは、あてにならない王政復古に神の国の理想の実現を託するのではなく、レオ一三世以来二度目となる共和国のキリスト教化への参加を促されたのである。長期にわたったアクシオン・フランセーズの危機は、フランス・カトリシズムの再興を容易にした。モーラス主義の知的帝国主義は痛手を負い、それにより新たなカトリック思想が生まれ、その結果の一つとしてより開かれた政治的アプローチが取られるようになった。

これらの事実は、憲法支持の右派の強化に寄与することとなった。ドレフュス事件直後に、メリーヌと行動をともにした中道左派出身者が結成した共和主義連盟は、こうした人々を新たに迎え入れた。一方で、ワルデック＝ルソー、バルトゥー、ポワンカレに従った「進歩派」は、社会主義よりも、右からの脅威がより恐ろしいと判断したために左派ブロックにとどまっていたが、彼らもまた極左と選挙協力を行なうよりもカトリックおよび右派と手を結ぶことを選択した。このために、左右の対立軸は移動した。共和国を創建した日和見派、進歩派、穏健派、フェリー、メリーヌおよびワルデック＝ルソーのエピゴーネンたちは、右派に共和派としての正統性を与えたのである。一九一九年の選挙で新たな中道右派の拠点となった民主同盟は、「ブロック・ナシオナル」の名の下に、全右派勢力を統一リストに結集させた。名簿式投票方式の復活は、このライックと反ライックの連合体の勝利を一層拡大させた。アレクサンドル・ミルラン、レイモン・ポワンカレ、ルイ・バルトゥー、アリスティード・ブリアンの名は、この右への移行を最もよく表していた。彼らの目には、かつてのイデオロギー的対立は、戦争に端を発した諸問題、すなわち対外的、経済的、財政的な問題に比べれば、重要性が低かった。この分野において、「中道派」は「集産主義者」に支配される左派よりも、保守的な右派により親近感を覚えていた。

別の言い方をするなら、フランス式の議会制民主主義の重要な欠点が修正されようとしていた。政権交代が不可能な事態は、もはや過去に属するように思われた。いまや右派、あるいは異なる表現をするなら、（世俗派の）中道と（カトリックの）右派の連合が存在し、それが多数派を構成して、共和国の原理を脅かすことなく保守の政策を遂行する能力を持ったのである。この連合において接着剤の役割を果たしたのが、社会主義者と共産主義者によって体現されていた唯物論と集産主義のイデオロギーへの敵対心である。分割線を描くのは、もはやキリストではなくマルクスだった。少なくとも、急進党が左派内部で最大の議員団を構成しない限り、マルクスが分割線となった。フランス政治においては、何事も単純にはいかないのである。

両大戦間期を通じて、左派は乗り越えられない矛盾に直面した。イデオロギー上の対立よりも財政・経済政策の選択が重要となったこの時代に、社会党と急進党は同じ言語を話さなくなっていた。これに加えて、一九二〇年一二月トゥール党大会での共産党の結成は、混乱に拍車をかけた。早くも一九一九年の選挙で、左派は分裂が原因で敗北を喫した。各県において、右派がブロック・ナシオナルに結集する中、社会党と急進党は別々の候補者名簿を掲げた。政府の戦争遂行の努力に協力したSFIOの党員たちは、深い対立を抱えて終戦を迎えていた。トゥール党大会で起きた分裂により生まれた共産党は、一九二四年に「ボルシェヴィキ化」し、一九三四年の夏の初めまで、フランスの左派勢力と完全に断絶したままだった。徐々にスターリン化されたコミンテルンの世界戦略と緊密な関係にあったこの革命政党は、資本主義ブルジョワジーにも労働者の支持があることを保証する勢力だとして、社会党をも非難していた。一九二八年から一九三四年まで（「階級対階級路線」）、「社会主義の裏切り者」と「社会ファシスト」は、共産党にとって最も緊急に打倒すべき相手だった。極左からの攻撃は、社会党のイデオロギー上の立場を硬化させた。特に「政権参加論」は、SFIOの思想的方向性に強い影響を与えるようになったレオン・ブルムにより明確に否定された。共和国防衛に引き続き忠実な社会党は、いかなる政権にも参加しようとしなかった。ブルジョワ政権の補完勢力にはならない、というのである。社会主義が目指すところは革命である――レオン・ブルムはこの点を強調した。社会主義は私有財産を廃止しようとしていたが、それは、ある時点において、合法性の空白とプロレタリア独裁を想定するものだった。プロレタリア革命を主張する社会党と、財産を重視する中産階級――マルクス主義にとってはいずれ消滅する運命にある――の擁護者となった急進党の間には、目的についての深い溝が存在した。彼らの目に依然として資本主義と教権主義の代表者と見える右派に対抗するために、防衛的かつ選挙上の協力を行なうことは可能だったが、この連合は共同で政権を構成する上では適切でないことがすぐに明らかとなった。

こうして、左派は三つの主要な勢力に分散し、この新たな時代において非常に明快に分断されるようになった。一九二四年の選挙では、カルテル、すなわち社会党と急進党の連合が勝利を収めたが、早くも一九二六年にはこの連合は分解し、レイモン・ポワンカレ率いる挙国一致内閣が誕生して、急進党は社会党との協力関係から離脱した。一九二八年の選挙では、小選挙区二回投票制が復活した。左派の分裂は、共産党が決選投票における「共和主義的規律」の伝統に従うのを拒否したことで、頂点に達した。一九三二年の選挙では、共産党の課題は相変わらず「労働者を社会民主主義から引き離す」ことだったが[3]、一方で社会党と急進党は単純な選挙協力を行なうにとどまった。それでも左派は勝利を収めたが、明らかだったのはいわゆる左派の存在はもはや理論上のものでしかなかったということだ。

下院で最大の議席数を得た急進党は、一九三二年にはそれにより再び政権を担当することとなった。しかし、急進党にどのような多数派形成が可能だっただろうか。選挙の時点では、急進党は社会党に接近した。二回投票制がこうした行動を促したのみならず、急進党はまた社会党とある遺産を共有してもいた。それは共和主義イデオロギーへの忠誠、ライシテへの愛着、教会とアンシアン・レジームの遺産に関わるあらゆるものに対する警戒、である。しかしながら、急進党は反集産主義であり、財政規律を重視し、支持基盤の過半を占める非給与所得者カテゴリーの声に耳を傾けていたから、政権につくと、予算および税制の面で社会党の政策を適用しようとはしなかった。おおよそのところ、危機にあるこの国において、労働人口の大きな部分は農村部あるいは都市部に暮らす小規模生産者によって占められており、社会党と急進党の意見の相違は、労働者および公務員の利害と、中産階級の利害の対立をある程度反映するものだった。急進党は、感情的には社会党に親近感を抱いていた。「左派には敵はいない」との言葉が、この党が徹底したカルテル派であることを物語っていた。現実には（財政と経済においては）、急進党はむしろ右側に傾いていた。こうした急進主義の多義性が、フランス政治にさらなる不安定要因をもたらしていた。

かかる古典的な分析は、あまりに単純すぎるだろう。というのは、左派には三つの主要なアクターが存在するということになるのだが、それは議会の実態とは一致しないからだ。まず、左派には四つ目の構成要素があったことを指摘しておこう。「独立系社会主義者」や「独立系左派」、「共和社会主義者」といった諸々の星座のような小政党である。一九三二年の選挙の結果生まれた議会は、一九三三年のネオ・ソシアリストの社会党からの離党により、さらに新たなグループを獲得したのである。そして、何よりも、左派の最大会派（急進派と急進社会派）はメンバーに行動の自由を認めていた。

こうした規律の欠如ゆえに、一部の急進派議員は自らが支持していたはずの内閣に反対する投票を行ない、倒閣に参加することさえあった。実際、一九三二年一一月一四日には、一〇名ほどの急進派議員が右派および社会党と結託して、首相のエドゥアール・エリオを倒したのである。議会内の左派は定期的に分裂を繰り返し、加えて最大会派の急進派グループの内部対立は、理論上このグループを支持基盤としている内閣をますます弱体化させていた。こうした左派に、共和国は苦しめられた。左派はまだフランスに君臨することはできたものの、統治はできなかった。

急進派共和国の終焉

二月六日を理解するには、一九三二年の選挙までさかのぼる必要がある。双面のヤヌスである急進党は、二つのタイプの連立を選択することができた。直前の内閣の首相アンドレ・タルデューが提案した挙国一致内閣と、ＳＦＩＯとの連立である。急進党は、タルデューの提案を拒絶した。同時に、一九二四年の失敗を繰り返さないために、急進党は社会党といかなる約束をすることも控えた。急進党は、独自の政策綱領を掲げて選挙戦に臨んだ。同党の公約を読むと、注目すべき二つの主張が見て取れる。依然として地域的な利害が重視されたこの選挙戦において、経済危機が限られた位置しか占めなかったこと、そして経済危機の問題に関しては、非常に型にはまった政策が解決策として示されたことである。財政均衡のために支出を抑制し、さらに一層抑制すること、それはすなわち緊縮によるデフレ政策である。要するに、急進党は硬直した正統的財政政策と厳格な会計の代表となったのだった[4]。

第一回投票では、ＳＦＩＯは一九二八年の選挙での躍進を再現した。前回に引き続き、同党は急進党を上回る票を得たのだった。それでも、急進党の得票数は前回を上回った。急進党は、一九二八年には第一回投票で一五議席を獲得しただけだったが、今回は六四議席を得たのである。決選投票では、タルデューがラジオ演説で圧力をかける呼びかけを行なったにもかかわらず、急進党は「各党は独立している」と主張しつつ、共和主義的規律を選択した。一九三二年五月八日には、急進党は大勝利を収めたと満足することができた。一六〇議席を獲得した急進党は、下院第一党の座を回復した。社会党も議席を一一二から一二九へと伸ばし、これ以外に独立系社会主義者（一二九議席）がいた。共産党は得票を減らした上、選挙制度が同党には有利でなかったために、九議席にとどまった。同党にはまだ、穏健左派が多数を占めるのを妨害する力はなかった。しかしながら、この成立する可能性のあった多数派には、すでに見たように脆弱な面があった。第一回投票と決選投票の間、五月七日に、ポール・ドゥメール大統領が暗殺された。ところが、後任の大統領の選出に際しては、当初より分裂状態が支配的となった。急進党は右派とともに、アルベール・ルブランに投票した。これはまさに、第三共和制の抱える矛盾の核心とも言うべきものだった。一方には、選挙ではうまく機能するイデオロギー的な左派多数派があったが、もう一方では同じ左派の議員たちは協力して政権を運営することができなかった。新首相に指名されたエドゥアール・エリオには、長期的な支持基盤が与えられなかった。

エリオ内閣は、早くも一九三二年一二月一四日に、雑多な勢力の反対により、継続を阻まれた。短期のポール＝ボンクール内閣（一九三二年一二月～一九三三年一月）の後、エドゥアール・ダラディエ率いる急進党内閣が、一九三三年一月から同年一〇月まで続いた。またしても、左派の内閣が、右派と社会党という二つの敵から標的にされた。公務員給与の名目的金額を削減するデフレ政策が社会党から非難される一方、国の介入が強まる可能性が増大したことに右派は不満を覚えた。急進派共和国は、袋小路にはまってしまった。急進党と社会党の間の財政政策をめぐる根深い対立は、成立後一カ月もたたないアルベール・サロー内閣（一九三三年一〇月二六日～一一月二三日）を退陣に追い込んだ。後継首相となったのはやはり急進党のカミーユ・ショータンで、彼は前内閣の閣僚の多くを留任させた内閣を組織した。彼は以前、一九三〇年二月にも首相を務めていた。そのときの内閣は、四日しか続かなかった。今回、ショータン内閣の生命は二カ月間保たれた。スタヴィスキー事件が発生するのに十分な期間だった。急進派共和国は、この事件に耐えることができなかった。

製粉機のような議会

スタヴィスキー事件は、体制を打倒しようと夢見る人々にとって、恐るべき効果を発揮する手段となった。それというのも、世論における体制への信頼度が大幅に低下している時期に起こったからである。体制の欠陥は痛烈な批判を招くとともに、「修正主義」的傾向の復活を促した。一九三三年七月に、フランソワ・モーリアックは次のように書いた。

恐らく、まずは指導者たちを破壊する制度に問題があると認めるべきなのだろう。我々の体制ほど多くの人々を、それも非常に早く消耗させた体制はかつてなかっただろう。(5)

この同じ年に、オクタヴ・オベールは、著書『製粉機のような議会』において、この体制の欠陥について説明した。行政府の全般的な弱さ、権威の不足、数が多すぎる下院議員、公共の利益よりも選挙区の利益が優先される選挙至上主義、議員たちの無責任なおしゃべり、常にクビになるリスクを抱えた大臣たちの決断力の欠如、大声で騒ぎはするが無力なブルボン宮、あまりにも緩慢な上院の活動——読むに堪えないほどの事象が列挙されていた。フランス国民の多くにとって、体制は硬直状態に陥り、外界の現実を感知できず、意志を持った行動が取れず、自己目的化しており、議会の演壇で大演説が行なわれる中で衰弱しつつあった。別の人々にとっては、下院は逆に開かれすぎており、あらゆる地域的な願望、職能団体の要求、郡単位の狭い利害の受け皿となり、その結果特定の利益の衝突が政府を縛り、動きを取れなくしていた。既成政治家で、一九三〇年から一九三二年にかけて三度首相を務めたアンドレ・タルデューは、三度目の首相退陣後に、憲法改正を主導しようと試みた。一九三六年に刊行した著書『囚われた主権者』に、彼は自らの現状分析と提案を記したが、その中に「ブーランジスト」の主張ではあったが古びてはいない「隠された主権」のテーマが取り上げられていた。

日曜ごとに、主権者たる国民、ということが言われる。この主権を獲得するために血を流したフランス国民は、他の民主主義国の主権の本質をなすものを無駄に行使することができない。フランス国民が主権者だとしたら、囚われの主権者なのである。フランス国民は、現体制に満足しているかどうか自問することを禁じられ、国民生活の最重要課題について直接にものを言うことを禁じられた、囚われた主権者なのである。そのひどく制限された権限は、わずかに議員を選ぶという不明瞭なものにとどまる。下院議員を四年に一回、市議会議員と県議会議員を六年に一回、上院議員を九年に一回、である。

これが、国民の持つ力、一五〇年間のフランス民主主義の成果なのである。(6)

タルデューによれば、「国民主権は議会主権によって置き換えられた」のである。(7) この表現は鋭くはあるが、事実とはやや異なる。シニカルな人々は、下院がより効率的に仕事ができるならば、国民の意思が無視されたとしても、十分に慰められたことだろう。しかしながら、下院が自らの役割の重要性を主張するには、多数派の構成が不可欠である。そのためには、他に優越する政党、あるいは結束を保てる連立政党、もしくは交互に多数派を獲得する二大政党制がなければならない。しかし、第三共和制下の議会には、そのいずれもがなかった。しかも、下院は政治的な寄せ木細工のようなものだった。その結果として、内閣は常に不安定だった。各会派はほとんどの場合内部統制が取れず、些細なことをめぐって論争した。個人的な遺恨。歴史的遺産ゆえに硬直化し、時代の現実を直視しない態度。意見の集約を犠牲にする差異の過大評価……また当時の民衆の意識を理解するためには、政治家の言葉の軽視、反語的用法によるレッテル貼り、日曜の言説と平日の行動との乖離にも触れておかなければならないだろう。アンドレ・タルデューはこの体制の機能のあり方をしばしば明晰に批判したが、その一方では右派の共和主義者であるにもかかわらず、「左派共和派」議員団に属していた――この議員団のメンバーの大半と同様に。アルベール・ティボーデが「シニストリスム」と呼んだ、右派議員が自らを左派だと主張する傾向を誇張すべきではないが、この意味論的転換は当然ながら市民に疑問を抱かせたと考えられる。猫を猫と呼ぶことを、また「穏健派」を右派と呼ぶことを禁じる体制に、信頼を寄せることができるものだろうか。

一九三二年の選挙により始まった新議会の任期開始から一九三四年二月六日に至るまでの間、五つの内閣が続いた。各内閣の平均存続期間は、四カ月をわずかに上回った。議会に対する世論の不同意を明確に理解しようとするならば、この「指標」を見失うべきではない。旧従軍兵士精神と、「一九三〇年代精神」[8]は、議会内の駆け引きを認めなかった。主要な組織である連合会、全国軍人連盟、全国共和派軍人連盟は、行政府の強化と議会に規律遵守を義務づけることにより、国家を改革するよう主張していた。これらの団体にとっても、タルデューとその他の修正主義者にとっても、解散権の見直しと復活は、常に内閣を打倒しようとしている議員たちに対抗するための武器になるはずだった。[9]もう一つ、求められていた措置は、特に女性参政権を含む選挙法の改正であり、タルデューはこれを支持していた。元従軍兵士たちが推進しようとした改革は、内容においても形態においても、ごく穏健なものだった。それとまったく異なったのは、新しい知識人の世代――「一九三〇年代のノン＝コンフォルミスト」と言われた人々――の言説である。議会の自由主義をまったく受け入れないこの人々は、「革命」という万能薬のような単語を、必要以上に用いた。ニザンのように、マルクス主義革命を選択し、共産主義の赤旗の下でこれに加わった者がある一方で、精神的革命の思想を発展させた人々は、その政治的帰着として議会制の清算を要求した。あらゆる「腐敗」のイメージが、議会制と結びつけられた。瘴気《しょうき》、毒虫、腐乱……一九三四年に、オルドル・ヌーヴォー誌は次のように書いた。

もはや政治は存在しない。ただ政治屋が、六〇〇人のお喋りがいるばかりだ。彼らはあるいは何も考えておらず、あるいは抜け目がなさすぎる。そして、常に無力である。こんにち、下院議員を一人選出するということは、ほとんどの場合、詐欺師、隠匿者、危険な愚か者に議員特権を与えることを意味している(10)。

しかしながら、経済恐慌下で継続的な政策遂行が不可能なことにより起きた古い反議会主義の復活は、議員に対する反乱を促した国際的文脈の枠組みの中で見る必要がある。一九一八年の連合国の勝利は、一見したところ議会制民主主義の勝利のように思われた。ドイツ帝国の敗北、オーストリア・ハンガリー帝国の分解、ロマノフ王朝の崩壊は――民族自決に基づくヨーロッパの政治地図の塗り替えとともに――、旧制度に対するフランス革命の最終的な勝利、君主制権威主義に対する自由主義と議会制の勝利を示していた。しかし、ヨーロッパの新興国家は自由主義の時代に入ると同時に、別の不安定化要因に直面しなければならなかった。ボルシェヴィキ革命と、共産主義インターナショナルの脅威である。この二つの衝撃に、第一次大戦後の過酷な時代に積み重なった経済危機、インフレ、労働争議、領土回復運動を加えると、深い根を張らずに植えつけられた国での議会制民主主義が短命だった理由が想像できる。イタリアでは、新たな形の反動がファシズムという名称で、すでに一九二二年に誕生していた。一九三〇年代の大恐慌により引き起こされた激変は、ヨーロッパのあらゆる国において権威主義的な解決策に有利に作用した。一九三三年に、ライン河の西側では問題視されていなかったナチスの指導者ヒトラーが政権につき、ドイツに「秩序」を回復させた。右派および国民の一部の層に、フランスも大国であり続けるためには体制を変更すべきだとの考えが広がった。左派では、これに対応して、フランスにファシズムの危機が迫っているとの意見が支配的となった。こうした次第で、かつてブーランジスムのために共和主義思想から排除された憲法改正論は、左派の課題として取り上げられることにはならなかった。いまや、それは「ファシスト」の政策と見られた。一九三三年の「ネオ・ソシアリスト」の離党をどう考えるにせよ、社会党多数派にとって、基本政策の見直しは受け入れられなかった。タルデューの思想をどう見るにせよ、エドゥアール・エリオもレオン・ブルムもこれを否定的に受け止めたことで、もはや第三共和制の行き詰まりが明らかになった。

議会制が自己改革を進められないことが、リーグの新たな発展に有利に働いた。古いリーグと新しいリーグの間の連続性を保証したのは、愛国青年団である。この団体はかつての愛国連盟から派生したもので、裕福な実業家ピエール・テタンジェがその指導者だった。一方で、アクシオン・フランセーズ連盟は、教皇庁から断罪されたにもかかわらず活動を続け、キャムロ・デュ・ロワはカルティエ・ラタンで引き続き勢力を維持していた。新規の団体としては、フランス連帯団、フランシスム、そして何よりも火の十字団があった。最初の団体は、一九三三年にフランソワ・コティーにより創設された。青シャツを着用した私兵団を持ち、これはジャン・ルノーが指揮していた。ムッソリーニの精彩を欠いた模倣であるこの団体には、一九三三年九月にライバルが現れた。マルセル・ビュカールが組織したフランシスムである。フランス連帯団も、フランシスムもともに、限定的な支持を得るにとどまった。より大きな影響力を持ったのが、フランソワ・ド・ラ・ロックの運動、火の十字団である。「前線の兵士と輝かしい活躍により表彰された負傷兵」の団体にすぎなかった火の十字団は、一九三一年に退役陸軍中佐フランソワ・ド・ラ・ロックが団長になると、次第に活動範囲を拡大した。組織能力に優れたラ・ロックの指導下で、火の十字団は本格的な政治的リーグに成長した。一九三二年には、若者世代にも門戸を開き、「火の十字団の息子と娘」が誕生した。一九三三年には、あらゆる年代の非戦闘員を集めて、ラ・ロックは国民義勇兵団を結成した。一九三四年初めに、この団体は何万人もの加入者を集めた。火の十字団には明確な主義主張はなかったが、反議会主義と社会的カトリシズムを基礎に、「国民和解」を提唱していた。「対立を生む要因」である共産主義、マルクス主義、フリーメーソンを批判しつつ、火の十字団は議会制により維持されている右と左の二元論を排した。そこそこうまいスローガンを掲げ、そこそこ怪しげなスタイルで、またそこそこ有能な指導者を戴いて、火の十字団は世論に広がっていた感情を軍国主義的な方法で表現していた。それは、次のような短い言葉で表せるものだった――国家への要求、である。一九二九年にポワンカレが引退して以来、さらに深まった行政府の弱体化と歯止めがかからない権威の衰退は、政治制度を軽視する危険な傾向を生み、政治不信へとつながった。一部の右派勢力は、リベラルな共和国に対抗する計画のためにこうした状況を利用したが、長いこと共和国防衛と現状維持を混同してきた左派は改革、権力間の再均衡、内閣の権限強化、さらには国家の重要事項の選択への国民参加に事実上反対した。

反議会主義という概念には、二つの側面があった。あらゆる議会制に対する原理的な反対と、機能しない議会制に対する個別的な批判である。二月六日の事件は、この二つの反議会主義が華々しく出会ったものであり、前者が後者を巧みに利用して、体制を揺さぶったのである。

スタヴィスキーからシアップへ

危機が訪れる以前に、急進派共和国は無力化していた。エドゥアール・エリオという（急進党の実力者である）人物は、彼の記憶について回ることになる二重の象徴的な意味を持つ人物になった。ある人々にとっては、リヨン市長のエリオは、正直者と成績優秀な生徒の共和国、学業を通じた社会的上昇、啓蒙思想とフランス革命の哲学への忠誠と結びついた穏健な政策を代表していた。「心は左に、財布は右に」――アンドレ・シーグフリードはこの皮肉な表現で「平均的フランス人」（まさにリヨン市長が言い出した言葉である）をからかったが、これは「奥深い」フランスの大半、すなわち地方のフランスと一体化した急進主義を適切に総括するとともに、その矛盾をもよく表現していた(11)。他の人々にとって、いつもパイプを手放さないエリオは、大物政治家用の革製クッションに座って、「未来に向かって」腹を突き出す、事なかれ主義と体制の欺瞞の権化だった。新聞から批判され続ける彼は、怒れる若者たちの軽蔑と極右の憎しみを集め、風刺漫画家の餌食になっていた。急進主義は、政策的に枯渇し、もはや新たな計画を持たなかった。この奨学金給費生の政党は、思想的遺産の管理に追われる継承者の政党となってしまっていたが、その思想的遺産は新しい時代の現実に対して影響力を失う一方だった。党内では、「青年トルコ党」と称されるピエール・コット、ジャン・ゼー、マンデス・フランスらの若手が、古い組織を近代化させようと試みたが、その成果は限定的だった。スタヴィスキー事件は、急進主義への信頼を最終的に失わせたのである。

政治的スキャンダルは、一九三四年一月七日に、急進党所属の下院議員で、バイヨンヌ市長のジョゼフ・ガラの逮捕で始まった。ガラを告発したのは、二億フラン相当の偽債券を発行したかどで一九三三年一二月二四日に逮捕されていたバイヨンヌ市営金庫の支配人ティシエだった。有名な投機家アルベール・デュバリーが主筆を務めるラ・ヴォロンテ紙に出資していたガラは、盗難、文書偽造・行使、公金横領、詐欺および詐欺の共犯、背任および隠匿のかどで起訴された。一月八日には、ガラの友人で、詐欺罪で何度も有罪判決を受けていたアレクサンドル・スタヴィスキーが、シャモニーにある邸宅で自殺したとの報がもたらされた。当初から、メディアは自殺説に疑問を投げかけた。一月一三日に、スタヴィスキー未亡人は、邸宅が警察に包囲される中、拳銃自殺を試みたスタヴィスキーが、一時間以上治療を受けることができず、ようやく病院に運ばれて間もなく亡くなったと語った。スタヴィスキーは殺された、あるいは「自殺するよう説き伏せられた」との噂が、多くの人々に根拠ある説として受け止められた。スタヴィスキーは大した詐欺師ではなかったが、長期にわたり例外的に処罰を受けずにいられたこともあり、生きていたら首相自身までをも脅かしたのではないかと思われた。ショータンの兄弟の一人は、スタヴィスキーの弁護人を務めたことがあったではないか。さらに、ショータンの義兄でセーヌ県裁判所の検事プレサールは、検察にスタヴィスキーの裁判を一九回にわたり延期させていた。これほどに延期が重なるのは、多くの人々の支援、また真の共犯関係を想像させた。現職閣僚の一人、植民地相で急進党議員だったアルベール・ダリミエは、一九二六年に何通かの書簡に署名し、スタヴィスキーはそれを詐欺行為に利用していた。ダリミエは、一月九日に辞任した。

この日が、議会の会期が始まる日だった。アクシオン・フランセーズ紙は、この素晴らしい偶然の一致を捉えて、「ラ・グーズ」〔乞食、軽蔑すべき人、の意。当時の反体制右翼が共和制を指して用いた〕に対する新たなキャンペーンを開始した。ティシエが逮捕されるや、モーラスが主筆を務める同紙は、「共和国の新たな醜聞」を他に先駆けて攻撃した。一月三日に、アルベール・ダリミエの問題の書簡を公表したのは同紙だった。一月七日には、同紙は古くからの反議会のスローガン「泥棒をやっつけろ！」を一面に掲げ、「パリの民衆」に対して最初の呼びかけを行なった。モーリス・ピュジョは、次のように書いた。

今週初めに、議会の新会期が開始される。我々は、パリ市民に、ブルボン宮の周辺に多数集合し、「泥棒をやっつけろ！」の叫びとともに、正義と名誉を求めるよう促すものだ。

この間にスタヴィスキーが自殺したことで、アクシオン・フランセーズ紙はより大胆になった。一月九日付紙面の見出しは、単に「泥棒をやっつけろ！」にとどまらず、「殺し屋をやっつけろ！」と付け加えられた。この王党派の新聞の呼びかけに応じたのは約二〇〇〇人で、彼らはキャムロ・デュ・ロワの先導でサン＝ジェルマン大通りとコンコルド広場に集まった。ベンチや街路樹の根元の格子が破壊され、通行は遮断され、市街戦が始まった。これはまだ前哨戦だった。一月を通じて、スタヴィスキー事件の概要が下院と新聞紙上で明らかにされるにつれて、モーラスの新聞は反乱の呼びかけを繰り返すようになり、パリ発行の新聞の多くがこれに呼応した。

一月一一日、ラ・ヴォロンテ紙主筆アルベール・デュバリーとラ・リベルテ紙の元主筆カミーユ・エマールが、スタヴィスキーから金銭を受領したかどで逮捕された。ちょうどこの日、下院では事件に関する質疑が行なわれた。アクシオン・フランセーズ紙は、またしてもデモへの参加を促した。午後六時半ごろ、およそ二〇〇〇人の活動家がバリケードを築いて、市電とバスを停止させた。街路樹、鉄柵、キオスクが破壊されて路上に散乱し、警察との衝突で負傷者と逮捕者が出た。その翌日、アクシオン・フランセーズ紙が一面で「パリの反乱——泥棒に立ち向かえ！　フランスの名誉のために！　どこまでも前進せよ！」とぶち上げる中、下院では興奮のうちに審議が再開された。ジャン・イバルネガライは、攻撃的な演説の締めくくりに、調査委員会の設置を提案した。この右派からの提案は、ショータンの求めに応じて、三七二対二〇九で否決された。その直後、内閣に対する信任投票で、三七二対一九六で信任が採択された。しかし、調査委員会設置への反対は大きな失敗だった。急進派共和国に対する疑念を拡大することになったからだ。国民に真実と議会の腐敗の実態を隠そうとしたとの仮説は右派のメディアによって広められ、事実だと考えられるようになった。

このスキャンダルの政治利用を恐れたカミーユ・ショータンは、事件を裁判所に任せる選択をした。しかし、これは過激な新聞報道によって燃え盛った世論の軽視だった。リーグの活動家と支持者だけが怒りをあらわにしたわけではなかった。彼らは、不正直な政治家に騙されていると確信した人々のますます大きくなる同意と、喝采の下で行動していた。ショータンの生ぬるい態度は、適切ではなかった。真実を、できるだけ早く明らかにすべきだった。断固たる態度で犯罪者を処罰し、国家を浄化するために権力を奪取しようとする人々に口実を与えないようにすべきだった。議会に愛着を持ち、その枠組みを重視しすぎたショータンは、社会党の支援を取りつけたことで満足したが、日に日に喧騒の度を増す街頭行動にはほとんど注意を払わなかった。

一月一二日、アクシオン・フランセーズは活動家に動員をかけていたが、この日は雨天だったため、ピュジョと警視総監ジャン・シアップが協議した結果、デモ隊は平穏裡に解散した。極右と警察の間には、つながりがあったのだろうか。シアップは、すでに以前から左派の標的となっていた。最も権限のあるポストに就いて七年、右派系団体に辛抱強く対応していた彼は、極左には容赦しなかった。彼の名は横断歩道の設置といった実績に結びついており、パリ市民からは評価されていた。シアップとアクシオン・フランセーズ紙の間は共謀関係がある、との風説が広がった。

いずれにしてももはや、モーラスの新聞だけが過激な言説をエスカレートさせていたのではなかった。この喧騒の数週間で、同紙の発行部数は大幅に増加し、一九三三年一二月には四万部だったものが、一九三四年一月一二日には一六万五〇〇〇部となり、同二八日には一八万六〇〇〇部に達した。だが、ラミ・デュ・プープル、レコー・ド・パリ、ル・フィガロ、ラントランジジャン、ル・ジュール、ル・マタンといった急進党政権に猛攻撃を仕掛ける右派系の日刊紙全体を見ると、これらの新聞にとって喜ばしいことに、パリでの発行部数は左派系紙のそれを大きく上回っていた。これらの各紙は、左派系のルーヴル（急進党）、ル・ポピュレール（社会党）、レール・ヌヴェル（「左派同盟」）などの新聞に比べて、そしてこれにまったく「カルテル派」でなかった共産党のリュマニテ紙を加えても、はるかに多くの読者を獲得していた。右派議員フィリップ・アンリオは、著書『二月六日』において、ラジオが完全に政府の支配下に置かれていたとして非難した。[12] 実際のところ、ラジオの政治的影響力はまだささやかなものだった（全国で、ラジオ受信機の台数は一五〇万台だった）。しかしながら、週刊誌を見ると、明らかに右派にとって有利な不均衡の状態にあった。急進党寄りのマリアンヌ誌の発行部数六万部に対し、批判的な独立心を誇るル・カナール・アンシェネ誌は二〇万部に上っていた。右派には大きな発行部数を持つ雑誌がいくつもあり、ピエール・ガクソットが主宰するカンディード誌はアクシオン・フランセーズに近く、ファイヤール社が発行していたが、部数は伸びつつあり、一九三六年に四六万五〇〇〇部に達した。それ以上にグランゴワール誌は、フィリップ・アンリオとアンリ・ベローの指導下で一九三六年まで成長を続けた（この年には、六五万部に達した）。この週刊誌は、シアップ警視総監の義理の娘と結婚していたオラース・ド・カルブッチアにより、一九二八年に創刊されていた。一九三四年の危機の期間中、グランゴワール誌は、アクシオン・フランセーズ紙の中傷文専門の記者たちと、過激な罵倒を競い合った。一月一二日、もともと左派出身で、一九二二年ゴンクール賞受賞者、元大物記者のアンリ・ベローは次のように書いた。

悪臭を放つ年は、終わるべきように終わった。悪臭を放つ饗宴によって…（中略）…しかし、そこにスタヴィスキーが登場した。結構なことだ！　スタヴィスキーの話を聞こうではないか！

……やっと我々の時代にふさわしいスキャンダルに出会えたというものだ……年末のこころづけとして、我々にこの大層な贈り物をしてくれたキエフのゲットーの息子に感謝しなくてはならない…（中略）…もしこの国の魂が死ななければならないのなら、それは白日の下においてであるべきだ。それは戦闘の中においてであるべきで、下院の廊下、証券取引所の舞台裏、ロッジの玄関、あるいは宮殿の廊下、もみ消しの専門家の外套の下においてであってはならない。

ベローは、反議会主義に外国人排斥のステレオタイプを結びつけた。これは、戦争前夜まで繰り返されることになる。

わが国の外国人、投機家のくず、ホテル荒らしの害虫、スパイ行為と、騒擾《そうじょう》行為と、挑発行為と、テロ行為と、誘拐の詐欺師集団、そしてこれらすべてに関連するのが、政治家と役人たちが軽率を競い合うかのような、帰化をめぐる絶え間ないスキャンダルだ――スタヴィスキー事件は、これらのことを明らかにした。

道徳主義は、二つのフランスがあるとの結論を導いた。「手が汚れていない人々」のフランスと、「手が汚れた人々」のフランスである。この両者のいずれかを、選ばなければならない。このきわめて単純な考え方は、最後に次のような脅しで終わった。「そうでなければ、注意しろ！」

子細に観察すると、スタヴィスキー事件は極度に肥大化され、巧みに歪曲させられている。当時政権についていたことが不運だった急進党だけに責任があるわけではなかった。批判を続けてきたタルデュー自身、先に見た通りスタヴィスキーから金銭を受け取ったことで罪を問われたカミーユ・エマールのラ・リベルテ紙に定期的に寄稿していた。急進党の政治家に対する告発が、捜査の結果事実無根だと判明することもしばしばだった。この事件がこれだけ大きくなったのは、上手に政治利用されたためだけだった。かつてのパナマ事件、また以前のウストリック銀行事件とアエロポスタル事件は、少額預金者にはるかに大きな被害をもたらした。スタヴィスキー事件は、何よりも攻撃用の兵器だった。保守系右派が急進党に向けた、さらには過激派右翼が体制に向けた兵器だったのである。結局、急進党議員二人が収賄のかどで有罪判決を受けた。そこから、議会は「シェカール」の集まりだと結論づけるのには無理があった。それでも、極右の過激な言説に対しては、穏健派の中にまで賛同する声があった。たとえばアンドレ・タルデューは、一九三二年選挙での急進党の勝利はスタヴィスキーからの献金による「豪勢な選挙運動」の結果だと述べてはばからなかった[13]。

一月後半には、下院と街頭で攻撃が続いた。一九日に、キャムロ・デュ・ロワと愛国青年団が街頭で混乱を巻き起こしている間――このときは、オペラ座とドルオー交差点が舞台となった――、ブルボン宮の演壇ではフィリップ・アンリオが法務大臣ウジェーヌ・レイナルディを糾弾した。レイナルディが、以前、サカザン銀行が企てたフランス商業投資会社の架空株式の購入者の一人だったとして非難したのである。その後の数日間も攻撃は続き、その結果内閣の信任投票が行なわれたが、カミーユ・ショータンの立場は強化された。その一方で、市内での小競り合いは次第に規模を拡大し、不安も大きくなった。一月二二日の午後六時半から深夜にかけて、六区と七区の広い区域、ラスパイユ大通りとサン＝ジェルマン大通りは、徹底した破壊行為の被害を受けた。街路樹、樹木の根元を保護する格子、植木、市場の用具類、ベンチやその他の器物が取り外されて道路上に散乱した。同時にセーヌ右岸では、混乱に加えて公務員と公共サービスの従業員四〇〇〇人が集結し、給与の引き下げに抗議した。二三日には、二つの集会が計画された。一つは左岸で、アクシオン・フランセーズが呼びかけたものだった。もう一つはコンコルド広場で、納税者連合が招集したものである。後に二月六日事件調査委員会の委員長を務めることになるローラン・ボヌヴェイは、次のように書いた。

二月六日に力を発揮することになる戦術の下書きが書かれたのが、この日だった。リーグごとに、団員を別々の場所に集結させておいて、しかし行動はブルボン宮一点に向かったのである。(14)

窓から、あるいは歩道から眺める数多い野次馬は、デモ隊に好意を示していた。デモ隊は同時に、パリ市議会議員の賛同も得ていた。市議会の発行するラ・ヴィル・ド・パリ誌は、「政府を利用して得する連中」に抗う「正直な市民」を称賛した。(15)

レイナルディに対する攻勢は、よく練られていた。司法が重大事件を捜査している中で、法務大臣には疑わしいところがあってはならなかった。守勢に回らざるをえなかった大臣は、一月二七日に辞表を提出した。「私はこれ以上何もせずに大臣席に座っているわけにはいかない。醜悪な脅迫行為が、手のつけられない状態になっている」。スタヴィスキー事件の発生後、大臣が辞任を余儀なくさせられたのはこれが二度目だった。この土曜日、愛国青年団とフランス連帯団も加わったアクシオン・フランセーズの新たなデモは、暴動に発展した。このとき初めて放火行為が認められた。「キオスクが倒されると、火がつけられた。ガス灯が倒され、ガス管に点火された。二軒か三軒のカフェテラスが被害にあった」のである。この日の出来事を書きとめたローラン・ボヌヴェイは、こう続けた。

この晩、警備隊はあまりエネルギッシュに対応したとは言えない。いくつかの地点では、警官はなすがままにさせていた。ある目撃者の言うところでは、警官は両腕をぶらぶらさせて、キオスクが燃えるのを眺めていた。(16)

この翌日、両院で圧倒的多数で信任を得ていたにもかかわらず、カミーユ・ショータンは内閣の辞表を提出した。暴動を前にしてのこの共和国政府の降伏は、暴動の扇動者全員をさらに元気づける結果となった。アクシオン・フランセーズは「民衆のパン種」だったとモーリス・ピュジョは調査委員会での証言で述べたが、この団体は恐らくその歴史上最大の成功を収めたのだった。アクシオン・フランセーズは、新聞のキャンペーンと街頭行動によって、自らの法を合法的権力に押し付けられることを証明したのである。シアップが指揮する警察は、デモ隊が下院に近づくことは阻止したが、一月の間、パリ市内のいくつもの地区で暴力的な行動により秩序を乱そうとする人々を止めようとはしなかった。二名の警察官、警視庁職員組合書記長のリガイユと同書記のリウーは、これに対して公に疑問の声を上げた。他方で、一月には二〇〇〇人の逮捕者が出たが、裁判官たちは公共の設備を破壊した人々に対して、まれにみる寛容な対応を示した。司法も警視庁も、きわめて寛大だった。それは、国家機関そのものの機能不全を明らかにするものだった。一月の暴徒に与えられたもう一つの褒美は、彼らがショータンを「倒した」ことだった。これは、まだ始まりにすぎなかった。

一月三〇日月曜日、ルブラン大統領は新内閣の組織に向けて協議を開始した。トゥールーズに近いトゥルヌフイユに引退していた元大統領ガストン・ドゥーメルグ、上院議長ジュール・ジャヌネイ、下院議長フェルナン・ブイソンが後継首相候補となったが、いずれも就任を辞退した。威厳のある人物を見つけられない代わりに、ルブランは個性の強い人物を選んだ。エネルギッシュで、冷静な人物と評されていたエドゥアール・ダラディエである。彼は、首相就任を受諾した。

ダラディエは五〇歳を迎えるところだった。南仏カルパントラのパン屋の子供で、歴史のアグレジェである彼は第一次大戦に従軍して活躍し、一九一九年に下院議員となって以来、生まれ故郷のヴォークリューズ県で当選を重ねていた。急進党ではエドゥアール・エリオのライバルで、一九二四年以来何度も閣僚を経験し、一九三三年にすでに首相を務めていた。無口な性格で、非常に誠実、断固たる態度の人物と評されていた彼は、適任者だと考えられた。首相に指名されるや、ダラディエは「政党間の争いを超えた」、社会党から右派までを包含した内閣を組織しようとした。しかし彼は、ドレフュス事件の時期にワルデック＝ルソーが編み出したミルラン＝ガリフェにも似たデュオを作るための切り札だと考えていたフロサールも、イバルネガライも説得することができなかった。一月三一日に発表された閣僚名簿に、意外性はなかった。それはほとんど全面的に急進社会党の内閣だった。ダラディエは何とか、中道右派の二人の政治家の閣僚就任を取りつけただけだった。陸軍大臣となったジャン・ファブリと、財務大臣のフランソワ・ピエトリである。その他、ギュスタヴ・ドゥサンが技術教育担当閣外相に就任した。この右派からの保証は弱いものだった上、スタヴィスキー事件に加えてシアップ事件が起きたことで、すぐに崩れ去ったのである。

首相に就任すると、ダラディエはすぐにスタヴィスキー事件に取り組んだ。彼は最初からシアップを更迭すると決めていたわけではない。警視総監には利用価値があるように彼には思われた。交渉術に長《た》けたシアップは、二月四日に予定されていた元従軍兵士のデモを延期させたではないか。しかし、新首相は監査総監モセの報告書に、ジャン・シアップが一九三三年二月にデュバリーの要請に基づきスタヴィスキーと面会したと記されているのを発見した。また、この詐欺師の活動に関するスヴェストル＝クザン報告書が警視総監に手渡されると、それを一〇月まで抱え込んだままにしていたことも明らかとなった。シアップとその部下に重大な過失があったと確信したダラディエは、人事異動という形でシアップらに行政上の処分を下した。こうして、シアップは「昇任」して、モロッコ総督のポストを獲得した。少なくとも、これがダラディエ自身が調査委員会に対して行なった説明である。これとは反対に、右派はダラディエがＳＦＩＯと取引を行なったとして非難した。シアップを差し出す代わりに、社会党の票を得ようとした、というのである。(17) いずれにせよ、二月三日土曜日の朝、ダラディエは電話でシアップに決定事項を伝えた。シアップは即座に、脅迫めいた調子で、モロッコへの異動を拒否するとともに、「今晩にも街頭行動に出る」と答えた。この激しい不服従の態度に怒った首相は、ただちに警視総監を解任する決断をした。シアップは後に、ダラディエによって電話での彼の発言だとされた言葉を公式に否定したが、それは二義的な問題である。確かなのは、シアップがもはや警視総監ではなくなったということだった。翌二月四日日曜日、このニュースは新聞によって大きく報道された。ル・ポピュレール紙が満足の意を表明する一方で――「ついに、パリはクーデターを行なう警視総監から解放された」――、右派のすべての新聞はダラディエを非難し、解任は不当だとして動員を呼びかけた。反撃は、間を置かずに行なわれた。さまざまな団体が、シアップ更迭に抗議するため、デモに参加するよう指令を発した。全国戦闘員連合、火の十字団、アクシオン・フランセーズ、愛国青年団、フランス連帯団、納税者連盟、コルシカ元従軍兵士会は、それぞれに過激な声明文を発表した。二月五日、パリ市議会議員は、警視総監解任に対してどのような抗議を行なうかを検討するために市庁舎に集まった。セーヌ県知事エドゥアール・ルナールはシアップに連帯して辞任していた。市民に冷静に行動するよう求める決議案が全会一致で採択されると同時に、市議会多数派の一五名ほどがパリ市民に向けた呼びかけに共同で署名した。その内容は、以下の通りだった。

明日がどうなるかは、皆さんが決定するものです。専制政治、セクト主義、あるいは不道徳が勝つのか、それとも自由と誠実が勝利を収めるのか。

こうして、二大元従軍兵士団体の一つから反体制的リーグまで、アクシオン・フランセーズから市議会議員まで、あらゆる方面から、パリ市民は大衆的抗議行動を通じて新内閣に反対するよう求められたのである。シアップ解任に伴いピエトリとファブリが辞任してから、エドゥアール・ダラディエは右派の支援をあてにできなくなっていた。しかし彼は、動揺することなく、辞任を勧める声には耳を貸さず、挑発を行なう人々に対抗して、下院の信任投票に臨もうとした。ますます激しくなる雰囲気の中で、右派議員たちは火を鎮めようとするどころか、火に油を注いだ。事実上の野党指導者であるアンドレ・タルデューは、ラ・リベルテ紙上でダラディエ批判を展開したが、ポール・レイノー、マルセル・エロー、ジョルジュ・ボヌフーらの穏健派議員も、民衆の怒りを煽っていた。一方、ピエール・テタンジェはあるインタビューで次のように答えた。

パリは、シアップ氏に対して感謝の念を表明すべきです。パリが怒りをあらわにしないまま、彼が辞めていく事態は避けるべきです。我々は、ジャコバン的なクーデターに直面しているのです。[18]

デモへの参加を呼びかける諸団体は、下院でダラディエ内閣への信任投票が行なわれる二月六日をデモ決行の日と定めた。六日の朝、共産党系の元従軍兵士の団体であるARACも、デモに参加することをリュマニテ紙が明らかにした。他の団体とは異なり、ARACはシアップを「逮捕」すべきだと主張していたが、「金儲けとスキャンダルの体制に強く抗議するとともに、その代理人であり、年金見直しを行なったダラディエ氏にも反対」しようとしていた。[19]共産党は右派との違いを印象づけようとしていたが、彼らもまた活動家の一部を反ダラディエの街頭行動に動員しただけでなく、リーグの反議会主義の型にはまった用語を利用した。彼らは「ファシズムを打倒せよ！　帝国主義戦争を打倒せよ！」と叫んだが、彼らのシュプレヒコールは次のように終わった。「傷痍軍人から盗む、詐欺師の味方の政府を打倒せよ！」
二月六日は、混乱した一日となることが予想された。

流血の現場

二月六日火曜日、多くの新聞はデモへの参加を呼びかける文章を掲載した。手本を示したのはレコー・ド・パリ紙である。

見ての通り、これは何の準備もなく、また指示なしに始められたものではない。これは、すべての国民的な力の真の動員であり、政府に向かって祖国の要望を叫ぼうとしているのである。これは、文字通りの大衆デモであり、これを無視することはできない。なぜなら、このデモにはその意思を実現させる力があるからだ。

右派メディアが、街頭での叫び声と暴力的な行為を通じて、まさに成立しようとしているカルテル派の内閣を打ち負かそうとしていたことがよく理解できる。ラ・ロック大佐は、「国民への」呼びかけにおいて、「フランスの男性と女性」に向けて、「政治的な駆け引きとは無縁な正しいフランス人によるる政府を実現しようとしている」火の十字団に従うよう求めた。実現する、という動詞が、この行動に具体的な意味を与えていた。議会多数派の正統性は否定され、それは公共の場に集結するよう求められたパリ市民のものとなった。テタンジェは、ダラディエの決断を「ジャコバン派によるクーデター」と評していた。だが実際には、もしジャコバン的な方法が見られたとすれば、それはむしろテタンジェの側においてだった。選挙で選ばれた議会――かつては国民公会、今回は下院――を実力でねじ伏せ、議会多数派に反対して立ち上がった民衆のコントロール下に置き、民衆とその代表の持つ権限を実際の決定機関――かつてはジャコバン・クラブあるいはパリの分区、現在ではリーグ――に委ねるとは、どういうことだったのだろうか。[20] 無論、選挙で選ばれた議会に自らの意思を強制しようとするのはもはや極左ではなく、議会に対する攻撃は右派からのものとなった。一九〇〇年以来、パリ市議会はナショナリスト的な立場を取っていた。工業地帯として成長しつつあったパリ近郊で共産党の勢力が拡大したように、パリ市内ではリーグに対する親近感が増していた。首都は八〇の地区に分かれ、各地区が市議会議員一名を選出したが、地区ごとの人口格差が大きいため、市庁舎における右派の議員数は非常に大きくなっていた。このパリと郊外のコントラストに、パリと地方のコントラストが加わった。各県の主だった新聞は「共和派」であり、すなわち議会制を支持し、内閣に対しても好意的だった。そのために、革命期との比較は妥当と思われた上、それに限らず、合法政府とその政府が置かれたパリという都市との間に紛争があったすべての時代との比較もまた妥当だった。一九世紀を通じて、王党派、共和派、あるいはボナパルト派の右派政権は、これに反対する首都に陣取らなくてはならなかった。一九三四年二月に起きたのは同じ状況だったが、攻守は逆転した。下院多数派は左派内閣を支持したが、この内閣はさまざまな右派勢力のスローガンに同調する敵意に満ちた都市の攻撃の的となった。

午後三時ごろ、ダラディエは下院の演壇に登った。彼はいきなり、ナショナリストの議員から罵声を浴びせられ、一方共産党議員は「ソヴィエト！　ソヴィエト！」と叫び、「インターナショナル」を歌おうとした。この態度を、モーリス・トレーズは演説でこう説明した。

国際的経験に照らせば、ブルジョワ民主主義とファシズムの間に本質的な違いはありません。これらは、資本による独裁の二つの形態なのです。ファシズムは、ブルジョワ民主主義から生まれるのです。ペストとコレラの間では、どちらも選択できません(21)。

この階級対階級路線の再確認は、ヒトラーの政権獲得から一年余りを経たこの時点で、コミンテルンが状況を見誤っていたことを示すものだ。これは、リュマニテ紙が共産党系元従軍兵士に、資本主義社会の両面であるファシズムとダラディエに反対するデモを、他の団体とは別に組織するよう求めた理由の説明にもなる。

審議の間、議場は騒然とし、静けさを取り戻したのは休憩のときに限られた。ダラディエは、しかし、孤立していたわけではない。彼は、社会党の断固とした支援を期待することができた。レオン・ブルムは、次のように述べた。

二年前の選挙で敗れ、それ以後金融恐慌と道徳的混乱の中で復讐を計画してきた反動勢力は、いまや実力行使に出ようとしています。彼らが求めているのは、議会の解散でさえありません。労働者大衆が血を流して獲得した、その財産であり、最終的な自由を得るための保証となる公共の自由を容赦なく奪い取ろうとしているのです。共和国を作ったこの民衆は、共和国を防衛する力を持っています。

この発言は実に明瞭だった。社会党は、今回もまた体制の守護者としての立場を明確化した。しかしながら、レオン・ブルムのこの演説を聞いて、一つの批判を口にしないわけにはいかない。より以前の段階で、急進党と積極的な連携を行なっていたなら、二年間の政治的不安定の時期の後に、防御的な同盟を組まずに済んだことだろう。左派内部の対立が生んだ体制の弱体化に対して均衡を図るべく、共和国防衛のための適切な反応が起きたのである。しかし、これは政策綱領となるものではなかった。

午後八時、街頭デモは拡大し、右派はこのデモがもたらした反響を利用して、ダラディエを辞任に追い込もうとした。コンコルド広場では、すでにいくつもの衝突が起きていた。午後七時前にはバスが襲撃され、窓ガラスが割られ、横転させられそうになった。結局、このバスには火がつけられ、広場の中央で、長時間にわたり、祭りのかがり火のように炎を上げ続けた。一月に見られた市街地における暴力行為が、加速した形で続いた。急ごしらえのバリケード、警察による攻撃、負傷者の救護、警察に対する発砲、倒された共和国警備隊の馬……デモ参加者は増え続けた。突然、フランス連帯団の隊列がコンコルド橋へと向かった。約二〇〇〇人からなる隊列は、下院議事堂に背を向ける形で配置され、橋を警備していた警察と憲兵隊の警戒線を突破しようと決意していた。騎馬隊が戦いに加わった。ここで、事件は重大な様相を示し始めた。複数の銃声が聞こえた。警戒線は持ちこたえたが、それでもすぐに警察とデモ隊の双方に死傷者が出た。広場の反対側では、デモ隊の一部が海軍省を占拠し、放火した。駆けつけた消防隊は、デモ隊の攻撃の前に後退した。負傷者を運ぶ警察車両は石や金属片を投げつけられ、銃撃さえされた。午後八時半には、一時的に平静が戻った。多数のＵＮＣ会員の元兵士の集団が到着した。デモ隊の先頭には、下院議員のジャン・ゴワとパリ市議会議員のブラールおよびルベックの姿が見えた。クール・ラ・レーヌからコンコルド広場に入ったこの集団は密度の高い隊列を作り、先頭にはこう書かれた巨大な横断幕を掲げていた。「ＵＮＣパリ地方支部。秩序ある清廉なフランスを」。彼らが掲げる旗の前で、消防官と警察官は敬礼した。デモ隊は、元従軍兵士たちに下院に向かって行進するよう促した。しかし、彼らの期待には応えず、元兵士たちは下院とは逆方向のロワイヤル通りへと向かった。しかしながら、エリゼ宮と内務省が至近距離にあることから、元従軍兵士と警察の間で、フォブール・サン＝トノレ通りの入り口で短時間ながら激しい衝突が起こった。警戒線が突破され、警察の増援部隊が呼ばれた。警官は警棒を使って元兵士たちを追い散らした。コンコルド橋の上でも、同様の試みが起きていた。攻撃のたびに、警察の抵抗は弱まった。騎馬隊の反撃でようやくデモ隊を一定の距離まで遠ざけることができたが、一部の者は先に剃刀を装着した杖を用いて、騎馬隊を苦しめた。

同じく右岸では、三色綬を斜めがけにした多数の市議会議員を警護するように取り囲んだテタンジェの愛国青年団の行列が、市庁舎からロワイヤル橋を渡って、オルセー河岸とソルフェリーノ橋の交差点に設けられた警戒線にまでたどり着いた。衝突は、ここでも警察側に有利な展開となった。何人もの市議会議員が負傷し、特にフレデリック゠デュポンは警棒で激しく叩かれた。それでも、何人かの議員は警戒線をすり抜け、向こう側に出ることができた。そのうちの四人は、下院議事堂に入場した。彼らは、内閣の辞職を要求した。

この間、左岸でも騒乱状態が起きていた。午後七時半、約二〇〇〇人の火の十字団員が、下院の裏手にあるブルゴーニュ通りに到達した。彼らは、武装していなかった。多くの団員は、塹壕用のヘルメットを着用していた。通りはトラック二台で封鎖され、少数の機動隊員と、一般警察官一〇名が配置されていた。この警戒線の突破は、明らかに容易だった。しかし、団員たちに向かって進んできた主任曹長の要求を受け、若干の躊躇の後、彼らは退却に同意した。彼らはオルセー河岸方面に向かい、プティ゠パレ前で集結した別の火の十字団の隊列に合流した。司令部にいたラ・ロックは、やがて解散を命じた。この命令には、軍隊でと同じように、従わなければならなかった。

全体では、この「一日」の結果は非常に重大だった。死者一五人、負傷者一四三五人である[22]。それでも、国民の代表は警察と共和国警備隊の警護を受けて、暴動の前に譲歩することはなかった。ダラディエは、野党のあらゆる妨害行動に対抗しなければならなかった。施政方針に対してけ、一七もの質問の要求が提出された。ダラディエが質問を四つに制限しようとしたため、何時間にもわたって、手続きをめぐる議論が戦わされた。最終的に、首相は質問の延期を要求し、信任投票を求めた。賛成三四三票、反対二三七票で、ダラディエは信任を得た。二月六日の晩の段階で、暴動の目標はしたがって達成されていなかった。

この暴動は、いかなる種類のものだっただろうか。デモ隊が暴徒化したのか、それとも組織だった真の陰謀だったのだろうか。実際のところ、デモに参加した各団体間の統一は、明らかに取れていなかった。いくつかの行動が別々に、しかし同時に行なわれたが、この時間にデモが行なわれたのは当然だった。事務所や工場の業務が終了する夕方にならなければ、集会やデモは行なえなかったからだ。この日、少なくとも二つの計画が競合していた。その中で最も強い決意を持ったデモ参加者は、リーグ——アクシオン・フランセーズ、フランス連帯団、愛国青年団——の団員だった。武力をもって警察の警戒線と対峙し、実力でブルボン宮に進入しようとしたのは彼らである。しかし、これらのリーグが事前に共同で計画を立てていたとの確たる証拠はない。愛国青年団のデモ隊に加わり、オルセー河岸の警戒線まで進んだ財務監察官アンリ・デュ・ムーラン・ド・ラバルテート（一九四〇年から四二年まで、ペタン元帥の文民首席補佐官を務めることになる）は、一九三四年四月一一日付の調査委員会に宛てた書簡で、以下のように隠さずに書いている。

我々の目的について言うなら、それは武器を持たずに、群衆の力のみによってブルボン宮内に進入し、議員たちを識別した上で（私は全議員六一〇人のうち、少なくとも三七〇人の顔を知っていました）、はっきりとした報復（はっきりとしていても、流血を伴わない）を、フランスを戦争と破滅へと導く選挙によって選ばれた議員たちに加えることでした[23]。

しかしながら、デモ参加者の多数は、示威行動をしようとはしていたが、実力行使の意思はない団体に所属していた。特に、ＵＮＣと火の十字団がそうだった。両団体ともに、独立路線を守ろうとしており、六日の晩には決して法を犯そうとはしなかった。デュ・ムーラン・ド・ラバルテートのような最も冒険心があり、興奮し、過激な人々は、下院に進入し、「救国」内閣（ここでも、ジャコバン派の方法が逆に利用されている）を樹立することを希望しただろう。しかし、現在までのところ、本格的なクーデター計画が存在したとは証明されていない。

ダラディエの資料を調査したセルジュ・ベルスタンは、この日の「事件」に一定のまとまりがあったとするならば、ローラン・ボヌヴェイが著書中で示唆したように、パリ市議会多数派にそれを求めるべきだと結論づけた。市議会議員たちは愛国青年団デモ隊の先頭に立っていた。市議会の代表が、ダラディエの辞任を要求したことも事実だ。それゆえに、市庁舎は「二月六日事件の政治的中心」だったとされた[24]。この計画の目標は何だったのだろうか。それは、「救国」の名目の下に、一九三二年に失った政権を右派に取り戻すことだった。愛国青年団の指導者でパリ選出下院議員のジャン＝ピエール・テタンジェは、この日の鍵を握る人物の一人だった。下院の議場では、直近の右派政権を率いたアンドレ・タルデューが、その発言によって、この計画に対する事実上の連帯感を表明していた。

デモ隊の目標が、共和国の諸機関に対する陰謀だったとするなら——一部の者にとっては、これは実際に陰謀だった——、二月六日は失敗だった。もしも目標がより限定的に、右派の政権復帰にあったのなら、この日は結局成功だった。というのは、六日に圧倒的多数の信任を得たダラディエは、七日に辞任したからである。それはなぜなのか。ダラディエ自身の失敗ではない。首相は、身内から「見放された」との感覚を覚えた。二月六日から七日にかけての夜、彼は閣僚たちを前に、必然的に取るべきだと思われた措置を列挙した。戒厳令の発令と、国家の安全に反対する勢力に対する捜査の開始、リーグの指導者たちの逮捕である。ところが、これらの決定を実行に移す役割を担うべき判事や官僚は、誠意を示そうとはしなかった。検事総長ドナ＝ギーニュは、ダラディエにこう述べた。「総理、架空の陰謀や突然の捜査開始によって、司法への信頼が失われるのです。司法と政治を混同しないでいただきたい」(25)。それ以上に、エドゥアール・ダラディエは党内からの反対でつまずいた。二月七日に新たなデモが行なわれると伝えられると、ダラディエと内務大臣ウジェーヌ・フロは、たとえ非合法であっても予備拘束を行ない、軍を動員しようと決意していた。しかし、七日の朝、これまでダラディエが支持基盤としてきた急進党の新世代の政治家（友人のギィ・ラ・シャンブル、青年トルコ党と呼ばれた三人、ピエール・コット、ジャン・ミストレール、レオン・マルティノー＝デプラ）は、彼に辞任を勧めた。下院議長のブイソンも、そして急進党下院議員団長のエリオも、辞任を促した。エリオには、危機に瀕した体制を防衛するためには、挙国一致の再生が不可欠と思われた。ダラディエが政権を担当し続けることは不可能だった。レオン・ブルムは、社会党の名において抵抗を呼びかけたが、ダラディエが求めた下院の一時休止を拒否することで、ダラディエの行動に制約を加えた。昼近くになって、首相はエリゼ宮を訪れ、辞意を表明した。街頭行動により、議会で圧倒的多数の信任を得た内閣が倒れたのは、一一日間でこれが二度目となった。二月一一日付アクシオン・フランセーズ紙上でのモーラスのコメントは、適切なものだった。

何よりもまず、憲法に反する三つの行動に我々は立ち会った。ショータン内閣の総辞職、ダラディエ内閣の総辞職、ドゥーメルグ内閣の成立、これらはいずれも議会での投票以外の、より高所において決定された。「法」の定めるところでは、議会での投票だけが有効なのであるが。これが共和主義だというのなら、私としてはそれで結構だ……[26]

その直後

一九二六年と同様に、選挙での勝利から二年を経て、左派は政権を右派に譲らざるをえなかった。というのも、ダラディエの辞任後、急進党は挙国一致内閣の連立に加わったからである。首相に就任したのは、ルブラン大統領の懇請を受けて、隠棲していたトゥルヌフイユを離れたガストン・ドゥーメルグだった。当時七一歳の元大統領ドゥーメルグは、一般に評価されており、「実力者」とは見なされていなかったが、正直で陽気な人物だと受け止められていた。彼は、救世主のようにパリに迎えられた。全国的には左派が優勢だったとはいえ（この仮説は、一九三六年に証明される）、ノランス議会では左派の多数派は構成できなくなっていた。左派は、その内部に抱える矛盾ゆえ、政権担当能力を喪失したかのようだった。いくらか差異があったとはいえ、人民戦線の勝利から二年を経た一九三八年にも、同様の事態が起きることになる。急進党と右派の連立である「挙国一致」は、両大戦間期における第三共和制下の議会での問題解決の手法として定着しようとしていた。象徴的に、ドゥーメルグは二人の国務大臣を任命した。急進党の指導者エドゥアール・エリオと、かつての右派野党のリーダー、アンドレ・タルデューである。

一九三四年二月七日に、左派は紛れもなくその弱さを露呈した。というのは、すでに見た通り、六日の暴動が鎮圧されたにもかかわらず、翌日には「共和派」の政治家、特に急進党の指導者たちが責任を放棄してしまったからである。それによって、体制の弱体化が明らかとなった。大統領、下院議長、急進党所属の大臣と議員、彼ら自身がダラディエに辞任を勧め、それによって法の持つ権威を傷つけたのだった。政権を担当する共和派として、ダラディエはかつてコンスタンやワルデック＝ルソーがナショナリストによる体制転覆の危機を前にして取った措置を決定しようとしていた。しかし、二月六日に圧倒的多数で信任を得るやいなや、彼の背後には、優柔不断、妥協、弱気などが次々と現れた。この日を境に、急進党は左派におけるリーダーシップを完全に失った。体制擁護は、これ以降社会党とCGTが主導することとなった……共産党が、舞台に登場するまでの間は。

一九三四年二月六日の時点で、またそれから同年六月に至るまで、社会党と共産党は対立する立場をとっていた。流血事件の日の晩、社会党のセーヌ県連とセーヌ＝エ＝オワーズ県連の代表団が、ジロムスキ、マルソー・ピヴェールとファリネを先頭に共産党本部を訪れたが、共産党は扉を開くことを拒否した。代表団は、共同行動を提案する書簡を残して、その場を去った。まだ、共同行動に適切な時期ではなかった。二月九日、共産党とCGTUはレピュブリック広場でデモを組織したが、社会党との何らかの合意形成は拒否した。それは、六日の路線に忠実な共産党の行動日だった。すなわち共和国防衛を拒絶し、「シアップと、ファシスト的リーグの指導者たちと、銃殺の命令者ダラディエとフロ（原文のママ）の速やかな逮捕、ファシスト的リーグの解散、下院の解散、比例代表制の導入、賃金水準の防衛」を呼びかける両面作戦だった。新任警視総監ボヌフォワ＝シブールは、デモを禁止し、秩序維持のためレピュブリック広場に多数の警官を配置し、広場から出る通りをすべて封鎖した。各方向から駆けつけた活動家たちは、ヴォルテール大通り、マジャンタ大通り、サン＝マルタン大通りとストラスブール大通りの警戒線に妨害された。バリケードが築かれ、銃声が交わった。東駅、次いで北駅で、きわめて激しい衝突が起きた。この日の結果は、重大なものとなった。バリケードの両側で、負傷者は二〇〇名以上に上った。四名の死者はいずれも、拳銃で撃たれた共産党員だった。二月一一日付のリュマニテ紙は、なお「労働者をファシズムと闘うよう促すのだと称する、シニカルで厚顔無恥な社会党指導者たち」を糾弾し続けていた。

それでも、共和国防衛——以後、「反ファシズム」と呼ばれるようになる——のメカニズムが政党の指導部レベルでは消滅したとしても、知識人たちは新たな機会を捉えて、イニシアティブを握ろうとしていた。二月一〇日、マルロー、アラン、エリュアール、ゲエノといった著述家たちは、「統一行動の名の下で、ファシズムの進路を遮ろうと決意している、組織化された、もしくは組織化されていないすべての労働者たち」への呼びかけを公表した。統一行動は、この翌々日に具体化し始めた。社会党の支援を受けたCGTが、二月一二日にゼネストとデモ行進を行なうよう呼びかけると、共産党が支持するCGTUはこれに歩調を合わせた。二月一二日の応答は、議論の余地のない成功だった。多くの労働者がストに参加し、ヴァンセンヌ門からナシオン広場まで、一二万人から一五万人がデモ行進した。ナシオンで、レオン・ブルムは次のように述べた。

私たちは、共和国を守るために共にここにいます。なぜなら、私たちは共和国だけが私たちを前進させると知っているからです。(27)

しかしながら、労働者を基盤とする両政党の間には、いかなる正式な合意も結ばれなかった。街頭において、二つの行進が「友愛」の情を示したとしても、それは数時間続いたにすぎない。二月九日に死亡した共産党員の葬儀の朝、ヴァイヤン=クテュリエは次のように書いた。

忘れてはならないのは、同志たちが、社会党が賛成票を投じた予算によって調達された銃弾により殺されたことである。

社会党との指導部レベルでの連携を排除する「階級対階級」路線は、放棄されてはいなかった。それでも、二月六日から数週間を経て、社会党のポール・リヴェ、急進党のアラン、共産党に近いポール・ランジュヴァンをトップとするファシズム警戒知識人委員会結成の報がもたらされた。この委員会は三月五日に声明文を発表し、「民衆による抵抗」と「大衆が獲得してきた権利と公共の自由をファシスト独裁政権から救うよう」呼びかけていた。この同じ日、共産党中央委員会は「ブルジョワジーに対抗する共同行動」が取られたことを評価する決議を公表したが、共同行動は一般の党員や支持者のレベルのもので、引き続き「労働者階級を分断する社会党およびCGTと厳しく戦う[28]」必要性があるとしていた。共産党が社会党に対する攻撃を中止するのは、六月のことである。両党間の協定が署名されたのは、ようやく七月二七日だった。従来の路線から転換したコミンテルンの同意のもとに結ばれたこの協定に続いて、一九三五年には人民連合が結成された[29]。これには急進党が参加し、それによって同党は再び左派の一角を占めるようになった。

こうして、体制に危険が迫ったとき、いずれにも急進党が参加した二種類の解決法が試みられた。議会では、挙国一致内閣の樹立。各政党間では、かつてのブロック・デ・ゴーシュ（左派ブロック）の一変型としての人民戦線の結成である。前者の解決法は早期に実現したが、その効果は限られていた。ドゥーメルグ内閣は、九カ月しか続かなかった。一一月初めに、急進党出身の閣僚たちはガストン・ドゥーメルグが表明した国家改革案に反対だとして、辞任した。三月二一日には、国家改革を審議する委員会が設置されていた。しかしながら、彼の憲法改正に関する提案——特に、解散権に関する部分——は、実現に至らなかった。ドゥーメルグは再び動いて、九月二四日と一〇月四日には、ラジオ演説により国民に直接訴えかけた。彼は、「行政府の権威を回復する」必要性を説いた。解散権を適切に制御し、かつ利用することでそれが可能となるはずだった。上院では、社会党と急進党がこれに反対した。レオン・ブルムは、躊躇せずに、ル・ポピュレール紙に次のように記した。「ドゥーメルグ氏が計画しているのは、合法的クーデターだ」。そして、こう書くのも恐ろしいが、「五月一六日のような実力行使」を想起させると言うのだった。「内閣は、議会を基盤とするものではなくなる。この国家は、共和国ではなくなるのである」[30]。方程式は、決して変わることはなかった。共和国防衛は、常にあるがままの体制の擁護だった。その鈍重さと、矛盾と、ますます拡大する不信にもかかわらず。まだ、改革を行なうべきときではなかった。ガストン・ドゥーメルグは列車に乗り、トゥルヌフイユの菜園へと戻っていった。

より古典的な二つ目の解決法である左派連合は、一九三六年四月から五月にかけての選挙で勝利し、共産党議員が大量に下院入りするとともに、社会党は急進党を抜いて最大の議員団を擁することになった。しかし、共通の敵と対峙し、敵の現実とファシズムの亡霊に直面すると、左派の主要三党は、共同で統治するのが不可能であることを露呈した。三党は、同じ政治哲学を擁護し、同じ社会的利害を守ろうとしていたのでもなかった。一九三八年には、また一から始めなくてはならなかった。こうして失敗が繰り返されると――三つの異なる議会任期で三回――、なぜ中産階級を擁護し、自由経済を支持する急進党が、他の左派政党とのいかにも作り物の連携にこだわったのかが、疑問に感じられる。それには、二つの要因があった。選挙目当ての、共和主義的規律の分け前にあずかろうとしただけではなく、そこには左派の歴史的な主義主張へのイデオロギー的な忠誠という、より打算を排した要素もあった。過去の名において、急進党員は選挙のたびに、社会党と同盟を結ぶ義務があると考えていた。実際、急進党と右派の間には、文化的に深い溝があった。同時に、現在直面している問題に関しては、急進党は「マルクス主義的」左派よりも穏健派に近かった。一九三〇年代の危機は、急進党内部に断層を刻んでおり、その裂け目は急進党員一人ひとりの内側にもときとして存在した。挙国一致内閣を選ぶにはその出自にとらわれすぎており、「人民」内閣を組織するには他の左派勢力との間で大きな矛盾を抱えていた急進党は、その二面的な性質ゆえに、二月六日の直後に解決できなかった政権の不安定をさらに増大させたのである。

それでも、この暴動の日の前と後には、明確な分断が見られた。この事件は、戦前期フランスの政治において、悲壮な局面に至る一つのステップとなった。フランス国民は、この日以降、政治的に対立する相手をライバルではなく、敵だと見なして闘うようになった。二月六日は、力を増した極右と反抗的右派の多くの人々に、体制が弱体化したとの確信を抱かせた。戦争直前まで、多数の人々が、より決定的な新しい事件が起こるとの希望を持ち続けた。当時、若手下院議員だったマンデス・フランスは次のように書いた。

二月六日には、共和国の存在それ自体が脅威にさらされた。共和主義者は、同種の暴動が再び起こって、今度は決定的に共和国を転覆させてしまわないよう、警戒しなければならない[31]。

その後の数年間、「ファシズムの浸透」のさまざまな側面が、右派の言説に見られるようになった[32]。しかしながら、反議会主義的な表現が、すべてクーデター実行の意思に基づくものだと考えるべきではない。非効率な議会政治に対する、健全で根拠のある批判も存在した。議員たちは特権に執着していた。各政党は、共通の利益をセクト主義的な情念の上位に置くことができなかった。しかし、改革が不可能なことが明らかになると、穏健な批判勢力の一部は、実力による解決と、強権的体制に好意を示すようになった。左派に対して、二月六日は「ファシズムの危険」というテーマを明確に投げかけたのである。その後の出来事は、対立を一層深める結果をもたらした。社会党と共産党の合意、エチオピア戦争、ヒトラーの政策、一九三六年六月の大規模ストライキ、人民戦線内閣の成立、スペイン内戦、これらすべてが相対立する熱情、復讐への欲求、そして過激な体制批判に火をつけた。それでも、体制の擁護は、あまりにもしばしば現状維持と同義だった。

国内政治がこうして悲壮な性格を帯びていったのは、世論と政治家たちが外部からの危機に鈍感になっていたことと無縁ではなかった。そのため、フランスにおける反ファシズムの旗の下での動員と熱を帯びた行動は、そのほとんどが敵――実際の敵か、想像上の敵かはともかく――であるリーグと右派勢力に向けられていた。結果として、最も恐るべき敵だったヒトラー帝国主義に対する警戒は忘れられた。この意味では、二月六日は、反ファシズム勢力にとって一九三三年一月三〇日（ヒトラーによる政権獲得の日）よりも大きな位置を占めたのである。「ミュンヘンの精神」はその特徴的な反映であり、暗鬱にさせる結果だった。

一九三四年二月六日は、左派の神話にとっては重要な一日である。二重の意味を持つこの日付は、ファシズムという怪物と、最後には勝利を得た進歩派勢力の防衛のための連合を想起させる。それゆえ、二月六日は、長期にわたって政治的規範として称賛された人民戦線の重要な出発点の一つだと見なされてきた。

この流血事件の歴史研究は、こうした活動家的イメージをいくらか変質させる。最も代表的かつ動員力のある組織がブルボン宮への攻撃を自制したのに加えて、二月六日付リュマニテ紙のダラディエ内閣に対する非常に厳しい批判と、共産党系の元従軍兵士団体ＡＲＡＣのデモへの参加が、この出来事がファシストによるものだったと見なすことをさらに困難にしている。

その結果成立した左派連合もまた、注意を要するものだ。左派連合は、ダラディエ内閣を強力に支援することで、即座に形成されてよいはずだった。ところが、首相は所属政党内で最も強い抵抗にあった。急進党は挙国一致内閣の組織に同意することで、降伏した。一九三五年になってようやく、ヴァロワ広場の党〔急進党を指す。同党本部がヴァロワ広場に所在したことに由来する〕はやや冷めた熱意とともに、人民連合に加わった。実際のところ、人民連合の勝利は、急進党なしにはおぼつかなかった。一方で、社会党と共産党の和解について言うなら、これは一九三四年六月の終わりにやっと実現したのである。イヴリでの共産党全国会議は、反社会党の雰囲気の中で始まった。会議の開始と終了の間にあったコミンテルンからの指令により、方向性は変わった。換言するならば、人民連合の結成は、コンコルド広場での衝突よりは、国際情勢とスターリン外交に負うところが大きかった。少なくとも言えるのは、二月の事件が左派の支持者のうちに反ファシズム闘争への意欲と連携への意志を強くし、一九三六年四月と五月の選挙での勝利を心理面から準備したことである。しかしながら、共産党の、すなわちコミンテルンの方向転換がなければ、何も起こりはしなかっただろう。先に見た通り、暴動後の数週間にわたり、共産党系のメディアは、それまでと変わらず、最初に打倒すべき相手と位置づけられた社会党を最も鋭く攻撃した。

それゆえ、二月六日を伝説として見るのではなく、その真の意味を捉えなくてはならない。この事件は急進党の危機ばかりでなく、「共和主義的総合」の衰退を明らかにした。ヴァロワ広場の党は、事件後数週間から数カ月にわたり、左右から攻撃の的となった。社会党と共産党にとって、急進党は統治能力のない「臆病者」であることが暴露された。右派にとっては——彼らはドゥーメルグ率いる停戦内閣に参加したのであるが——、急進党は腐敗していることが明白であり、国を指導する資格はなかった。二月七日の退却、与党の組み換え、そしてあらゆる方面からの攻撃は、党内に大きな混乱を生じさせた。ジャック・ケイゼールは国民と「停滞と個人のつながりに基づいた、内閣の活動を監視するのではなく妨害している議会政治の現在の形態」の間では分断が深まりつつあると非難した[33]。こうして、挙国一致内閣への参加に対する反対が党内に広がった。このように、急進党青年部を中心とする一般党員と、党幹部との間の不一致が明白となった。指導部の一新、新政策綱領の決定、新路線の採用が求められた。しかし、これらの要求は、クレルモン＝フェラン党大会で、エドゥアール・エリオの怒濤の演説により押し流された。自ら見直しを図れなかったことは、急進党の避けがたい退潮を示していた。

二月六日の事件で白日の下にさらされたこの政治的衰退は、より深い危機を表現していた。中産階級の代表である急進党は、左派の多数派の中でその利益を擁護することに、一層の困難を感じるようになっていた。第一次大戦終結以来、中小の製造業者は、経済と金融の激変がもたらした状況に苦しんでいた。インフレと、工業および商業における資本の集中は所得に影響を及ぼし、中産階級の社会的立場を脅かした。恐慌は、農業従事者の資金に大きな打撃を与えた。小商店主は、廉価販売の大規模商店の禁止を求めたが、実現しなかった。小規模工場主は税の軽減を要求した。これらさまざまな業種の人々が、長らく急進党の支持基盤を形成してきた。しかし、急進党が彼らの希望に応えようとすれば、最良の連携相手である社会党――この党は給与所得者、工場労働者と公務員の擁護者であった――と衝突せざるをえなかった。社会党の機械的で「労働者主義」的なマルクス主義は、左派全体の枠組みを再構築することのできる「戦線」的な理論を生み出す力を持っていなかった。少なくとも当時の状況に適合した技術的な措置を短期間に作り出す力さえなかったために、左派全体がイデオロギーに逃避する結果となったのである。二月六日に、「ファシズム」が権力奪取を試みた。それゆえ、反ファシズムの行動を起こすときが来た。しかし、この解決策は仮面でしかなかった。実際のところ、急進党と社会党が共有しているのは思い出だけだった。選挙のときには連合を組んでも、終わるとすぐに対立するのなら、それは何の役に立つのだろうか。左派的イデオロギーと経済政策の対立による急進党の危機は、左派全体の危機でもあった。左派は、急進党なしに存在し、勝利を収めることはできなかったが、急進党には左派に位置する理由が次第に失われていたのである。

左派が政権担当能力を失う中で、右派勢力は自分たちこそ国を指導できる唯一の正統な勢力だと考えるようになった。選挙によって多数を占めることができない中、右派は病める左派にあって最も弱い急進党を全力で攻撃した。一九三二年には、急進党はタルデューの提案を拒絶し、権力への道を開く「共和主義的規律」にこだわった。その結果、スタヴィスキー事件は無能な大臣と公金を横領する議員の党だとして、急進党の信用を失墜させ、政治に携わる資格がないとして同党を批判する絶好の機会となった。この攻撃は功を奏した。二月六日事件は新「カルテル」を打倒し、急進党と社会党を切り離して、右派に権力の扉を開いたのである。しかし、そこに至るまで右派が用いた方法を見てみると、右派の一部が受け入れた極右との共謀、当たり前のようになった過激な発言、右派に協力的で拝金主義のパリの新聞を利用しての反抗への呼びかけ、時期の良し悪しを選ばない「解散」キャンペーン……明らかなのは、復讐の欲求に駆られて、右派のさまざまな構成員が、市民精神の未来に重大な結果をもたらす反応を示したことである。

実際には、二月六日も、またその後の出来事――特に人民戦線――も、フランス政治の問題を解決はしなかった。むしろ、その反対だった。経済・財政政策の選択の間違いを冷静に分析し、必要とされる診断結果を出す代わりに、流血の一日はイデオロギー的な硬化と、善悪二元論的な非難合戦を招き、やがてフランスは互いの陰謀を非難しあう二つの陣営に分裂した。経済危機に見舞われた主要国の中で、フランスは停滞から抜け出すのに最も手間取る国となった。一九二九年から一九三八年の間に、フランスの工業生産は二四％減少した。この間、英国では二〇％、ドイツでは一六％、そして世界全体では一〇％増加していた。左派も右派も、有効な政策を打ち出すことができなかった。金フランへのこだわり、デフレ政策への固執、通貨切り下げの拒否などが、その表れだった。現実の問題に正面から取り組む代わりに、ここでもまた亡霊を見て騒ぐばかりだった。

この観点からすると、二月六日の事件は取るに足らない出来事ではなかった。政治の世界に劇的な要素がもたらされたことから、フランスはその神話と分裂に囚われることとなった。これ以前の政治危機には建設的な効果があったが、この危機は集団心理のうちに内戦の脅威を植え付けた。「中道」により長く統治されてきた非常に穏健な国にあって、やがて「ファシズム」と「共産主義」のみが響くようになるのである。この両極の勢力伸長、この安心感を与える二極分化から、情念の高まりと人民戦線の勝利が生まれてくる。フランスの半分が、もう一方の半分と対立したのである。それは、ときにはよい結果（社会諸法）を生んだが、悪い結果（宗教戦争の神話）ももたらした。これは、二月六日によって明るみに出た事実に対する、短期的かつ不安定な解決策だった。その事実とは、左派各党派が第一次大戦終結以来、協力して政権を担当できなかったこと、そして左派に代わって政権を担当する準備が右派にできていなかったことである。

第6章　一九四〇年七月一〇日

一九四〇年七月一〇日は、何よりもまず象徴的な日付として記録されなければならない。この日は、第三共和制の死を引き起こした日であるよりは、むしろその死を確固たるものにした日だった。この日、ヴィシーに招集された両院合同会議は、ペタン元帥への全権委任を決議することで、議会制民主主義の弔鐘を鳴らしたのである。実際には、六月二二日に調印された休戦協定により確定した軍事的敗北は、体制が崩壊する必要かつ十分な原因となった。ナポレオン以来、フランスではいかなる政治権力も、敗戦に生き延びることはできないかのようだった。ワーテルローからスダンまで、いかなる正統な体制も、軍の不幸な運命に抗うことはできなかった。また、一九四〇年の危機の起源は、まず部隊の敗走の原因のうちに求めるべきかもしれない。この点については、さまざまな言説、評論、議論が行なわれてきた。個人の回想、委員会による調査、敗者もしくは二重の敗者——一九四〇年の敗者と、フランス解放の敗者——の裁判からは、弁論、後日の解説、相矛盾した分析といったものが滝のように流れ出て、いまもなお一人ひとりがその意見から適当と思うものを選択し、揺るぎない確信を持つに至っている。一九四〇年の大敗北は、ある程度以上の年齢の人々にとっては、意見の相違を見る上で有効な話題になっている。ここでは、この論争については触れない。論争の内容は日に日に新しくなっているとはいえ、ここでの主題そのものではないからだ。このテーマについては数えきれないほどの文書が出版されているので、関心のある読者にはそちらを参照していただきたい(1)。しかも、その場合、読者はほとんど常に、敗北は非軍事的な理由によるものだと説明されていることに気づくだろう。大惨敗の土壌には、政治的かつイデオロギー的言説が花開くのである。戦争で勝利を収めるのは参謀本部であり、敗北を喫するのは政府なのである。

第三共和制の崩壊を説明する方法の一つは、この軍事的敗北から出発して、帰納法を用いてより直接的でない原因を突き止め、最後にはジョルジュ・ベルナノスが「大転倒」と呼んだものの源泉となる思想に行き当たることだ。政治危機を取り扱う本書においては、しかしながら別の方法に従うことになる。出来事の中心にある戦争を忘れてはならないが、私はフランスが経験した政治そのものの流れを、すなわち人民戦線の瓦解から議会の責任放棄までを追っていくこととしたい。

しかしながら、第三共和制の最後の数年とその終焉を検討する前に、軍事的敗北と体制の崩壊が、一九三〇年代初頭に明らかとなったある種の有機的な分解によって不可避となっていたとする決定論については、これを明確に否定する必要がある。この政治的原因論は何度も提起され、再提示され、喧伝されてきた。取りあえずは、平時の最後の内閣――エドゥアール・ダラディエ内閣――は、一八七五年以来最も長命なものの一つだった。しかも、この内閣はフランス国民の大多数から支持されていた。この単純な事実は、慎重な分析を行なうよう呼びかけている。まだ絶命からは遠いところにある体制を、事後的に不治の病にかかっていると診断すべきではないのだ。ヒトラーの政権獲得以来、フランスの国内対立ゆえにナチス帝国主義に武力によって対抗する力が衰えたことは概ね認められるとしても、ダラディエ内閣が立て直しを図ろうとしたことは記憶にとどめておくべきであり、またナチスの野心に好意的だった忌まわしき宥和政策における英国の重大な責任も忘れてはならない。しかし、英国の議会制を問題視しようとする者はいない。英国が勝利を収めたバトル・オブ・ブリテンが、それを鮮やかに説明している。英国民のもつ強靱性と伝説的に安定した民主主義ばかりでなく、地理的条件が一定の役割を果たしたことも忘れるべきではない。それとは反対に、フランス人と英国が敗北を喫したフランスの戦いは、それだけで壊死状態にある体制の不可避的な終焉を証明できるものではない。表面上最も根拠があるように見える決定論的説明に対しても、偶発的な出来事の持つ重みを示して反論する必要がある。型にはまった考え方は、そうしたものを忘れがちな性質を持っているからだ。ある特定の人物が、ある時期にある重要な立場にあった場合、この人物はきわめて重要な結果を伴う選択を行ないうる。かかる主張は、「偉人」の活躍あるいは失敗が、世界の運命にとってアルファでありオメガであるとするプルタルコスの古めかしい歴史を想起させるかもしれない。それでも、すべてを広く考慮に入れるなら、危機を研究する歴史家は、国家の命運が何人かの人物の手中にあるときに、個人の行動が大きな影響を持つことを認識しないわけにはいかない。一例を挙げてみよう。侵略者に対して最後まで戦うことを決意していた首相のポール・レイノーは、軍最高司令官にヴェイガンを任命し、ペタン元帥を入閣させた。レイノーは、自らの考えとは正反対の見方を持つ、すなわち「危険に直面した祖国」政策を遂行するのに最も不適任な二人の軍人を最重要ポストに就けたのである。彼らが休戦協定締結を支持していることは、すぐに明らかとなった。一九四〇年春の悲劇の数週間における、レイノーの判断の誤りは、ドイツ軍の戦略的優位の説明とはならない。それに反して、レイノーの誤りは大臣たち個人の行動と同様に、七月一〇日の政治的「決着」に寄与した。体制の最後の擁護者が、墓堀人を招き入れたのは、歴史の皮肉と言うべきだろう。

反対に、クレオパトラの鼻に必要以上の重要性を認めるべきではない。第三共和制の崩壊ほど重大な事件が、ただ偶然のなせるわざであるはずはない。すべての歴史的大事件と同様に、偶然は偶然であり、起こるべきは必然的に起こるのである。格言を語ることは容易だが、現実に当てはまるとは限らないのである。

人民戦線の失敗

人民戦線は、古さと新しさを組み合わせた政治的手法だった。左派連合内閣には、前例が存在した。新たな要素は、この左派連立に再統一されたCGTと、一九三四年六月までは単独行動を取っていた共産党が加わったことである。一九三六年四月と五月の下院選挙で、主要三党は「共和主義的規律」を最大限に有利に活用した。

1　SFIOは、前回選挙から票を伸ばしたわけではないが、得票数と獲得議席数で第一党となった。党史上初めて、リーダーのレオン・ブルムが、内閣を組織することとなった。

2　急進党は支持を減らしたものの、下院で多数の議席を占めることができた。

3　共産党は大きく票を伸ばし（一九三二年選挙の得票率八％に対し、一九三六年には一五％を獲得し、議席数も一〇議席から七二議席へと躍進した）、その上、以後長期的に有利に働く労働組合の再統一も実現した。

一九三六年六月五日、レオン・ブルムは下院で過半数を大きく上回る議員の支持を得ることができた。一九三七年六月一五日にも、下院は賛成三四六票、反対二四七票で、「財政再建を行なうに必要な権限」をブルムに与えた。しかし、上院では急進党のジョゼフ・カイヨーを先頭とする議員が下院の判断に従うことを拒否し、一九三七年六月二一日に権限承認案を否決したため、これを受けてレオン・ブルムは辞表を提出した。人民戦線の最初の内閣は、一年と少ししか続かなかった。一九三六年選挙の結果生まれた左派の多数派は、それから一年も持たなかった。人民戦線の最期は、一九三八年春に位置づけられる。

無論、なぜレオン・ブルムがこれほど容易に上院の決定に従ったのかと問うてみる必要がある。法律によれば、再度下院に投票を求め、議員たちの信任を得ることが可能だったからだ。議会の両院が対立し、上院が立場を変更しなかった場合、下院が解散され、新たな総選挙によって状況が打開されたと考えられる。しかし、首相は対立を望まず、その説明を行なった。[2] 実際には、彼は一年を経て、「実験」と呼んだ行為が、社会的にも政治的にも失敗だったことを理解したのである。資本主義体制下における社会主義的「政権担当」は、こんにちであれば「社会民主主義」と呼ばれたことだろう。換言すれば、一九三五〜一九三六年の状況に鑑みて、社会党の指導者は革命の道を拒否して、フランスの経営者たちに妥協を提案したのである。それは、一方で経営者たちは新労働諸法を受け入れ、他方で労働運動は生産手段の私有と、自由経済の大原則を脅かさない、というものだった。経営者側は、一九三六年六月の大規模ストライキの波の前に譲歩を余儀なくされた。しかし、この波が去ると、経営側はマティニョン合意と六月の労働諸法の適用を妨害しようと努めた。この点について、大企業よりも労働諸法の影響を直接に受けた中小企業経営者が持っていた重みを測る必要がある。穏健左派の支持層の一部を構成した非給与所得者の中産階級を考慮に入れた分析を怠ったため、政権を担った社会党は「独立系」の人々〔公共機関や企業に属さない、自由業、個人事業主等を指す〕を基盤とする急進党の不快感と反発を招いた。人民戦線が暗黙裡に構築した階級戦線は、労働者以外では、農業従事者の一部の利害を考慮していたにすぎない。穀物類の価格保証を行なう穀物事務局の新設などが、それを示している。しかし、マルクス主義教育を受けていたために中間層や一般層を忘れがちだった人民戦線の指導者たちは、給与所得者が全労働人口の六〇%をわずかに上回る程度だったこの時代に、急進党の支持層である左派有権者に強い不満を抱かせた[3]。階級間の矛盾が左派の結束を乱し、以前からすでに見られた社会党と急進党の分裂が再現することとなった。

労働問題をめぐるこの失敗に、政治的な失敗が重なった。経営者側の反応が、当初は従順だった上院の内閣に対する姿勢を次第に硬化させた。しかしながら、政治的対立は、単に階級闘争をなぞったものではなかった。実際のところ、一九三六年の左派連合は雑多な混合体だった。構成する主要三党は、それぞれ異なる目的を追求していた。内閣発足当初から、スペイン内戦が三党間の不一致を明らかにしていた。急進党は自らが主導権を握らないこの連合の右に位置して、居心地の悪さが増していくのを感じていた。急進党員が規律を好まないのは周知の通りである。一部の議員は、早くも一九三六年に与党から離脱した。急進党下院議員の多数は内閣を支持し続けたが、上院議員はそうではなかった。ブルム内閣は、それゆえ倒れることになる。ここでもまた、左派は多数派を占めていたにもかかわらず、統治能力の欠如が証明された。その後ショータンが内閣を組織し、さらにその後を継いでブルムが二度目の政権に就いたが、三週間後の一九三八年四月一〇日にまたしても上院の壁に阻まれ、一九三八年四月一二日のダラディエ内閣成立とともに、人民戦線方式は急速に衰退した。

ダラディエの共和国（一九三八年四月～一九四〇年三月）

一部の論者は、ミュンヘン会議（一九三八年九月二九日）を、左派政党間の分断の要因だと見ている。実際には、各党間のつながりは第二次ダラディエ内閣の発足とともに断ち切られていた。ダラディエは躊躇なく、急進党中心の内閣に右派の代表を複数入閣させた。そのうちで最も知られているのがポール・レイノーである。彼は正々堂々と、断固としてレオン・ブルムと対立し、特に人民戦線の主要な実績の一つとされる週当たり労働時間四〇時間制に反対した。この内閣は、下院ではほぼ全面的な支持を得たが、支持の実態は不明瞭だった。これ以降、ダラディエの基盤となる多数派は、そのときどきの課題に応じて、構成が変化した。しかしながら、下院での審議が進むにつれて、新たな与党ブロック（急進党と右派）と野党ブロック（共産党と社会党）が形成された。この新しい与党連合の姿は、一九三八年六月一七日に、社会党および共産党の議員二四一人が、一斉に議会会期終了の政令に抗議したときから形をとり始めていた。連続した三度の議会任期において、左派が多数を占めて始まったにもかかわらず、英国の議会制民主主義の原則のように有権者の判断を問うことなく、一九二六年にポワンカレが実験的に始めた挙国一致方式が議会で優勢となった。フランスは、一八七七年以来、下院を解散しない国になったのである。もっとも、この新たな挙国一致の変種は、社会的勢力間の関係と世論から見れば、最良の組み合わせだったのかもしれない。ファシズムに妥協しない、強固な意志を持ったジャコバン派の人物が、集産主義に譲歩することなく、平均的フランス人のための政権を率いていたのだから。こうした現象の繰り返しは危ういものではなく、今回はむしろより完成度の高いものとなっていた。というのは、左派の人物が内閣を率いていたために、保守的な傾向の政権ではあっても、共和主義的正統性は疑いようがなかったからだ。

ダラディエ内閣は、最後の平時の内閣であり、そして最初の戦時の内閣だった。外から迫る危険は、日に日に増大した。不運なことに、意に反して首相は二度目の後退を余儀なくされた。この後退は、彼の名と結びつけられることになる。一九三四年二月七日の退陣に続いて、今回はチェンバレンとともにヒトラーの前で降伏したのである。実のところ、ダラディエは英首相と、自身の内閣の外相ジョルジュ・ボネの楽観論を共有していなかった。彼らは「宥和策」に「宥和策」を積み重ねて、フューラーの尽きることのない食欲をさらに刺激していた。ミュンヘン会議では、ダラディエは側近の意見と英政府の立場を踏まえて、同盟国チェコスロバキアを見捨てざるをえなかった。しかしながら、彼はやむをえず、幻想を抱くことなく「ミュンヘン派」となったのであり、九月三〇日の合意による猶予を活用して、断固たる政策を進めようと決意していた。

こうした不安定な背景の下、ますます増大する外部からの危機に直面して、ダラディエ内閣は新たな権威を示すようになる。首席補佐官のロジェ・ジェネブリエによれば、首相は「ただ一つの情念により」動かされていた。「外部からの危険に対して、国家を防衛すること…（中略）…この本質的な条件から出発して、彼の態度を説明すべきなのである[4]」。

この「態度」は、制度運用の注目すべき変化、すなわち行政府の強化に対応するものだった。この修正主義者たちの決まり文句は、こうして現実となった。憲法改正を行なおうとはせずに、ダラディエはいわば特例的な執政官としての職務を、共和主義的な救国の行為として遂行したのである[5]。こうした権力行使ゆえ、彼は攻撃にさらされ、独裁的との非難も受けた。しかしながら、当時の補欠選挙の結果を見るならば、世論は総体として、この新たな政権の在り方に同意していた。秩序、規律、そして国家の存在感が求められていたのである。行政府の強化に用いられた主たる手段は、政令（デクレ＝ロワ）を多用することだった。これは第一次大戦中に始まった方式で、一九三四年以来再び利用されるようになり、当時すでに例外ではなく一般化していた。三回にわたり、下院はダラディエに広範な権限移譲を承認した。一九三八年四月一三日、一九三八年一〇月五日および一九三九年三月一九日の法律である。最初の二つの法律は、経済と財政に関わるものだった。三つめは、「国家防衛のために必要な措置」――曖昧で、幅広いものだった――に関して、八カ月間にわたり政府権限を認めていた。この方式は、議会の役割の減少を伴っており、それは多くの人々が求めたものでもあった。政令はダラディエが考え出したものではなかったが、これほど頻繁に、そして多数の議員の安定的な支持を得てこの方式を用いた内閣はかつてなかった。首相が議員たちの支持を受けた背景には、世論が強い政権を求めていたという事情があった。

一九三九年九月一日、ドイツ軍はポーランドに侵攻した。三日、英仏は第三帝国に対し宣戦布告した。ダラディエ内閣は、一九四〇年三月二〇日まで、戦争遂行の責任を負った。内政面で言えば、この「奇妙な戦争」と呼ばれた時期の重要な出来事は、独ソ不可侵条約締結の結果としてのソ連によるポーランド侵攻後の共産党の禁止と、一九四〇年一月二〇日の共産党議員の解職決議だった。ヒトラーとスターリンの協調、共産主義インターナショナルによる反ファシズム路線の凍結は、左派の結束を瓦解させた。ソビエト外交の変化に伴い、共産党は視界から姿を消した――やがて、地下に潜伏して再生することになるのであるが。トレーズあるいはガブリエル・ペリの声を通じて、国民の共同体に復帰した幸福を表明した党にとって、これは暗鬱で苦痛を伴う一ページとなった(6)。しかも、この一ページは、左派がいまや極左に依存しており、その極左の「国際協調主義」的傾向はこの党の左派連合への復帰を疑わしく、信用の置けない、不確実なものにしていた。一九三九〜一九四一年の状況は、共産党の記憶においてはレジスタンスにおける英雄的に行為により隠蔽され、党員向けの歴史教育においては「脚色」されているが、PCFがソ連に従属していたことを示す重要な論拠となっている。人民戦線にせよ、その後の国民戦線にせよ、共産党との同盟は、その形態の如何を問わず、「恒常的な失敗(7)」となる危険があった。この弱点が、共産党以外の左派の内部分裂に加わり、第三共和制――そしてその後の第四共和制――の民衆的な基盤をさらに弱体化させたのである。

一方で、ダラディエ内閣は力を消耗していた。一九四〇年三月二〇日、「様子見」的な態度が批判を招いていた首相は、辞表提出に追い込まれた。

ポール・レイノーの失敗（一九四〇年三月二一日～一九四〇年六月一六日）

上院議長ジャヌネイと下院議長エリオの推薦を受け、アルベール・ルブランはダラディエの後任としてポール・レイノーを選任した。小柄で、強い意志を持ち、中道右派でリベラルなこの人物は、型にはまった考え方を批判する明敏さでしばしば注目を集めていた。与党のオーソドックスな経済・財政政策に反対して、一九三四年にフラン切り下げを支持した彼は、その翌年、陸軍大学の公式見解に反対して機動戦を唱えたド・ゴール大佐の理論を支持した。人民戦線の下で、彼は週当たり労働四〇時間法を厳しく批判したが、それはドイツによるオーストリア併合時に、社会党を含む挙国一致内閣の樹立を提唱することを妨げなかった。レオン・ブルムが国民一致方式を提案した際、彼はマンデルとケリリスら一部の右派議員とともに、この提案を支援した。このとき、彼は下院でこう述べた。「こんにちの問題を解決するには…（中略）…全会一致が必要なのです」。党派優先から抜け出せない議員たちが抗議の声を上げると、レイノーはこう反論した。

実際のところ、皆さん、私は皆さんの非寛容な態度に驚いています。平和と戦争が問題となっているこの時期に、皆さんに対して行なわれた提案を拒絶するのは大きな誤りです。私としては、そうした誤りを犯す責任を引き受けるつもりはありません。

ダラディエ内閣で法相、次いで財務相を務めた彼は、一九三八年一一月一二日に一連の政令を首相に署名させ、軍備強化の障害となっていた週四〇時間制の緩和措置を取ったため、CGTが一一月三〇日に実施したゼネストに対処しなければならなかった。このゼネストは、失敗に終わった。彼の経済・財政再建への努力は、出生率向上のための措置も伴っていたが、これは一九三九年に制定される家族法の先駆けとなるもので、人口学者アルフレッド・ソヴィーの意見に基づいていた。これらは、彼が自慢してもよい成果だった。しかし、型にはまらないこの人物が、その知性で議員たちに強烈な印象を与え、彼らを沈黙させることができたとしても、彼は常に自らの信念を行動に移せたわけではない。社交を好む性質から、彼の取り巻きには彼の決意を共有しない人々が見られるようになった。この点について大きく取り上げられたのが——特に、ジャーナリストのペルティナックスによって——、彼に不幸な政治的影響を与えたとされるエレーヌ・ド・ポルトの件である。いずれにしても、一九四〇年三月にポール・レイノーが僅差で信任を得て（信任票二六八は過半数を一票上回るにすぎず、反対票が一五六、棄権一一一だった）首相となったのは、軍の士気を低下させる様子見の姿勢に終止符を打つためだった。先手を取ることが必要だった。彼は「好戦派」と呼ばれる、徹底的に戦うべきだと考えるグループの一員だった。彼は、ポーランドをヒトラーの思うままにさせた上、今後の戦場をどこにするのか、好きに選ばせるわけにはいかないと考えていた。

レイノーは、意に反して、ダラディエを国防・陸軍大臣のポストから外すことができなかった。これが、急進党の支持を受けるための条件だったからだ。新首相は、新たな神聖同盟の形成を望んでいた。社会党、中でもレオン・ブルムは、支援を惜しまなかった。何人もの社会党員が、レイノー内閣に加わった。しかしながら、この事実が右派と中道派の反発を招き、戦争遂行に熱心であるために自陣営からすでに受けていた反発は離反へと発展した。三月二二日、レイノーは下院の演壇で短い演説を行なったが、その内容に協力者であり、やがてレイノー内閣の一員となるシャルル・ド・ゴールの説がすでに反映されているのが読み取れる。

フランスは、全面戦争に突入しました。

強力で、組織化され、断固たる決意を持った敵が、人間のあらゆる活動を戦争の手段とし、勝利を得るために結集させているのです。

ソビエトの裏切りに助けられて、敵は戦いをすべての分野に拡大し、壮大にして忌まわしいある種の破壊の才能とも言うべきものを用いて、攻撃をしかけています。

この事実によって、すべてがこの全面戦争にかかっていることがわかるのです。

勝利を得れば、すべてを救うことができます。敗北すれば、すべてが失われます。

皆さん、国民感情を代弁する議会はこの恐るべき現実のすべてを評価してきました。また、議会の信任を求める内閣は、これから申し上げること以外には存在意義がなく、またそれ以外の何を求めるものでもありません。

フランスのあらゆるエネルギーを、戦いと勝利に向けて呼び覚まし、結束させ、方向づけること、そしていずこから来るものであれ、背信行為を打倒することです。

皆さんの信頼と支援をいただき、我々はこの責務を果たしていく所存です。

もしさらなる励ましが必要であれば、我々は祖国と植民地帝国の強大な力を信じるべきです。わが国民の持つ勇気、わが労働者と農民の働き、わが軍の実力、わが兵士たちの情熱、彼らの指揮官の能力について語るべきです。最後に、我々は永遠のフランスの精髄に思いをいたすべきなのです。

この三月二一日の情景は、フランスの記憶に深く刻まれるものではなかった。この情景は凡庸であり、ときとして貧相なものだった。内閣の構成に批判が浴びせられた。特定の大臣個人に対する非難があった。ある右派議員——フェルナン・ローラン——は、社会党のジョルジュ・モネ（経済封鎖担当大臣）が、八年前の社会主義インターナショナル大会で、平和主義的な決議案に署名したとして批判した。この内閣は国民一致内閣であるよりは左派内閣だとする攻撃があった。レイノーが社会党と謀って、政権を手に入れたとの示唆があった。レオン・ブルムの演説が、議論のレベルを引き上げた。どうして、社会党は求められた協力を拒否しえただろうか。

社会党は、義務を果たすこと、そして実行を望んで、そのためにこの二年間努力してきたことのみを考えて行動したのです。それは、生命のエネルギーのすべて、この国のすべての共和主義勢力を結集させることです。

最終的に、内閣への信任を問う議案は、絶対多数を一票上回る形で採択された。戦争のさなかで、下院は戦い抜こうとの決意を持った新首相とともに、外敵からの脅威を前にして当然と思われる祖国愛に基づいた結束すら、示すことができなかった。少なくともポール・レイノーの決意が、議員の圧倒的な支持の代用になるものだろうか。上院議長ジュール・ジャヌネイは、次のように書いた。

重要なのは…（中略）…戦争遂行におけるエネルギーの高まりが、早期に明確化されることだ。(8)

待たれていた作戦行動の舞台には、スカンディナヴィアが選ばれた。レイノーはスウェーデン産の鉄鉱石のドイツへの輸出ルートを遮断すべく、英国を説得して共同の遠征軍派遣を実現した。しかし、ドイツは先手を打って、デンマークとノルウェーを占領した。結局、連合軍はナルヴィクを攻略するが、このときすでに五月二七日になっていた。フランスでの戦いのために、遠征軍はその四日後に、帰還を余儀なくされた。

実際、五月一〇日にドイツ軍は侵攻作戦を開始していた。仏英軍の主力部隊はより北側のベルギー領内に進入していたが、ヒトラーはマンシュタイン計画を実行に移し、主力部隊を連合軍部隊の配置の中間に当たるアルデンヌ地方――一九三四年にペタンが語ったように、リスクのない地域だと見なされていた――に投入した。その後の数日間で、最高司令部の無能ぶりが明らかとなった。以前から、レイノーはダラディエと陸軍最高司令官ガムラン――この二人は同じ見方をしていた――と見解の相違があった。ノルウェーでの作戦をめぐる事情から、彼らの対立は決定的となった。自らの意見を通すことができないと見ると、首相は五月九日、辞表を提出した――その翌日、ドイツ軍の侵攻開始を受けて、彼は辞任を撤回した。共和国同盟総裁のルイ・マランと、右派議員ジャン・イバルネガライが国務大臣に就任した。遅きに失したとはいえ、このとき社会党と保守派の連立が実現した。敵の侵入を許し、パンツァー戦車がパリに接近する中、ロッテルダム陥落の報に接すると、下院はようやく気力を取り戻した。五月一六日、レイノーが次のように演説すると、議員たちは喝采でこれを迎えた。

我々は直ちに、新たな魂を鍛え上げなくてはなりません。我々は希望に満ちあふれています。我々の生命は問題ではありません。重要なのはただ一つ、フランスを守ることです。

その三日後、ドイツ軍が戦車部隊とシュトゥーカ急降下爆撃機を用いて快進撃を続けると、レイノーにガムランを解任できる状況が訪れた。彼はベイルートで中東駐留軍司令官の任にあったヴェイガンを呼び戻し、ガムランの後任とした。これに加えて、彼は駐スペイン大使としてマドリードにいたペタン元帥を呼び戻し、副首相に任命した。この機を捉え、レイノーは内閣改造を行なった。彼は、かつてクレマンソーの部下だった植民地大臣ジョルジュ・マンデルを内相に起用し、また自ら国防相を兼務した。ダラディエは、外相に横滑りした。その後に起きた事実を知る立場としては、なぜカルノーのように振る舞おうとしたレイノー（ド・ゴール大佐は、「この戦争で偉大な役割を果たす人物は、カルノーになるか、何にもならないかのいずれかです」とレイノーに語った）が、ペタンとヴェイガンを起用したのか、自問しないわけにはいかない。レイノーは、『回想録』で次のように説明した。

第一次大戦の著名な指揮官で生き残っているのは、二人だけだった。「ヴェルダンの勝者」ペタンと、「フォッシュの右腕」ヴェイガンである。彼らだけが、軍の士気を立て直すために必要な名声を持ち合わせていたのである。(9)

実際、「老指揮官の復帰」という心理作戦は、短期的には功を奏した。任命の翌日、新聞は歓喜した。ル・ジュール紙は次のように叫んだ。

ペタン！　この二音節は前線で、戦いのさなかに、思いがけない援軍の知らせのように響いたのだ。

「栄誉あるヴェルダンの勝者」の復帰を受けて、各紙が称賛の声を上げる中、ロルドル紙はこう書いた。

私は、ベルリンでは誰もがヴェイガンの名を口にし、人々が大きな不安を抱いているものと確信している。実際、これは敗北の名前、降伏の名前ではない。彼は、決定的なときに指揮を執ることになったのである。

残念ながら、不幸な星の並び具合ゆえに、二人の「名声」のある第一次大戦の生き残りは、間もなく不安の種をまく人々や敗北主義者たちにまたとない機会を提供した。レイノーはこの二人の著名な生き残りが、やがて休戦派の代表選手となると予想できただろうか。陸軍大学の型にはまった考え方に抗してド・ゴール大佐が組み立てた理論を支持した彼が、自らの選択の妥当性に疑問を持つことはなかったのだろうか。確かに、ド・ゴールは六月五日に彼の内閣に加入するが、それは陸軍担当閣外相というささやかなポストを得てのことだった。それにしても、ポール・レイノーの切れ長の目の前で、この二人が共存したのは、奇妙な風景だと言わざるをえない。ペタン！　ド・ゴール！　この二人は、この後四年にわたり、対立する政治路線を体現することになる。一方は、国民革命の幻影の中に閉じこもった「フランス国」を。他方は、もし「フランス国」が存在しなかったならば、すべての希望を集めたであろう自由フランスを。元帥とその部下は、長くはレイノー内閣で席を並べることはなかった。というのは、レイノーは六月一六日に辞表を提出することになるからである。

レイノーの辞任は、体制のその後に対して大きな影響を持つこととなった。その非常に重大なコンテクストを、よく理解する必要がある。その数日前から、パリの南側と西側の道路は、ドイツ軍から逃れようとする何百万の人々で埋められていた。この集団移動の光景は、悲痛なものだった。給油所を求める自家用車、バス、荷車、自転車、手押し車、徒歩の人々、これらが皆大量の役に立たない日用品などの荷物を運び、絶望的に遅い速度で、どこにあるとも知れない避難所を求めて進んでいた。軍部隊の行動を妨げ、ドイツ軍機から銃撃を受け、警報が鳴ると溝あるいは森に身を隠し、通過した村では、まだ開いている最後のパン屋に押し寄せ、不安を感じながら夜を過ごせる建物を探し求める人々の波は、権威も計画も未来も失った政府から見捨てられてパニックに陥った避難者の姿をさらけ出していた。政府は、行政機関の一部に南に向けて退避するよう指示していた。北フランスの県では、多数の住民が集団となって大移動を開始したが、それはベルギー住民の動きに影響されてのことだった。次いで、パリ地方の住民も、あらゆる手段を用いて住居を後にしようとした。雪だるま式に肥大化した逃避者たちは、最も固い決意を持っていた人々にも強烈な印象を与えた。六月一〇日、エリゼ宮で開催された最後の閣議の終了直前に、政府はトゥレーヌ地方への退避を決定した。防衛が不可能で、首都の機能を果たさなくなったパリの住民のおよそ四分の三が、この都市を離れた。[10]

軍事情勢が一層不利になったため、レイノーはまたしても最高司令官の交代を考えた。彼はド・ゴールをウンツィジェ将軍の元に急遽差し向けて、ヴェイガンと交代するよう要請したが、ウンツィジェの拒否にあった。そこで首相は「レデュイ・ブルトン」案〔半島であるブルターニュ地方に退避し、ここを根拠地として戦いを継続するとの案〕を提示した。ブルターニュ地方を基地として、英国との連携を保ちつつ反転攻勢に出る、というのである。しかし、戦いを継続するとの彼の意志は、ペタンとヴェイガンの提案と衝突する。その提案とは、ドイツに休戦協定締結を求める、というものだった。これについては、六月一二日にトゥレーヌ地方カンジェにおける閣議で議論が交わされた。「二人の偉大な指揮官」の意見に従うことを頑として拒否するポール・レイノーは、フランスと英国が一九四〇年三月二八日に交わした協定を持ち出した。この日、ロンドンで開かれた最高軍事委員会で、フランスと英国は同盟国として、「両国合意の上でなければ、いかなる交渉も行なわず、休戦協定も平和条約も締結しない」と約束したのだった。首相はまた、まだ無傷の軍事力が残っており、これがフランスに将来の展望を与えると主張した。それは海軍と植民地帝国であり、彼はここでまた「レデュイ・ブルトン」についても主張を述べた。この閣僚たちの議論で、出席者の多数はレイノーの粘り強さを支持して、休戦協定締結の要求に反対した。翌六月一三日、カンジェでは議論が続けられた。大臣の多数の支持を得たことで勢いづいたレイノーは、ラジオで次のように発言してもよいと判断した。

我々はパリの前面で戦い、地方にとじこもり、もしそこから追われたならば北アフリカに向かい、必要とあれば米州の領土にまでも向かうでしょう。

六月一四日、ドイツ軍はパリに入城した。同じ日、ポール・レイノーはド・ゴール将軍をロンドンに派遣した。閣内で、一部の大臣がドイツと個別に交渉すべきだと主張し始める中、英国との同盟を最大限に強化すべく、チャーチルの支持を得ることがその目的だった。この間、政府はボルドーに退避した。六月一五日、エリオとジャヌネイとの会談で、レイノーは「内閣の弱体ぶり」と、一部の閣僚――ポマレ、フロサール、ペルノ、ボードワン、ブティリエ――の敗北主義を嘆いた。しかし、彼らを選んだのは誰だったのか。いずれにせよ、両議長は政府を北アフリカに移転させ、英国とともに戦いを継続するとのレイノーの考えを支持すると約束した。一方で、ペタンとヴェイガンは、新たに加わったダルラン提督を含め、休戦派を結集させた。したがって六月一五日、ボルドーでの最初の閣議では、二つの立場が対立することとなった。一つは「名声ある指揮官」たちの、休戦を求める以外に方法はないとする見方。もう一つはレイノーの見解で、停戦で十分だというもので、純粋に軍事的な降伏だったが、これであれば異なる手段を用いての戦争継続は妨げられなかった。ペタンとヴェイガンは、「軍の名誉」を前面に押し立てた。彼らには、降伏などという屈辱は受け入れられなかった。そして彼らが名誉というとき、その裏には政治的な思惑があった。休戦は政治的な行為であり、責任を問われるのは政府、そしてその背後にある体制である。秩序が回復したとき最大の希望となる軍は、いかなる汚点とも無縁となり、反対に議会と「フリーメーソン」の腐敗の被害者だと見られるようになるはずだった。戦いの継続を決意していたレイノーは、つい先ごろオランダ女王がそうしたように、軍事的な降伏によって政府の自由な立場を確保しようと考えていた。しかし、策略が彼を取り囲んでいた。エレーヌ・ド・ポルトは、友人で休戦派のボードワンの意見をレイノーに吹き込んだ。敗北主義者の陣営では、英国が抵抗を続けると考える者は一人もなかった。フランスでの戦いに敗れた以上、もはや彼らの確信を揺るがすものは何もなかった。戦争は終わったのだ。六月一三日、ペタンはトゥールで、明快に休戦を主張した。原則的には、まだ閣僚の過半の支持を得ていたレイノーはペタンを解任することができた。彼にそれだけの力があっただろうか。よく言われたのは、「彼の意見は、行動よりもはるかに揺るぎないものだった。なぜなら、彼の性格は、彼の思想と合致していなかったからだ」[11]とする説である。いまや全力を挙げて休戦協定締結のために闘う二人の財務監察官、ブティリエとボードワンを、彼はなぜ入閣させたのだろうか。取り巻きの人々の影響力、社交界での交流、特権階級意識が、彼の国家指導者としての目を曇らせたのである。

六月一五日、副首相ショータンは妥協案を提示した。最終的な判断を下すには、ドイツが求める休戦条件を知る必要がある、というのである。この提案は、実は休戦協定締結の要請そのものをカモフラージュするものだった。これは閣内の多数の大臣を動揺させ、提案に賛成させることに成功した。ポール・レイノーは、躊躇せず反対を唱えた。翌六月一六日のボルドーでの閣議で、首相は大臣たちを再び自分の側に付けるための新兵器を用意した。ド・ゴールが、ロンドンからの電話で、画期的で、かつ全員の士気を高めることになるはずのニュースをもたらした。チャーチルと英国政府は、英仏両国の統一を提案したのである。

近代世界の運命が決まろうとしているいま、フランス共和国と連合王国の両政府は、人間の生命を機械と奴隷のそれに貶めようとする体制への隷属に反対し、自由を守り続けるための揺るぎない決意をもって、次の通り宣言する。

本日以降、フランスと英国は二つの国家ではなく、一つの不可分の国家となった。

その後には、具体的な条件が列挙された。「統一の実現」の必要性、二重の市民権、「作戦指導の上で最も適切な場所に置かれる」単一の戦争遂行内閣、二つの議会の結合、最高司令部の統一……提案文書は、次のように結ばれていた。

この連合、この統一は、どこで戦いがあろうとも、すべてのエネルギーを集中して敵と戦うことになる。

ヒトラーに対抗して、仏英を完全に連帯させるとするこの案は、熱狂を呼び起こすどころか、閣僚たちから冷淡に迎えられた。カミーユ・ショータンは、英国にはフランスを属国にしようとする隠された意図があるのではないかとさえ語った。結局、また振り出しに戻った。再び、ショータンの提案が取り上げられた。閣内の少数の支持しか得られていないと考えたレイノーは、閣議を一時中断して、大統領の意見を聞くことにした。

ここで、ポール・レイノー、アルベール・ルブラン、そして両院議長との間で、きわめて重大な議論が行なわれた。この四者会談には、複数のヴァージョンがある。[12] 出席者がそれぞれに、後にその様子を語ったからである。レイノーから見ると、「大統領は正反対の二つの政策のいずれかを選択しなければならなかった」。レイノー自身は、これまで拒否し続けてきた政策を実行するために現在のポストにとどまる意思はなかった。しかし、ルブランはより多数の者の意見に従った上で、職務にとどまるよう彼に求めた。これは多数決を基礎とする議会の方式を採用したものだったが、閣議では投票は行なわないのが通例だった。ルブランは、「投票結果に従って」判断すると述べた。もしもレイノーが多数派に従おうとしないのなら、レイノーを交代させなくてはならない。その場合、レイノーとは反対の政策を最大限の威厳をもって主張するペタン以外に、誰が代わりになりえるだろうか。しかも、ルブランが書いたところによれば、「後任者として、私にペタンを任命するよう助言したのはレイノーだった」。この点について、事実は判然としない。どうやら取り違えがあったようだからだ。ポール・レイノーばかりか、エドゥアール・エリオも、ルブランの説を否定した。[13] 現職首相も、両院議長も、ペタンの首相就任を支持しなかった。いずれにしても、大統領は議会のルールと言えるものを適用し、その結果レイノーに反対する野党の指導者であり、閣内多数派の代表となったペタンを次期首相に指名するに至ったのである。それでも、レイノーが異議を申し立てず、なされるがままになったことについては疑問が残る。このあからさまな諦念の態度は、二通りに説明することができよう。一つは、首相が神経的に疲れ切っていたとする説である。何人もの証人が、過酷な数日間を過ごした後で、彼は無気力状態に陥っていたと述べている[14]。レイノーは自分の態度を合理的に説明するため、大臣の多数が自分に反対している中で職務を継続することは不可能だったと証明しようとしたが、そのとき彼は多数派が支持したのはショータン提案であり、休戦協定締結の可否そのものが問題ではなかったことを言い忘れていた。ポール・レイノーが強気でいたならば、アルベール・ルブランを刺激して、戦争継続派に有利な内閣改造に踏み切らせた可能性がある。ドイツ軍の侵攻以来、あらゆる責任を背負うことになった彼が肉体的に消耗していたことに加えて、レイノーとルブランが議会の論理という同じ土俵に乗ってしまい、それによってペタンの指名が正当化されたという事実があった。ドイツの求める休戦条件が明らかになれば、それがフランスとしては受け入れ不可能なものであることが判明するだろう。「傷口」から「膿」が出て、ペタンという障害は除去され、戦いの継続の必要性が誰からも理解されるだろう。そうすれば、ポール・レイノーは、祖国を救済できる最後の人物として再登場することになるだろう。この二種類の説明は、両立できないものではない。レイノーは疲労困憊していたために、ペタンに休戦協定締結は不可能であることの証明をさせようとした、と言える。すなわち、体力の減退に戦術上のミスが重なったのである。ここでも、セーヌの河岸で公務員給与予算を審議しているかのように、議会政治の習性が顔を出していたのだった。カミーユ・シヨータンの工作は、完全に成功を収めた。敵の出方を見るとの口実の下、まだ強硬路線支持が多数を占めていた内閣の大勢を覆し、ポール・レイノーの辞任を引き起こし、ペタン独裁体制の基盤を作ったのである。

休戦協定

レイノーが辞任するとすぐ、アルベール・ルブランはペタン元帥を後任に指名した。ペタンは財布の中からすでに準備してあった閣僚名簿を取り出し、大統領に提出した。徹底した平和主義者として知られていた社会党のポール・フォール、さらにピエール・ラヴァルを排除するといういくらかの変更を加えた上で、ペタンは外見上、挙国一致内閣を率いることとなった。閣内には、急進党、社会党、保守派の閣僚がいたが、彼らの共通項は、星つき〔軍の将官を指す〕三人組のペタン、ヴェイガン、ダルランの指導の下で、休戦協定締結を希望していることだった。カミーユ・ショータンは、副首相兼国務大臣にとどまった。ショータンの妥協案を巧みに支持したボードワンとブティリエは、いずれも有力閣僚となり、前者は外務大臣、後者は財務大臣に就任した。

六月一六日に開かれた初閣議では、ショータン提案が一人の例外もなく、全会一致で承認された。フランス駐在のスペイン大使を通じて、「休戦」を行なうべく「ドイツが提案する和平〔ママ〕の条件」の照会が行なわれた。並行して、ヴァチカン経由でイタリア側の休戦条件が提示されるよう、教皇庁大使に要請した。六月一六日に開始された敵国とのこうした接触は、二二日には休戦協定締結に結びつき、協定が二五日に発効した。そして、政権の座に就くとすぐ、ペタン元帥は戦争がすでに終結したかに振る舞った。六月一七日、新首相はラジオ演説で次のように述べた。「心を締めつけられる思いで、私はいまや、戦闘を停止しなければならないと申し上げます」。早急に休戦協定を結ぼうと考えているとしても、これは政府指導者として、勝者との交渉を始める上で最良のやり方だとは言えなかった。これはまた一種の戦闘停止の命令であり、正式の戦闘停止までは侵略者に完全な行動の自由を与えるものでもあった。このため、ヴェイガンは元帥の失言を訂正し、公に戦闘の継続を求めなければならなかった。一九四〇年六月の戦時下のフランスは、一八七〇年秋の戦時下のフランスと同じように、戦闘の停止を望む軍人によって統治されていた。かつてはトロシュ将軍〔一八七〇年九月、普仏戦争でナポレオン三世が敵の捕虜となった後、国防政府の主席に就任。プロイセンとの戦争継続を主張しつつも、実際には降伏に傾いていた〕に耐え、今回はペタンだった。それでも、一八七〇年のフランスにとって幸運だったのはガンベッタの存在である。空を飛ぶことは可能だったが、もはや気球の時代ではなかった〔国防政府の陸軍大臣ガンベッタは、プロイセン軍に包囲されたパリから気球で脱出し、国土防衛を組織すべくトゥールに向かった〕。前日、ロンドンから英軍機で帰国していたド・ゴール将軍は、スピアーズ将軍〔英陸軍軍人。チャーチルよりフランス政府との連絡要員に任名された〕と副官のクルセル中尉とともに、同じ飛行機に乗ってボルドーを離れてロンドンに向かった。ポール・レイノーは辞任する前に、機密費より一〇万フランをド・ゴールに手渡していた。このささやかな軍資金を手にして、最近准将に昇進したばかりの閣外相は、「フランスの抵抗の炎」を再び灯すべく出発した。チャーチルの支援の下、ド・ゴールは六月一八日に、最初の「フランス国民への呼びかけ」を行なう。その中で、彼は「フランスは孤立してはいない」、「敗北」は「決定的ではない」として、可能な者は自分に合流するように、と呼びかけた。

六月一八日には、もはやすべてが可能ではなかったが、最終的に何かが決まったわけでもなかった。休戦協定締結に先立つこの悲劇的な数日間に、あきらめるのか、それとも本土以外の場所で戦争を継続するのかという選択肢がまだ残っていた。ペタンは、前者を選択する人々のみで構成された内閣を率いていたが、彼には国家の要職にある他の人物たちを考慮に入れる必要があった。大統領と、国民が選んだ議員の代表の両院議長である。実際、ドイツ側の回答を待つ間、何としても休戦を求める勢力と、せめて侵略者の手の届かない場所に共和国の代表者を置こうとする人々の間でのせめぎ合いがボルドーで行なわれた。六月一八日に、ジャヌネイとエリオは、文民の行政機構が独立を保てる措置を取るようペタンに迫った。一方で、アルベール・ルブランは、六月二〇日に、閣議の場で内閣が敵の捕虜となる事態だけは避けるよう説得した。そこで決まったのが、ペルピニャンへの退避である。内閣の一部が、カミーユ・ショータンをトップとしてアルジェに移転することも検討された。元帥はと言えば、彼は絶対に本土を離れないと明言した。そこから始まった「出発派」と「残留派」の闘争が、舞台裏で繰り広げられた。出発を阻止しようとする策謀の中で、その力量を示したのがピエール・ラヴァルである。彼は外務大臣ポストを希望していたが、ペタン内閣には招かれずにいた。それでも、彼はボルドーにやって来た国会議員たちを敗北主義者たちの仲間に入れるべく、社交の手腕を発揮した。軍事的敗北により、彼は一層自信をつけた。彼は敗北を予想したではないか。彼は、当初よりこの戦争に反対していたではないか。彼の洞察力、賢明さ、才能が認められるべきだった。

彼の目には、もはや戦争のページはめくられたと映っていた。彼にとって英国は軽蔑の対象でしかなく、ヒトラーに勝てるとはまったく考えられなかった。やや雑に「ボルドー・コミューン」と呼ばれたこの暗鬱かつ決定的な日々に、ラヴァルは現実主義の名において、将来の国家的対独協力の政策を構想していた。同じ考え方を持つボルドー市長アドリアン・マルケの協力を得て、ラヴァルは議会政治を熟知していることを活用し、「馬喰」の手練手管を用いて亡命政府の形成を遅らせ、さらには妨害したのである。

六月一八日以来、海軍司令部は国会議員用に客船マッシリア号を準備し、ジロンド河の河口にあるヴェルドン港に停泊させていた。エリオは港まで荷物を運ばせ、一方でアルベール・ルブランはペルピニャンに向けて出発しようとしていた。しかしながら、閣外相ラファエル・アリベールが偽造文書まで作成した時間稼ぎの工作がこのとき行なわれ[15]、二一日に、ルブランはまだボルドーにとどまっていた。この日、彼はラヴァルを先頭とする議員団の訪問を受け、逆上したラヴァルから本土を離れないよう命じられたのである。最終的に、策略、脅迫と威嚇の一日の後、政治工作の場となったボルドーで、政府の出発延期が決定した。六月二一日午後一時半に出港したマッシリア号は、下院議員二六名と上院議員一名を乗せてモロッコに向かった[16]。

ヒトラーにとっては満足すべき結果だった。彼に対抗して、英国とともに戦いを継続する亡命政権の樹立が避けられたからだ。彼がフランス側に比較的緩やかな休戦条件を示したのも、亡命政権の樹立を阻止するためだった。六月一〇日に対仏参戦して以来、いかなる軍事的成果も上げていなかった盟友のムッソリーニは、ヒトラーによってフランスに対する要求のほとんどを取り下げさせられた。

政治的嗅覚にすぐれたヒトラーは、まだフランスの手に残っている切り札――特に海軍――を無力化するために、ペタンにフランス本土に関する外見上の主権を与え、「自由」地帯とされた地域にドイツ軍が駐留しない見かけ上の独立を認めたのだった。これは一石二鳥だった。亡命政権樹立を不可能にする一方で、現地の行政機構に「清掃」を行なわせたからだ。これは抵抗しようとする人々の意欲を削ぎ、フランスの公式機関を構築中の欧州新秩序に組み込むためには最良の方法だった。

六月二一日から二二日にかけての晩、内閣にヒトラーの要求事項が接到した。数時間に及ぶ議論の末、内閣はいくつかの修正要求を添えて、同意を告げた。六月二二日、フランス側はウンツィジェ将軍、ドイツ側はカイテル将軍を代表として、ルトンド〔第一次大戦の休戦協定が締結されたのと同じ、パリ北方の森の中〕で休戦協定が締結された。六月二四日には、イタリアとの間で休戦協定が締結された。六月二五日午前零時一五分、戦闘は停止した。

その間に、フランスと英国の関係は絶たれていた。ロンドンで、チャーチルがド・ゴールによるフランス国民委員会の創設を支援する中、ペタンは反英で知られるラヴァルとマルケの二人を入閣させた。六月二二日、チャーチルはBBCの電波で、英国が以前の同盟国に課された休戦条件を知って「苦痛」を感じ、また「驚愕」したと語った。

フランス国民が隷属させられ、同盟国に敵対して行動することを強制されるだけでなく、またフランスの大地がボルドー政府の同意の下に、同盟国を攻撃するために用いられるだけでなく、フランス植民地帝国とフランス海軍は近い将来敵の手に落ち、その目的のために利用されることになるのです。

翌六月二三日、ラジオ演説したペタンは、英首相を非難した。「チャーチル氏は、自国の利益について判断すべき立場にあります。フランスの利益について語る立場にはありません。ましてや、フランスの名誉について語るべき立場にはないのです」。そして彼は暗示的に、自らの綱領を明らかにした。

現時点において、（フランス国民は）無意味な言葉と幻想でしかない計画を口にするよりは、敗北を認めたほうが偉大さを示すことになります。将来に向けて、フランス国民は自らの運命が勇気と忍耐のうちにあると知っているのです。

この電波による戦いには、ド・ゴール将軍も加わり、六月二四日にＢＢＣで次のように述べた。

フランスとフランス国民は手足を縛られ、敵に引き渡されました。紙の上では降伏したとしても、数えきれないほどの男性と、女性と、若者と子供たちが、あきらめることなく、敗北を認めず、それを拒否しているのです。

ドラマは幕を閉じ、悲劇が待ち受けていた。フランスは休戦を受け入れることで、対外戦争から生まれた内戦に、国民を引き込んだのである。この残酷にして滑稽なパラドックスは、祖国防衛と国の名誉を体現するために呼び戻されたペタンやヴェイガンといった人物が、降伏という考えを提唱し、敵の要求を受け入れることで降伏を正当化し、彼らの中心的な課題〔政治的な構想〕を副次的な要素（フランスが戦いを継続すること）に対して上位に置いたところにあった。フランス中心主義の幻想の中にあった彼らは、ようやくドイツとの戦いが始まったばかりのときに戦いは終わったと確信し、ヒトラーに守られた平和の下で、夢見ていた体制を建設できると想像したのである。彼らは自らの名声を利用して、あまりにも早かった敗戦と逃避行の苦しみ、さらには政治家たちの責任放棄に動揺したフランス国民の大半を、贖い主の七つ星〔陸軍元帥が七つ星により象徴されることによる〕によって欺くことになるのである。

フランスによる継続的抵抗の保証は、いまや英国のラジオを通じてメッセージを送り続ける、ド・ゴール将軍の危うい冒険以外に存在しなくなった。一方で、二七人の国会議員が乗り込んだ国家の救命ボートは、新たに支配者となった人々が仕掛けた罠と化した。彼らはマッシリア号に乗って、六月二四日、カサブランカに到着した。議員たちは政府の命令により船内に留め置かれ、一方で想像力に富んだメディアはダルラン提督にそそのかされて——実は、提督が自らこの客船を議員たちのために用意したのだったが——、「逃亡者」たちを批判するキャンペーンを張ったのだった。この一件は、新体制を確立しようとする人々に利用された。「議会の不名誉」を宣伝するために使われたのである。また同時に、ダラディエとマンデルのように、彼らの意図を妨害する恐れのある「邪魔者」の元閣僚を、モロッコにとどめる効果もあった。これらの議員の大半は、七月一〇日の投票に際して、ヴィシーに赴くことができなかった。軍により動員されていた議員四名は、脱走のかどで起訴された。その中には、ジャン・ゼーとピエール・マンデス・フランスがいた。人民戦線内閣の大臣だったジャン・ゼーは、一九四〇年一〇月に終身刑を宣告され、要塞に収監された。一九四四年にはミリスによって要塞から引き出され、殺害された。ピエール・マンデス・フランスはクレルモンの刑務所から脱走し、ロンドンに向かうことができた。彼は軍用機の操縦士として、戦闘に参加することになる。このマッシリア号の一件は、形成途上にあるペタン体制の意図と手法を物語るものだ。第三共和制の信用を失わせること、軍の司令官たちは無関係だったということにして敗戦の責任を人民戦線に負わせること、ナチズムへの警戒を呼びかけて「ミュンヘンの精神」という自殺行為に抵抗したすべての人々に復讐すること、これが元帥の下に集まり、大敗北の機会に自分たちの見解に基づいて国家を再建しようと急ぐ人々に共通した意志だった。

敗北の責任がないとされた軍人と、有能だとされた高級官僚を主体とする内閣は、「占領地域」内にあるボルドーを後にして、六月二九日に「自由」地帯と呼ばれた地域内のヴィシーに落ち着いた。ペタンの権威は、その絶頂にあった。八四歳の老人ながらピンク色の肌の元帥は、非常に元気だった。二種類の感覚が彼を動かしているように思われた。個人的権力の飽くなき希求と、成し遂げるべき任務があるとの内なる確信である。敗北は恩寵であり、復活のための機会かもしれなかった。これこそ、彼が内心考えていたことだった。老指導者は、圧倒的な人気を誇った。それは、彼が一九一四年から一九一八年にかけて勝ち取ったものだった。彼は、人命を大切にする偉大な愛国者と見なされていた。彼は常に防衛的な戦略を唱えていたから、この点で左派の好意を得ていた。一方で、ド・ゴール大佐は、機械化部隊と職業的軍隊という主張ゆえに、「共和派」からは危険な人物と見られた。休戦協定締結時には、安寧を保証し、降伏のときに必要とされる人物として尊敬すべきペタンに、あらゆる人々が目を向けた。しかし、フランスのために「わが身を捧げ」たからといって、この老人にはすべての行動をフランス国民の保護のために費やす意図はまったくなかった。彼は過去の過ちを修正し、敗北の真の原因、換言すれば機能不全の政治制度を除去しようとしていたのである。

ペタンが毎日のように非難の対象としたこの体制において、彼は実際には高官としての位置を占めてきていた。ドゥーメルグ内閣で陸軍大臣を務めた彼は、後継のフランダン内閣で留任を要請されたが、次のように述べて辞退した。「私が、今後内閣の一員となることは決してありません」。それでも、この発言は彼が一九三五年六月に、ごく短命だったブイソン内閣の無任所国務相となることを妨げはしなかった。軍事高等評議会副議長、陸軍監察総監、そしてドゥーメルグ内閣の閣僚を務めた後は議決権を持つ国防高等評議会委員に就任し、一九三九年三月以来フランコ将軍支配下のスペイン駐在特命全権大使のポストにあり、一九二九年からはアカデミー・フランセーズ会員となった彼は、ヒトラーがもたらす危険に対するフランスの戦略を準備した、もしくは準備しなかったこの体制のエリート層の一員だった。いずれにしても、ペタンには新秩序を構築すべきだとの考えがあった。それを実現するために彼が頼みとする人々もいた。数えきれないほどの支持者、熱心すぎるアドヴァイザー、復讐を求める無職の人々がヴィシーに駆けつけ、役所の事務所として徴用されていないホテルの部屋を奪い合い、人口過剰となったホテルにかろうじて居場所を見つけていた。六月一七日から七月一一日の間に、元帥は五回の演説を行なった。それは、フランス国と呼ばれるようになる国家の基本的な方向性を示すものだった。フランス国民は、一八七一年の敗北後にルナンが「知的にして道徳的な再生」と呼んだものに招かれたのである。「享楽の精神」が、諸悪の根源だった。いまや、「犠牲的精神」が求められるときが来ていた。

次の段階は、新たな体制を作ろうとしている権力を、法的に定義することだった。一九四〇年六月末には、ペタンはまだ第三共和制の首相でしかなかった。彼自身は、恐らくこの現状に満足していたのではないかと思われる。しかし、彼の取り巻きは——特に、ラファエル・アリベール——、議会政治の側からの反撃を未然に防ぐべく、新秩序に法的な基盤を与えることを希望していた。この困難な仕事は、ピエール・ラヴァルに任された。国会議員たちに、彼ら自身の権限を無効にさせ、ただ一人の指導者に新憲法を制定する権限を付与する法律を採択させる、という任務である。ラヴァルの工作により、上下両院は七月二日、ヴィシーに招集された。

ブルボネ地方の湯治場〔ヴィシーを指す〕は、上院議員、下院議員、仕事がなくなった軍人、権力者から何かを引き出そうと求めるあらゆる種類の人々、役所の控室にたむろする人々、さらにはファム・ファタールであふれかえり、予想外にして茶番めいた最終幕の舞台となった。ペタン、ラヴァルと外務省はホテル・デュ・パルクに執務室を構え、一方およそ七〇〇人の国会議員は、その大半がホテル・マジェスティックに逗留した。政治制度の将来についての意思表明を求められていた議員たちは、ヴィシーに着くとすぐに、メルス・エル＝ケビールの不幸な出来事を知ることになった。七月三日、チャーチルの命令に基づく「カタパルト」作戦により、オラン沖の基地に停泊していたフランス艦隊の一部が破壊されたのである。ルトンドでの休戦協定締結前に艦隊の英国への引き渡しをフランス側から拒否されたチャーチルは、ドイツと徹底的に戦うとの方針の下、休戦協定がフランス艦隊を凍結状態に置くとの条項を含んでいたにもかかわらず、艦隊がドイツ側の手に落ちるリスクを負うべきではないと考えた。英艦隊を指揮するソマーヴィル提督は、フランス艦隊司令官ジャンスル提督に、三つの選択肢のいずれかを選ばせるよう命じられていると告げた。ドイツに対する戦闘に参加すること、あるいは英国の港に向けて出港すること、もしくはアンティル諸島のフランス領の港に向けて出港し、到着後は艦船を武装解除し、米国の管理下に置くこと、のいずれかである。もし、「この穏便な提案」が受け入れられない場合には、ジャンスルは艦船を自沈させるべきだった。そうしないのであれば、ソマーヴィル提督はフランス艦隊が敵を強化することにならないように、しかるべき強力な措置を取る、というのだった。フランス艦隊司令官の拒否回答を受けて、ソマーヴィルは砲撃を命じた。一一隻の艦船のうち、被害を逃れてトゥーロン港に入港したのは四隻だけだった。ときを同じくして、同様の作戦がアレクサンドリアでも、カニンガム提督の指揮の下に実行された。こちらは、フランス艦隊司令官のゴドフロワ提督が、艦船を英国の管理下に置くことに同意した。フランス海軍の水兵一三〇〇人近くが死亡し、フランス艦隊の軍艦の約五分の一を海底に沈める結果となったメルス・エル＝ケビールの容赦ない決定は、いまなお議論の対象となっている(17)。ド・ゴール将軍は、この一件に関して、同盟国を厳しく批判した。彼は、『戦時回想録』にこう書いた。

英政府と英海軍司令部において、脅威に対する懸念、海軍同士の古くからのライバル意識の名残、フランスの戦いが始まって以来積み重なった不満が、ヴィシーが締結した休戦協定とも相まって頂点に達し、ときとしてあらゆる障害をも破壊するこの国民の隠された本能から、陰鬱な衝動となって爆発したのだろう。

しかしながら、フランス政治に対するメルス・エル＝ケビールの最も直接的な影響は、議会制共和国を葬り去ろうと躍起になる政治家たちの陣営を強化したことだ。ダルランは英国との戦いを継続するよう提案し、ラヴァルはいまやフランスと英国は交戦状態にあると主張した。温泉町には、激しい反英の嵐が吹いた。メルス・エル＝ケビールの後、英仏同盟の分裂は事後的に正当化された。ペタン、ヴェイガン、ラヴァルら、休戦協定締結に努めた人々の立場は強化された。その次には、計画の遂行のために、議会の最後の逡巡にとどめを刺さねばならなかった。それはすなわち、共和国を打倒することである。

救世主的人物

一九四〇年七月に、主役を演じたのはピエール・ラヴァルだった。彼はいたるところに出没し、姿が見えないときはさらに脅威を感じさせた。救世主的人物であるペタンは威厳を保つべく、細かな工作などには関与せず、発言を控えて本質的な事項についてのみ語るようにした。彼は、周囲で起きている低次元の謀略には無関心で、怪しげな取引、詐欺めいた策略、陰謀を軽蔑していた。救世主的人物としては、そうした態度を取ることが求められたが、それでも彼は神の恩寵に頼るだけではなく、裏工作を引き受ける品のない汚れ役の人間も必要としていた。ラヴァルは、そのうちの一人だった。ヴァンサン・オーリオルは、ラヴァルはすべてが黒かった（髪の毛も、目も、魂も……）と言っていた――いつも締めている純白のネクタイを除いては。顔つきは上品とは言えなかったが、それでもラヴァルは相手を無関心ではいさせない人物だった。一九四五年八月二二日、ベルナノスはコンバ紙にこう書いた。

ヴェイガン将軍は、ラヴァルをオーヴェルニュの石炭商人だと見ていたのだろうが、彼を含めた「大転倒」の将軍たちが明らかにありふれた将軍だったのに対して、ラヴァルは並の石炭商人ではなかった。いかなる時代においても、いかなる体制下でも、ラヴァルは冒険家だっただろう。リスクを取る、一人ぼっちの人間だっただろう。

生まれ故郷のシャテルドンを後にして、彼は自分の力だけで出世した。まず弁護士からやがて議員となり、権力を手に入れた。弁護士として、彼は労働団体を弁護した。オーベルヴィリェ選出下院議員、次いでこの市の市長となった彼は、一九一四年には社会主義者だった。アリスティード・ブリアンの内閣で閣外相、その後法務大臣、上院議員となり、一九三一年に首相に就任した彼はもはや左派の人間ではなかった。年を経るとともに、彼は自信満々で、術策を厭わない狡猾な政治的動物と化した。それでも、彼には一つの信念があった。平和主義である。彼は、一九三五年に二度目の首相就任を果たしたときにもかつてと同様に、戦争を阻止するための行動を妨害されたと感じていた。彼は、あらゆる手段により自分を権力から遠ざけようとし、その結果フランスに大変な災厄をもたらした人民戦線の指導者たちに復讐しなければならなかった。ペタンは、ラヴァルに対していかなる好意も抱いてはいなかった。六月一六日に組閣したとき、ヴェイガンの圧力を受けたペタンは、外務大臣就任を待望していたラヴァルを入閣させなかった。しかしながら、ペタンは議会出身で、政界の事情を熟知しているラヴァルを必要としていた。

ヴィシーで、ピエール・ラヴァルは賭けに出た。彼には、ペタンにプレッシャーをかける手立てがあった。議会を悔悛させることである。彼らの持つ全権限を元帥に委ねるよう、上院議員と下院議員を説得するために彼は労苦を厭わず、弁論術と、誘惑術と、過激な手段さえ惜しむことがなかった。ペタンは、火中の栗を拾った彼に感謝することになる。ラヴァルが汚れ仕事に手を染めている間、ペタンは祖国という祭壇に犠牲として差し出された高貴な国父の役を演じることができた。この役割分担には、リスクはなかった。ラヴァルが失敗しても、ペタンは国の指導者であり続けられるのである。ラヴァルが成功すれば、すべてがうまくいった。ラヴァルは成功し、ペタンは合法的に、例外的な権力を手にすることになる。第三共和制は、不必要なクーデターなしに瓦解したのである。

七月五日以降、ラヴァルは持てる能力すべてを動員して、ヴィシーに到着する議員たちの説得に当たった。疲れを知らない彼は、あらゆる技術を用いて、議員たちに説明し、脅し、機嫌を取り、甘言を弄し、幻惑し、驚かせ、騙し、ときに堂々と、ときにこせこせした態度で、激怒したかと思えば猫なで声で、ポストをちらつかせ、議員歳費を支払い続けると約束するのさえ忘れなかった。なかなか納得しない議員には、「国内の浄化作戦」を行なうべく、ヴェイガンが計画している軍事クーデターの危険について述べた。実のところ、彼はペタンのために動いていたが、ペタンもまた彼の役に立った。元帥の存在は、彼にとっての切り札だった。「ヴェルダンの勝者」はまだ批判の対象ではなく、廃墟と化した国家と大敗北を喫した国民にとって、最良の防御壁だった。七月五日、ヴィシーのカジノに集まった議員たちに、それでもラヴァルは真意を明らかにした。このしたたかな議員は、議会制共和国を葬り去ろうとしていたのだ。彼は、「演説はもう十分だ」と語った――彼自身、演説ばかりしてきたのにもかかわらず。「フランスを再建しなければなりません」。その後、彼の本心があらわとなった。

我々が望むのは、これまで存在したすべてを破壊することです。破壊が現実となったら、これまでとは、現在とはまったく異なるものを造り上げるのです。

彼の口調は激しくなった。

二つに一つです。皆さんが、我々が求めていることを受け入れ、ドイツあるいはイタリア憲法と歩調を合わせるか、そうでなければヒトラーが新憲法を強制することになるでしょう。

彼の計画は明快だった。ラヴァルは、それをさらに詳しく説明した。

こんにち我々は、民主主義につながれ、盲目的崇拝の対価を払っているのです。なぜなら、民主主義は行きすぎた資本主義と我々を結びつけたからです。しかし我々の周囲では、ヨーロッパは我々抜きで、新しい原理に基づく、新しい世界を構築しようとしていたのです。

この政策綱領の発表を前にして、議員たちはどう反応しただろうか。反応はなかった。彼らは驚愕し、恐怖心を抱いた。ダラディエ、マンデル、ゼー、マンデス・フランスであれば、反応を示したかもしれない。しかし、彼らはマッシリア号に乗船し、いまでは好都合にも北アフリカに留め置かれていた。それでは、レオン・ブルムはどうだっただろうか。この暗い日々に、彼は意外にも沈黙の中に閉じこもった。彼は、ラヴァルの仲間から攻撃の的にされていた。彼は、護衛なしでは外出できない状態にあった。それでも、彼は恐怖を感じたために沈黙を守っていたのではない。これまでも彼は、さまざまな状況下で、議会の敵意と群衆の憎悪に立ち向かってきた。彼は孤立し、社会党議員団が分解しつつあると感じていた。彼は次のように書いた。

私が発言したならば、それが合図となって乱闘が起き、議員団の大半が私を見棄てることには疑いがなかった。それはどういうことだろうか。多くの者は、密かに私を侮辱する人々に加担したことだろう。私は、こうした裏切りが公になることを望まなかった。私を動けなくし、私の口をふさいだのは、これだけだった。(18)

ブルムは、ヴェイガンの兵士と、ドリオの一味と、ムーランに到達していたドイツ軍の監視の下、彼の周囲の世界が分解していく様子を観察し、これを描写した。結局、憲法改正を実力で押しつけられるよりは、ラヴァルに従ったほうがましだ、というわけである。

七月七日、ラヴァルは彼を代理として権限を委任する書簡を元帥から取りつけ、これを一〇日に読み上げた。

私の指導下にある内閣が提出した憲法令は、七月九日火曜日と一〇日水曜日に両院合同会議にて審議される予定です。私自身が会議に出席することは困難ですので、私の代理として出席するよう願います。内閣が提出する法案は、わが国の救済のために必要なものであると私は認めています。

全権委任に対する抵抗は非常に弱かった。最初に反対を表明したのは、ジャン・トリーヌを代表とする元従軍兵士の上院議員二五名だった。彼らは全権委任の必要性について議論する意図はなく、憲法の廃止に反対していた。この提案はラヴァルによって排除され、両院合同会議での議論の対象にさえならなかった。もう一つの提案を行なったのは、こちらも七月七日に憲法を改正しないよう求めたピエール＝エティエンヌ・フランダンである。ルブラン大統領が辞任し、合法的にペタンを新大統領にすればよい、というのである。しかし、遵法を重視するルブランは、この取引を拒否した。憲法の番人であり、両院合同会議より権限を与えられた彼は、上院議員と下院議員が憲法改正案に賛成しない限り、職務を放棄できないと考えていた。結局、他の多くの議員と同様に、フランダンはラヴァル案に賛成することになる。抵抗の最後の試みは、ロデーヴ選出の急進社会党下院議員ヴァンサン・バディー率いる議員グループによるものだった。この「深刻な事態」を前に、彼らも全権委任を受け入れたものの、「共和制を消滅」させようとする案には同意できなかった。この声明文に署名した議員たちには、直ちに強力なプレッシャーが加わった。ラヴァルの意を受けたアドリアン・マルケは、一人ひとりと接触し、分断工作を展開した。正式な審議に先立つ数時間を利用して、ラヴァルとその部下たちは最終シナリオの準備のために心理面での操作と、最後の説得工作に努めた。

七月九日、別々に会議を開催した両院は、ほぼ満場一致で憲法改正の原則に同意した。七月一〇日には両院合同会議が開催された。午前中の会議は非公開で、言わばゲネプロのようなものだった。最終結果に自信を持ち、早く結論を出そうと急いでいたラヴァルは、議員六九名が署名した声明文を読み上げようとしていたベルジュリに、声明文を読み上げずに、議事録に掲載するよう要求した。ラヴァルは、この文書に無関心だったわけではない。ベルジュリ、デア、グザヴィエ・ヴァラ、スカピニら、対独協力することになる人々が共有する考え方がまとめられていたからである。これを見れば、この時点ですでに明白に勝者ドイツに協力するとの政策に賛同し、フランスに強権的、もしくはファシスト的政権を樹立することを求めていたのは、国会議員全体の約一〇分の一だったことがわかる。ラヴァルにとっては、体制を葬り去る上でこのような行きすぎた熱意は不要であり、恐らく目立ちすぎて余計だと感じられたのだろう。

正式な会議は、午後二時より、ジュール・ジャヌネイが議長を務めて、カジノで開催された。まず、過半数の定義をすることから始まった。過半数は、一八七五年憲法が定めていたように「両院合同会議の構成員」の過半数だろうか。むしろ、現職の両院議員数が基礎となるのではないだろうか――この場合、解職された共産党議員は勘定されず、したがって過半数に必要な票数はより少なくなることになる。採択された案は、それ以上にラヴァルに有利なものだった。ボワヴァン＝シャンポーの提案に基づき、投票数の過半数とすることに決定した。いずれにせよ、このような憲法の規定の都合のよい修正も、大勢に影響は及ぼさなかった。ラヴァル＝ペタン案は、圧倒的多数で可決されたからである。

この法案は、以下のような内容だった。

フランス共和国大統領は、一八七五年二月二五日の憲法第八条に鑑み、
上院および下院で採択された決議に鑑み、
以下の通り宣言する。
以下の憲法草案は、陸軍元帥、内閣総理大臣により、両院合同会議に提案され、同会議にて審議されるものとする。
単一条項――両院合同会議は、ペタン元帥の権威と署名の下に置かれる共和国政府に、フランス国の新憲法を、一度もしくは数度にわたり、公布するための全権限を付与する。この憲法は、勤労、家族および祖国の権利を保障するものでなければならない。
この憲法は、憲法に基づき設立される議会の承認を得るものとする。

ヴィシーにて、一九四〇年七月八日

共和国大統領

署名　アルベール・ルブラン

陸軍元帥

内閣総理大臣

フィリップ・ペタン

ジャヌネイ議長は、後に次のような証言を残した。

ラヴァルと彼の作戦の実行部隊にとって、会議はただの手続きにすぎなかった。政府提出の計画を議論なしに採択し、新たな形の政府を作ろうとしたのである。彼らのやり方は、「無効となった」方法によらずに、物事を円滑に運ぼうとするものだった。私の務めは、両院合同会議における通常の規則に基づき議論が行なわれるように図り、それらの規則のうちのいくつかは憲法に基づいているとの注意喚起を行なうことだった。首謀者たちの強引なやり方と、議場の無気力な空気からすると、空しい務めだった。[19]

それでも、ラヴァルは新憲法の承認に関する法案の最後の文言の修正に応じた。修正案では、「憲法は国民により承認され、憲法に基づいて設置された議会が適用する」とされた。法案は委員会での審議と、公開会議におけるボワヴァン＝シャンポーの席上報告の後、投票に関する説明もなく、討論も行なわれず、ヴァンサン・バディーが提出した動議の説明の機会も与えられないまま、「ラヴァル一味」の思い通りに投票へと持ち込まれた。レオン・ブルムは、こう書いた。

審議が始まるとすぐに、ジャヌネイ氏は元下院議長フェルナン・ブイソン氏から、ボクサーのような激しさで攻撃を受け、せきたてられた。ブイソン氏は以前から、そして現在もラヴァルの友人である。彼は気の毒なジャヌネイ氏の発言を封じ、実質的に議論を進める立場になった。議場では、よく訓練され、命令通りに動くラヴァルの仲間が、小グループにまとまって劇場のさくらのようによい席を占有し、反対を唱えようとする人々を罵声で押さえ込んだ…（中略）…他のグループは、演壇として利用された舞台に向かって起立し、彼らを手助けし、叫び声とともに実力行使をするかのような仕草を見せた。傍聴席になっていたボックス席とギャラリー席はドリオが連れてきた人々で埋められ、彼らは議場に陣取るモンティニー［ジャン・モンティニーは元急進社会党員で、人民戦線に反対した］とティクシエ＝ヴィニャンクール［本名ジャン＝ルイ・ティクシエ、通称ティクシエ＝ヴィニャンクール。極右の弁護士で、一九三六年以来オルテズ選出下院議員］の声が聞こえると、これに呼応した。[20]

多くの書物で語られた[21]この喧騒の中で、法案は全投票者数六四九のうち、賛成五六九票で採択された。反対は八〇票、棄権したのは二〇名だった。

この点について、人民戦線の議会が、ペタンの手中に落ちて職務を放棄したと言われている。これは完全な間違いではないが、それでも大雑把な見方である。実際には、これは両院合同会議での投票結果であり、一九三六年の選挙で選ばれた下院議員のみが投票したのではなかった。これに加え、マッシリア号に乗船した議員たちの欠席以外にも、議員を解職された共産党議員たちが不在だった。それでも、社会党と急進党の議員の過半数が、共和制の清算を受け入れたことは事実である。反対票を投じたレオン・ブルムと彼の仲間の社会党議員は、合わせて二九名にすぎなかった。これにSFIO所属の上院議員七名を加えても、ペタンに抵抗した社会党議員は三六名であり、一方、SFIOの両院議員九〇名が元帥に賛成票を投じ、棄権したのは六名だった。厳密に言えば、「人民戦線議会」は、「インターナショナル」によって存在を否定された「最高の救世主」に白紙委任を与えたわけではないが、共産党議員が欠けている中では、社会党議員と急進党議員の過半数が右派議員とともに、一九四〇年七月一〇日の集団的自殺行為に対して重大な責任の一端を負っていたことは明白である。共産党がスターリン路線に追随して追放処分になった後、社会党と急進党は、これまで何度となく共同戦線を張ってきた共和国防衛のための原則を忘れてしまったのである。この体制崩壊を、左右の分断によって説明することは不可能だ。あらゆる政党に所属する人々が、それに加担したのだから。いかにも、特別な状況下では、国民の代表は特別な働きを期待される。威厳に満ちてはいたが動きが取れなくなった議長のジャヌネイは、『政治日記』で一つの寓話的な事例を挙げた。これは挿話でしかないが、暗示に富んでいる。彼は、獣医でクルーズ県選出の上院議員が、緊急を要する手紙を書くための机を探している様子を描いた。大した問題ではなかったので、ジャヌネイは自分の書き物机を譲った。「彼は机の前に座り、泰然自若として、その他のことには目もくれず、手紙を書き、署名し、封印をし……それは、地元の有権者に向けたカードで、両院合同会議参加の記念だった」[22]。共和国は滅びても、選挙区は不滅でありますように！

それでは、ペタンに全権委任を求めるこの法案は、適法だったのだろうか。ド・ゴールはこれに反論を唱え、他の多くの人々が彼に続いた。形式的には、異論はほとんど、あるいはまったくなかった。それでも、書式的にはすべてが規則に則っていたとしても、脅威の下で両院合同会議がこれほど重要な投票を、法律に基づいて行なったと言えるものだろうか。レオン・ブルムの見方は法案に反対した者のそれではあるが、それでも彼の法律家として論拠にはそれなりの説得力があった。彼はこう書いた。

ヴィシーの議会では、アンリオの大砲によって脅かされた五月三一日の国民公会と同じ程度にしか自由に議論ができなかった。物理的な力は、それほど接近していたわけでなく、明確でもなかった。ヒトラーの戦車はムーランにあり、ヴェイガンの騎兵はクレルモンにいた。ラヴァルの刑務所は、恐らく変調をきたした想像力の中にしか存在しなかった。それでも、圧力は強く感じられた。不安は、あるいは恐怖と言ってもよいが、人々の意志を厳しく規制した。これに加えて、狡猾さと虚偽、すなわち詐欺行為が、無理やり同意を得るために強引な手法とともに用いられた。さて、多数の人々を巻き込む法律は、個人契約と違いがない。その契約の効力、法的基盤は、その核心にある自由な同意によるものでなければ成立しない。この合意が、詐欺行為によるものであり、強引に強制された場合には、契約の場合と同じく、法律は本質的に無効なのである。その法律を、後から廃止するまでもない。法的には、それは存在しなかった。なぜなら、存在するための条件が満たされなかったのだから。それゆえに、これは無効なのである[23]。

レオン・ブルムの、この説を信頼すべきだろうか。彼自身が、七九人の同僚議員とともに反対票を投じたことで、いかに強力な制約があったにせよ、最も共和主義に近い人々は民主主義の基本原理に忠実であり得た、と証明していたのではないだろうか。

共和国の最後

結局のところ、七月一〇日の採決は、休戦協定締結の要請ほど決定的ではなかった。なぜなら、休戦協定がすべての原点だからだ。休戦協定により、フランスは英国と切り離され、占領軍のあらゆる種類の要求を受け入れた。合法的性質をすべて備えた政府が、平和が取り戻されたとの幻想の中に生き、フランス国民間の悲劇的な分裂の深まりを準備しながら、フランス本土にとどまっていた。この政府は、フランスに暮らす人々を保護しようとする意思に、最大の正当性を見出していた。しかし、この保護の対象には、休戦協定の条項に記されていたように、政治亡命者は含まれなかった。また、よく知られているように、ユダヤ系住民も、保護の対象ではなかった。旧「アルザス・ロレーヌ」三県も、事実上第三帝国に編入されたために、対象から外れた。ドイツで働くために徴用された若者たちにしても、同様だった。この政府は、主権保持の幻想のうちに、実績を積み上げることになる。しかるに、「盾」となるだけ――混乱の中で、まだ救えるものを救い、戦争終結を待ちながら将来に備える――では満足できず、ヴィシーの人々は新秩序、新体制を、反革命的思想の基盤の上に構築しようと試みた。この意図は、近視眼的な状況で実行に移され、これが致命傷となった。ペタンと彼の追随者たちは、ドイツの最終的な勝利に賭け、それ以外の選択肢を準備していなかった。フランス国民の多数が、休戦とともに戦争が終結したと考えたことは、認めてよいだろう。知識人も含めて、ド・ゴールのように全地球的視野を持った国民は多くはなかった。より多くのフランス人が孤立主義から抜け出すようになるには、バトル・オブ・ブリテンでの英空軍の勝利を待たなければならない。しかし、そのとき、国民革命体制はすでに確立していた。自ら控えめに「フランス国」と称した体制は、休戦に由来する論理により、第三帝国との国家協力に引き込まれ、その運命はますますドイツ軍のそれと密接に結びつくことになる。

それでも、七月一〇日の採決は単なる手続きではなかった。これにより、ペタン体制樹立はより容易になった。公式文書を根拠に、この体制に外見上の合法性を与えたからである。この事実によって、ペタンに白紙委任を行なった議員たちは、共和国の終焉に対してきわめて重い責任を負っている。後になって、これらの議員の一部は、元帥杖にすべての希望とすべての慰めを集めた国民的英雄に欺かれたとして、自己正当化を試みた。しかし、共和主義者の議員たちは、「ヴェルダンの勝者」がフランス国民に向けて六月一七日に行なった演説の内容を知っていた。彼らは、危険を察知することができたはずだった。彼らは、彼らの同僚、それも有力な議員たちがマッシリア号の罠にかかり、新体制の手法を身をもって経験したことについても知っていた。何よりも、彼らはヴィシーのカジノとホテル・デュ・パルクの間で政治工作を展開する際に、ラヴァルが繰り返し語った言葉を聞いていた。彼は民主主義に大きな価値を認めず、「権威主義的で、上意下達的で、国家的で社会的な体制」の確立を望んでいた。ベルジュリを先頭にファシスト的な色彩の解決を目指して闘っていたグループは別にして、五〇〇人の議員たちが、想像力の欠如、信念の欠如、あるいは勇気の欠如のために、完全に沈没したのだった。彼らには、イタリアの議員たちがマテオッティ暗殺後にそうしたように、議事への参加を拒否することさえも考えつかなかった。彼らは剣で脅されて議場から追い散らされたのでも、早朝、寝ているところをいきなり逮捕されて投獄されたのでもなかった。彼らは懸念を語らず、大原則を忘れ、権力を濫用する老人の名声に彼らの名誉を託したのである。

七月一一日、新聞各紙は「フランス国元首」となった「余、フィリップ・ペタン」が発布した憲法法令第一号について報道した。もはや、大統領は存在しなかった。憲法法令第二号は、「フランス国元首」に、行政上および立法上のほぼすべての権限を認めた。憲法法令第三号は、上院と下院を存続させたが、招集するのは元首だったため、開会は無期延期された。議会は、もはや紙の上でしか存在しなかった。憲法法令第四号は、ピエール・ラヴァルの努力を認めようとするもので、元帥が職務を遂行できなくなった場合には、ラヴァルがその正式な後継者になると定めていた。指導者は敬意を表すべき年齢に達していたから、後継者は希望を抱くことができた。

この名誉あるとは言えない第三共和制の崩壊に関する責任の所在について、新たな論文を書くつもりはない。これに関わらなかった政党はなかったし、因果関係をたどる上では、時間を相当にさかのぼらなくてはならないからだ。現在から過去を顧みる目的原因論的な方法には、弱点もある。次から次へと、出来事の根源を求めていけば、大洪水にまでたどり着いてしまう。それゆえに、ウィリアム・シャイラーは、やや戯画的に、最終段階での危機を説明するために、最初から失敗が計画されていたのだとまで主張した。その七〇年前の最初の時点から、すべてが決まっていたというのである。(24)ここでは、結論として、偶発事をあえて無視する意図的に組み立てられた歴史に抵抗すべく、いくつかの点を指摘するにとどめたい。

1　一九一四年にドイツ軍の侵攻を受けたフランスが救われたのは、マルヌの戦いでの勝利によってだった。この勝利が得られたのは、二つの決め手があったからだ。最高司令部（ジョッフル、ガリエニ）の優れた指導力と想像力、さらに忘れてはならないのはロシアとの同盟である。モルトケは、西部戦線から部隊を離脱させ、ロシアの攻勢にさらされた東部戦線に振り向けなくてはならなかった。一九四〇年には、フランス軍司令部には力がなく、独ソ不可侵条約に苦しめられた。ヒトラーはポーランド制圧後、西部戦線に全勢力を集中できたからである。それでは、フランス軍司令部のレベルの低さと、政治体制の特質との間には因果関係が存在しただろうか。否。なぜなら、一度の世界大戦は同じ体制下で行なわれ、一回は勝利し、一回は敗北したからである。独ソ不可侵条約とフランスの政治体制の特質の間には、因果関係があっただろうか。間違いなく、右派の反共主義と人民戦線に対する過度の反感は、スターリンの変節に影響を与えたことだろう。しかし、同時に、左派の大半の硬直した平和主義もまた、クレムリンの主を安心させたであろう、より毅然とした、反ミュンヘンで、明確に反ナチスの外交姿勢を取らせなかった。それでも、フランスが異なる政策を推進していたなら、ヒトラーとスターリンの間の合意が生まれなかったと確実に証明するものは何もない。

2　次の命題が正しかったとしよう。フランスが体制を変更したのは、戦争に敗れたためだ。フランスが戦争に敗れたのは、戦場において以上に、会議場においてだった。一九四〇年の大敗北は、平和主義的政策と、ヒトラーに対する無策と頑迷な態度の結果だった。以上の主張には根拠はあるものの、それでも長年にわたり、総統に対して最も穏便で、最も「理解」を示し、それによって思うように振る舞ってよいと考えさせたのはどの国だっただろうか。それは、間違いなく英国である。一九三六年三月のラインラント再軍備に際しても、一九三八年のミュンヘンにおいても、フランス政府はただ、「英国人家庭教師」[25]と冗談めかして呼ばれた英国に追随したにすぎなかった。ところが、あきらめの境地にあるチェンバレンの英国と、強い意思を持つチャーチルの英国の間に継続性があるとすれば、それは同じ国民であり、同じ政体だということである。当然ながら、英国にはフランスにはない地政学上の利点があった。よく知られているように、英国は島国である。この比較によって言えるのは、ある時点――一九三六年と一九三八年――における事実が、その二年後にも事実であるとは限らないということだ。目的論的な視点を警戒し、また歴史を運命の連鎖だととらえることは控えなくてはならない。金曜日に死んだ国民が、日曜には息を吹き返すかもしれないのである。

3　また、決定的な状況下において、個人が持つ役割についても注意を向けておくべきだ。軍司令部の凡庸ぶりについては、すでに触れた。それでは、「奇妙な戦争」の期間中のダラディエの消極性はどうだったのだろうか。ポール・レイノーの役割はどうだったのだろうか。最後まで戦うとの意思を表明したのは彼であり、積極的休戦派――ペタン、ヴェイガン、ボードワン、ブティリエ……――

を権力ある立場に据えたのも、同じレイノーだった。体制崩壊とフランス国成立が休戦協定締結と直接的に結びついていたと認めるならば――というのも、軍事上の降伏は、合法的な亡命政府の存在を通じて共和国を延命させることができたからである――、大臣たちから大統領にまで至る、ショータン提案を支持し、レイノーを「少数派」に追い込んだ人々の個人的な無能力を検証しなければならない。もしレイノーが自分の周りに、同じ信念を持ち、彼の政策を強力に支える、固い意思を持つ人ばかりを配置していたならば、少なくとも休戦協定締結は自然の成り行きではなかったと主張することができるだろう。しかし、レイノーの行なった選択は彼の性格、生活、環境の側面のいくつかに関わっていた。それは、彼の政策方針とは矛盾するものだった。

さらに続けることもできるが、私には「もし」と問いながら歴史を書き直す意図はない。相対主義の幻影には、抵抗しなくてはならない。私が言いたかったのは、第三共和制の衰退について語られることの多くは正しいが、その終焉の原因に関しては、部分的には偶発的で、予測不能で、不確実な出来事によっていたということなのである。過去を振り返るには、未来を想像するように見なくてはならない。すなわち、結末が何種類もあるシナリオのように。

一九四〇年の危機においては、しばしば混同されるとはいえ、異なる結果をもたらした二つの局面を区別して見る必要がある。軍事的敗北と、休戦協定締結である。

前者については、実に多くが書かれてきた。フランスは用意ができていなかった。すべては、ひと言で要約できた。第一次大戦から二〇年を経て、新たな世界大戦の衝撃に耐えるための準備ができていなかった、もしくは準備を開始するのが遅すぎた。この、物理的であるよりは政治的、心理的だった準備不足は、一九三〇年代初頭以来のフランス国民同士の根深い対立にその起源の一つが求められ、それは外部からの脅威によって緩和されるどころか、むしろ悪化した。ヒトラーの権力掌握によって始まった新たな国際的緊張のイデオロギー的側面は、対外政策をめぐる諸党派間の一致を不可能にした。戦争が始まってからも、ダラディエに代わって首相になったポール・レイノーは、民主的体制下で救国政策を遂行するのに不可欠な議会の圧倒的な支持を得ることができなかった。いずれにしても、敗北が即座に体制の崩壊を意味したわけではない。法的な面でも、また象徴的な面でも、第三共和制の清算につながったのは、間違いなく休戦の決断だった。そこから、以下の結果が生じてきた。幻影にすぎないパックス・ゲルマニカの下での、疑似的主権を持つ政府の存続、国民革命、正統性をめぐってのフランスとの闘い、そして最後には、ペタン派とド・ゴール派の間の公然の戦いである。

危機において通常登場するアクターのうちのいくつかが、ここでは欠けている。果たして、集団避難の混乱の中で、見きわめるのが困難となった世論について、語る必要があるだろうか。国道に放り出され、誰もいなくなった村に残り、あるいは公式な代表者を失い、情報源からも遠く離れ、あらゆる種類の流言にさらされ、茫然自失したフランス国民は現状を十分に認識することができなかった。政党は分解し、実態を喪失し、そうでなければ単純に解散させられていた。主権者である国民を代表するとされていた両院は、最後の集団的「切腹」の儀式まで、招集されることもなかった。逆説的なことに、決定機関が使った時間・空間は、その決定の適用範囲と比較すると、正反対だった。すべては、六月一三日から二一日の数日間で、カンジェとボルドーの間で、ほんの数人によって、いくつかの裏工作を通じて、そして数回の閣議において決まったのである。賽の目によって成就した、とでも言うべきだろうか。完全に閉ざされた空間の中で重大な決定が行なわれ、国民は既成事実を突きつけられた。それは黙示録のための、控えめな影絵芝居だった。

しかしながら、ペタンの最初の決定は、特に反対を招きはしなかった。国民の意思を託されている議員たち自身、誰もが保護してほしいとの期待を寄せた輝かしい老人の掌のうちにある人々の責任放棄を食い止めることができなかった。数週間のうちに、元帥は神格化されてしまった。ラヴァルの計画に強く反対する者も元帥には敬意を表し、「兵士への呼びかけ」の必要性と、全権委任に異論を唱える者は一人としてなかった。実際のところ、議員たちはヴィシーに到着した時点で、民主主義を清算せざるをえないとのあきらめの境地にあるように見えた。敗北は、ブルドーザーのごとくに、共和主義の原則をなぎ倒した。敗北は、議会制民主主義の欠陥の動かぬ証拠であるかのように作用した。敗北は、体制批判がいずれも妥当だったことを、戦争の惨禍によって証明したのである。救世主的人物に助けを求めることのわかりやすさを前に、議員たちは動きが取れなくなり、崩壊の責任を負うとして非難されている政体を擁護する勇気を持てなかった。ヴィシーでのこの夏の初めに、鞭を手にしたピエール・ラヴァルが舞台監督を務める中、国民の代表にはもはやなす術がなかった。彼らは、ペタンと司教たちが組織する国民全体による悔悟に先立って、良心の咎《とが》を感じていたのである。プルーストは、「不幸になるとすぐ、人は道徳的になる」と述べている。ラヴァルとその仲間の脅しに対する恐怖心に加えて、下院議員と上院議員たちは、ある種の罪悪感によって任務を放棄したのだった。

何年も前から、反議会主義の波は、彼らに非難を浴びせかけていた。いまや、彼らはそれを内面に取り込んでしまった。それは事実だったのだ！　彼らは無力で、内輪もめに明け暮れ、物事を直視できなかった。電撃戦は、屈辱的なまでに、権威主義体制の優位を証明した。良心の咎を感じ、職務を放棄したこの人々の目には、ペタンは頼りになるように見えた。彼は一時的な行政官、戦争のために休止した共和国の暫定独裁者、嵐の中での国家の再建者だった。元帥が左派陣営から信頼を得ていた事実により、多くの社会党議員の責任放棄を部分的に説明することができる。平和主義者にとっては、彼は平和をもたらす人物となっていた。しかし、ペタンへの全権委任に反対票を投じたレオン・ブルム自身、回顧録中で、一九一七年の英雄だった人物に対して持っていた敬意について記している。

彼に直に接した人々と同様に私も、その姿勢と態度の高貴さ、そのやや飛び出した青い目の素朴にして善良な眼差し、その整った顔立ちが醸し出す重厚さと気品に感銘を受け、魅惑されたと言ってもよいだろう。私は、一九一四年の戦争における彼の役割を、常に正当に評価していた。(26)

ペタンに対する左派のこの好意的な見方は、彼が右派から認められていた名声を一層強めるものだった。しかし、人々がやむをえずにローマ式とも言うべき独裁制を受け入れる一方で、復讐を誓ったフランスのあらゆる種類の人々、反動主義者、教権主義者、反議会主義者、反ユダヤ主義者、極端な反共主義者、忠実なアクシオン・フランセーズ会員、一九三六年の敗者、反省なきミュンヘン派、これらすべての人々が、漠然と自らの時代が訪れたと感じていた。それは、ほとんど安堵の気分であり、「思いもかけない奇跡」[27]であり、理性の驚くべき策術、もしくは神の恩寵による有益な試練なのだった。フランスは不幸に陥ったが、その不幸の中に立ち直るためのエネルギー見出す、とでもいうかのように。こうして、一九四〇年は一七八九年、一八四八年、一八七一年、一九〇五年、一九三六年を忘れさせるはずだった。一連の災厄の時代――解釈によって、その長さはまちまちだったが――は終了した。新たな時代が始まったのである。

最初期のレジスタンス参加者を待っていたのは、刑務所か、亡命への道だった。非常に多くの知識人たちが敗北の教育的効能について瞑想する中[28]、共和派であれ、ナショナリストであれ、国家防衛の本能、あるいは敗北に甘んじない人間の本能、自由を求める本能が、最も優れた人々を忍従を拒絶する道へと導いた。まさにこの拒絶、一八七〇年九月に革命的雰囲気の中で第三共和制誕生への道を開いた拒絶が、一九四〇年六月と七月のボルドーの河岸とヴィシーのカジノでは、残酷にも欠如していたのである。

第7章　一九五八年五月一三日

ドイツの敗北に伴うヴィシー体制の崩壊から生まれた第四共和制は、ある面では、一九四〇年に始まった危機の延長でしかなかった。フランス国民は依然として、コンセンサス形成を基本とし、大きな波風の立たない政治を可能とする憲法のシステムに苛立ちを覚えていた。それでも、いくつもの欠点にもかかわらず、新たな共和国は経済発展をもたらす政策を順調に遂行していた。また、不人気でありながらも、よく知られた弱点と同じだけ注目に値する、多くの分野において刷新を可能とする力量も示していた。一九四〇年と同様に、致命的な打撃をこうむったのは外部からだった。というのは、その崩壊の直接的な原因はアルジェリア危機にあったからだ。これが外からの打撃だったかどうかについては、議論の余地がある。紛争当初においては、アルジェリアはフランスそのものだと考えられていたし、五月一三日の首謀者たちにとって、まさにアルジェリアを国民の共同体内部に完全に維持することが目的だったからだ。しかしながら、アルジェリア問題は、国際的な歴史の範疇に属している。脱植民地化は例外なく、植民地を保有するあらゆる国家と、ヨーロッパによって支配されるすべての地域に関係しているか、将来関係するようになるからである。脱植民地化は、世界の勢力バランスに関わり、一つ一つの出来事に他の国も無関心ではいられなかった。結局のところ、危機の外部的な要因は、内部構造の矛盾と欠陥を極端なまでに明らかにしたのである。

一九五八年の危機は、外部からの要因があったため、他の危機よりも理解が容易になっている。当初、この危機は単純な一次方程式のように思われた。きわめて重大な問題に直面して国家は、解決を図るために新たな力を注入する必要があった。求められるXがド・ゴールになることを、私たちは知っている。当初は、衰弱した政治体制と、コントロールできない圧力団体――「アルジェリー・フランセーズ」――の間の不均衡だけがあるように思われた。五月一三日危機の重大性と特殊性は、圧力団体の構成要員の一つに負っている。それは、軍である。軍は、直接的に危機を引き起こしたわけではないが、決定的な局面で登場したことにより、その権威によってその後の展開と解決法の選択に至るまで方向づけを行ない、かつそれに保証を与えたのである。すなわち、救世主的人物に再び救護を求めること、そしてその人物をシャルル・ド・ゴールとすることである。したがって、この事件はもともと異なる三つの危機が一つになったものだと定義することができる。脱植民地化による危機、政治システムの危機、そして軍の危機である。

本書においては、この熱気を帯びた数週間の出来事を、時系列的に、一日ごとに、あるいは時間ごとに、詳細に追っていくことはしない――もちろん、ときによっては、熱気の度合いの急激な変化に注目する必要はあるが。五月一三日とその後に起きたことについて語った文書は、新しいものも含めて非常に多い(1)。ここでは、これらの文献を根拠としつつ、この危機の特性を明らかにし、その後にこの危機に対して示された解決法の性質を検討したい。

「出口のない馬鹿げた戦争」（ギィ・モレ）

五月一三日の直接的原因は、簡単に述べれば次のようなものだ。アルジェリアにおける脱植民地化の極度の困難である。第二次世界大戦は、一九一四〜一九一八年に始まった世界的な民族自決の現象を加速させた。ウィルソン大統領の一四カ条に影響を与えた民族自決の原則は、植民地化の短命な性質とヨーロッパによる支配の限界を、即効的な効果をもたらしはしなかったものの、明らかにした。第二次大戦は、このプロセスを決定的なものとしたのである。一九四一年八月の大西洋憲章は、民族自決の権利を再度明確化した。二つの戦争から生まれた民族主義運動の拡大は、ついにこの原則を適用するよう、植民地支配を行なう弱体化した諸国を次々と追い込んだ。一九四七年には、旧インド帝国が三つの国家に分かれて独立した。一九四八年に、今度はビルマが英国から独立した。一九四九年に、オランダはインドネシア独立に同意した。一九五一年、リビアは国連の決定に基づき独立を果たした。旧植民地の独立の大きなうねりは、一九五五年四月一八日から二四日まで、ジャワ島のバンドンで開催されたアジア・アフリカ約三〇カ国による、反植民地主義で連帯した第三世界の出現により、イデオロギー的基盤を獲得した。一七九二年にヴァルミーでそうだったように、一九五五年にバンドンで、世界の様相が変化したのである。フランスもまた、この流れにのみ込まれた。フランスは一九五四年のジュネーヴ協定により、インドシナにおける強硬策の失敗を認めた。一九五五年には、インドにあるフランス拠点がインド連邦に返還された。一九五六年には、モロッコとチュニジアが主権国家となった。この動きは不可逆的で、全世界的なものと思われた。

しかしながら、一九五四年一一月一日にこの動きがアルジェリアに及んだとき、政治指導者も、世論も、この地理的にごく近く、フランスの県と同様に位置づけられ、一〇〇万人近いヨーロッパ系住民が暮らす土地が、やがて独立するとは誰も想像していなかった。地中海の両岸に住むフランス人の大半は、当時ある考えを固く信じていた。それは、「アルジェリア国民」は存在しえない、というものだ。存在するのは、一にして不可分なフランス共和国の完全な一部である「アルジェリー・フランセーズ（フランス領アルジェリア）」だけだった。

ヨーロッパ出身の入植者が多く、その属する社会階層が多様で、古くから入植が行なわれていたことが、アルジェリアの特殊性を説明している。ピエ・ノワールと呼ばれたこの人々は、フランス本土の住民に比して優遇されているとは微塵も考えなかった。彼らの八〇％はアルジェリア生まれで、ブルターニュ人がブルターニュを、プロヴァンス人がプロヴァンスを故郷と見なしているのと同様に、アルジェリアを故郷と認識していた。しかしながら、「アルジェリアはフランスだ」というよく知られた表現は、すべての人々にとって同じ意味を持っていたわけではない。この一〇〇万人のピエ・ノワールは、多くの場合やや貧しい階層に属していたとはいえ、完全なフランス市民だったが、それらとともに八五〇万人のイスラム教徒が生活していた。彼らは、はるかに古くからこの土地に暮らし、これを自分たちのものだと、まったく正当に主張することができたのだが、生活水準においても、法的身分においても、支配される側の立場にあった。独自の文化（言語、歴史、イスラム教社会への帰属）を持つアルジェリア人は、多数派でありながら特別なカテゴリーに属し、また劣等な地位に置かれているとの二重の感覚を抱いていた。差異と不平等によるこの自己認識が、長い間抑圧されてきた古くからのナショナリズム、他のマグレブ諸国を独立へと導いた国際的運動によって新たに力を得たナショナリズムを育んだのである。一九五五年末になると、それまではばらばらに起きていたテロ行為が、民族解放戦線（FLN）の指導下で、本格的な戦争へと変化した。

何をなすべきか。アルジェリアの悲劇は、第四共和制の歴代内閣が乗り越えられずにきたあるジレンマの結果だった。英国がインド独立の工程表を定めたように、アルジェリア独立を計画するのか——しかし、その場合にはアルジェリー・フランセーズの「党派」は強力で、軍の協力を得られることが確実だったため、内戦を引き起こす危険があった。それとも、アルジェリア民族主義を粉砕する——その場合には、軍事的な勝利が必要であるから、当然多くの人員、装備と予算が必要だった。そして、それは諸外国との関係悪化を招くものだった。しかし、このような目標は、さらに多くを要求していた。それは、政治的な勝利を収めること、同化のための多大な努力によりすべての人々をフランスの主張に賛同させること、各コミュニティーを隔てる社会的障害を排除すること、イスラム教徒を経済的従属から脱け出させるために巨額の投資を行なうこと、である。こうした仮説は、この集団の人口増加が「爆発的」だとされていただけに、現実性に欠けていた。その出生率は四五‰で、人口増加率は年三％に上った。それは、二五年で倍増するペースである[2]。

変遷はあったが、ともあれ、アルジェリア危機は一九五六年以降、力関係からいずれの道を歩むとも不可能であるために、拡大の一途をたどった。事態は膠着化した。アルジェリアはあまりにフランス化していたため、どのような形にせよ、本土から切り離すことは不可能だった。一方、アルジェリアは新たな主権国家の建設を目指す小グループによるテロ活動から広がった民族独立の動きを止めるほどには、フランス的ではなかった。

統治不能な共和国

このアルジェリアの複雑な状況を前に、政治体制には打つ手がないように見えた。その弱点と、政治への不信感は、一語で要約することができる。それは、短命内閣（平均在任期間八カ月以下）に由来する不安定である。一九五八年四月一五日にフェリクス・ガイヤール首相が辞任すると、二二回目となる内閣空白期が生まれた。

この現象を説明するために、憲法、寄り合い所帯の内閣、政党政治、選挙法などが持ち出される。実際のところ、一九五〇年代の実情を見てみると、変革への意思と活力にあふれる社会とは反対に、政治の世界はルーティン化し、しばしば無力だった。一九四六年憲法とその運用は、効果的だとは言えなかった。フランス国民間の多大な分断を単純化して、競合する二、三の政党の競争にまで縮小させるのではなく、むしろ政治勢力の分散化を進めたのである。それどころか、フランスにおける小党分立は、憲法の最も優れた部分を著しく毀損した。その証拠に、イタリアは第四共和制と非常に近い政治ルールを維持できたのだが、それは、有力な大政党の存在が、仕組みの欠陥を補ったからである――他国でなら体制の崩壊を招いたかもしれない、長期に及ぶ「赤い旅団」危機にもかかわらず。

このようにイタリアに目を向けてみることで、制度による因果関係を相対化して、何が世論――あるいはそれを解説する立場の人々――と体制の間の乖離を招いたのかを検討するよう促されるのである。特に、第四共和制の正統性に弱点があったことを強調しておかなければならない。一九四六年憲法の起草と国民投票がどれほど長い困難に直面したかは、知られている通りだ。戦後の主要三党――共産党、社会党（ＳＦＩＯ）、共和民衆運動（ＭＲＰ）――間の妥協の産物であるこの憲法は、元臨時政府主席のド・ゴール将軍の意思に反する形で公布され、しかも、同年五月に最初の草案が否決された後、登録有権者の半数以下の賛成によって一九四六年一〇月にようやく承認されたのだった。この間、六月一六日にド・ゴール将軍はバイユーでの演説で、一九五八年憲法の骨子となるべき内容を明らかにし、大きな反響を呼んだ。九月三〇日に、今度はエピナルで演説した彼は、国民投票にかけられた二つ目の憲法草案を不利な状況に追い込んでいたのである。自由フランスの指導者と、彼と最も近いと思われていた政党であるＭＲＰとの対立は、多くの有権者を当惑させ、このため草案は広範な支持を獲得することができなかった。これに加えて、憲法が公布された最初の年から冷戦が開始したため、この憲法草案を作成した議会多数派である三党体制は分解し、共産党は孤立して、以後長期にわたり政治の中枢から遠ざけられる結果となった。

ところで、この同じ一九四七年には、四月にド・ゴールが結成したフランス民衆連合（ＲＰＦ）が一〇月の市町村議会選挙で勝利し、大都市で最大四〇％の票を得て新体制を揺さぶった。この選挙で、パリ市議会はド・ゴール派が最大会派となり、将軍の弟ピエール・ド・ゴールが議長に就任した。このように、第四共和制はその当初より、二つの有力な勢力から異議を突きつけられたのである。極左の共産党（これ以降一九五八年に至るまで、その得票率は有効投票の二五％を下回ることがなかった）と、突如として登場し、大きな勢力となったド・ゴール派である。新しい共和国には、当初より正統性の問題がつきまとった。というのも、この共和国を拒絶する両党が、政府与党を少数派に転落させたからである。

与党陣営――社会党、急進党、キリスト教民主主義者、穏健右派――には、体制の延命のために、第三勢力を構成する以外の選択肢はなかった。議会では多数派でも、国民の間では少数派で、支持基盤となる社会階層と表向きのイデオロギーとの間の矛盾を抱える第三勢力は、自己防御のための窮余の策でしかなく、統一性もなく、二つの戦線――反共と反ド・ゴール――と向き合う中で、一致した目標と継続性を持つ権威ある政権のための安定した多数派を形成することができなかった。第三勢力が継続できたのは、一九五一年の議会選挙に先立ち選挙法改正を行なったことによる――もっとも、この改正により、第三勢力は信頼を失う結果となったのであるが。この法律は、名簿連合を組んだ政党連合に多くの議席を与えるもので、第三勢力はこれにより共産党とド・ゴール派の議席を得票率に比して少なく抑えるのに成功した。しかしながら、与党連合は脆弱で、その構成はしばしば変化し、次々と起こる諸問題に対応する力に欠けていた。欧州統合（特に欧州防衛共同体）にせよ、経済・財政問題にせよ、植民地における紛争にせよ、毎月のように与党内部の抗争の原因となる事態が発生した。さらに、個人間の対立がこれに加わった。有力政治家たちが仕切るこの共和国では、しばしばこれがすべてを決定するのである。一九五四年六月から一九五五年二月にかけての、七カ月と一七日間のマンデス・フランス内閣は、第三勢力を分裂させるに至った内部対立と、世論と政治指導者の間で深まった溝の最もわかりやすい事例だと言える。第四共和制の下で、マンデス・フランスほどの人気を誇った政治家はいなかったが、次々と起こる問題（インドシナ、チュニジア、欧州防衛共同体、ロンドン協定およびパリ協定、蒸留酒自家製造者の特別許可問題、アルジェリア等）に対処する中で、彼に反対する勢力が徐々に増大し、ついには反対派が多数となった。[3] そのため、一九五六年の下院選では、RPFの解散にもかかわらず、四つの互いに相容れないブロックが競合した。倒閣に参加したものの、いかなる連立にも加わらなかった依然として強い力を持つ共産党。マンデス派によって勢力を伸ばしたものの、多数派を獲得するには及ばなかった非共産党系左派を糾合する共和戦線。多数派獲得からは遠かった右派と中道派。そして、プジャード派議員約五〇名が代表する反議会主義の極右である。

この、ピエール・プジャードが指揮するUDCAの議員たちは、多くの人々が共有する第四共和制の政治制度と政治家に対する敵対心、無関心あるいは軽蔑を、非常に過激な言葉で表現したのである。世論の動向を測る手段になったIFOP社の世論調査を見れば、この体制に与えられた正統性は、並以下のものであったと判断できる。一九五六年から五八年にかけての、体制の不安定な様子は、次ページの表が要約している。

一九五八年八月に、同じ世論調査会社から第四共和制の欠点についての質問を受けた回答者たちは、二つの主要な点で一致していた。「頻繁すぎる内閣の交代」と、「議席を持つ政党が多すぎる」の二点である。この二つの、関連しあう欠点は、憲法そのものの弱点というよりは、政党政治に関するものだった。一八七七年五月一六日危機の結果、第三共和制では解散権が行使できなくなったのに対し、不安定な状態を避けるべく、第四共和制憲法では解散権を確保していた。首相は、議会任期開始

質問：全体として、あなたは現内閣に満足していますか、それとも不満ですか*

	モレ内閣		ブルジェス＝モヌリ内閣	ガイヤール内閣
	56年4月	58年7月	57年9月	58年1月
満足	28%	19%	27%	20%
不満	26%	32%	42%	38%
無回答／無関心	46%	49%	31%	42%

＊ *Sondages*, 1958, n° 3.

から一八カ月が経過して、二つの条件が満たされたなら、大統領に解散を要請することができた。一八カ月の間に二度の内閣の危機〔議会の不信任を受けた内閣の総辞職と後継内閣の組閣〕があり、それが議会の絶対多数による信任拒否により生じていた場合、というのがその条件である。こうした制限はありながらも、解散の脅威は内閣に反対する投票を予防し、政権に一定の安定を保証できた。だが、実態としては、憲法施行の最初の年から、この規定を骨抜きにするような工夫が行なわれた。内閣は、絶対多数による信任拒否を待たずに、問責が決議された段階で総辞職したため、それに引き続く内閣の危機は、解散を可能にする条件とは見なされなかった。解散が行なわれたのはただ一度、一九五五年一二月の、エドガール・フォールによる解散だけである。計算してみると、一九回の内閣総辞職のうち、憲法の規定により辞職を求められたのは七回に限られた(4)。

憲法の不適切な運用に加えて、政党数の多さが、制度が機能不全に陥る原因であり、また結果でもあった。比例代表制の欠点も、よく知られている。ド・ゴールは一九四六年に比例代表制を採用したが、これは間違いなく多党分立を助長し、政治の不安定化要因となった。しかし、選挙法は政党の細分化を求める国民の志向を後押ししたのにすぎない。それは、度重なる社会の分断、社会階層間に古くからある対立と新たに生まれた対立の間の競合、以前から続く反目と現代的な衝突の錯綜によってもたらされたものである。要因は数多くあった。社会的、文化的、地理的、職業的、等々である。細分化に向かう傾向は、限りなく強まっているように思われた。ジョルジュ・ラヴォーは、次のように書いた。

> わが国の政党組織は、社会に内在する無数の方向性を取り込んで、単純化させようとはせず、これらの方向性を再生産し、明確化する傾向があったが、同時にその硬直性ゆえに社会において生命力をすっかり失った方針の政治的な延命を可能にしようとしていた。国民と分断された存在だと認識していた政党は、現実の国民（pays réel）と、常時自らの政党のコントロールにあるわけではない何らかの政治的な権力とが直接の関係を持つことを嫌った。(5)

第四共和制は、こうした次第で、連立によらなければ多数派を構成できず、その多数派は長期的な政策綱領を持てず、団結することもできなかった。一九五六年の選挙の結果誕生したギィ・モレ内閣は、アルジェリア政策によって長期間右派の支援を得たが、財政問題でつまずいた。戦争はよいが、新たな課税には反対、というわけである。この事例は、内閣同様に権威に欠ける議会の一貫性の欠如を示している。このように、第四共和制の政治のシステムは、当初に政党間の長期的視野に欠ける、後に対立することになる政党間の当初の妥協の産物であり、半数に満たない有権者が仕方なく憲法を承認したものの、政治に関心を持つエリート層からは疑義をはさまれ、真に権威を持つ政府を生み出すことができず——たとえ、マンデス・フランスのように権威ある内閣を作ることができたとしても、それに持続性を与えようとはしなかった——、結局のところ市民社会から乖離して、第四共和制の政治システムを市民たちの「忠誠を守るシステム」から排除してしまった市民たちからますます非難される、独自の空間で生きるようになったのである(6)。

共和国はもはやほとんど統治せず、人々の心の中に君臨していなかった。

軍の介入

いくつかの面から、五月一三日の危機は、一九三四年二月六日に似ている。前提となるのは反議会主義であり、いずれの場合も街頭デモが新内閣の成立を阻もうとした。前回はダラディエ内閣であり、今回はフリムラン内閣である。フリムランはMRPの指導者で、植民地に関してリベラルすぎると見られていた(四月二三日、彼はル・ヌヴェル・アルザシアン紙に、交渉の上で停戦を目指すべきだとの記事を寄せていた)。前回も今回も、「街頭」行動は明らかに失敗に終わった。脅威が増す中で、ピエール・フリムランは過半数を大きく上回る議員から予期せぬ支持を受けた。前回も今回も、結局街頭デモは成功を収めた。なぜなら、ダラディエが首相の座をドゥーメルグに譲ったように、フリムランはド・ゴールに席を譲ったからである。

それでも、事態の展開のシナリオは異なっていた。まず、街頭行動の舞台はパリではなかった。アルジェのフォロム広場が、コンコルド広場に取って代わった。何よりも、五月一三日の新しさは、軍が主体的に演じた役割にある。これが決定的だった。

ひと月前から、フランスはまたしても内閣空白期にあった。直前のフェリクス・ガイヤール内閣は、二月八日のサキエト＝シディ＝ユセフへの爆撃が引き起こした外交問題のために四月一五日に倒れていた。フランス軍は、チュニジア領にあるこの村まで、民族解放戦線軍部隊を追跡して攻撃したのである。これにより七〇人が死亡、一五〇人が負傷し、その中には多数の子供が含まれた。国境を越えたこの事件によって、アルジェリア問題は国際化し、チュニジアは国連安全保障理事会に提訴した。フランス首相は英米による「仲介」を受け入れることとなったが、アルジェリー・フランセーズの「党派」は、新たな「ミュンヘン協定」に類する降伏を阻止するとの決意を持って、激しくこれに抗議した。多数の右派議員は共産党議員とともに投票して、今期議会で三つ目の内閣を倒したのである。この反対のための多数派が持つ異種混交性は、この体制にとって鍵となる点だった。一五〇議席を数える共産党議員団のブルボン宮における存在が、事態打開を禁ずる主な要因の一つとなっていた。共産党と植民地維持を重視する右派との事実上の連携が、左派の多数派の形成を阻んだのである。一九五五年二月、アルジェリア紛争初期に、早くもマンデス・フランス内閣が共産党と保守派の提携により倒されていた。一九五八年五月に、ジ・エコノミスト誌は次のように書いた。

ごく狭い基盤の上に築かれた民主主義体制が、モスクワの指導下にある第五列の共産党を警戒せざるをえない状態に置かれたとき、どのようにして好戦的で不満を抱く右派勢力に対抗することができようか(7)。

これが、まさに問題だった。

アルジェでは、この出口が見えない政治危機の間、緊張が高まり続けた。「ピエ・ノワール」世論は、一層の不安を覚え、また苛立ちを募らせて、徹底抗戦を唱えるリーダーらの、実力でアルジェリー・フランセーズを防衛しようとの主張に影響されるようになっていた。軍の幹部はと言えば、彼らは最近のアルジェの戦いが証明したように、戦場で決定的な勝利が得られると確信し、パリの政治家たちに手柄を横取りされてはならないと考えていた。五月八日、社会党出身のアルジェリア駐在大臣ロベール・ラコストは、翌日フランスへ帰還するに先立ち、将軍たちに次のように語った。「警戒を緩めてはなりません。何であっても、名誉と引き換えにすべきではありません。外交上のディエン・ビエン・フーを避けなくてはならないのです」。これが、当時の社会党員と共和派の心理状態だった。

五月九日、ルネ・コティーはピエール・フリムランを首相に指名し、組閣を試みるよう求めた。事態は急速に進展した。FLNが、一九五六年一一月一日以来捕虜となっていたフランス人将校三名を処刑したとのニュースがもたらされた。いくつかの団体は、五月一二日にデモに参加するよう呼びかけを行なったが、フリムランが一三日に議会の信任を求めるとの報が伝わると、デモは翌日に延期された。同じ日に、在アルジェリア・フランス軍の責任者である将軍四人と提督一人が、国防省参謀本部参謀長エリー将軍を通じて大統領にメッセージを伝え、「放棄」政策を採ることのないよう警告を行なった。いまや武器の季節が到来し、法の季節ではなくなっていた。

アルジェでの五月一三日のデモは成功裡に終わった。総督府は、ピエール・ラガイヤルドとロベール・マルテルに率いられた群衆に占拠され、混乱に陥ったが、機動隊に代わって警備の役割を担っていた軍は微動だにしなかった。任務中の落下傘部隊の兵士たちは、デモ隊が軍用トラックを使って総督府の鉄柵を突破するのを黙認した。総督府が占拠されると、大急ぎで公安委員会が設置され、一九世紀のパリで革命の際に市庁舎で行なわれたように、委員会メンバーはバルコニーに出て、群衆の熱狂的喝采を受けた。公安委員会は、文民と軍人により構成されていた。委員長に就いた将軍は、大統領に以下の文面の電報を送った。

アルジェにて、文民と軍人による公安委員会を発足させたことをお知らせします。私、マシュ将軍が委員長を務めます。きわめて重大な事態と、治安維持および流血を避けることの絶対的必要性に鑑み、委員会を設置したものです。

文面の最後は、共和派政権の下では前例のない内容だった。

我々は、パリでの救国内閣の発足を求めます。かかる内閣だけが、アルジェリアを本国の一部として維持することができます。

軍は、もはや「無声」の集団ではなくなった。これにより、軍は政治に関与しないとの掟に違反したのである。一世紀来続いた文民統制のルールを、受け入れなくなったのだ。軍は、主権者である国民の法的な代表の過半数の意思に反して、ある特定の政策、ある特定のタイプの政権を実現するために――アルジェリアにおける代償なしに――、できる限りの圧力をかけた。五月一三日の晩、本国からの分離と内戦の脅威はすぐそこまで迫っていた。将軍たちと佐官たちは、蜂起を「組織」したわけではなかったが、阻止するための策も取らず、次いでこれを誘導し、結局は反乱の先頭に立ったのである。

将校たちがこうした態度を取る原因は、一九四〇年の敗北とともに始まった「軍の危機」にあった。「軍人としてのモラルの最も基本的な項目のいくつか――わけても、政治権力への服従――」に対して、第二次世界大戦中に疑義がはさまれたのである[8]。六月一八日の呼びかけ、米英による北アフリカ上陸とその後の展開が、軍人に「相矛盾する複数の義務」の間での選択を迫ったのである。ド・ゴール側に付いた「反乱分子」だった人々の勝利は、法律の遵守を軍人としての義務だとする考え方を根本から覆した。インドシナ戦争とディエン・ビエン・フーの敗北は、いまだに癒えない傷跡を残した。兵士と将校は、文民の権力により裏切られたと感じただけに、彼らの苦渋は一層深いものとなった。元極東派遣部隊司令官ナヴァール将軍は、一九五八年に、「インドシナでの敗北の真の原因は政治に求められる[9]」と書いた。遠隔の地における革命戦争は、新しい世代の将校にとって、政治哲学を習得しながら特例的なイニシアティヴを取る機会になったのである。この苦しい経験から、「厳格で、勇猛果敢で、妥協を排し」、文民の権力に不信感を抱いて、迎合しない「若き軍隊」が生まれた。軍の内部では、いくつかの部隊――外人部隊、落下傘連隊――が、この新しい精神的傾向を体現していた。彼らは、経済成長の時代に入って、遠く離れたインドシナの問題に関心を持たない市民社会からずれていた。なぜ、アルジェリアが軍にとって復讐の機会となったのかは理解可能である。今回、もはや軍は国民の知らない戦いで、遠方の地に追いやられた存在ではなくなっていた。軍を救世主と見なすピエ・ノワール社会から、熱狂的に迎えられたのである。しかしながら、軍は単に現状維持のための道具になるつもりはなかった。軍は革命的な立場を取り、インドシナで習得した戦争の原理を、FLNに対して適用しようとしていた。軍は、北アフリカでの戦闘を、自由世界と共産主義という怪物の間の巨大な戦いの新たな一局面と位置づけていた。しかし、軍は重大な矛盾に直面しなくてはならなかった。住民の共感を得ようとして、軍は軍事的な役割から離れて、社会福祉、教育、職業訓練といった、行政上の業務にも手を染めたのである。その一方で、ゲリラを撃退するためには、軍は拷問といった人権に反する抑圧の手段をも利用した。軍の政治化は、そのいくつもの役割から自然に発生したものだと言ってもよい。プロパガンダは、その主要な活動の一つとなった。段階を経て、軍は単なる実行部隊ではなくなっていった。戦いを進めるために、軍は独自のアルジェリア政策を形成した。その主要な点は、アルジェリアにおけるフランスのプレゼンスの恒久化である。同時に、必然的な帰結として、「アルジェリアのイスラム教徒の市民的、経済的、社会的進出」も併せて主張した。かくして、アルジェリー・フランセーズは新しいアルジェリアとなる。すなわち、そこは完全なフランス人のみが暮らす、一体化した領土となるのである。この計画が夢想に近い性格を帯びていたとしても、アルジェリアの「指揮官たち」に、彼らなりの心の広さがあったことは否定できないだろう――「実態上の必要性」から、彼らは非難すべき戦争という行為に訴えたのではあるが。

五月一三日には、軍は自らが準備に関与しなかった反乱を黙認した。この運動の先頭に立つことで、軍は本国の政策の方向を、自らの判断による重要案件の解決策へ変えさせようと決意していた。その策とは、大胆な統合政策により、アルジェリー・フランセーズを維持することである。政府から独立して、従来にない措置をすでに多数取っていた軍は、「放棄」と呼ぶ事態を不可能にし、フランス領として継続するための保証人となり、蜂起的な運動と最終的に連帯することで、政治的に重要な役割を担うこととなった。

五月一三日の危機は、構造的な危機（第四共和制の統治に関わる問題）と、重大な情勢（アルジェリア戦争）が合体したものだった。そして新たな勢力が、この衝撃を体制の危機に変化させた。その勢力とは、政治化した軍である。

しかしながら、五月一三日の夕方には、いかなる結果ももたらされたわけではない。ピエール・フリムランは議会で過半数を大きく超える支持を受け（共産党は、棄権した）、アルジェの人々の決意はいくらか揺らいだ（サラン将軍側近のグソー大佐は、フリムランが信任されたことを知って、「我々はもう駄目だ」と述べた）。しかも、フォロム広場の反乱者たちが期待したパリの支援デモは実現しなかった。本土の新聞のほとんどが、「アルジェの行動」を非難した。未来を保証された者は、一人もなかった。南軍は一つの戦いで勝利を収めたものの、まだ南北戦争に勝利を収めたわけではなかったのである。

諸々の出来事をすべてふるいにかけるわけにはいかないが、最終的にたどり着いた結論の諸条件について見てみることにしよう。すなわち、ド・ゴール将軍の政権復帰である。

共和国防衛の困難

それまでの危機に際して、反動的右派――もしくは革命的右派――の脅威にさらされた議会制度が、いかなる力、もしくは無意識の行動によって、少なくとも一九四〇年まで危機を乗り越えてきたかは、すでに見た通りだ。全共和派の団結、次いで左派連合は、あらゆるクーデターの試みあるいはクーデターの危険を思わせる事態を回避し、もしくは鎮圧して、適切な反撃を可能としてきた。なぜ、一九五八年五月には、「共和国防衛」は機能しなかったのだろうか。

その主たる原因に、疑念の余地はない。それは、一九四七年以来共産党の持つ重みと、その孤立である。確かに、PCFが局外者の立場に置かれた（もしくは自らそれを選択した）のはこれが初めてではない。大きく見れば、一九二〇年一二月のトゥール社会党大会で、同党から分離しての誕生以来一九三四年七月に至るまで、いくつかの曲折はありながらも、レーニン主義、次いでスターリン主義となった共産党は、社会党を打倒すべき競争相手と見なし、左派もしくは「共和派民主主義」の「ルール」に従おうとはしなかった。もっとも、この断絶を求める態度は、さほど大きな問題はもたらさなかった。一九三五年（市町村議会選挙）と一九三六年（下院選）まで、PCFの選挙と議会における勢力は、まだ共和派陣営の組織の動きに影響を及ぼすほどではなかったのである。一九三四年から一九四七年にかけて（共産党の記憶にとって不幸な時期である一九三九～四一年は除いて）、国際共産主義運動と協調関係にあった「党」は、自由民主主義体制の内側にあり、一九四四～一九四七年には政権参加にまで至っていた。そして、人民戦線からフランス解放後までの一〇年余りの間に、フランス共産党は強大な政治勢力となり、西欧においてイタリア共産党に次ぐ力を持つ共産主義政党となった。あらゆる面で（選挙において、青少年運動およびその他の各種の運動において、インテリ層において、また一九四七年の分裂でレオン・ジュオーが去り「労働者の力」派を結成して以降、共産党が実権を握るようになった労働総同盟において……）その力は拡大し、「党」は第四共和制末期に至るまでこの時期に獲得した力を維持したのである。共産党の孤立は、一九五三年のスターリンの死により終わりを告げるかに思われた。「脱スターリン化」が話題にされ、「平和共存」についてさかんに語られ、「K」（フルシチョフ）氏はスターリンの犯罪を非難することでソ連の新たな相貌を示し、世界を驚かせた。しかし、いくつもの要因が、PCFが希望したにもかかわらず、二つの「労働者」政党間の接近を阻害した。新たな事態へのトレーズ執行部の抵抗、冷戦期を通じて社会党と共産党の間に積み重ねられた怨恨、さらには一九五六年秋の二つの悲劇的な出来事――ハンガリーの反乱に対するソ連軍の戦車による弾圧と、モレ内閣と英保守党政権によるスエズ運河への出兵――がそれである。それによって、左派の二大政党の接近は無期延期となった。

また、ド・ゴール将軍の政権復帰において決定的な役割を果たした人物の一人が、元首相でSFIO書記長のギィ・モレだった理由を理解することも可能だ。米国との同盟とNATOを積極的に支持し、基本的に反共主義的だったモレは（「共産党員は左ではなく、東にいる」は、彼が生み出した文句である）、共産党が――一九三六年と同じように――すべての利益をさらいかねない新たな人民戦線を拒否した。アラス市長だったモレは、そのアルジェリア政策ゆえに知識人からは軽蔑の対象とされていたが、党内では非常に強い力を誇っていた。彼は党組織を完全に掌握し、エドゥアール・ドゥプルー、アラン・サヴァリ、ロベール・ヴェルディィエ、さらにはガストン・ドフェールらを中心とする反主流派の左派少数派を厳しく監視していた。彼は、社会党所属議員（上院議員および下院議員）の過半数を、ド・ゴールという解決法の支持に導くことに成功した。ルネ・コティーとヴァンサン・オーリオルとともに、彼はコロンベイの隠遁者を合法的に信任させることに寄与した三人の政治家の一人となったのである。

五月二八日水曜日、左派の新聞・雑誌と諸団体の呼びかけに応じて、数十万人がナシオン広場からバスティーユ広場に向けてデモ行進を行なったとき、社会党員、共産党員、急進党員、MRPは並んで行進した。歴史的に「共和国防衛」の必然的構成員となったグループの集合が実現したのである。しかし、彼らの連携は見かけ上のものにすぎず、デモは意思を伴った行動というよりは、呪文を唱える儀式のようなものだった。その二週間前から、もう一つの解決策が形成されつつあった。その日の朝、ピエール・フリムランは辞任した。大統領は、ド・ゴール将軍の起用を決意していた。この共和派の大衆デモ、信頼するに足る計画のないまま実行に至ったデモの翌日、ルネ・コティーは自由フランスの指導者に組閣を要請した。

「共和国防衛」が機能しなかったのは、左派の主要勢力の団結が必要だったのにもかかわらず、それが明白に不可能だったからである。PCFとCGTの連携は、非共産党系左派の少数派からしか受け入れられなかった。ギィ・モレをはじめとする多数派は、左派の「従来型」の対処法はあまりにも危険だと判断した。左派内部の分裂はあまりに深く、勢力は不均衡であり、しかも、軍は反乱側についていた。内戦と共産党のヘゲモニーという二重の危険が、多くの「共和派」に新たな「反ファシスト」戦線の構築を思いとどまらせた。しかし、この感覚は、それに代わる「容認可能」な政策と切り離すことのできないものだった。提案されたのは、ド・ゴール将軍の名前だった。それだけで、最悪の事態である軍事独裁を避けるための保障となったのである。

軍による「反政府宣言」の難しさ

フランソワ・モーリアックは、レクスプレス誌六月八日付のコラム「ブロック・ノート」に、次のように書き記した。

我々は何年も前からアルジェリアのファシズムを告発してきたが、このファシズムに関する我々の知識は抽象的なものにとどまっていた。我々はフランコとモロッコ衛兵（グアルディア・モーラ）によるスペイン征服を、子供におとぎ話の妖怪について話すように語ってきた。それが、デカルトとパスカルの祖国を脅すとは信じることなく。…（中略）…一九五八年春のフランス共和国は、ヒトラーの「メッサーシュミット」さえなければ国民が一致して武器を取り、フランコに対抗したであろう一九三七年のスペイン共和国以上に窒息状態にあった。それでは、わが国民はどうなのか。大群衆がナシオン広場で平和的に行進するのを見て、人々が安堵したことを、私は素晴らしいと思う。主義主張で武装した一〇万人の市民を追い散らすのに、多くの機関銃は必要ではない[10]。

一九五八年五月の事件の期間中に徐々に広がった考え方に、危機の解決にはフランスに軍事独裁制を確立することが必要だ、というものがあった。この仮説は、五月二四日にアルジェリアからの落下傘部隊がコルシカに降下して、政府を代表する知事に代わる公安委員会をパスカル・アリギが設立するのを支援したときに、信憑性を持つようになった。この二〇年前に、モロッコから来た軍部隊がスペインを征服したように、アルジェリアからの部隊がフランス本土を征服するとの仮説が、現実味を帯びてきたのである。数日のうちに、上陸作戦が実行されるものと予想された。アルジェリー・フランセーズに好意的な国内の組織や団体は行動を開始し、マシュとサランの指揮下の兵士たちに合流しようとしていた。「クーデター」の実行者たちは、国家組織の内部で、多くの協力者を得ることができた。内務大臣ジュール・モックは、当時、真剣に民兵団の組織を検討した。彼の配下にあるはずの警察は、十分に信頼できないと感じられたからである。アルジェリア人によるテロに対処していたパリ警察は、待遇に不満を抱いており、しばらく前から不満を明らかにしていた。一九五八年三月一三日には、数千人の警察官によるデモがブルボン宮前で行なわれ、議員たちを激しく非難していた。警察が、アルジェの首謀者たちを完全に支持していたとは言えないだろう。五月一三日以来、パリ警視庁の労働組合連盟は政府への忠誠を表明していた。それでも、活動家による組織内での拠点作りは非常に進んでいた。五月一四日には、早くも警視庁内に公安委員会が作られ、職員に向けて「期限切れとなった体制」を非難するビラを次々と配布した[11]。第四共和制に対する世論の不信は、軍事クーデターと軍事独裁を夢見る人々を後押しする結果となった。

国防大臣に次ぐ軍の最高責任者であるエリー将軍は、五月一六日に辞表を提出し、国家組織の弱体化を一層進めることとなった。「フランス軍の結束」と「一体性」を乱さないためというのが辞任の理由だったが、将軍はこの日の指令では国に対する軍の服従義務には言及しなかった。彼の補佐役の一人、グルー・ド・ボーフォール将軍は、トゥールーズ軍管区司令官ミケル将軍、さらには他の数名の将校とともに、アルジェと協調の上、フランス本土を軍の管理下に置く「復活」作戦を準備した。心理戦に通じた軍人たちは、五月二九日まで、情報操作による攪乱作戦を継続した。二七日、ジュール・モックは空挺部隊による上陸作戦が二七日から二八日にかけての深夜に実行されるとの情報を得た――二七日昼に、間もなく政権復帰するとのド・ゴール将軍の声明がラジオ放送で読み上げられると、この作戦は延期された。

本土「侵攻」に向けたすべての準備以上に、重要だったのはそれが表した脅威であり、それによってド・ゴール復帰が早まった可能性が高い。それでも、かなりの数の将校が武力による権力奪取を、それがド・ゴール将軍を権力の座につけるためだったとしても、「アルジェ事件」を「パリ事件」に変えようと考えたことは確かだ。サランは、五月二八日に、コロンベイにいる将軍のところに将校からなる代表団を派遣し、「復活」作戦の準備状況について説明させたではないか。ド・ゴール自身、側近の一部が支持する作戦に同意したものと思われる。彼は、五月二九日に、息子に宛てて次のように書き送った。「私の聞いたところでは、行動はすぐにも起こされるようだ。南部から始まり、北上する計画だ[12]」。

いずれにせよ、一九五八年春のフランスの状況は、ムッソリーニの政権獲得前夜のイタリアの状況と、多くの点で比較が可能だった。民主主義者たちは分裂状態にあり、体制は大衆の支持を得られず、国家機構は機能不全に陥り、武装し組織化された複数の活動家グループは「秩序回復」勢力を支援するときを待っていた。こうした情勢の下で、クーデターと独裁の可能性は排除できなかった。

しかしながら、フランスで軍事独裁が長続きする見通しはあまりなかった。軍は、一体となってマシュとサランを支持していたわけではない。五月一四日にピエール・フリムラン首相がアルジェリアにおけるサラン将軍の権限を公式に再確認したことで、軍の統一は保たれた。「プロヌンシアミエント」（軍による反政府宣言）が、すべての部隊をまとめることができたかどうかについては、疑問が残る。そもそも、アルジェリア駐留軍の多くの部分は、徴集兵からなっていた。これらの兵士が、「反乱派」の命令に完全に服従したかどうか、定かではない。独裁下になれば、植民地戦争を遂行中のフランスは、外交面で孤立した可能性がある。軍は、両面作戦を強いられただろう。アルジェリアではナショナリストと戦い、本土では抵抗勢力と戦うこととなっただろう。本国における抵抗の中心となるのは、まだ強大な力を持ち、もともと地下活動に慣れている共産党ではなかったかと思われる。そうなれば、同党は戦争中に獲得した広範な国民の支持を取り戻しただろう――換言すれば、こうした内戦状態は、軍人たちが目標としていた政治哲学とは逆の結果をもたらした可能性があった。それは、彼らが植民地戦争における最も悪質な要因だと見なした共産主義に保証を与えることだった。

たとえ軍事独裁であれ、いかなる独裁体制がすべての戦線で戦うと同時に、経済を正常に動かし、ゼネストを回避し、空になった国庫を満たすことができただろうか。アルジェの事件に関与した軍人たちが、内戦という最悪の事態に至ることを望んだとは考えられない。
上述の通り、軍は五月一三日の出来事を計画したわけではない。軍は、この危機を解決する独自の政策を持ち合わせてはいなかった。五月一三日には、軍は決意を表明し、拒絶の意思を示しはしても、プランは持っていなかった。五月一三日には、軍はド・ゴールの名を思い出しさえしなかった。ド・ゴール派は、旧自由フランス軍に参加した一部の軍人にしか浸透していなかった。ラウール・ジラルデは、次のように書いている。

実際のところ、五月一三日からのごく短い期間、軍（少なくとも、軍の名において発言した人々）は、政治的に裁定と拒絶の権限を与えられていると考えていた。国家の命運がかかると軍が考える事項を脅かす恐れがある危険な決定ないしは変更を文民の権力が行なおうとした場合には、軍はこの裁定と拒絶の権限を行使できると考えていたものと思われる(13)。

この点については、アルジェの将軍と将校たちが、彼らの計画にはなかったド・ゴールという解決策に飛びついた様子を、よく検討してみなくてはならない。この案はゴーリストのデルベック将軍がサランに示唆したもので、打開策を見出せずにいた彼らは、これによって早くも五月一五日に行き詰まった状況から抜け出すことができたのである。
一九五八年五月一三日に起きた、地中海の両岸に別々の権力が存在するという事態を終わらせるためには、三通りの結末が考えられた。一つは、一八六五年の米国のように、「北」が「南」に勝利を収めることだ――しかし、これまで述べた通り、北は分裂状態にあった。二つ目は、多かれ少なかれ軍事色を帯び、いずれにしても軍の支持を受けた独裁制による南の勝利である――しかし、これには内戦となる大きな危険を伴った。三つ目は、両者間の妥協である。その場合、救世主的人物が、妥協の結果として選ばれることになる。この結末は、五月一三日の直後には非現実的と考えられたが、その後の二週間で必然だと見られるようになった。

救世主的人物の再登場

内戦の脅威が迫る中、一九五八年のフランス国民には、最後の救世主が残されていた。パリとアルジェの双方の信頼を勝ち取り、両者の面目をつぶさずに国内の平静を取り戻し、国民に自信を取り戻させることのできる人物である。このとき、かかる任務を達成できる唯一の人物がシャルル・ド・ゴールだった。しかしながら、ここでもまた、実際に起きた事実に惑わされるべきではない。事後から見ると非常にわかりやすいとはいえ、五月一三日の直後には、ド・ゴール再登板が誰から見ても唯一の解決策だったわけではない。それでも、「将軍」は三つの切り札を手にしていた。歴史的正統性、群を抜くカリスマ性、優れた戦術的感覚である。これらにより、まずは世論から、そして次に政界関係者から、短期間のうちに、彼こそがこの危機を収束させられる人物だと受け止められるようになった。

大半のフランス国民にとって、ド・ゴールは一九四〇年にフランスの名誉を守った「六月一八日の人物」であり、そうであり続けた。一九四五年には、彼がフランスの大国としての立場を回復した。自由フランスの元指導者は、こうした歴史的正統性の持ち主であり、それによって政党よりも高い位置に立っていた。確かに、RPFの失敗は、人々の記憶に残っていただろう。それでも、ド・ゴールは「政党支配」よりも正しかったと主張することができた。彼が一九四七年にRPFを結成したのは、続いて示された二つの憲法草案――そのうちの二つ目の草案が一九四六年憲法となった――に反対した後のことだった。後から見るなら、一二年間で二〇の内閣が交代する政情不安定によって、バイユー演説はその正しさが証明された。以前から優れた分析をしてきたことが、ド・ゴールにとって強みとなった。戦時の伝説は、彼の政治的洞察力によって一層強固になった。

対独協力政権に死刑を宣告され、共和主義に基づく自由を復活させた自由フランスの指導者は、ファシストだとは見なしえなかった。そもそも彼は、ヴィシーの生き残り、元帥に忠実で慰めを得られずにいる人々、フランス解放によって敗者となりエピュラシオン（追放、粛清）の法廷に出廷しなければならなかった人々を多く数える極右から、激しい憎悪の対象となっていたではないか。先に見たように、軍は歴史的ゴーリスムを受け入れていなかった。一方で、レジスタンス指導者としての過去により、彼は政治家、また知識人から支持され、また親近感を勝ち得ていた。アンドレ・マルロー、フランソワとクロードのモーリアック親子、ロベール・バラ、ジャン・アムルーシュ、これまでの内閣の植民地再征服政策と闘ってきた一部の左派の人々は、独裁に反対する保障となるその過去ゆえに、ド・ゴールに信頼を寄せたのである。

将軍が左派からも尊敬を得ていたことを証明しているのが、ピエール・マンデス・フランスの例でである。急進党議員であるマンデスは、軍事的、政治的コンテクストを理由にド・ゴールへの信任投票では反対票を投じたが、それでも六月一八日の呼びかけを行なった人物に対する尊敬の念を明らかにした。一九五四年六月一八日に首相として信任されると、この記念日に、あたかもド・ゴール将軍からインスピレーションを得ようとするかのように、マンデス・フランスはコロンベイの隠遁者にメッセージを伝えていたのだった。

ド・ゴールには、もう一つ切り札があった。これは、彼が並外れたスケールの人物であり、普通の政治家の日常活動や多弁にすぎる議論とは無縁な長い沈黙の時期を過ごして、「砂漠の横断」〔ド・ゴールがコロンベイ村に隠棲していた、概ね一九五五〜五八年の時期を指すが、より広く彼が臨時政府主席を辞任してから政権復帰するまでを指すこともある〕の間に人を引き付ける力をさらに増したカリスマ性を持ったことによるものだった。政治から遠ざかり、無言で通したことが、彼の人物像に一層の威厳を与えたのだ。砂の中から泉が湧き出すのを期待するように、将軍の最初の発言が待たれていた。しかるに、将軍は「言葉」の持つ力を知りつくしていた。彼はまるで作家のように、単語や文章を扱うことができた——彼の著作、たとえばその少し前に出版されたばかりの『戦時回想録』は、彼が実際に文筆家だったことを示している。この著作の中で、あるいは記者会見や演説において、彼は自らをフランスと同一視するのに躊躇しなかった——他の人物が同じように振る舞ったなら滑稽に思われただろうが、彼が書き、語る言葉によって、人々はこれを受け入れたのである。多くの人にとって、彼は岩を思わせた。彼が戦争中にルーズヴェルトや他の連合国指導者と対峙した堂々たる姿は、彼をチャーチルあるいはクレマンソーのような不屈の人物だと思わせた。無名時代に、彼は『剣の刃』に、「個性の強い人物」と彼が呼ぶものの姿を描いてみせた。「判断に自信を持ち、自らの力を自覚したこの人物は、人に好かれたいという欲望に譲歩しない」。その通りだが、この非妥協的な態度が人を驚かせ、そして結局は人から好かれたのである。

その上、ド・ゴールが駆け引きに長《た》けていることも明らかになる。彼は、「政治の芸術家」[14]だった。確かに、何人ものゴーリストが、ド・ゴールのために動いた（ギシャール、フォカール、ドブレ、スーステル、シャバン＝デルマスら、さらにはアルジェにおいてデルベックやヌーヴィルトらは精力的に活動を続けていた）。一方で、彼自身はコロンベイの隠遁所にあって、ほとんど何も語らなかった。「De minimis non curat praetor！」（法務官は些事には関わらない）。しかし、限られた言葉を口にし、稀に隠遁の場から姿を見せるときには、彼は十分に計算して、間違えることなく、そのたびごとに少しずつ権力に近づいたのである。

議員とジャーナリストの間では、将軍の名が数カ月前から話題に上っていた。世論調査では、彼に対する政治的信頼度は上昇していた。「新内閣を組織する場合、次の人々のうちで首相にふさわしいのは誰でしょうか」との質問で、一九五五年一二月にド・ゴールは回答者の一％の票を集めたにすぎなかった。一九五八年一月には、彼は回答者一三％から支持を得て一位となった（当時の現職首相フェリクス・ガイヤールと同点）。マンデス・フランス、ピネイとモレは、それよりも三ポイントもしくは四ポイント低かった。ド・ゴールの政権復帰は、特にジャック・スーステルの支持を受け、またフランス・オプセルヴァトゥール誌上で議論されていたが、実現の可能性は非常に低かった。五月一三日にアルジェで公安委員会が設置されたときには、まだ彼の政権復帰は想定外だった。もっとも、一つだけ、その兆候があった。レコー・ダルジェ紙の主筆で、元ペタン派のアラン・ド・セリニーが、五月一一日付の紙面で、ド・ゴールに対する呼びかけを行なっていたのである。五月一五日木曜日、プティ将軍から示唆を受け、また公安委員会副委員長のレオン・デルベックに勧められ、サラン将軍はアルジェのフォロム広場に集まった群衆を前にしてこう叫んだ。「ド・ゴール万歳！」。サランは、他に選択肢がないため、こう叫んだのかもしれない。裏話によれば、ド・ゴールの名を発するのに躊躇していたサランは、背中に銃口を押し当てられたと感じたという。それは、実はデルベックの指先で、彼は「ド・ゴール万歳と叫ぶんだ！」と要求したという。いずれにせよ、バルコニーから号令はかけられた。指導者を求めていた群衆は、続いて同じ叫びを上げた[15]。これによって、アルジェの反乱に方向性が与えられた。一方で、ド・ゴールはアルジェの歓呼の叫びを受け止めた。実際、彼はすでに短い声明文を準備していたが、この中で彼はアルジェの出来事を非難することなく、「共和国の政権を担当する用意がある」旨を宣言した。午後六時ごろ、AFPがこの内容を報じると、「共和国防衛」的解決策はとどめを刺され、フリムラン内閣の権威は大きく揺らぎ、反乱派は一気にド・ゴールへと向かった。パリの正統政府とアルジェの反乱派委員会との間に、第三の権力が登場した。そして、解決への道筋が描かれ始めた。

それでも、当初、政治家たちはド・ゴールによる解決を拒否した。彼が、将軍たちの反乱を非難しなかったからである。共和派は、将軍から反乱の否認を引き出すことはできなかった。なぜなら、将軍は軍の不服従という事態がなければ、この好機をつかむことができなかったからだ。彼が勝利を収めるためには、アルジェとパリの均衡が取れる場に立つ必要があった。すなわち、正統政府と反乱側の双方にとって、必要とされる打開策とならなければならなかったのである。五月一六日、「共和国の法を遵守しつつ、ド・ゴール将軍の復帰を呼びかける協会」が設立されたその日、ギィ・モレは公開の場で将軍の意図について質問を発した。社会党の指導者にとっても、軍事クーデターと人民戦線の回避を求める人々にとっても、将軍は解決策を与えてくれそうな候補者ではあった。そのためには、彼が手続きを踏む必要があった。ピエール・フリムラン内閣を正統政府と認めること、公安委員会を否認し、さらには憲法の規定に従い信任を得ることである。

ギィ・モレの取った立場は、将軍にとって希望を抱かせるものだった。法的手続きを踏んでの「政権」復帰は、議会での多数派形成の鍵を握るSFIOの同意を前提としていた。しかしながら、ド・ゴールは軍からの期待をつなぎとめるつもりだった。軍への不同意を明らかにしても、何の利益も得られないだろうからである。五月一九日、彼はオルセー宮で記者会見を開き、公の場で説明を行なった。内相ジュール・モックは、このために大がかりな警備陣を配置した。このときも、将軍はアルジェを困惑させるような発言は一切控えたが、彼が組織するであろう内閣についての疑念を晴らすよう努めた。「六七歳の私が、これから独裁者のキャリアを始めると思われますか」。この説明は、詭弁だった。ペタン元帥は独裁者となったとき、八四歳だった。それでも、ド・ゴールの口調は聞く者を安心させた。「これから村に戻って、国からの要請があるまで待機します」。五月一五日の声明により開かれた突破口は、より広がった。その後の数日で、ド・ゴールに対する個人的な支持表明は続き、その一方でアルジェリアと本土の間の緊張は高まった。コルシカがド・ゴール支持派の影響下に置かれたことで、政権と将軍の間の水面下での接触は加速した。アントワーヌ・ピネイがド・ゴール支持に回り、五月二二日にコロンベイを訪れた後、二人の社会党指導者、ギィ・モレとヴァンサン・オーリオルがそれぞれ、五月二四日と二五日に将軍に宛てて書簡を送った。元大統領は、書簡中で、以下のように記した。

現在の事態に鑑みて、貴殿が最高司令官に従わなかった軍の将官および佐官を権力の側に連れ戻し、またすべての市民に法の遵守を呼びかけるものと確信しております。貴殿が、反抗的運動を開始した分子との連帯を完全に断ち切るなら、全国民の信頼を取り戻すことができるでしょう。こうして共和派の国民と貴殿の間の信頼が回復されるなら、限られた時間で限られたプログラムを、全権を持って実現するために、共和国の責任ある立場にある人々からの迅速な同意と誠実な協力を得ることができるでしょう。そうなれば、国民は自由に、かつ最終的な決定権を持つ形で、民主主義の至上の原理が要求する憲法改正について意見を表明するよう求められることになるでしょう。

これは、まさにド・ゴールに対して、政策綱領を示唆していた。これに対して、彼はこう回答した。

アルジェリアでの出来事は、ご存知の通り、慢性的な公権力の脆弱性により引き起こされたものです。私は以前、これを解決すべく、あらゆる手を尽くしました。この出来事の発端と進展の過程で私の名前が出されましたが、私自身これにはまったく関与していませんでした。この事態に鑑み、私は法に従って、再び結束を図り、軍をはじめとする国家機構内部の規律を回復し、新憲法の採択を進めるための政府を組織することを提案しました。

さて、私は議会から断固たる反対を受けています。他方では、アルジェリアと軍内部における動きと支配的な空気は、これまで私が何を言ったにせよ、また現在何を言おうと非常に重大な局面にあり、私の提案が不首尾に終わるなら、これまであった障害が取り除かれ、軍司令部にとって制御不能な状況が生まれることすら考えられます。

私は、国民以外から権力を授けられることには同意できません。少なくとも、国民の代表者から授けられるのでなくてはなりません(一九四四年と一九四五年に、私はそのように行動しました)。

私は無政府状態が生まれ、内戦となることを危惧するものです。

依然として、問題は反乱に対する不同意だった。しかし、五月二七日から二八日にかけての晩に軍事行動が計画されているとの情報が流れると、二六日から二七日にかけての夜、ド・ゴールはピエール・フリムランと秘密裡にサン=クルー城で会談することに成功した。この城の主任学芸員フェリクス・ブリュノーは、将軍の友人だった。落下傘部隊の降下の脅威もあって、妥協への一歩がしるされた。それでも、サン=クルーでの会談は失敗に終わった。フリムランは、将軍から反乱派に対する非難を引き出すことができなかった。それでも、自分以外には解決法はないとの確信を持ち、依然として解消しない対立点は重要な問題ではないと考える将軍は、あきらめずに、新たな声明を発表して先手を打った。「昨日、私は共和主義に基づく内閣を成立させるべく、正規にして必要なプロセスを開始した……」加えて、彼は命令的な調子で、「司令官であるサラン将軍、オーボワノー提督、ジュオー将軍に従い」規律を守るよう求めた。一語一語、入念に選択されたこのメッセージは、ド・ゴール再登場への呼びかけをほぼ不可避とするものだった。ルネ・コティーは、ピエール フリムランに、ド・ゴールの発言を一切否定しないよう要請した。軍指導部は「復活」作戦を延期し、一方で「共和主義者はド・ゴールが、〝正規〟の手続きを踏んで〝共和国による〟信任を求める意向であることに対し謝意を表す」ことになった。

二つの声明文（五月一七日および二七日）と一回の記者会見（五月一九日）により、ド・ゴールは情勢を自らに有利に転換させた。その後、彼は必要不可欠な譲歩を行なった。嫌悪感を抱きながらも、彼は自ら議会に登壇した（もっとも、信任投票に先立つ演説を終えた直後に、彼は議会を後にした）。新憲法においても、内閣は議会に対して責任を負うことを、彼は約束した。社会党議員――少なくとも、そのうちの半数を少し超える人数――の賛同を得るには不可欠な譲歩だった。

五月二七日から二八日の晩、独立系閣僚三名の辞任を受けて、依然として議会から圧倒的な信任を受けていたにもかかわらず、ピエール・フリムランは大統領に辞表を提出した。こうした状況下で、ルネ・コティーに決断が委ねられた。彼は、残された手は一つだけだと考えた。「比類なきモラル上の権威を持ち、祖国と共和国の救済を図ることのできる人物」に対して、要請を行なうことである。二九日、大統領は議会にメッセージを寄せ、この解決策に議会の賛成が得られなかった場合には辞任するとの意向を明らかにした。下院で、議長のアンドレ・ル・トロケールがこのメッセージを読み上げると、相矛盾する反応が起こった。一部の議員は拍手し、他の一部の議員は「共和国万歳」と叫び、さらに他の一部は「ファシズム反対」との声でこれに応えた。ルネ・コティーのメッセージ文、その「脅し」は、多数の人々から「不器用」と見なされた。いずれにせよ、大統領の特異な行動は、それでも効果を発揮した。その日の夕刻、ド・ゴールは新内閣を組織すべく指名を受けた。

五月三一日土曜日、将軍はホテル・ラペルーズで二六人に上る会派および政党の代表たちと会見した。彼らの前で、ド・ゴールはこう述べた。「私には、特定の党派の代表となる意思はまったくありません」。そして、アルジェの首謀者のうちの誰からも、また特に地中海の向こう岸でゴーリストのうちで最も活動的な人物の一人であるジャック・スーステルからも、協力を得るつもりはないことを示唆した。彼は、五月一七日に、小説じみた冒険の末に、アルジェリアに渡っていた。アルジェリー・フランセーズの形態に与《くみ》せずに、ド・ゴールは連邦的解決策に触れ、「本土と海外領を一つのまとまりとする連邦内における位置づけ」について語った(16)。やがてフランス共同体となるこのアイデアに対して、ロベール・ラコストは慎重な意見を述べた。それでも、将軍のこの発言で、新たに賛同を表明する者もあった。

この日の午後のル・モンド紙上での、クロード・ブルデとユベール・ブーヴ=メリの論争は、「共和派」陣営の状況をよく表している。ブルデは、「とんでもない脅迫」を告発した。「内戦というこけおどし」と、これを利用することでド・ゴールが「議会に自らの意思を押し付け」たというのである。彼は、間もなく起こるであろう屈服と、「国民の意思に対する挑戦」を強く非難した——この脅威を彼は真剣には受け止めず、これから起こる可能性のある「降伏」は、「プラハにおけるチェコスロヴァキアの降伏、ヴィシーの降伏以上の最悪の事態」だとした。「なぜなら、いずれの場合にも、こんにち振りかざされる脅威に比して危険は現実的で、はるかに恐ろしいものだったからである」。この論証は、二つの未確認の前提に基づいていた。一つは、ド・ゴールの提案は国民の意思に沿わないとするものであり、もう一つは内戦の危機はこけおどしにすぎない、というものである。これに対して、その前日、いつもの通りシリユスの筆名を用いて、なぜ将軍の呼びかけに賛同するかを説明していたル・モンド紙主筆は、短くブルデに返答した。

いずれにしても、現状維持は可能でなく、また望ましくもない。こうなったのは、共和派自身の責任によるものだ。差し迫った仲間同士の殺し合いの危険と、ごくわずかなものであっても戦いを回避する希望との間にあって、我々は希望を選択した。

一九五八年六月一日、ド・ゴールはあえて慣習に従い、ブルボン宮に姿を現した。これまでに例を見ない詳細な演説で、憲法改正のための特別権限の付与と、議会の活動停止を求めると、彼はそのまま議会を後にした。続いて登壇したのは、ド・ゴールを拒否する各派の議員たちだった。かつてペタンの弁護人を務めたイゾルニ弁護士、MRP少数派のフランソワ・ド・マントン、共産党のジャック・デュクロ、ド・ゴール信任反対派の社会党議員の代表タンギー＝プリジャン、そして共和主義の大原則を擁護する最も手強い雄弁家のピエール・マンデス・フランスとフランソワ・ミッテランである。特にマンデス・フランスは、一九四〇年七月一〇日の議決の合法性に異を唱えるレオン・ブルムの論法を援用した。

フランス国民は、我々が自由だと信じています。しかし、我々はもはや自由ではないのです。私の自尊心は、諸党派や街頭デモの圧力に屈することを拒否します…（中略）…我々が有権者から託された任務は、力の前で降伏することを我々に禁じています。我々に託された任務は、もし我々が民主主義から離れていこうとしているならば民主主義へと立ち戻ることであり、民主主義から一層離れることではありません。

共産党以外のすべての会派は、またしても分裂状態にあった。マンデス・フランスには、クロステルマンが反論した。タンギー＝プリジャンには、デクソンヌが異論を述べた。フランソワ・ド・マントンには、ピエール＝アンリ・テイトジェンが反対意見を表明した。最終的に、賛成三二四票、反対二二四票（欠席三六人）で、ド・ゴールは信任された。反対したのは共産党一四七人、社会党四九人、UDSR四人、急進党一八人、MRP三人と、不倶戴天の敵であるジャック・イゾルニのような極右議員だった。

続く六月二日と三日には、新内閣の提案した、相補的関係にある三つの法案が可決された。アルジェリアに関する特別権限、六カ月の間政令により「国家の再建に必要と判断される措置」を講じる権限、そして新憲法草案策定権限を付与する法律である。当然ながら、新憲法草案はいくつかの基本原則（普通選挙制、権力の分立、内閣の議会に対する責任、司法の独立）を踏まえ、かつ国民投票に付されることが前提となっていた。

五月一三日に始まった危機は、六月三日に収束した。しかし、それは表面上のことでしかなかった。ド・ゴールは、彼の政策とは正反対の政策を期待する一部の世論と組織の力を借り、その支持によって政権の座につき、今度は彼が困難なアルジェリア問題に直面しなければならなかった。これを解決するには、一九五八年の危機の延長である障害を乗り越えなければならなかったのである。

偶発事と決定論

これまでのところ、出来事を時系列で描写するよりも「論理的」な説明を優先したが、そこでは偶発事と呼ばれる現象についてはあまり大きなスペースは割いてこなかった。歴史家が物事の進展のうちに理性を持ち込もうとすると、研究対象の出来事を事前に書かれたシナリオと混同する危険がある。ルネ・レモンは次のように書いている。「政治体制のあらゆる機能不全は、その欠陥を補正する措置ないしは手段を自動的に起動させるかのようだ[17]」。

実際、五月一三日の危機は因果関係の連鎖の中で起きたものだが、思いがけない想定外の出来事、偶然もまた関係していた。それ以上に、危機の収束となるド・ゴール将軍の政権復帰は、一見乗り越えがたく見える障害にもかかわらず、徐々に解決策として認められるようになった。この結末において、それぞれのアクター――ピエール・フリムラン、そして特にギィ・モレとルネ・コティー――の個人的な役割が重要だったことは周知の通りである。五月一三日直後の、社会党議員たちの決意、さらに五月二七日に至ってもなお社会党議員団がド・ゴールの指名は「共和国の法に対する挑戦」だとして、これに反対する動議をほぼ全会一致で承認したことを知れば、ＳＦＩＯ書記長がいかに効果的にことを運んだかを認めないわけにはいかない。彼は五月三一日に、両院の議員団と幹部会を招集し、七七人の同志にド・ゴールを信任するよう説得することに成功したのである。説得に応じなかったのは七四人だった。社会党下院議員の半数以上は反対だったが、この会合では自由投票とすることを認め、その結果彼らのうち四二名がド・ゴール支持に回ったのである――彼らの支持がなければ、ド・ゴールは過半数の票を得ることができず、それどころかその影響で、単純多数を得ることもかなわなかったかもしれない。それゆえ、もしギィ・モレが社会党のトップでなかったなら、同党の議員は異なった行動をしたかもしれないと考えることも可能となるのである。

それでは、ギィ・モレが社会党のリーダーだったのは偶然によるものだったのかというと、彼が何回もの党大会を通じて、書記長として安定した支持を受けてきた事実を見ると、そうではないと考えるべきだろう。より広く見てみると、それ以前の危機や一九六八年と比較した場合、一九五八年には偶発的な部分はより少なかったと考えられる。一九五八年春のガイヤール内閣総辞職の時点で、事態の解決に行き詰まったことは明らかだった。打開策はもはやないように思われた。後継の内閣を組織することは可能だったが、何をするための内閣になっただろうか。以前の内閣とは違う何かを行なえる内閣ができただろうか。どのような新たな政治勢力を支持基盤とすることができただろうか。内閣に力が欠けているところから、第四共和制はアルジェリア問題を解決できずにいた。アルジェリー・フランセーズ派を構成していた、軍を含むすべての勢力と、決断力がなく、脆弱で、不安定な文民の政府との衝突は、いずれは不可避になるように見えた。フランス・オプセルヴァトゥール誌の一九五八年三月六日号で、ジル・マルティネは、真剣に問うた。「軍事クーデターは起こりうるか」。彼の回答は、「大規模な陰謀は存在しない」が、「潜在的な危険性はある」というものだった。この左派系雑誌の同じ号で、ロジェ・ステファヌはド・ゴールの政権復帰の可能性を推し測った。これは、一例にすぎない。この危機は、予想することができた。その可能性について、議論されていた。もちろん、それがいつ起こるのかは不明だったが。ここでは、偶発的な事態が重要になる。それによって、あらかじめ計画されていなかった事件の時系列的な発生順が定められるのである。

この解決策の性質については、同種の検討が求められる。間違いないのは、これが当初から有力な策とは見られていなかったことだ。というのは、この策は失敗する可能性もあったのである。将軍が失策を犯せば、あるいはそれ以外の予想されていなかった障害が生じれば、それだけで不首尾に終わりかねなかった。しかし、将軍はデウス・エクス・マキナ〔突如として現れる救世主〕よろしく、天から降ってきたわけではない。彼の政権復帰は、この危機の発生以前からすでに想定の範囲内となっていた。彼の政権復帰は、IFOP社の世論調査の結果からもわかるように、世論からありうべきことと認識されるようになっていた。早くも五月一五日には、この解決策は妥当な方策の一つと見なされていた。それからわずか二週間のうちに、最有力な選択肢となった。ド・ゴールは恐らく、アルジェの反乱を適切な方向に向かわせ、また同時に――暫定的に――反逆を収束させ、共和派を安心させることのできる国家指導者としてのスケールを持ち、かつ権力から離れたところにいた唯一の候補者だった。ド・ゴールに熱狂的に賛同したわけでないとしても、それ以外の方策が非常に困難、もしくは社会の平穏にとって危険と見なされたために、人々は現実的な判断としてド・ゴールを支持したのである。この危機の収束は、他の方策によることも可能だったかもしれないが、結局のところ一定の論理性を持っていた。

ところで、これによって危機は終了したのだろうか。アルジェリアの未来は、確定していなかった。戦争そのものも、終わってはいなかった。軍は徐々に平常に戻ったものの、政治的役割を完全に放棄したわけではなかった。軍は他の組織以上にド・ゴールという解決法を強く支援したが、彼を無条件に支持したのではなかった。軍は、支援し続けてきた大義にとって有利となるよう動き続ける意思を持っていたし、それは一九五八年の「勝利」によって一層強固になっていた——すなわち、「放棄」策を完全に封じ込めることである。軍は、政局において、引き続きキャスティング・ボードを握っていた。ド・ゴールには、統合計画を実施するか、あるいは軍と直接に衝突するかのいずれかの選択肢しかなかった。

将軍は、しかしながら、最も緊急を要すると彼が考える策を取ることになる。それは、アルジェリア問題解決の前提となり、当時の状況下では、突如として実現が最も容易となった策である。それは、フランスに新たな憲法を付与することだった。ＩＦＯＰ社の世論調査が、六月初めに新憲法に大きな期待が集まっていたことを示している。

質問：ド・ゴール将軍の政権復帰について、どのように思われますか。以下の三つより選択してください　①非常によいことである　②やむをえないことである　③非常によくないことである

①非常によいことである　54％
②やむをえないことである　26％
（①②計 80％）
③非常によくないことである　9％
④回答せず　11％

年末に至るまで、いくらかの変化はあったものの、将軍は人々の期待を集め続けた。六月に多くの人々が満足していると回答した理由は、主として次の三点に絞られる。「内戦勃発を回避」し、秩序を回復したこと。国民に再び「希望」を与えたこと。「権力を掌握した国家元首」が存在すること、である。フランス本土に暮らす国民にとっては、将軍はアルジェリア問題を解決したのではない。彼は、恒常的な国家の危機を解決したのだった。

新しい共和国

五月一三日のもたらした第一の結果は、当然ながら新たな憲法の起草とその承認だった。その重要性が最大級のものだったことは、年が経つとともに明らかとなる。新憲法は、一九六二年の改正により大統領が直接選挙で選ばれるようになると、その意義を十分に発揮することとなる。一九五八年九月二八日に国民投票に付された憲法草案は、ナポレオン三世以来となる強大な権力を国家元首に与えることで――ヴィシー政権は別として――、議会主義の共和国に終止符を打っていた。一八七七年に確立された共和国の概念そのものが、大きく変更された。この憲法のプレビシット〔国民投票と訳されることが多いが、ラルース辞典は「権力を掌握した人物が、全市民からの信任を得ることを目的に、特定の法案について賛成もしくは反対の二者択一により市民の意思表明を求める手法」と定義している〕重視の傾向、「オルレアン派的」で「反動的」な側面が、共和国の伝統に最も忠実な人々に不安を抱かせた。それでも、立法府から行政府への権力の移譲は、アルジェリア問題による危機的な状況に対応していたばかりでなく、三〇年ほど前から現れていた世論の深い希求に応えるものでもあった。

ピエール・マンデス・フランスは、六月一日に反対票を投じたことに合わせて、ラジオの選挙番組で、「ノン」の道義上の理由を再び説明した。

栄光と名声があるが、その意図が知られていない人物にすべての責任を委ねるのは安易なことです。一部の人々は、フランスがファシズムと彼らがアルジェリアの統合と呼ぶものに至る道を進むように、「ウィ」と投票するよう求めています。別の人々は同様の投票を求めていますが、彼らはファシズムへの道を閉ざし、統合政策を中止させるためだと主張しています。いまや、事実に目を向けるべきときです。安易な方策を選ばず、それに抵抗するために、「ノン」と応えるのです。そうすることで、フランスと、アルジェリアと、海外領において脅かされている自由を守り、平和と、和解と、博愛を回復するのです(18)。

こうした発言は、最善の場合でも、ド・ゴールが軍人と反乱分子を抑えきれなくなったときに備えて抵抗の拠点を確保しておくためのものだった。当時の状況では、こうした言葉には信頼性が欠けていたし、元首相が提案した憲法制定議会選挙の実施は、ド・ゴールと異なる解決策を提供するものではなかった[19]。シリユスことユベール・ブーヴ゠メリは、ル・モンド紙上で、なぜ「ウィ」を「選択」するのか、その理由を明らかにした。それは、第四共和制の「悪性無気力症」、「きわめて困難な時期」における組織だった政府の必要性、ブラック・アフリカに対するリベラルかつ大胆な提案、将軍が軍に対して持っている権威、ガストン・ドフェールの「ウィ」への支持表明、そして「独裁者としての素質を持たない」ド・ゴール将軍の人物と経歴、である。SFIOと急進党は、すでに党大会で「ウィ」支持を決定していた。共産党だけが、明確に「ノン」の立場を表明していた。

九月二八日日曜日、新憲法は本土で八〇％近い圧倒的な賛成票を得て、採択された。アルジェリアでは、FLNが棄権を勧めたにもかかわらず、「ウィ」が九五％の票を獲得した。この「驚くべき」結果を、海外のメディアは慎重に受け止め、この投票の価値について非常に懐疑的に論評した。「フランス海外領」では唯一ギニアのみが、セク・トゥレの求めに応じて、過半数が「ノン」と投票した。それによって、ギニアはフランスとの関係を絶ち、ド・ゴールが選択肢の一つとした独立を果たした。他の海外領は、フランス共和国とともに共同体を構成した。全般的には、ド・ゴールが得た勝利は事前のあらゆる予想を上回るものだった。

他方で、五月一三日の危機によりカードが配り直されたことで、新たな政治状況が生まれた。世論においても、また下院においても、この出来事がこれまでの膠着状態を打ち破ったのだ。目に見える最大の変化は、共産党が受けた打撃だった。第四共和制の全期間を通じて、共産党は一貫しておよそ二五％の得票率を記録したが、第五共和制になるとそれまでの支持者をつなぎとめることができなかった。新憲法をめぐる国民投票において共産党は「ノン」の立場を掲げたものの、ほとんどすべての県で、一九五六年総選挙での同党の得票率と、国民投票での「ノン」の割合には大きな乖離が生じた。たとえば、ヴァール県では、総選挙で三五％の得票率だったものが、国民投票での反対票は二四％に減少した。セーヌ県では三二・八％から二六・九％に、パ＝ド＝カレー県では三〇・八％から二四・九％に減少した。共産党を支持する有権者数の後退は、一九五八年一一月二三日の総選挙で再確認された。ＰＣＦは、一六〇万票以上を失い、得票率は二五・七％から一八・九％まで落ち込んだ。小選挙区二回投票制が復活したことで、一一月三〇日の決選投票で共産党は大敗し、それまでの一四五議席から一〇議席に激減した。極左の要塞にこうして開かれた風穴は、次の総選挙でいくらか埋められたものの、完全に埋まることはなかった。一九五六年の出来事（ソビエト共産党第二〇回党大会、ハンガリー動乱へのソ連の介入）と一九五八年のそれが重なったことで、ＰＣＦの影響力は低下した。それによって利益を得たのは、主としてゴーリストの政党、新共和国連合（ＵＮＲ）だった。

この選挙に際して現れた新たな現象は、ド・ゴール将軍を支援する政党が再び登場したことである。ＵＮＲは、いきなり共産党に近い数の票（一七・六％）を獲得した。そして小選挙区制の利により、一九八議席を確保した。振り子が右への揺り戻しを見せたのは明らかだった。独立系と穏健派は健闘し、計一三三議席を得た。左派の議席は九〇に満たなかった。こうして、下院はそれまでとは大きく変化したが、多かれ少なかれ「ゴーリスト」色を帯びた議員が圧倒的多数を占め、不均衡な姿となったことも事実だった。「郡単位」の選挙制度は、将軍の政権復帰と同じだけの被害を政界にもたらした。マンデス・フランス、ミッテラン、ラマディエ、ブルジェス＝モヌリ、ラコスト、デュクロ、ドフェール、エドガール・フォールらの、第四共和制時代の大物政治家が落選し、多くの場合新人候補が当選した。国民投票と下院選挙の結果は、ド・ゴールによる五月一三日危機の収束を追認し、新体制の正統性を証明したのである。

一二月二日、ド・ゴール将軍は大統領選挙への出馬を表明した。市町村の代表、国会議員、県会議員、海外領議会議員八万人が構成する選挙人団により、ド・ゴールは得票率七七・五％で大統領に選出された。共産党の候補ジョルジュ・マラーヌは一三・一％、非共産党系左派の代表で最年長のシャトレ候補は八・四％の票を獲得した。

一九五九年一月九日、ド・ゴールはエリゼ宮に入った。その翌日、ミシェル・ドブレが首相に任命された。わずか八カ月弱の間に、フランス政治の風景は激変した。その時点では、シャルル・ド・ゴールのために特別にあつらえられたように見える憲法が、どれだけの寿命を持つものか、誰にもわからなかった。国民投票の結果に照らして、彼の正統性は疑いようがなかった。しかし、この国民投票は、プレビシットという異例の形を取った。例外的な状況下において、主権者たる国民は、救世主的人物の呼びかけに応じたのである。もしも彼がいなくなったら、これまでの二つの共和国の伝統とは大きく異なる、選挙に基づく家父長主義的君主制を樹立したこの新制度は、生き延びることができるのだろうか。

しかし、もう一つ、この出来事と深く結びついた疑問があった。それは、どのようにしてアルジェリア問題を解決するのか、というものである。政治構造は変わったものの、アルジェリアの状況がフランスの命運を左右する状況は変わらなかった。確かに、五月危機と将軍の政権復帰は、アルジェリアに即座に波及効果をもたらした。両共同体間の「友好関係の強化」、九月の国民投票と一一月の下院選へのイスラム教徒の参加——軍がこの二つの投票の準備と管理を行なったことから、疑問が持たれたのではあるが——は、FLNの後退を示すものだった。ド・ゴールは、イスラム教徒のコミュニティーでも、一定の支持を得ていたのである。しかしながら、アルジェリア問題の基本的な状態に変化はなかった。政治上の事件がいかに重大であろうと、経済、人口、社会、文化に関わる統合への障害を修正することはできなかった——統合は軍の方針であり、ピエ・ノワールのコミュニティーは数十年もの間、「フランス化」を行なおうとするパリの政策に反対してきた末に、救命用の浮袋にしがみつくように軍の方針に賛同したのだった。これらの障害を認識した上で、ド・ゴールがアルジェリア政策の方向性を変更するならば、文民と軍の衝突の再発は不可避となるのだった。

ところで、将軍は当初から、彼の政権復帰を支援した人々を大いに失望させた。彼の意思は明確ではなかった。彼は、過激な勢力にも、リベラル派にも、言質を与えているように思われた。彼が発言するたびに、さまざまな解説が行なわれた。将軍が事態の打開を試みるのは、一九五九年九月一六日、自己決定（民族自決）に関する演説を行なってからだった。この演説で、彼はアルジェリア人に三つの可能性——フランス化、分離独立、そして彼自身がこのとき推奨したもの、すなわち協力——を提示した。彼が統合政策から距離を置いたことで、彼に反対する人々は敵対行動に出た。一九六〇年一月の「バリケード週間」は、五月一三日の失敗版のようなものだった。アルジェリー・フランセーズを掲げる反乱派は、いまや国民の支持を背景とする大統領によって体現される国家権力と向き合わなくてはならなかった。一九六〇年には、フランス軍の軍事作戦がいくつか成功を収めたものの、アルジェリア戦争が長引くことでフランスの国際的な立場は弱まり、ド・ゴールは独立が不可避であるとの認識を得るに至った。アルジェリア共和国臨時政府（GPRA）との交渉が開始された。しかし、厳かな宣誓を行ない、妥協を排すると誓った将校や将軍たちは、「放棄」政策に明確に反対を表明しており、誓いに背くわけにはいかなかった。新たな反乱が危惧された。最後の勝負がまだ残っていた。最も強い決意を持つ軍人たちは、一九六一年四月二一日、ジュオー、シャル、リランとゼレールを先頭に、アルジェで軍事クーデター決行の挙に出た。数日後には実力行使の失敗が明らかとなり、最後の障害が除去された。交渉への道は、完全に開けた。しかし、まだ和平への道が開けたのではない。そのためには、まだ一年近い時間が必要だったからだ。そこに至るまでには、最後の戦い、望みのない、流血を伴う、むなしい戦いを経なければならなかった。

しかしながら、四月二五日の将軍たちのクーデターの失敗は、アルジェリア戦争の転換点となった。ド・ゴール将軍の重々しいテレビ演説（「一握りの退役将軍」を糾弾する内容だった）、「トランジスター」ラジオで大統領の演説を聞いた徴集兵たちが示した連帯の意思、反乱者たちに対する本土の世論の一致した非難のすべてが、一九五八年五月以降、多くのものが変わったことを示していた。「ウルトラ派」（文民と軍人の双方）と国民との断絶は、決定的だった。国家の権威の復活と国民的合意が、「反乱派」の勝利を不可能にしていた。一九六一年四月の軍の新たな不服従の行為には、それなりの有用性もあった。この失敗によって、文民の政治権力の優位性が再確認され、軍の政治上のアクターとしての役目が否認されたからだ。これ以降、軍内部にあって最後までド・ゴールと闘おうとする人々は、マージナルな闘争を続けるほかはなく、しかも失敗することが明らかだった。

五月一三日危機の真の収束は、したがってアルジェリア戦争の終結、エヴィアン協定締結、OASの最後の武装闘争、国民投票によるアルジェリア独立承認、プティ＝クラマールにおいてのド・ゴール暗殺未遂事件（将軍は無傷だった）によって初めて訪れた。そして、一九六二年一〇月二八日の国民投票で、ド・ゴールが求めた憲法改正が承認され、大統領が直接選挙により選出されることとなった。

この国民投票は、法律専門家からは異論を唱えられ、ド・ゴール派を除く全政党から反対されたが、「ウィ」が六二・二五％を占めた。この憲法改正は、きわめて重要である。ナポレオン三世に反対することで獲得された共和国の原則の一つに反して、国民により直接選ばれる大統領に最高の権威を付与したからだ。すぐに何かが変わるわけではなかったが、カリスマ的な力がド・ゴールに与えたものを、彼の後任者は制度の力によって与えられることになった。

こうして改正された第五共和制憲法は、新たな反対を呼び起こした。フランス国民は、明らかに、国民間の分裂を最小にする体制について、まだ合意していなかった。共産党以外では、フランソワ・ミッテラン（『恒常的クーデター』）とピエール・マンデス・フランス（『現代の共和国』）が、最も雄弁で、最も非妥協的な「個人権力」への反対者となった。実際に運用してみると、ド・ゴールの憲法は、野党にとっても不都合よりも利点が多かった。一九八一年に野党が勝利を収め、その後数年間、さまざまな困難にもかかわらず政権を担当したことで、それは証明された。ようやく、新たな危機も、根本的な制度の変更もなしに、政権交代が可能となったのである。一九六二年に、政界は伝統を守ろうとするあまり、大統領の直接選挙に反対して、国民の意思との接触を失った。ところが、大統領選挙は第五共和制の諸制度のうちで、最も高い人気を博した[20]。その理由は、容易に説明できる。単純明快な選挙の仕組みと、有権者が能動的市民となったとの印象を得られることが、成功をもたらしたのだ。これはある意味で、遅れてやって来たブーランジスムの復讐ではないかと自問することもできる。ブーランジスムのさまざまな要求の中で民主的な要求だったもの、すなわち選挙による影響をまったく受けない政治家たちが、選挙を勝手に利用することがないよう保証することだったのではないか。これについて、ゴーリストで法学者のルネ・カピタンは次のように書いている。

大統領を選出することで、それも人物を選ぶだけでなく、候補者が自らの政策だとして示した綱領と政策目標に基づいて選ぶことで、国民は単に国家の最高位の官職に就く人物を選出するだけでなく、その人物が遂行しようとする政策をも選ぶことになるのである[21]。

これは間違いなく、投票行動に対する、あまりにも楽観的かつ合理主義的な解釈である。しかし、それ以前の共和制と比較した場合、この議論には意味がある。最良の民主的憲法とは常に、対立の持つ意味を極端なまでに覆い隠すのではなく、また国民の主権とそれを反映する政府の間の理解しがたい乖離状態を維持しようとするのではなく、政治を単純化し、明確な選択肢を提示し、政策の実施以前に倒されることのないよう内閣の存続を可能とする憲法なのである。

一九六二年に一部改正された一九五八年憲法には、改善の余地がある。この憲法には、利点もあれば欠点もある。[22] それでもこの憲法は、一七九一年以来、徐々に、初めて市民の一致した合意を得た憲法となった。この憲法は、フランスがド・ゴール将軍の政権復帰に負っている最大の遺産である。この観点からすれば、最終的にこれほど持続性のある資産を遺した政治危機はまれだと言うことができる。

第8章　一九六八年五月

フランスがまたしても過熱状態に陥り、その未来を偶然に委ねるようになるまで、第四共和制の崩壊から一〇年、アルジェリア戦争終結から六年しかかからなかった。しかし、周囲の環境は、大きく変わっていた。政権の安定は、市民の幅広い支持を得た憲法により保証されるようになった。フランスの国際的威信は――植民地紛争が終結して以来、フランスは二つの「超大国」に対して各国の国家主権の擁護者となっていた――、すべての大陸で認められていた。フランは世界で最も強い通貨の一つとなり、消費に関する指標は生活水準が絶えず向上していることを示していた。五月の爆発に先立つ数カ月には、かつての危機の背景となったような事情は認められなかった。五月の爆発はまったく予想外であり、まったく新たな事態としての特徴を備えていた。まず、直接的な原因に新しさがあった。というのは、それが大学で発生したからである。それ以上に、この出来事を通じて、捉えどころのない社会的アクターが主要な役割を担ったことが指摘できる。それは、総体としての若者である。政党は、長い間端役と見なされた。そこから、この花盛りの五月に何よりも新世代の登場が注目されたのは自然な成り行きだった。いずれにせよ、この若者たちの運動は徐々に社会のあらゆる層に及び、拡大する異議申し立ての波に引きずり込み、最後には国家の基盤を脅かすに至ったのである。

しかしながら、注目すべきは――これが、この出来事のもう一つのオリジナリティーである――、政治権力の所在地が、「ソワサントユイタール」(六八年世代)の優先的な目標とされなかったことだ。エリゼ宮も、ブルボン宮も、五月の運動の標的とはならなかった。一九三六年六月と同様に、作業場や工場の占拠が行なわれた一方で、それ以外の象徴的な空間が攻略された。ソルボンヌはその代表だが、国営ラジオやオデオン劇場なども占拠された。

一九六八年の危機は、したがって、従来の政治的衝突の範疇に限られるものではなかった。社会のあらゆる領域が、徐々に、広範囲にわたる発酵で沸き立つこととなったが、そのアクターたちは何が問題なのか十分に認識できず、多義的なこの出来事を個別の視点からそれぞれに解釈した。フランスのすべての活動分野がこのダンスの輪に加わったとき、人々は考えられないほどの欲望の祭典を目にすることになった。誰もがこの騒ぎに身を投じて、それぞれの心配事をほうり込み、妄想を投げ入れることができた。ある者は、一七八九年、一八四八年、一八七一年、一九一七年の延長戦を演じた。他の者は、新たな集団的霊感の到来に目を輝かせた。さらに別の者は、ピューリタン的モラルの禁忌事項を投げ捨てた。産業社会を火刑に処す者もあれば、消費社会を血祭りに上げる者もあった。ジイドの「家族よ、私はお前を憎む!」を実行する者もあった。通っている高校で革命を起こした者もあれば、聖職者の序列の廃止を宣言する者もあった。ある者は、ようやく管理社会の監視から逃れて暮らせるようになった。他の者は、「下級管理職」に対して復讐した。ある者は、担架係として、あるいは献血者としての適性があることを発見し、そうでなければサン=ミシェル大通りで切り倒されたアカシアの木の前で、環境保護の使命に目覚めたのだった。

一九五八年の危機と一九六八年のそれとを比較するとき、危機を理解するのが困難になったことに驚かされる。[1] その後、注釈者と証言者がそれぞれの解釈を記した本を競って出版したが、その点数の割には理解が進んだとは言えない。この矛盾に満ちた喧騒の実態を解明するのに、デカルトの方法を借用してみたくなる。それは、困難をできる限り多くの小部分に分割し、そうすることで大学の危機、社会的危機、政治危機、そして全般的には一部の人々が「文明の危機」と呼んだ文化的危機を順番に検証することである。こうした手法は、歴史家の目から見て、出来事に特有な重みをそれぞれ異なるカテゴリーで判断して時系列的な出来事の進行を述べるなら、正当化が可能である。しかしながら、説明を簡略化するためにそれぞれの要素を全体から切り離すとしても、社会全体に関わる危機の特性をなす各要素間の一致、共存、類似性、同時的な相互作用を忘れるべきではない。パリ・コミューンの七二日間以降の他のいかなる危機も（おそらく比較にならないほど）、このように同時に多数の異なる種類の抗議を行ない、社会全体にとっての価値観の象徴にダメージを与え、純粋に政治的な決定の中枢からきわめて遠く離れたところに位置する一連の国家機関を動揺させたことはなかった。「古典的」な危機においては、統治機構が異議申し立てを行なう主体によって直接的に責任を問われるが、ここでは当初においては周辺領域で事態が進展した。社会を動かすさまざまな組織が、幅広い動きの影響を受けるようになって初めて脅威を感知した政権は、つかみどころのない従来型モデルからかけ離れた運動に対抗する手がかりが得られず、そのためこれを容易には押さえ込むことができなかった。

それでも、多くの側面を持つこの危機は、恐らくド・ゴール将軍により創設された政体と無縁ではなかった。比較研究の方法は、かかる仮定を行なう方向へと向かわせる。五月の運動が主張する価値観は、工業化の進んだ他の諸国においても要求となり、勝利を収めていた。フランスでは、この価値観の勝利のためにバリケードを築く必要があったが、それには強権的で官僚的な国家機構が重要な原因だったと推測することが可能である。国家機構がこうした価値観が広がるのを禁じていたからだ。それゆえ、この危機は一見文化的なものに見えながらも、政治機構に内在する不均衡が、この運動の説明の核心になるとも考えられるのである。

これらの疑問を挙げたところで、次にこの危機を構成するさまざまな要素を、発生の時系列に従って復習する必要がある。

いくつもの予兆

六八年五月は、まず、前例のない学生の反乱だった。フランスでの危機それ自体は、日本、ドイツ、イタリア、米国などの主要先進諸国を主たる発生地点とする国際的規模の危機の劇的な変種の一つだった。いくつかの共産主義国からも、国によって性質は異なるものの、学生の活動が前面に出るという特徴を共有する意外なニュースがもたらされた。毛沢東主義の中国の「文化大革命」、あるいはポーランドでの混乱がそれに当たる。あらゆる国において、わけても最も先進的な社会において、教育システムが中心的な課題となった。フランスでの運動は、時系列的にいくらかずれた形で発生した。フランスでの運動は決して早くに起こったわけではない――それは、おそらく最も大きく広がったのではあるが。

大学における問題を理解するには、いくつかの数値的なデータを把握する必要がある。ある有力な教育史の専門家は、「一九六八年五月の出来事の大きな原因の一つは、学生数の急増にある」と書いた。この主張を裏づける、一つの驚くべき数字がある。「一九六八年に先立つ一〇年間で、大学における増加率は一八〇％に達した」[2]。実際、一九六〇年代は、「学校の爆発」と呼ばれる時期だった。これが起きたのは、相互に連関する二つの原因によるものだ。一つは戦後生まれの人数の多い世代が学齢に達したこと、もう一つは生活水準の向上に伴う高学歴化である。出生数が多かった一九四六年生まれが大学に入学したのは、一九六五年のことである。一九六七年には、この年に一八歳を迎えた世代の一五％がバカロレアに合格した。その割合は、一九三一年には二・五％でしかなかった。大学生の増加は止まらなかった。一九五〇年には一二万八〇〇〇人だったものが、一九六三年には二五万人、一九六八年には五〇万人に達した。学生数の急増は、財政上、また教育上多くの課題をもたらした。急激な増加は徐々に爆発的な増加に転じ、古くからの大学の構造はもはや実態に適合しなくなっていた。すなわち、狭い教室、旧態依然の教育法、中央集権的で窒息寸前の大学行政などである。

混乱と緊張を呼び起こすこれらの要因に、社会に起因する要素が加わった。一九六八年の学生たちは、大部分、もはや指導層の家庭の出身ではなく、むしろ中間層に属していた。学生数が多いことから、卒業後の進路の問題は以前に比して高い関心を呼んでいた。学生たちの大半は、前の世代の学生たちのように親の地位に頼ることができなくなっていた上、数の少ない年代のような有利さもなかった。多くの学生にとって、学業は冒険と化した。というのは、彼らが将来の進路を選択するのを助けるいかなる有効な組織も存在しなかったからだ。それは、偶然に任されることが多すぎた。学業の途中でドロップアウトする学生の比率は、不安を抱かせるものだった。これに加えて、一九六七年の新学年から導入されたフーシェ改革が、心理的な動揺に拍車をかけた。政府は学生数の急増という事態を認識し、一九六六年六月二二日の政令で理学部と文学部において連続する二つの課程〔二年間の第一課程と、修士号の取得に至る第二課程〕を制度化することでこれに対応しようとしていた。しかしながら、総体として見ると、その現場における運用は「旧制度」下で入学した学生にとって不利であり、異論の多かった「新制度」における資格の対等性について彼らは不満を持ったため、この改革は全体的な不平不満の源泉となった。

特に不安が大きかったのが文学部（および「人文学部」）であり、わけても歴史が浅い心理学科、それ以上に社会学科でその傾向が強かった。その状況は、一語で表すことができた。失業の増加に対する心配であり、それに伴う社会的後退である。支配階層出身の学生たちには転落の危機が待ち受ける一方で、中間層出身者にとっては、学位を取得してもそれによって社会的な立場を上昇させることができないのではないかとの不安があった。見るからに学生数が多すぎるこれらの学科は、そもそも分析と社会批判を基礎とする学問の場であることもあり、「ブルジョワ大学」、「ブルジョワ文化」と闘うイデオロギーが浸透しやすく、教授たちもまた「資本主義の番犬」として批判の対象となった。かかる告発は活動的な少数派の言動でしかなかったものの、文学部の新設学科という環境において、一人ひとりが将来に対して不確かな感覚を持つ中では、これに耳を傾ける者も少なくなかった。

その一方で、教員たちの集団も大きな変化を遂げ、それによって古き大学を変容させつつあった。学生数の急増に伴い、多かれ少なかれアカデミックな基準に適合した新人教員（アグレジェ、高等師範学校出身者）が多く採用されたのである。「高官」と見なされる教授たちと、助手、講師、実験・実習担当者などの下士官的立場の人々の間に序列が生まれた。一九六〇年から一九六八年の間に、大学の教員総数は三倍になった。正教授と助教授は少数派となった。教授・助教授とより低い立場の人々の間には上下関係が生じ、特に将来の展望が描けない人々にとってはこの関係は耐え難く感じられた。状況は、専門分野によって異なった。伝統的な分野においては、こうしたヒエラルキーはまだ受け入れられていた。それは、長年にわたり形成されてきた規範、「指導教授」の庇護下で誰もが歩む定められた進路に見合うものだったからだ。これに対して、新しい学科である心理学科や社会学科では、慣習法による取り決めは一切存在しなかった。ピエール・ブルデューは、『ホモ・アカデミクス』で、大学の世界における力関係の大きな変化を分析し、その影響が専門分野ごとに異なっていることを的確に示した。古くからの専門分野では、高校で教鞭を取るアグレジェが大学教員の予備軍を構成しており、実績が評価されれば「キャリアパス」に従って昇進することができた。新しい専門分野では、大学教員になるには少なくとも「学業成績」とともに、「大学で有利な人脈」を持つかどうかに左右された。[3]「人文・社会科学」分野の下級教員が感じてきた立場の不安定は、彼らの異議申し立てへの志向を強めるものだった。より全般的に見ると、五月危機において、助手と講師の大半は学生側に立つこととなった。労働組合の論理が、「教授と助手が同一の方式で採用されている限りは機能していた、自由主義とフェア・プレー精神に基づく相続の論理[4]」に取って代わったのである。その結果、助手たちのSNES－Sup（全国中等教員組合－高等教育部門）は教員自治組合と対立した。語弊はあるが、教員たちの大半の「プロレタリア化」は、結果的に学生たちが直面する困難を肥大化させ、両者間の連帯を生じさせた。それを象徴したのが、主要メディアに写真がしばしば掲載された三人組、学生のダニエル・コーン＝ベンディットとジャック・ソヴァジョ、そして講師のアラン・ジェスマールである。

五月の事件の予兆となる衝突は、新設のナンテール・キャンパスで起きた。パリ・マッチ誌は、次のように書いた。

ナンテールは、いずれヨーロッパで最高の大学になるだろう。いまはまだ、貧しく荒れ果てた郊外にある工事現場だ。学部長のピエール・グラパンは「周辺環境に恵まれないのが私たちにとって非常に大きな問題です」と語った。「都市化もされておらず、田園でもありません」。学生一万二〇〇〇人を擁する文学・人文科学部は、過激思想の温床となっている。

すでに以前から、学生の一部は積極的に政治に関わっていた。一九六〇年代に起きた新たな現象は——先述の量的側面以外に——、政治闘争の伝統的な枠組みが崩れたことである。アルジェリア戦争の時期には、UNEF（フランス全国学生連合）が学生を組織し、戦争反対を表現することで学生たちは重要な活動を行なうことができた。しかし、一九六二年以降、学生組織は分散化した。UNEFはもはや代表的な学生組織だとは言えなくなり、むしろ競合する極左系団体が戦略的に支配しようとする対象へと変化した。極左系組織はもはや共産党の管理下にはなかった。同党は、一九六六年に、言説と行動をコントロールできなくなったため、UEC（共産主義学生連合）を解散させていた。この危機を契機に誕生したJCR（革命的共産主義青年同盟）は、アラン・クリヴィーヌを指導者とし、第四インターナショナルに加盟していた。しかしながら、JCRはトロツキズムを単独で代表したわけではなく、CLER（革命派学生連携委員会）と競合していた。シチュアシオニスト（状況主義者）、アナーキスト、毛沢東主義者、PSU（統一社会党）所属の学生たち……もまたそれぞれの主張を行ない、セクト主義的な立場を表明した。アルジェリア戦争時のシンプルな二項対立形とは異なり、新たな革命的要因が、相対立する多数の党派を生んでいた。社会主義陣営の結束の終焉、中ソ対立、イタリアから来た多極化理論は、ソ連型共産主義を否定しつつ、新たな正統的精神を分裂と細分化の方向へと導いた。

この若者たちの政治志向は、当然ながら学生と高校生のごく一部に関わるものでしかなかった。しかし、活動家ばかりでなく、一九六八年に先立つ数年間には、特に高校レベルにおいて、政治問題に対する関心の従来以上の高まりが観察された。ベトナム戦争という国際的動員の大テーマは、一九六四年九月に米カリフォルニア大学バークレー校のキャンパスで起きた最初のデモに始まり、そこから各国に波及した。至るところで、古くからある政党は、新しい独立系組織によってかき回された。フランスでは、「修正主義者」（共産党）に反対する、毛沢東主義の影響を受けた「現場のベトナム委員会」が「アメリカ帝国主義」に対抗して「ベトナム国民」の大義を支持し、さらに資本主義世界全体に批判を広げた。メディアの世界に起きた革命も、政治への関心を広めるのに寄与した。一九六〇年代を通じて、テレビは急速に家庭に普及した。毎日、世界中からの映像が、各家庭に届けられた。ベトナム戦争、米軍による爆撃、ベトナム人の日ごとの果敢な抵抗、これらについてもはや抽象的に語ることは不可能となった。凄惨な場面に対する慣れが訪れるのは、もっと後になってからである。戦争に苦しむ世界の最初の映像、飢餓、人間の間に存在する耐えがたい不平等は、若者たちからは警告だと受け止められた。一部の人々にとっては、自国の繁栄が大問題だと感じられた。各自が物事を比較したが、比較の対象は世代によって異なった。空間における比較を行なう若者は、第三世界の貧困の原因は先進国にあると考える傾向にあった。年長者は、時間的に比較し、労働を通じて何世紀も続いた欠乏から解放されたことで満足を感じていた。六八年の危機の核心には、世代間の意識のずれがあった。年長者の記憶と、若い人たちの新鮮な視線の間の隠された対立である。

しかしながら、若者を取り巻く政治的空気は、意外な状況を産み出した。批判の対象となったのは、従来、活動家たちが関心を示さなかった領域だった。日常生活である。この点においても、五月危機は通常の論争の枠組みを越えていくことになる。日常生活に関する最初のトラブルが起きたのは、一九六五年、パリ郊外アントニーにある学生寮でのことだった。学生たちは、男子寮の建物と女子寮の建物の間の自由な行き来を禁止する規則に対して抗議した。一九六六年秋、ストラスブール大学の学生たちは、やや不用意に、シチュアシオニストたちを学生組合の指導部に選出した。シチュアシオニストたちは一冊のパンフレットを発行したが、そのタイトルはそれ自体が政策綱領となっていた。それは、「経済、政治、心理、性、そして特に知的な側面から見た、学生の貧困について——また、これらの対処法のいくつかについて」というものだった。ル・モンド紙は、「ストラスブールでの予期せぬ事件」についてレポートし、そこで「現実に存在する危機の兆候」を分析した。目の前で作られる安楽で画一主義的な社会のために闘う意思に乏しく、野党が血道を上げる退屈な政治工作に失望した学生たちは、棄権へと逃げ込み、また一部の者は過激な抗議活動に走っている。

確かな動員力を持つ組織化された運動が欠如しているために、大半の学生が無関心でいる中で、小グループ間の罵り合い、何かに憑かれたような予言、そして対立がいくらでも行なわれる環境となった。(5)

一九六七年に、シチュアシオニストの一人であるラウール・ヴァンエイゲムは、雄弁な題名の宣言文を出版した。『若い世代のための礼儀作法概論』(6)である。著者は当時三三歳だったから学生より年長であるが、一九五七年に設立されたシチュアシオニスト・インターナショナルのリーダーの一人として地位を築き、一〇年後になって、その宣言文をとどろかせたのである。そこには、次のように記されていた。

新たな反乱の波は、左であれ右であれ、これまで専門的な政治の世界とは無縁だった若者たちを巻き込んでいる。中には短期間政治に関わった者も含まれるが、それは一時的に判断を誤ったか、あるいはやむをえない無知によるものだ。

その目的の性質は、いまでは変化していた。

日常生活の革命とは、あらゆる種類のイデオロギーのうちに貯蔵され、妨害され、隠されている、全面的実現の萌芽を、多かれ少なかれ楽々と見出せる人々の革命である。彼らはそれによって直ちに、だまされることも、だますこともなくなるだろう。

ヴァンエイゲムは同時に、シチュアシオニスト・インターナショナルとともに、新しい革命戦略を勧奨した。官僚機構化した政党の命令に基づく権力奪取ではなく、「日常生活の戦術家の糾合を通じた、細分化された行動を基礎とする」権力の完全な破壊を行なうべきだというのである。

一九六七年五月に、青年・スポーツ相のフランソワ・ミソフは、下院に「現代の若者」と題する大部の報告書を提出した。そこには、若者の抱える不安に関する記述はなかった。実際のところ、そんな問題に関心を持つ者が果たしていただろうか。わずかな議員のみが出席した議場で、大臣は結論を発表した。その数日後に行なわれた教育政策に関する審議の際にも、出席議員の数は多くなく、より熱心だとも言えなかった。

一九六八年一月、ナンテールのキャンパスでプールの開所式に出席したフランソワ・ミソフは、やがて有名になる社会学専攻の学生、ダニエル・コーン＝ベンディットから罵声を浴びせられた。コーン＝ベンディットは、大臣が報告書の中で、学生の性的な問題を取り上げなかったと非難したのである。不意をつかれたミソフは、プールに跳びこむことで問題を解消するよう勧めた。それ以降、抗議行動が連続した。一月二六日には、デモの際にプラカードを掲げる学生と大学側で衝突が起こり、グラパン学部長は「ナチス」呼ばわりされた。このような侮辱は、世代間に生じた溝の深さを物語るものだ。ナンテールの学部長はドイツ語学者で、戦時中はレジスタンスに参加した強制収容所の生き残りだった。単語の意味は、以前とは変わっていた。グラパンは「ナチス」であり、機動隊は「SS」だった。父親世代の用語を、父親たちの権威への批判として返したのである。過去を「記憶」する世代は憤激した。「怒れる人々」と呼ばれることになる者たちが求めた分断は、学部の責任者たちが窮余の策として決定した機動隊の介入という荒っぽい形を取ることとなった。しかし、大学のキャンパス内への警察の侵入ほど、多数派である一般学生と「革命的」小グループとの連帯を強めるものはなかった。

二月一四日、象徴的な聖バレンタインの記念日に、学生寮の住人たちは、内規に反対してストライキに突入した。多くの地方都市で混乱が発生し、特にナントでは大学区本部が襲撃された。大臣は譲歩し、午後一一時までの女子寮訪問を許可した。

三月二二日には、ナンテールで再びトラブルが起こった。その前日、パリ中心部のスクリブ通りにあるアメリカン・エクスプレス営業所の窓ガラスに石やボルトを投げ、アメリカ国旗を燃やしたかどで、何人かの学生が逮捕された。ダニエル・コーン゠ベンディットと仲間たちは、大教室から大教室へと駆け回って、抗議集会を開くことに成功し、集会の最後には大学の管理棟を占拠することを決定した。約二〇〇人が集まって、旧世界に対する非難を競い合った。こうして、「三月二二日運動」は誕生した。それから数日後、グラパン学部長を議長とする学部の教授会は、講義の中断を決定した。中断は、四月一日まで続いた。講義は、数カ月前から急増していた落書きをきれいに消した建物の中で再開された。学生側責任者の要求により、学生たちが議論を行なうことができるよう、大教室が一つ用意された。それでも騒ぎは収まらず、壁面には新たな落書きがなされ、専用の大教室以外の場所でいくつもの集会が開かれた。

四月三日、メディアは翌年から大学入学に際して選抜を行なうとの措置を明らかにした。かなり以前より、パリ大学理学部長ザマンスキを代表とする一部の大学関係者が主張していたこの措置は、アラン・ペルフィット教育大臣の提案に基づき、閣議で決定された。抗議する学生たちと「テクノクラート的資本主義」との間の溝は一層深まった。

四月二一日、UNEF総会が招集された。辞任を表明した議長ミシェル・ペロー（PSU）の後任議長を選出するためである。ソルボンヌ通りで開催された集会は、極右学生グループの襲撃を受け、激しい乱闘となった。毎日のように、新たな事件が発生した。四月二六日、ナンテールの「怒れる人々」は、共産党中央委員会委員ピエール・ジュカンが「大学危機への共産党の提案」について発表を行なうのを妨害した。次々と事件が起こり、数カ月来続くトラブルが重大化する中、グラパン学部長は五月二日に学部の閉鎖を決定した。その翌日、厳密な意味での危機が始まった。

五月三日、ナンテールとパリの学生数百名はソルボンヌの中庭で抗議集会を開いた。学部長と学長の要請を受けた警察は、容赦なく学生たちを退去させ、その一部を逮捕した。この事件が引き金となった。UNEFとSNES－Supが無期限ストを呼びかける中、いくつもの集会が開催され、警察と学生の間で最初の衝突が発生した。バリケードが造られ始め、自動車が燃やされるようになり、六〇〇人近い学生が逮捕されて、そのうち二七人が拘留された。警察による乱暴な介入は、厳密な意味での大学内部にとどまらない、学生たちと少数の活動家との連帯を生む結果となった。五月危機は、まさに抗議行動が活動家の範疇——グループそれ自体にしても、活動範囲にしても——を超えて、これまで「怒れる人々」の呼びかけにあまり反応しなかった大多数の学生にまで及ぶようになった瞬間に始まった。この運動に参加することになる証人の一人は、次のように書いた。

五月三日午後の、ソルボンヌ大学内の集会には我々は無関心だった。それは、この年の初め以来、我々が多くの場合「怒れる人々」に対して示していた態度と同じだった。慌てふためいた当局が、恐らくは魔法使いの弟子の話を忘れて機動隊を導入するという愚策を取った結果、始まったときとは比較にならない巨大な運動に発展したのである。(7)

当局は、予想通りの厳しい対応を行なった。ソルボンヌもまた閉鎖された。三日に逮捕された一三人のデモ参加者は、五日日曜日に現行犯として有罪判決を受けた。ウルトラ左翼の戦略の図式「挑発—取り締まり—連帯」は、ナンテールで実験された後、キャンパス外で効果を発揮することになる。

五月六日、前日に有罪判決を受けた学生たちとの連帯を示すためにUNEFの呼びかけで行なわれたデモは、その日の夕刻に市街戦と化した。バリケードが築かれ、車がひっくり返され、催涙弾が発射され、何百人もが負傷する衝突が起こり、逮捕者が出た。パリでは都市ゲリラ戦が開始され、地方の大学都市の大半では、学生たちが連帯してデモや集会が行なわれた。翌日には、また同じような事態が繰り返された。

五月九日、アラン・ペルフィットは、学長と学部長たちのソルボンヌでの講義再開の提案を退けた。その翌日、五月一〇日、この運動は裾野を広げて、数万人規模の大デモ行進に膨れ上がった。パリでは、夕方に事態が重大化した。エドモン・ロスタン広場の広大な交差点が数千人のデモ隊に占拠され、石畳の石がはがされ、バリケードを築くために自動車がひっくり返された。夜になると、警察はバリケードを攻撃せよとの命令を受けた。戦闘は五時間に及んだ。カルティエ・ラタンの住民がバルコニーから眺め、警察に罵声を浴びせる中で、火炎瓶と投擲弾《とうてきだん》が飛び交った。注目すべきは、この事件の拡大局面において、高級アパルトマンの住民が積極的に学生に声援を送ったことだ。警察の荒っぽい行動は、それが被支配階層の人々にだけ向けられたことから、不快感を与えたのである。パリの五区と六区（特にソルボンヌ、ヴァル＝ド＝グラースとオデオンの各地区）の住民は、通常多数が保守派に投票していたが、このときはまだ自らの「子供たち」を支援していた。デモの結果は重大だった。三六七人が負傷（うち三二人が重傷）、四六〇人が逮捕され、自動車一八八台が燃やされ、もしくは損傷され、通りの路面が掘り返された。「バリケードの夜」は、公衆に大きな動揺を与えた。「警察による弾圧」に抗議するため、労働組合と国民教育連盟は、五月一三日に二四時間のゼネストと「力強いデモ」の実施を決定した。
　この日、学生運動は全国から驚くべき強力な連帯を得ることに成功した。独立共和派からさえも、「民主主義国にあるまじき、警察による暴力的な取り締まり」に対する非難の声が上がった。前々日にアフガニスタン公式訪問から帰国したジョルジュ・ポンピドゥー首相は、沈静化を図る施策を決定した。彼は、逮捕された学生の釈放と、ソルボンヌの再開を発表した。彼にとって、これは一八七一年三月一八日の蜂起に直面したティエールが、より有利な立場で戻ってくるためにいったんパリを離れたのに似た、戦略的退却だった。レイモン・アロンは、ポンピドゥーが失策を犯したとして批判したが、これに対して、首相は七月に次のように回答した。

私の見るところ、五月一一日の決定がこの動きを止める可能性は一％もありませんでした。それがどうしたのか、と問われるかもしれません。そこで、私はある立場を守り切れない場合に一般的に行なわれていることをしたのです。私は、防御可能な位置まで退却しました。そして、この退却に「意図的」な性格を与えました。それは面目を保つためと、世論のためでした。[8]

　一三日のゼネストへの参加状況はまちまちだったが、すべての都市で大規模なデモが、労働者、大学生、高校生を集結させた。パリでは、数十万人のデモ隊が、レピュブリック広場からダンフェール＝ロシュロー広場まで行進した。労働組合の担当者は、先鋭的な学生集団に過激な行動を取らせないよう神経をとがらせ、一方で機動隊はセーヌ河に架かる橋を封鎖して、左岸でのデモの終盤を警戒していた。

この同じ日に、再開されたソルボンヌの大教室には、多くの人々が詰めかけた。やがてパリと地方の大学のすべての学部でそうなるように、ここでは何千人もの学生と教員（多くは下級教員である）が、熱情が決して皮肉を排除しない熱狂的な雰囲気の中で、次々と集会を開催し、次々と動議を採択し、弁論術と極度の高揚を競い合い、過激な抗議のスローガンを叫んで、天と地を揺るがせた。

この言葉の永久革命に連日参加しにやって来るのはどういう人々だったのだろうか。将来に自信を持ち、素晴らしくも予測不能なレクリエーションの楽しみを味わうためだけにやって来る人々がいる。キリスト教的な愛他的精神から、あるいはライックなヒューマニズムから、政治的大義のために尽くす人々がいる。「革命」を通じて目覚めた人々もいた。陰に隠れていた人々が輝くようになり、沈黙していた人々が雄弁になり、誰からも注目されなかった人々が喝采を浴びた。何ら失うものがなく、自らの地位に不満を抱き、自らの人生に満足できず、この事件をこれまでとは違った運命を約束するものだと受け止めた人々がいた。即興的に言葉が紡ぎ出される象徴的な革命の場に、大都市が常に抱えている時間のある人々が集まって来た。仕事のない弁護士、理想を語る説教師、万能薬の発明者、入門指導祭司、神知論者、幻視者、予備役軍人、「カタンガ傭兵」［カタンガ独立を目指すチョンベが指揮した傭兵隊で、一時期大きな話題となった］、仕事にあぶれたさまざまな人々……すでにフロベールは、『感情教育』においてこの種の人々を類型ごとに分類しており、マルクスとエンゲルスもこうした人々に遭遇していた。パリ・コミューン派も、彼らの懸念から逃れることができなかった。彼らは社会にうまく溶け込めず、脱落し、希望を失い、この機会を第一線で存在を示すための千載一週のチャンスだと捉えた端役の予備軍だった[9]。

しかしながら、厳密な意味での学生運動の局面はこれで終了した。五月一四日、ナントのシュド＝アヴィアシオン工場でのストライキと工場占拠により、社会的危機が始まった。翌日、クレオンのルノー工場がストに突入した。一九三六年六月同様に、この動きは瞬く間にフランス全国に波及し、「経済的楽観主義」の信奉者を驚かせた[10]。学生運動は、労働運動との統一を試みた。しかし、五月一三日の統一運動デーの実施にもかかわらず、部分的な結束は見られたものの、それ以降は最後まで、それぞれの運動の個別的性格が維持された。むしろ、両者の相互乗り入れが不可能だったことが、その後の展開を特徴づけた。工場から出てきた要求は階級闘争の枠組みに従ったもので、そのルールは一世紀に及ぶ労働争議の中で、暗黙裡に徐々に確立されてきていたのである。

九〇〇万人のスト参加者

学生の行動が労働の世界に及んだのは、多くの場合、五月一三日のデモに参加し、決意を胸に戻ってきた若手労働者たちを通じてだった。ルノーのクレオン工場では、若手労働者が工場長を管理職一〇人ほどとともに、工場長室に監禁した。彼らは工場の入り口に赤旗を掲げて、無期限占拠を宣言した。その他のルノー工場では、フランにも、サンドゥーヴィルにも、ル・マンにも、ビアンクールにも、この動きが波及した。先導的な役割を担う企業であるルノーがもたらした効果（「ルノー効果」）は、運動を大きく加速させ、かつ拡大させる役割を果たした。翌五月一七日、スト参加者数は二〇万人に達した。数日のうちに、ただの波だったものが津波へと変わった。

一九三六年と同様、これらは組合の指令に基づかない、現場から始まったストライキだった。いくつもの工場で、新世代が決定的な行動を取る様子が見て取れた。新世代の若者は、多くの場合先輩たちよりも長く学校に通っており、彼らが担当しているルーティン的な作業には満足できなかった。一九六九年に行なわれた調査によると、学生が「工場を訪れて労働者と議論する」ことを最も強く求めた人々は、二〇～二四歳の年齢層に多く、一五～一九歳ではさらに多かった。そして、そのうちにはCAP（職業適性資格）取得者が含まれた。[11] これについて、ピエール・ブルデューは次のように指摘した。「デモへの参加率は、教育レベルが高いほど上がり、年齢が上がるほど低くなる」[12]。ベテラン工員らは、二〇年来たどってきた道筋をよく知っていた。最年長の部類に入る人々は、経営者が企業内部で自在に権力をふるい、失業が恒常的な脅威であり、まともな暮らしをするにはさまざまな工夫を凝らし、「犠牲」を払わなければならない時代のことを記憶にとどめていた。彼らは一定程度社会に同化し、改善を望んではいたが、行き先が見えない中で危険を冒す意図はなかった。彼らをつなぐ鎖は、いまではマルクスの時代とは別の素材でできていた。それは月給、持ち家、家電製品といったものになっていた。より若い人々は、「豊か」な社会の中で成長した。彼らは、親の世代が勝ち取ったもので満足していなかった。なぜなら、それは当然の前提だったからだ。給与も、企業の内外における位置付けも、彼らを画一的な枠組みの中に閉じ込めることはできなかった。ストライキは、最低の場合でも、平板な工場での日常に変化をもたらすことで遊びめいた気晴らしになったし、最良の場合には新たな生活に入るための夢のような機会を提供してくれるかもしれなかった。大人の世界に足を踏み入れようとしている時期に、大学からの自由をもたらすユートピアの風に吹かれた彼らが、労働者の疎外、経営側による抑圧と資本主義的奴隷制に関する言説に影響されずにいることができただろうか。

五月一七日、列車は駅に停車したままだった。五月一八日には、郵便は配達されなかった……しかしながら、一八日からは、三大労働組合（CGT、CFDT、FO）は、この流れに方向性を与えるべく動き始めた。労働組合——特に、最大労組であるCGT——は、随所で起きていた労働者と学生の間の連携を警戒していた。

出来事の当初より、共産党は新左翼の動きに対し警告を発していた。五月三日、ジョルジュ・マルシェはリュマニテ紙に寄せた記事で、「ドイツ人アナーキスト」コーン＝ベンディットと、「図々しくも労働運動に教訓を垂れ」ようとする「仮面を剝がすべき偽革命家」を非難した。

この偽革命家どもの仮面を力を込めて剝がさなくてはならない。なぜなら、客観的に見て、彼らはド・ゴール派の権力と大独占資本家たちの利益に奉仕しているからだ。

PCFは、労働者階級に対する自らのヘゲモニーを、他の勢力に明け渡す意図はなかった。社会党との連携に基づく同党の戦略は、「新左翼冒険主義」によって妨害されるべきではなかった。ソルボンヌが閉鎖されてからも、リュマニテ紙は警察による取り締まりを招いた人々の「無責任な行動」を非難した。この表現は、PCFの機関紙で連日使われた。「無責任なグループの行動は、権力側の目標実現を助けている」(五月八日)。「自由の擁護」のための大衆的抗議行動に加わった共産党は、早くも五月一四日に、唯一の「明瞭な展望」を明らかにした。それは「左翼政党間の協調」であり、「冒険的行動を求める指令」に対する拒絶だった。同党にとって、労働者の闘争と学生の闘争は同じ一つの闘争だが、両者の勝利は労働者階級の組織の指導の下以外ではありえなかった。五月一六日、CGTは「労働者に混乱と分裂をもたらす目的で行なわれるさまざまな工作」を批判した。ストの動きが始まっていたことから、共産党政治局は「左翼政党間の、進歩的政策綱領に基づく協調」の必要性を主張し、「あらゆる冒険的行動を求める指令に反対する」と、再び警告を発した。PCFとCGTの立場が変わることはなかった。左翼の結束、社会政策に関する一致、これが「個人権力」に終止符を打つ唯一の方策だった。一方、新左翼によるイニシアティヴ――オデオン劇場占拠、あるいは国営ラジオ周辺でのデモ――は、引き続き「挑発行為」として非難の対象となっていた。

その間、スト参加者の数は増え続けた。五月二四日には九〇〇万人近くに達した。一九三六年には、六月のスト参加者はおよそ三〇〇万人だったから、記録は軽く破られた。影響を受けない活動分野は一つとしてなかった。農業労働者までもが、ピカルディー、アンジュー、ラングドックなどの地方で見られたように、集団行動に引き込まれた。

ゼネストにより、フランス全土がマヒ状態となった。これを、どのように説明できるだろうか。六〇年代は、経済成長と生活水準の上昇の時代だったはずではないか。この観点からは、人民戦線のコンテクストと六八年五月のそれは比較できないほど異なっていた。しかし、これほど規模の大きい社会的運動の原因を、経済全般に関するデータだけから捉えることはできない。「低賃金」の工員やその他の労働者に、彼らの購買力がこの二〇年で、それまでには考えられなかったほど大きく増加したと言ったところで、こうした経済学者や歴史家の言説に若者が反応しないことはわかっていた。加えて、購買力は冷徹な客観性によって測れるものではない。購買力に関連する満足あるいは不満の程度を併せて考えなくてはならないのだ。豊かさのほんのわずかな部分しか与えられていないと感じている人々においては、不満は社会の富の増加に比例して大きくなるのである。[13]

攻撃的なストライキは、経済成長の恩恵を受けていた。豊かな国で暮らしているとの認識を持つ工員や事務員は、彼らが作り出す富の割には「落ちこぼれ」になっていると考えていた。とはいえ、経済情勢がさまざまな不安を生み出していたことを無視するわけにはいかない。一九六八年の最初の数カ月間、世論の目には経済状況が悪化しているように見えた。この年の一月に、「国は、あなたに関わる経済問題、すなわち雇用や所得水準について、十分な情報を把握していると思いますか」との質問に、五七%が否定的に回答した。[14] 経済が全体的に成長する中で、一九六七年は相対的に見てよい年ではなかった。特に、経済財政政策のために、個人消費が落ち込んだからである。生産と成長率に関する数字は足踏み状態で、失業の危険が迫っていた。一九六八年初めには、失業者数は一九六四年に比して四倍に増えていた。四月には、その数は三万七〇〇〇人と見積もられた。その上、失業者の半分は二五歳以下だったため、若い世代の闘争心は一層高まっていた。

このように、一九六八年のストライキは二つの異なる状況が組み合わされた結果だった。一方では、長期にわたる動き――ほぼ連続した経済成長――が労働者側の攻勢の前提となり、他方では当時の経済情勢――ここでは、最も重要なのは雇用に関する脅威である――が守勢の原因を作っていた。

しかしながら、こうした状況は巨大なストライキのうねりを予想させるものではなかった。これを説明できるのは、大学の危機に端を発したエネルギーの爆発と、その影響力の大きさだけだ。学生たちが見せた模範的な闘争心、警察の取り締まりに対する反感、将来予想される暮らしに満足できない若い世代の参加、以前の紛争以来くすぶっていた対立、何人かの「リーダー」の人格的特徴、早期に労働争議が起きたいくつかの企業の事例、地域的もしくは全般的な多数の要因が、この動きを「油染み」のように広げることとなった。これに加えて、マス・メディアの報道が、運動を急速に拡大させた。その結果、さまざまな種類の要求が出された。全体として生産性の向上に追いついていない賃金の上昇、雇用の維持、また業種によっては労働条件の改善、企業内部における序列の見直し、組合の「発言力強化」などである。CGTとCFDTの要求は、必ずしも一致していなかった。前者はより古典的な要求を行ない、後者はUNEF、PSUおよび「新左翼」のスローガンにより近い要求を掲げた。ルージュ誌は、五月二六日号で、「CFDTは〝五月を代表する組合〟となったか」と問いかけた。このトロツキスト系週刊誌は、化学工業組合書記長のエドモン・メールを「要求を軟化させ」ようとしているとして非難しつつも、「CGTとは異なり、CFDTが五月の学生運動に対して開かれており、UNEFを通じて学生との接点を維持しようとしている」と指摘した。

ストが拡大する中、大学生と高校生はそれぞれの大学と高校において、委員会あるいは総会を開催し続けた。最も熱心な者は、広がりつつある改革的心情を軽蔑し、工場へと目を向けた。マルクスの言葉を用いて、彼らはツルゲーネフのナロードニキを模倣した。彼らは、労働組合の警備班が防護する門の前でのナロードニキの失敗も知っていた。CFDT書記長ウジェーヌ・デカンは、UNEF副議長ジャック・ソヴァジョに向かって、「仕事用具」の安全のために、学生と労働者の会合は、工場以外の場所で行なわれるべきだと説いた。一方で、共産党は警戒を解かずに、予想外の過激な行動をことごとく阻止した。そのため、新左翼は組合、特にＣＧＴに対して攻撃を行なった。サルトルは、「共産党は、革命を恐れている」[15]と述べることになる。

共産党は戦略を変更することなく、「人民政府と民主的連合のための行動委員会」設立を目指すとの宣言を行なった。それは、左翼共同綱領を求め、新左翼の挑発行為に反対するものだった。ドイツ国籍のダニエル・コーン＝ベンディットに対するフランス滞在禁止措置を受けて、五月二二日には夜遅くまでデモ参加者が増え続けたが、ＣＧＴはデモを非難した。学生運動と、共産党系組織の支配下にある労働運動とは、完全に決裂した。

その一方で、五月二二日、ジョルジュ・ポンピドゥーが議会で労働組合と対話する用意があると発言すると、ＣＧＴとＣＦＤＴは全般的交渉を求めるとの声明を発表し、ＦＯは議論を行なう用意があることを明らかにした。ジョルジュ・ポンピドゥーは、五月二五日土曜日、各組合に対してグルネル通りの社会問題省にて、ＣＮＰＦ（フランス全国経営者連盟）との会合に参加するよう呼びかけた。

この間、二四日午後八時、ド・ゴール将軍はラジオ・テレビ演説を行ない、「参加《パルティシパシオン》」〔企業の経営および利益の配分に従業員が参加するとのド・ゴールの計画。一部は一九六七年のオルドナンスにより制定された〕に関する国民投票の実施を表明した。口調には自信が見られず、ド・ゴールの言葉の魔術は効果を発揮しなかった。街頭デモは再開された。ＣＧＴのデモ隊と学生のデモ隊は、合流することなく競い合った。五月二四日から二五日にかけての夜、新たな暴力的な事態がパリで発生した。今回はカルティエ・ラタンにとどまらず、リヨン駅、バスティーユ広場、ナシオン広場にまでバリケードが築かれた。象徴的に、「資本主義の神殿」である証券取引所に放火しようとの動きも見られた。カルティエ・ラタンでは、警察が「怒れる人々」を散会させるまでに五時間を要した。地方では、農民のデモが二〇万人以上を集結させた。この日は、パリで一人とリヨンで一人、合計二人の死者が出た。

このために、ジョルジュ・ポンピドゥーが議長を務める五月二五日のグルネルの交渉は、非常に緊張した雰囲気の中で始まった。首相とCGT書記長ジョルジュ・セギーの一対一の長時間にわたる協議を交えた、二五時間にわたる議論の末、五月二七日早朝、首相は政府と経営側の提案書を公表した。彼は、この文書に「以下の署名者間の合意書」と題することを希望した。複数の組合代表者がこれを拒否したため、文書には題名はつけられなかった。これは「グルネル合意」と呼ばれることになるが、決して組合側の同意を得たものではなかった。多くの点において結論が出ず、ジョルジュ・セギーが労働者に判断を任せるとしたためである。

経営側と政府の譲歩は、しかし決して小さくはなかった。最低賃金の時給二・二二フランから三フランへの引き上げ、給与の引き上げ（六月一日に七%、次いで一〇月に七%から一〇%）、第五次経済計画の終了時までの週当たり労働時間の一時間ないし二時間の短縮、労働組合の権利に関する政府案の策定等である。ポンピドゥーは以下の通り表明した。

我々は、非常に重要な結果を残すことができたと評価しています。これにより、技術的に可能な限り早急に、労働を再開できるものと考えます。

同じころ、ＣＧＴはセガン島のルノー・ビヤンクールの一般組合員向け集会を招集した。工場のＣＧＴ連絡会議代表の報告によれば、当時工員一万人がストに参加しており、彼らはジョルジュ・セギーの工場到着以前にストの続行を決めていた。セギーは、この決定を覆そうとはしなかった。集会の最後に、参加者たちは「人民政府樹立を！」とのスローガンを叫んだ。それ以外の企業でも、スト参加者たちは「グルネル合意」を拒否する意思を投票により表明した。彼らは、より多くの結果をこの合意に期待していたのである。

この失敗以降、事態は政府にとって大いに憂慮すべきものとなった。Ｐ・ヴィアンソン＝ポンテは五月二八日のル・モンド紙に、こう書いた。

グルネルの交渉結果がこの労働紛争を解決するに至らず、「一般組合員」から受け入れられない場合、暴力と混乱に満ちた空気の中で、フランスは重大な国家的危機を迎え、革命と呼ぶべき状況下に置かれるだろう。

五月二七日からは、労働争議は政治危機に変わった。ゼネストのために国全体の活動停止が続く中、ＥＤＦ（フランス電力公社）は、ついに部分停電の実施を決定した。

政治危機

第五共和制の樹立以来、そして特に一九六二年以降、フランスはそれまで欠落していた、政府に安定した基盤を保証する制度を確立していた。一九六八年四月の世論調査によれば、ド・ゴール将軍はフランス国民の支持を得ていた（六一％が「満足」しており、「不満」としたのは三一％だった[16]）。しかしながら、この体制の個人的かつ権威的なスタイルは、アルジェリアの悲劇が起きていた時期には有効だったが、植民地時代が終わった後のフランスを統治するのには適切でなくなっていた。さらには、個人中心の権力という性格から、ド・ゴールとポンピドゥーにすべての不満が集中する結果を招いた。

一九六八年六月初め、レイモン・アロンは学生たちの「またと見出しがたい革命」と彼が呼んだ現象に対して厳しい批判を浴びせつつも、強力な権力の弱点を見抜いてもいた。体制は「すべての安全弁を取り除いてしまった。議会、政党、そして組合との対話を縮小するか、もしくはなくしてしまったのである。フランスは、あらゆる中間団体の弱体化に苦しんでいるが、この弱体化は、ド・ゴール的な権力行使が必然的に惹起するものなのである[17]」。

一九六七年の総選挙以来、与党は国民議会で過半数をわずかに上回っているにすぎなかった。一方で、野党は少なくとも三つの勢力に分裂していた。共産党、非共産党系左派と中道派である。ポンピドゥー内閣に対する不信任案は二三三票を獲得したが、可決には二四四票が必要だった。したがって、行政府の二人の長がイニシアティヴを取る番だった。ド・ゴールもポンピドゥーも、他の多くの人々と同様に、当初危険性を認識していなかったこの運動に不意を突かれた形となった。意外なのは、二人とも時宜を得ない外国公式訪問をキャンセルせず、ポンピドゥーが五月二日から一日までイランとアフガニスタンを、ド・ゴールが一四日から一八日までルーマニアを訪問したことである。大学の危機も、五月一三日のゼネストも、重大だとは見なされなかった。しかし、一方で首相が常識人の現実主義に基づき態勢を立て直したのに対し、ド・ゴール将軍は五月三〇日まで、この風変わりな危機に適切な対応を取れないように見えた。

グルネルの擬似合意が拒否されると、国はその基礎から揺らいでいるとの印象を与えた。五月二六日日曜日には、ギィ・モレ、ルネ・ビリエール、ガストン・ドフェールらを迎えたシャトー＝シノンでの集会で、フランソワ・ミッテラン――彼は一九六五年の大統領選で左派の統一候補だった――は体制の破綻を予測した。翌日のセガン島での集会の後では、何が起きてもおかしくないように思われた。

しかしながら、二つの事実が政権にとって有利な切り札となると思われた。一つは、世論の嫌悪感である。終わりが見えないゼネストに嫌気が差し、内戦になるのではないかとの心配が大きくなっていた。この点に関して、五月二七日には世論調査結果が世論の逆転を示した。それまでは好意的に受け止められていた学生デモは、いまでは多数派の反発を呼ぶようになっていた[18]。混乱が現実となり、安全を求める気持ちが強まっていた。その一方で、五月の運動のエネルギーがどのようなものであれ、この運動――それは強みとともに弱点でもあった――には方向性が欠けており、組織化されておらず、ジェスマール、コーン＝ベンディット、ソヴァジョのトリオ――「ダニー」〔コーン＝ベンディットを指す〕が国外追放となってからはデュオとなったが――は少しもボルシェヴィキのトロイカではなかった。こうした状況下では、左翼の各政党が連合を組んで、弱体化した現政権の後継者に名乗りを上げることが、政権交代の唯一の方策だった。しかるに、この連合の実現にはほど遠い状態だった。非共産党系左派とCFDTは学生運動との「接触」を保とうとしていたが、一方で共産党は当初から新左翼の冒険主義と激しく対立していた。知識人や活動家など、この出来事に立ち会った多くの人々は、共産党とド・ゴール政権との「事実上の共犯関係」を指摘した。五月二七日は、左翼の分裂を明確化する一日となった。

この日、UNEFとPSUはシャルレティ競技場で集会を開催し、CFDTもこれに協力した。三万人から四万人の参加者と赤旗と黒旗の森の前で、CGTと共産党の役職を辞任したばかりのアンドレ・バルジョネは、こう叫んだ。「いまや、革命を起こすことは可能です。しかし、そのためには、すぐに、いますぐに組織化する必要があります」。発言こそしなかったものの、ピエール・マンデス・フランスの姿が見られたことが、参加者全員の記憶に刻まれた。共産党の外側に、強大な左翼の力が結集されつつあるとの印象がもたらされた。

共産党はシャルレティの集会を非難する一方で、同じく二七日夕刻、首都の一二カ所で、CGTを通じて一連の集会を開催した。政権の周辺が共産党による実力行使――新左翼は、その前座を務めているだけだと見られた――を懸念する一方で、シャルレティのデモ隊は共産党の「裏切り」に抗議した。

翌五月二八日、リュマニテ紙は共産党の立場を明らかにする前日の政治局決定を公表した。

労働者に不利になる大規模な工作が行なわれつつある。何人もの労働組合関係者が、組合、経営者および政府の間の交渉を「無意味」だとして、これを妨害することを明確な目標の一つとするデモを支援している。我々は、当面の要求のための闘いと、真の民主主義および社会主義のための闘いの分断を拒否する。したがって本日我々は、五月二七日にUNEFが計画しているデモに参加しないよう呼びかけるものである…（中略）…我々は白紙委任を求めるド・ゴールにこれを認めないばかりでなく、ド・ゴール政権に取って代わろうとしながら、労働者の要求を時代遅れだと称してこれに応えず、労働者階級とこれを代表する政党を国政から遠ざけ、真の民主主義と社会主義思想の信頼を失わせ、反共的かつ対米追随の体制への道を開こうとする政府の樹立を目指すいかなる工作にも反対する。それは、過去への回帰となるからである。

非共産党系左派、特にフランソワ・ミッテランは、現状の力関係においては、ド・ゴール後継となるためにはPCFとCGTの支援がほぼ不可欠であると理解していた。それゆえフランソワ・ミッテランは、FGDS（民主社会主義左派連盟）議長としてPCFの指導者との会合に招かれると、これに応じることにした。しかし、主導権を失わないために、彼はこの会合の前に、記者会見を行なうことに決めた。この時点で、最も広く共有されていたシナリオは、六月一六日に予定される国民投票で敗れたド・ゴール将軍が下野する、というものだった。五月二八日火曜日の朝、ミッテランは大統領選出馬の意向を表明し、将軍辞任後——遅くとも六月一六日——の「空白を埋める」ために、マンデス・フランスを首相とする「事務処理暫定内閣」の組織を提案した。一方、マンデス・フランスは「全左派勢力が結束して要請するならば、責任を果たす用意がある」と発言した。この日一七時から行なわれたＰＣＦとＦＧＤＳとの会合では、何ら前向きな結論は出なかった。左派二大勢力間の根深い不一致を覆い隠せない短い声明が出されたにとどまった。

こうした共産党の態度を、どのように説明できるだろうか。シャルレティに集まった活動家たちと同様に、Ａ・バルジョネは次のように解説した。

一九六八年五月のＰＣＦの態度には不思議な点は一つもなく、冒険物語めいた理由を求める必要はない。それは単に、革命政党でなくなってから長い時間を経た政党が取る当然の態度だった。加えて、同党はより明快に、改良主義ないしは社会民主主義の方向に向かっていた。[19]

実際には、共産党が革命政党だったのは「国際的」戦略の内側においてのみだった。この危機に際して、政治局が行なった決定やリュマニテ紙に掲載された各種文書に、繰り返し「米国の政策に追従する体制に道を開くこと」を共産党が拒否する旨が記されていることは注目に値する。換言すれば、「個人的権力」に代えて、明確に「親米的」な左派に権力を与えるべきではないのである。ド・ゴールは米帝国主義支持の陣営を弱体化させた点で評価されるべきだった。彼はフランスをＮＡＴＯ軍事機構から脱退させ、社会主義陣営にとってはミッテラン、マンデス・フランスとモレのリーダーシップよりもはるかに有益だった。彼らに対抗するためには、左派政権が樹立されるならば、ＰＣＦは中心的な位置を占めるべきだった。いずれにしても、共産党は新左翼に先を越されるわけにはいかなかった。共産党は、「労働者階級の党」であり続けなければならなかった。共産党が主張する「人民政府」は、同党を基盤とすべきだった。非共産党系左派は、自らの構造的脆弱性を認識していたから、これほど強力な連携相手に重要な役割を与える意図はなかった。両者間の合意は、不可能だったのである。

五月二九日、ＣＧＴはフランス全土で力の誇示を目的としたデモを組織した。パリでは、「人民政府」の樹立を求める巨大なデモ隊が、バスティーユからサン＝ラザール駅まで行進した。この同じ水曜日、ド・ゴール将軍は予定されていた閣議を直前にキャンセルして、エリゼ宮を後にしてコロンベイに向かった。いかなる説明もなかった。午後五時には、将軍がコロンベイに到着したことが明らかにされた。これによって、権力の空白という事態が、予想可能なものとなった。この日の晩、ピエール・マンデス・フランスが、前日にフランソワ・ミッテランが提案した「事務処理暫定内閣」の首相を引き受ける用意があると、記者団に表明した。政治危機は、頂点に達した。与党内には、明らかな不安が見て取れた。野党側では、中道派の指導者ジャン・ルカニュエが次のように述べた。「マンデス・フランス氏が自由を擁護し、欧州統合と社会政策を重視するなら、彼が選ぶ人々について議論するつもりはありません」。しかしながら、翌五月三〇日に、ド・ゴール将軍の帰還とド・ゴール派の攻勢により、それまでの算段は一掃された。

五月二九日にド・ゴール将軍は側近たちにも告げずにバーデン＝バーデンに赴き、在独フランス軍最高司令官のマシュ将軍と面談していた。その目的については、さまざまな議論が行なわれてきた。死後に出版されたジョルジュ・ポンピドゥーの著書『真実を取り戻すために』によれば、「将軍は自信喪失の状態に陥り」、外国に向け出国する意思を持っていた。

マシュ将軍は、勇気と、闊達な表現と、過去の想起と、軍の忠誠の保証により、将軍の意思を変え、さらには完全に覆させることに成功した。[20]

この証言は、マシュ将軍の副官だったリシャール大佐が、ル・ポワン誌一九八三年一月一〇日号で裏付けている。それに反して、この説明はレスポワール誌一九八四年三月号のフランソワ・ゴゲルの論文で否定されている。五月二四日から二九日にかけてのド・ゴール将軍の態度を詳細に分析したゴゲルは、将軍は戦術上の感覚を何ら失うことなく、大仰な演出をして見せたのだと証明しようとしている。バーデン＝バーデンでマシュと面会したのは、一つには「一九六〇年一月に司令官の職務を解いた人物と直接面談して、アルジェリア独立によって、アルジェリー・フランセーズに対する確信が強かった将官の代表格であるマシュの心理に、取り返しのつかない傷が残っていないことを確認すること」が目的だった。他方で、フランソワ・ゴゲルによれば、バーデン＝バーデン往復には、「何よりも世論にショックを与えることが目的だった…（中略）…ド・ゴールとマシュという二つの名前が組み合わさることで…（中略）…世論に対して非常に大きな効果が発揮され、大統領があらゆる手段を用いて『乱痴気騒ぎ』を収束させようと決意していることをフランス国民に理解させることになったのである」[21]。

いずれにしても、ポンピドゥーがある具体的な点についてド・ゴールを説得したことは、評価しなければならない。当面、評判が芳しくなかった国民投票を断念すること、議会を解散し選挙を実施すること、である。五月三〇日午後四時半、将軍がラジオ演説で右の決定を明らかにすると、世論はすぐさまこれに反応した。首相が留任する一方、内閣改造が行なわれ、議会は解散され、国民投票は延期された。フランス国民は、総選挙による意思表示を求められた。大統領は国民に「市民としての行動」を取るように求めつつ、屈服させるべき相手を明示した。それは、「全体主義的な共産主義」だった。

その三〇分後、議会で最後の会議が開かれた後、ド・ゴール支持のデモ行進が行なわれた。その前の月曜から入念に準備されたデモは、シャンゼリゼに一〇〇万人とされる大群衆を集めた（警視庁によれば実際には三〇万人だったが、いずれにしても巨大なデモだった）。マルローを先頭にして、ドブレやその他の閣僚たちが最前列に並び、無数の三色旗が振られる中、参加者たちはラ・マルセイエーズを歌い、「我々はド・ゴールとともにある」、あるいは「ミッテランは失敗した」と叫んだ。こうした示威行為は多くの人々を驚かせた。というのは、この一カ月近く、街頭は体制の反対者に占拠され、これに対抗していたのは警察だけだったからだ。この反転攻勢は、世論調査が示したように、世論が平穏化を求め、正常化とストライキの収束の希求へと逆転し始める重大な局面で起きた。翌五月三一日、地方都市で政府を支持する巨大なデモが組織された。六月一日には、これまで不足していたガソリンが、十分に供給されるようになった。ペンテコステの週末に、旅行に出かけられるようになったのである。これは象徴的な現象であり、また人々を安心させるものでもあった。

五月三一日の晩、ジョルジュ・ポンピドゥーは最低賃金を三フランと定める政令に署名した。労働組合の態度にもかかわらず、グルネル合意が発効したのである。振り子は逆に振れた。選挙を通じた解決は、左派政党が拒否できない結末をもたらした。早くも五月三一日に、ジョルジュ・セギーは次のように述べた。「CGTには、選挙の実施を妨げる意図はまったくありません」。その後の数日間、共産党は「秩序と平穏の空気」の維持に努め、その間に選挙準備を行なった。叫び声を上げているのは、新左翼だけだった。「選挙は裏切りだ！」。そして、混乱状態を維持しようと試みた。しかしながら、革命が起こらなかったことには、誰もが同意せざるをえない。正常化が進んでいたのである。労働者たちは、徐々に職場に復帰した。六月六日にEDF、製鉄業と石炭公社で操業が再開されると、SNCF（フランス国鉄）とRATP（パリ交通営団）がこれに続いた。リュマニテ紙は、見出しにこう掲げた。「統一のうちの勝利にあふれる労働再開」。共産党機関紙は、エティエンヌ・ファジョンの筆になる記事で、「闘争が勝利へと導いたにもかかわらず」労働の再開を妨げようとする人々を非難した。新たな労働争議が、あちこちで操業再開を遅らせていたが、労働運動が勢いを失っていることは明らかだった。六月一六日には、ソルボンヌ大学からデモ隊が排除された。一七日には、ルノー工場のストが終息し、CGTとCFDTの間の議論では意見の一致が見られず、CGTはCFDTを「新左翼グループに対して妥協的すぎる」として非難した。

ド・ゴール政権の側では、「左派ド・ゴール派」が大挙してポンピドゥー内閣に入閣する一方で、アルジェリー・フランセーズの闘士たちが復活を遂げていた。ジョルジュ・ビドーの亡命先からの帰国、サラン将軍、アルグー大佐とOASメンバーの受刑者九人に対する恩赦、欠席裁判で有罪となっていたブロワザとラシュロワの帰国……将軍の周囲に「全体主義的共産主義」――新左翼と社会党は、その「無自覚な手先」だとされた――に反対するすべての人々を結集させるための努力が払われた。

六月二三日と三〇日に行なわれた総選挙により、ド・ゴール派と連携勢力による事態の掌握が完了した。与党は、一九六七年総選挙に比して一六四万票を増やし、それは有効投票の七・八％に相当した。得票率は、四六％に達した。左派は、ほぼ四一％を獲得した（PCFとFGDSは後退し、PSUは票を増やしたものの、得票率は四％に及ばなかった）。最大の敗北を喫したのは中道派で、一二〇万票近くを失い、得票率は一〇・三％まで落ち込んだ。決選投票でUDRの勝利はさらに拡大し、連携する政党と合わせると、全議席の四分の三近くを獲得した。誰もが「またと見出しがたい議会」を連想した。

しかしながら、これはド・ゴール将軍の勝利だとは断言できなかった。将軍は、少なくとも一時的に国民投票の断念に追い込まれ、それは彼が戦術ミスを犯したことを示していた。将軍は、この危機の期間を通じて影響力を増したジョルジュ・ポンピドゥーが勧めた解決策を受け入れざるをえなかった。ド・ゴール派議員の数が最大化したこの時期に、支持者の目にも将軍の名声が打撃を受けていることは明らかだった。それにもかかわらず、何人もの証言者が、ポンピドゥーがド・ゴール以上に危機の解決に寄与したとは認めなかった。情勢が逆転したのは将軍の功、将軍の「失踪」のショックの功、マシュのもとに赴いたという情報と五月三〇日の攻勢指揮が人々に喚起した驚きの功によるというのである。ド・ゴールが途方に暮れた素振りを見せたとしても、戦略家の彼はそれまで以上に沈着冷静だったかもしれない、というわけだ。いずれにしても世論調査は、五月三〇日の態勢立て直しにもかかわらず、この危機はポンピドゥーに有利に、ド・ゴールには不利に働いたことを示していた[22]。これは、将来に向けて重要な意味を持っていた。

文化的変容

大規模な労働争議と、先が予測できない政治危機の展開にもかかわらず、特に人々の記憶に残ったのは最も異様な光景である。それはソルボンヌにおける学生集会、オデオン劇場での緊張した事態、高校の占拠、ORTF（国営テレビ・ラジオ局）での番組の乗っ取りであり、それから国立高等美術学校のアトリエで制作されたポスター、無数の壁に描かれたシュールレアリスティックな落書き、陽気な群衆が起こす騒ぎ、カルティエ・ラタンの燃やされた自動車、連日のデモへの動員、そして何よりも、企業内で、街頭で、建物の内部で、至るところで見られた言葉の解放だった。レイモン・アロンが「議論のマラソン」と呼んだこの現象について、ミシェル・ド・セルトーは、よく知られるようになる気の利いた表現を編み出した。「五月に人々は、一七八九年にバスティーユを奪取したように、言葉を奪取したのだ[23]」。誰にでも発言の権利があり、ほとんど誰もが発言した。若者世代がSS（ナチス親衛隊）と結び付けたCRS（機動隊）もまた、例外ではなかった。この言葉の洪水の中では、良質な言葉もあれば、聞くに堪えないものもあった。人々は輝かしい詩的表現に驚かされることもあれば、睡魔と闘いながら大仰かつ退屈な演説を聞くこともあった。皆が世界中の人々との友愛を求める呼びかけを聞き、直接民主主義に関する提案を検討し、階級のない社会を夢想している間に、舞台裏で最終動議を採択させるべく動き回る大教室の戦略家たちは、近視の者はトロツキーを、頭のはげた者はレーニンを気取っていた。ショーは中断なく続き、思想の祭りは最高潮に達し、冬宮〔サンクトペテルブルクにあるロシア皇帝の宮殿〕を襲撃する代わりに勇ましい決定を行ない、楽しい時間を過ごすこともあった。

五月の出来事に関しては、同時に二つの解釈が行なわれた。保守的もしくは懐疑的な人々は、彼らの目には仮装行列のように映ったこの出来事の重要性を過小評価しようとする傾向にあった。なかでも教養のある人々は、トクヴィルの『回想録』あるいはフロベールの『感情教育』、すなわち一八四八年に見聞された非常識で奇妙な出来事を思い出した。実際、五月の学生集会に参加した人々は、インテリジェンス・クラブに加入させられて、およそ滑稽な提案や、それに負けるとも劣らないひどく凡庸な発言を聞かされる破目に陥ったフレデリック・モロー〔フロベールの『感情教育』の主人公〕を思い出して、苦笑せずにはいられなかった。結局のところ、これはさまざまな制約や厳しい規律のある社会にとっての小休止、お祭り、カーニヴァルなのだった。革命のふりをし、真似をしたのである。トクヴィルは、一八四八年に次のように書いた。「私はずっと、彼らがフランス革命を演じているのであって、革命を継続しているのではないとの印象を持ち続けた」。同じ時期に、プルードンはこう記した。「フランス国民は、役者の国民である」。

また逆に、別の人々はこの出来事の新規性に「文明の危機」（特に、ジョルジュ・ポンピドゥー）

や、古い価値観の崩壊や、「ポスト工業化社会」の誕生を見出した。五月危機は、古い秩序との間に文化的分断を引き起こしたか、少なくともそれを明らかにしたものと思われる。五月に見られた実に不思議な光景や振る舞いは、硬直した序列や古くからの規律を揺さぶった。すべてが、あらゆる段階において攻撃を受けた——わけても、フランス社会の権威主義的なモデルが。

この権威主義的モデル——家族、学校、教会、政党、国家、行政機関、企業などにおいて——は、あらゆる西側の工業国で後退した。ほとんどどこでも、六〇年代の繁栄に続いて、生活習慣や思想の自由化が行なわれた。ビートルズとミニスカートの祖国となった古きヴィクトリア朝英国の例が、誰もの脳裡をよぎる。しかし、従来の例に漏れず、フランスがこの全般的な変化の流れに乗ったのは、突発的な現象、革命とも言えるような危機を経てのことだった。かつてない変化に煽られたフランスは、必要な変動に平穏のうちに適合するには社会の深層も諸制度も保守的でありすぎるかのように、物事は進展した。ド・ゴール自身、こう述べていた。「フランス人は、革命の機会にしか改革を行なおうとしない[24]」。

この傾向を、国民の「気質」によるものだとすることもできる。フロイトは、一九世紀末のパリで、フランス人について次のように述べた。「彼らは、心的な伝染病にかかり、群衆で歴史的転換を行なう民だ。そして、ヴィクトル・ユゴーの『ノートル＝ダム・ド・パリ』以来変わっていない[25]」。なおまた、フロイトのエピゴーネンたちは六八年五月について、いくつかの見事な解釈の試みを提供してくれた。その解釈はしばしば好奇心を刺激するものだったが、残念ながら出来事の連鎖については言明を避けたままだった[26]。

論文集『英知と無秩序』の編者アンリ・マンドラスは、一九六五年の断絶を強調している。この年、もしくはその前後に、大半の「指標」が下降に転じ、また新規の現象が目立つようになった。出生率の低下、傾向が逆転する最初のサインの発信（固定資本の生産性低下、週当たり労働時間短縮の開始、失業の増加――一九四八年以来続いた安定期の終焉）、第二ヴァチカン公会議の終了と、この会議がもたらした教会組織の大きな変容ならびに若者の宗教に対する態度の変化が挙げられる。「さらに、この時期に雑誌や映画にヌードが見られるようになった…（中略）…それまでは抑圧されていた快楽主義的価値観の表現が、個人としての差異の主張と、他者に向き合ってコミュニケーションを取る必要性と同時に現れてきたのである[27]」。これらに加えて、「外の世界に向けたフランスの最終的な開放」が挙げられる。欧州経済共同体、外国旅行、農村地帯の段階的都市化は、社会の均質化を進め、そこから新たなアイデンティフィケーションの問題が生まれたのだった。

だが、これらの変化はすべて、一頭集中的で、テクノクラティックなド・ゴール体制の特性により強化された権威的かつ官僚的な硬直化によって妨げられていた。一九六六年に、ミシェル・クロジエは、諸機関の硬直的な運営方法を指摘した。刷新が図れず、変化に自然に順応できずに、その結果として、危機がこの種の組織運営の通常の適合手段となったのである。パリ大学ナンテール校の社会学教授だったクロジエによれば、このシステムの性質は、特に正面からの関係を結ぶことの恐怖と、また、権威を絶対視する考え方にあった。この論文で、ミシェル・クロジエは変化に抵抗する三つの拠点を挙げた。一つは教員、教育、知的研究の世界。次に、伝統的な行政の世界。そして、政治の世界である[28]。

五月危機はあらゆる場で、国と社会のルールであり続けている上下関係に基づく、官僚主義的な指揮命令方式に打撃を与えた。大学においては、上から押し付けられる知識、教授による壇上からの講義が、学生たちから問題視された。助手たちからは、教授を頂点とする学内の序列が否認の対象となった。敵は、「高官」だった。企業内では、管理職と「新労働者階級」から、工業生産におけるヒエラルキーが疑問視された。政治においては、政党組織に対する批判、将軍＝大統領の脱神聖化、アナーキズムの勢力伸張が見られた。だがまた、家庭内、教会内、あらゆる集団内で、権力とその象徴に対する異議申し立てが行なわれた。結局のところ、この解放を求める表現は、一定の許容範囲を越えることはできず、それを越えた場合には秩序の回復の必要が感じられた――五月の満潮と、六月の干潮である。その間、均衡が回復されるまでに、いくつかの閂が吹き飛ぶことになったのだった。

五月の騒乱は、サトゥルヌスの祭りのようにして執り行なわれた。タブーが侵され、若者は失踪し、夫婦は離別した。個人の運命にとって六八年五月が何だったのかを語るには、数え切れないほどの小説を書く必要があるだろう（変身、暴露、漂流、遭難、贖罪、方向転換）。しかし、これはただのお祭り騒ぎだったのではない。なぜなら、お祭り騒ぎは本筋とは無関係な寄り道、一時的な休止、儀式としての、ばか騒ぎであり、その後はすべてが元の秩序に回帰するからだ。だが、六八年五月の動揺は根が深く、長期に及ぶものだった。風俗習慣の自由化は続き、法もその一部を承認した。社会における相互関係、日常的な規範、生活スタイルは大きく変化した。しかしながら、果たして六八年の爆発が西欧社会全般に認められる文化的変容の原因となったのか、また新しい生活態度を生み出したのかどうかについては、いまいちど疑問を呈してもよいように思われる。

解釈をめぐる論争

一九七〇年六月、ラ・ルヴュー・フランセーズ・ド・シアンス・ポリティーク（フランス政治学雑誌）は、フィリップ・ベネトンとジャン・トゥシャールによる、五月危機が発想の基となった「八つの解釈」を掲載した。[29] 多くの解釈が列挙されたのを見ると、この事件が起きてからわずか二年の後に、さまざまな、数多くの解説が試みられたことをうかがわせる。

1 「反乱の企て」だったとする説は、歴史を陰謀の観点から解釈する、古典的な妄想である。特筆すべきは、内務大臣レイモン・マルスランが、極右のスポークスマンたちとともにこの説を主張したことだ。五月危機は東ドイツ、キューバ、中国、さらにはＣＩＡといった外国勢力の介入によるものだ、というのである。

2 「大学の危機」だとする説は、オリジナリティーには欠けるが、それでもこの出来事のアルファ、もしくはオメガを際立たせるものだった。

3 「急な発熱、若者の反乱」だったとする見方は、人口構成上の現象――非常に人数の多い世代が成年を迎えていた――と、新たなコミュニケーション技術と「消費社会」の影響を受けたメンタリティーの変化を強調するという利点があった。エドガール・モランは「若者の突然の乱入」を主張し、精神分析学者たちはエディプス・コンプレックスを説明の中心に据えた。

4 「精神の反乱、文明の危機」だとの説は、モーリス・クラヴェル、ジャン＝マリー・ドムナックとジャック・マリタンが、叙情的な調子で唱えた解釈である。彼らは「抑圧的で不条理な社会」（クラヴェル）、「米国追随的な風潮」（ドムナック）、「魂なき文明」（マリタン）こそが、五月の反乱者が立ち向かった悪魔だと言う。より意外なのは、エドガール・フォールが「精神の優位」を唱える先の三人とともに声を上げ、「我々の時代が直面している激動の中にその起源を求めるべき精神の危機」について述べたことである。農業大臣が一時的に肥料や野菜と果物の問題を忘れて、彼自身の言葉によれば「人生の意味に関わる問題」について考えたことは、人々に安心感を与えた。この分野では、マルローほど巧みに、ニーチェ的な言葉を用いて、「これまで文明が経験した最も重大な危機の一つ」について語った人はなかった。こうしたありふれた言説は、少なくとも一九一八年以来、フランス国民が聞かされ続けてきたものだ。より卑近な現実に引き戻されるのは、次の説によってである。

5「階級間の衝突、新しいタイプの労働争議」だとする説は、もう一人のナンテールの社会学者、アラン・トゥレーヌが主張した。[30]彼にとって、五月危機の秘密は、エンゲルスがパリ・コミューンについて言ったように、新たな闘争――「経済的」な対立にとどまらない――、すなわち「画一化し、操作し、侵害しようとするさまざまな仕組み」に対する新しい闘争だった。資本主義に対する闘いに、テクノクラシーに対する闘いが取って代わったというのである。それゆえ、五月の「主要なアクター」は労働者階級ではなく、「テクノビュロークラート」に反対する「プロフェッショナル」（ジャーナリスト、学生、技術者、研究者等）だった。この解釈には、この危機における、そしてフランス社会における技術者と管理職に直接光を当てるという利点があったものの、この運動全体についての説明にはならなかった。

6　「伝統的な労働争議」だとする見方は、数字を根拠に挙げつつ、労働者の世界における不安を指摘した。共産党は、「資本主義による搾取」で物事を解読する人々の一角を占めた。この観点からすると、六八年五月は何よりも「労働の世界」による蜂起であり、「資本集中の時代における最初の重要な衝突」（ワルデック・ロシェ）だった。

7　「政治危機」だったとする説は、すべての責任を大統領と首相に集中させて、「安全弁」を軽視した（レイモン・アロン）あまりに硬直化した仕組みに、その原因を求めていた。

8　そして最後になるが、決して軽んずべきでない点として、偶発的要素がこの事件に及ぼした影響、という問題があった。換言すれば、「個別的状況の連鎖」である。というのは、実のところ、重要性はまちまちでありながら、いずれも精神にとって豊かな右の説明には、なぜという素朴な問いが欠けていたからだ。危機の本質を求めようとするあまり、小さな原因の積み重ねが限りなく大きな結果に至る連鎖を見落としたのである。ナンテールでの出来事、学部長の犯したミス、大学改革の応用方法、ソルボンヌの中庭への突然の警察の出現、首相と大統領の外遊、これらの小さな原因は一度危機が起きてしまえば、それぞれの言動が明確な影響力を持たなかったとしても、進行を食い止めることのできない状況を産み出すのに寄与したのである。

この記事の筆者たちは、一つだけの説明に満足しない賢明さをもって、結論を導き出した。他の状況でもそうだろうが、五月の危機の原因は一つだけではなかった。一定数の偶然の出来事が起きたことで、この危機は「啓示と触媒」として作用し、前例を見ないハプニングを通じて、変動しつつある社会にとって重要な、あるいは二義的な諸問題を明らかにしたのである。この事件に、何としても一体性を求めるのは無理なのかもしれない。この危機は、社会全体に対するカタルシスだったからだ。社会のさまざまな領域において、それぞれの特有な象徴を維持しつつも、抑圧された部分を噴出させる機会となったからである。多数の人々が交わる場（ソルボンヌあるいはオデオン）のみが、革命の昇華を語り、すべての良心と社会の構成要素とがこの普遍的な行為に従っているのだとの印象を与えることができた。しかしながら、それは他ではどこにも見られず、芝居のように思われた。それは、現実に存在した、もしくは旧約聖書（政治）と新しい福音（文化）との間で引き裂かれた参加者たちが明確にその責任を認めた上で矛盾を強調した結果なのかもしれない。髭《ひげ》のマルクスと顎髭《あごひげ》を剃った毛沢東の前で、ソルボンヌあるいはその他の場所において、「性の解放」の実践が行なわれた。「インターナショナル」のリフレインを歌いながら、個人主義的な欲動の正当性が主張された。その主流となった語彙――左翼の小グループおよびマルクスとそのエピゴーネンたちを信奉する無数の党派の語彙――によって、五月はプロレタリアの伝統と社会主義革命への崇敬の儀式を執り行なったのである。実践においては、落書きを通して、五月は、何らかの地下水脈から、快楽主義的――もしくはフーリエ主義的（「真の幸福とは、あらゆる情念を満足させることでしかない」）――な水柱を噴出させた。新たなタイプの革命を経験しているとの認識を持っていた者も、よりよい手段がなかったため、旧式の表現法を用いていた。それが、誰にでもわかる言語と、ある歴史の流れを提供してくれたからである。いったいどんな関係が、プロレタリア独裁への誓いと、あらゆる種類のタブー、禁止事項、制約を葬り去りたいという明確な願望の間に、あったというのだろうか。繰り返しレーニンを引き合いに出す人々と、それはときとして同じ人々だったが、あらゆる形態の中央集権化した組織を拒絶する人々との間に、いかなる関係があっただろうか。社会生活のあらゆる部分において、演壇と仮面と鬘《かつら》から遠く離れたところで、五月に、また五月によって本当に変わったものがあったのかどうか、問うてみることは有益かもしれない。そうすることで、六八年についてより正確な見方ができるようになるかもしれないのである。社会の動揺は恐らくより生産的であった。その動揺に続き、中心よりも「周縁部」において具体的な措置が実施されたが、それは「革命的」なドラマトゥルギーのために周縁部に視線が集中したためである。

政治の分野においては、この危機はフランスが一九五八年以来、いかに極端からもう一つの極端へと、すなわち統治不能状態から強権政治へと移動したかを証明するものだった。行政府の強化は、第四共和制の脆弱性とアルジェリア戦争により必要とされたのだが、長期的に見ると権力をミイラ化させ、市民を子供扱いする結果を招いた。この危機は、フランス民主主義に警報のように鳴り響いた。政府の権威は回復し、真に民主的な仕組みを考えるべきときが来ていた。それは政治においても、行政機関においても、またORTF、企業、大学においてもそうだった。ド・ゴールは、この「再均衡」の原則を理解したかに見えた。「父」の復権は、「参加《パルティシパシオン》」を提案することで均衡を図る必要があった。これが、彼がまだ実施をあきらめていなかった国民投票――これは、政治情勢が安定すれば行なわれるはずだった――のテーマとなるのである。

しかしながら、これらの解釈はいずれも、この多極的な危機の一つの側面をそれぞれのやり方で明らかにしていたものの、その決着の理由にはほとんど触れていなかった。決着は、当然、政治のレベルにおいてもたらされた。一九六八年五月から六月に、果たして新たな政権の受け皿がありえただろうか。この疑問を、五月の運動の前衛は、次のような異なる表現で提示した。これは、「失敗した革命」だったのではないだろうか。「裏切られた革命」にだまされたのではないだろうか。このテーマは、すでに人民戦線に関しても、取り上げられていた。一九三六年と同様に、またしても「社会的」な左翼は「政治的」な左翼にだまされたのではなかろうか。サルトルによれば、「当時の首相、社会党のレオン・ブルムは、社会的左翼の力により政権についたが、その力を押しとどめることに力を費やした[31]」のだった。今回は、非難は共産党に集中した。この運動は、共産党が始めたものではなかった。運動が起きると、共産党はまずこれに反対の立場を取った。運動が拡大すると、共産党はこれを合法的な要求の範囲内にとどめようとし、最終的には選挙を通じて息の根を止めようとした。サルトルは次のようにも述べた。

ＰＣＦは、事実上ド・ゴールと共犯関係にあった。両者はともに選挙の実施を求めることで、互いを利していた。当然ながら、ド・ゴールは共産党を第一の敵と見て、同党が五月の「騒乱」の根源にあると名指しで非難した——それが事実でないと知っていたにもかかわらず。しかしそれは、共産党にある種の名声を与えるための手段でもあった。そしてド・ゴールは、共産党が反乱の首謀者だとすることに、利益を見出していた。なぜなら、共産党は「忠実な」反対派として行動し、ゲームの規則を遵守しようとしていたからだ——要するに、危険ではない敵だったのである。

こうした共産党に対する恨み言は、実際には、学生運動、もしくは「新左翼」全体が、到来を望んでいた革命を起こす力に欠けていたことを示している。サルトルは、いずれにせよ、学生たちに「起爆剤」としての役割しか認めていなかった。

革命を起こす機会を得るためには、政権に対抗する反抗勢力を組織できなければならない……（中略）……実際に機能する反抗勢力とは、生産者、すなわち労働者によるものだけである。

論争はともかく、また彼が取った態度の政治的背景は問題にしないとして、共産党とCGTが新左翼の学生以上に労働者の欲求を知っていたのではないかと問うことも可能だ。新左翼の学生たちが夢見ていた革命は、社会の諸階級内部に根を持っていなかった。間違いなく退けるべきなのは、正しい「革命」が、悪意の「組織」によって妨害されたとの、善悪二元論的な見方だ。六八年五月には、二つの主要な運動があったが、これらは交わり合うというよりは、多くの場合並行する形で行なわれた。学生運動、特に前衛的なグループが学生の闘争と労働者の闘争を融合させようと努めたにもかかわらず、両者が出会う機会はごく限られた。大学という強固な要塞を揺るがした学生運動は、自由のユートピアを求める中で、少なくとも消費社会と呼ばれるものの破壊を目指していた。労働者側は、「従来型」の要求を掲げながらも、よりラディカルな手法の採用、いわば新たな血を注入するのにとどまった。学生たちは、工業化社会の清算を望んでいた。労働者たちはもう少し工業化社会に同化し、より安楽な暮らしがしたいと望んでいた。この点について、一九六八年に行なわれた世論調査は、これに先立つ数年間と同じ結果を示していた。調査に回答を寄せた給与生活者の三分の二は、「給与水準の引き上げ」と、「労働時間の短縮」を選択した。これは、二つの運動が求めるものの間のギャップを示す兆候の一つだった――もちろん、両者の対比を強調しすぎることのないよう注意が必要であり、また労働者の「質」の面における新しい要求を忘れるべきではない。実のところ、五月危機によって、豊かな文明における労働者階級に関する考察が行なわれるようになった。労働者階級は、もはや革命を引き起こす歴史的な役割を持たず、階級闘争を牽引する立場にもなく、むしろ保守的な勢力へと変化したのかもしれなかった。(32) 六八年五月は、「裏切られた」革命ではなかった。むしろ、空想上の革命、物真似の革命、コジェーヴがアロンに言ったように、革命のようなものだったのである。(33)

フランス国民は深層で革命を拒絶していたから、これが間違いなく革命だったとの仮説は排除すべきだろう。それでも、これが政権にどのような脅威を与えたかは検証の必要がある。繰り返される警察と学生の衝突および指導的立場にある政治関係者の士気低下は、公権力にとってきわめて危険な状況を作り出した。最終的に権力側が有利な立場に立てたのは、部分的にはポンピドゥーとド・ゴールが相互補完的な個性により事態に対処した(こうした情勢下で、他の人物であればあきらめてしまったかもしれない)ことによるものだが、また同時に前章で強調した別の事情によるものでもあった。すなわち、左翼の分裂、そしてPCFとFGDSが政権綱領について、あるいは人民戦線の再現について合意できなかったことである。一九三六年以来、PCFと非共産党系左派との間には、あまりにも大きな警戒感と怨恨が存在していた。両者の接近は、一九六二年以降、非常に遅いテンポで行なわれた。ＰＣＦの力があまりに巨大だったため、他の左派勢力は接近の結果不利な立場に置かれるのではないか、あるいは接近は大きな賭けではないかと危惧していた。イデオロギー上の対立は、共通の敵の存在のみによって覆い隠せるものではなかった。一九六八年の左翼はこうした状態にあり、まだ政権の受け皿となる準備はできていなかった。それでも、ド・ゴールが国民投票実施の案を明らかにしたときにミッテランとマンデス・フランスが指摘した、国民投票における政府案の否決とド・ゴールの辞任の可能性が残っていた。そうなった場合に何が起こったかは、誰にもわからない。できるのは、一九六九年に実際に起きたことを見て、当時左翼に政権を取る能力がなかったということを示唆するくらいである。しかし、それは仮説であって、確実なものではない。

議論を尽くした上で、この危機の決着を最も単純な因果関係に絞り込むなら、分析を行なう上で二つの要因が重要だと思われる。一つは、権力の座にあった人々に関するものだ。大統領と首相のそれぞれの功績をさらに評価してみることもできるが、結局のところいずれも気骨のあるところを示した。一時的に自信喪失に陥り、戦術的な誤りを犯したとしても、反乱に対抗するのに必要な政治的感覚を持ち合わせていたのである。パリ警視総監グリモーの的確な補佐を受け、彼らは最悪の事態を回避することができた。すなわち、政治権力の中枢の占拠と、流血の事態である。五月危機において、打つべき手を見出せなくなったというド・ゴールのイメージは、大きく修正されるべきだ。またしても、彼の「歴史的正統性」、巧みな政治工作、カリスマ性を帯びた力が、五月三〇日の反転攻勢を成功させたのである。ポンピドゥーは、少なくとも決定打となった解散・総選挙のアイデアを出し、これが告知されると正常化が始まった。民主主義政党であれば、選挙による競争を拒否することはできなかった。政権は、選挙後の将来のあらゆる可能性を排除しないとの態度を見せていたのである。

決着の第二要因は、共産党が果たした役割である。望むと望まざるとにかかわらず、同党は秩序を回復する上で最も有効なツールとなった。サルトルの革命至上主義を幻想だと見るとしても、PCFとド・ゴールとの間には、互いに批判しあう言葉とは裏腹に、事実上の同盟関係が存在したとの彼の説は間違っていない。PCFの方針をどのように解釈するかはともかくとして、次の議論の余地のない事実に注目しておこう。五月危機の全期間を通じて、共産党の動きは「新左翼の冒険」に対する反対、労働紛争を従来型の争議の枠内にとどめようとする意思、政権により相次いで提案された二つの合法的な解決法——国民投票、次いで総選挙——への同意、「新左翼」に対する他の左派の組織による好意的な態度に対する非難によって特徴づけられていたのである。これは、同党が何としてもド・ゴールを政権にとどめたいと望んでいたことを必ずしも意味しない——そうした仮説を立てることは、不可能ではないが。しかし、公式に共産党が提案したのは同党が中核を占める「人民内閣」であり、当然この内閣に参加が想定された政党の拒絶反応を引き起こした。この危機に見られたすべてのパラドックスのうちでも、これは代表的なものの一つである。全党を挙げて、第五共和制の樹立に躊躇なく反対した唯一の政党が、その一〇年後、想像できる限り最も有力なこの体制の支援者となったのである。

一九六八年五月の残した影響

六八年五月の危機は、直接的に、あるいは直後に、いくつかの影響を残した。深層にまで至る影響については、より長い時間を置いてから検証する必要があろう。

この出来事全体の発端となった運動によって明らかになった大学の危機に対して、新内閣は議会でほぼ全会一致で採択されたエドガール・フォール法をもって応じた。この法律により、フランスの大学組織は自治と、学際的教育・研究と、参加の原則に沿って改編された。かつての学部は教育・研究ユニットに取って代わられ、各大学内で再編された。学生は共同運営に加わることとなり、政治が大学構内で市民権を獲得した。学生の平常成績評価が拡大した。パリでは、古い歴史を持つソルボンヌが分割され、いくつも新しい大学が設立された（ヴァンセンヌ、ドーフィーヌ、ヴィルタヌーズ等）。これは、フランスの大学制度にとって根本的な変化だった。しかし、これはすべての問題に対する万能薬ではなかった[34]。

社会的危機は、労働者にとって一定の前進をもって終結した。購買力と、労働組合の権利の拡大である。元経済財政大臣ミシェル・ドブレの警告にもかかわらず、フランス経済は最低賃金と賃金全般の上昇に耐えることができた——一九六九年夏には、フラン切り下げを行なわなければならなくなったのではあるが。ゼネストは低賃金層の極度の不公平を修正するか、もしくは緩和するに至った。グルネル会議での雇用主側の譲歩は、農業賃金労働者にまで拡大された。農業最低保証賃金（ＳＭＡＧ）は廃止され、全産業最低保証賃金（ＳＭＩＧ）が、時給一・九二フランに据え置かれていた農業賃金を三フランに引き上げた。一九六八年一二月五日に議会で、やはりほぼ全会一致で採択された組合活動の自由に関する法律は、従業員五〇人以上の事業所での労働組合支部の結成を認めた。従業員二〇〇人以上の事業所は、労働組合支部に事務所を提供する義務を課された。一九六八年の法律は、間違いなく、一八六四年法（団結権）、一八八四年法（労働組合に関する法律）、一九一九年法（一日当たり労働時間八時間）、一九三六年法（有給休暇と、週当たり労働時間四〇時間）、一九四五年法（社会保障）、一九五〇年法（最低賃金）とともに、重要な労働関係法の一つである。

政治面では、五月危機はいくつもの影響を及ぼした。まず、総選挙後の首相の交代がある。ジョルジュ・ポンピドゥーに代わって、一九六八年七月一〇日にモーリス・クーヴ・ド・ミュルヴィルが首相に就任した。公式な説明では、この交代はある行き違いによるもので、ポンピドゥーは大統領に進退を一任してから留任の意思を伝えたのだが、それは大統領がクーヴ・ド・ミュルヴィルに首相就任を要請した後だった、とされる。それでも、この交代は大統領のポンピドゥーに対する不信任を意味すると受け止められた。将軍はこの出来事のために人気が低下し、代わって人気が上昇したポンピドゥーが「後継候補」と目されるようになっただけに、そうした印象には根拠があると思われた。将軍は個人的権威を回復する必要があった上、同時に自らの業績を完成すべく努めた。一九六九年四月の国民投票実施計画は、この二つの目標を一気に実現するはずだった。

外交に集中するあまり、ド・ゴールは内政の重要問題は強力な新体制の確立と優秀な部下の存在によって解決したものと考えていた。五月危機は、新しいメンタリティー、新しい希望、そして政治面での全般的な満足と、社会面での長く続く不満のギャップの存在を浮かび上がらせたのだった。一九六七年以来、フランス国民の多数は政府の経済・社会政策に反対していたが、それより以前から、この分野においては満足している人よりも、不満を抱いている人の方が多かった。(35)一九六〇年代の経済成長は満足感を与えなかったばかりか、むしろ反乱を呼ぶ空気を拡散した。トクヴィルがフランス革命について述べたように、人々が不公平をより強く認識するのは、しばしば、生活条件が改善する局面においてなのである。経済社会政策は、ド・ゴールの共和国の弱点となっていた。このため、ド・ゴール政権は労働問題に関する大改革を重視し、「直接民主主義」方式で実現しようと取り組んだ。国民投票に付された提案は、一語で表現された。「参加《パルティシパシオン》」である。実際には、質問は「地域圏の創設と上院の刷新」に関するものだった。地域圏議会と新しい上院は、主として経済、社会、文化に関する活動を代表するものとされた。有権者に提示された案は多くの要素が詰め込まれすぎて、混乱した内容だった。三年前にド・ゴールにより財務相の任を解かれていた独立共和派党首のヴァレリー・ジスカール・デスタンは、この機会を捉えて与党とは一線を画すべく、「賛成」票を拒絶するよう勧奨した。その結果、彼の政党――与党を構成する二大政党の一角を占めていた――は四月二七日の国民投票で自由投票を行なうことに決定した。ジョルジュ・ポンピドゥーは「賛成」を勧めたものの、浪人中の彼もまたド・ゴールに一撃を加えた。ローマへの旅行中、半ば私的な会話の中で、彼は将軍の退陣後に大統領選挙に出馬する可能性を示唆したのだ。メディアによって拡散されたこの情報は、エリゼ宮の怒りを呼ぶとともに、「ド・ゴール後」に安定感があり大きな問題を起こさない解決法がありうることを世論に対して示したのである。二月一三日、ポンピドゥーは再び出馬の意向を表明した――この時点では、「後継問題は発生していない」にもかかわらず。彼は述べた。「もし神が望むなら、私は国のために尽くすつもりです」。両者を結んでいた紐帯は、事実上断ち切られた。フランス国民は、来るべき国民投票で問われるのは、将軍か「混乱」かの選択ではないことを知ったのである。

それぞれの党派の立場や、当時の政治上の課題は別として、一九六九年にフランス国民がド・ゴールを解雇したことが、より重大な意味を持っていたのではないかと自問してもよいだろう。一九五八年に、途方に暮れたフランス国民は、危険に直面したティーンエージャーが父親に助けを求めるように、ド・ゴールを政権に復帰させた。その後の数年間、国民はフランスを植民地問題という危機から救い、国を立て直したこの偉大な将軍の保護の下で暮らすことを受け入れていた。国民はまだ、この父のような君主を必要としていただろうか。国民投票キャンペーン中に、ミシェル・クロジエは彼なりに自由を求める感覚を次のように表現した。社会学者として、社会の硬直化から危機の到来を予測した彼は、一九六九年四月にこう書いた。

私たちがノンと言うべき相手は、ド・ゴールその人である。苦渋のうちに、しかし品位を保ちつつ、彼の功績と彼が与えた希望、彼のうちにある熱情を帯びたフランス的な部分を思い起こしつつ。しかし、思い出よりも、一九四〇年六月一八日の幻想とこれにより得られた諸権利よりも大きなものがあることを、歴史と伝説よりも重要なものがあることを私たち自身が納得するために、彼に示さなくてはならないのである。私たちは、いまや、自ら運命に立ち向かいたいのだ、と。[36]

国民投票に関する自らの考え方を遵守して、一九六九年四月二七日の国民投票の結果（フランス本土では、「ノン」が五三％以上となった）が明らかになると大統領は直ちに辞任し、上院議長アラン・

ポエールが大統領職を代行した。一九六八年五月に始まった危機は、一九六九年六月一五日、大統領選の決選投票によって決着を見た。この日、ジョルジュ・ポンピドゥーが政権の座についた。

第五共和制下の行政府の長としてのド・ゴール将軍は、左派と反ド・ゴールの右派という、不均質な党派連合により倒された。しかしながら、この敗北は、ド・ゴールの共和国が想定していた枠組みの中で行なわれた。すなわち、国民への呼びかけを通じてである。一つのページがめくられ、プレビシット制共和国は終焉のときを迎えた。辞任することで、ド・ゴールは自身の国家観と個人的権力が、民主主義思想の基本的なルールと矛盾していないことを証明した。それは、普通選挙による審判である。選挙は、一九六八年六月には市民生活の平穏化を図る手段となった。それから一年も経たずに、投票がド・ゴールの共和国に終止符を打ったのである。

第9章 政治危機をめぐって

一世紀足らずの間に、共和国は八つの重要な政治危機に見舞われた。この八つの政治をめぐる突然の発熱は、政治の仕組みの再検討を促すものだった。八回にわたり、文民の権力は公共の利益に関わる問題を、混乱なく解決する能力に欠けていることを露呈した。一八七一年に、ティエール政府は交渉によるパリの国民衛兵の武装解除に失敗した。一八七七年には、大統領は新議会の多数派との妥協点を見出すことができなかった。一八八八〜八九年には、政府はブーランジェ運動の波をせき止めることができず、クーデターを避けられたのはこの独裁者候補の合法主義のお陰だった。一八九八年には、いずれの内閣もドレフュス事件を解決することも、あるいはもみ消すこともできなかった。一九三四年二月六日には、一九三二年に選出された議会の多数派が内部分裂しており、反議会的反体制派に分別を取り戻させるのに失敗した。一九四〇年七月一〇日には、国民の代表は任務を果たさずに最高指導者に全権を委ね、職務を放棄した。一九五八年五月には、アルジェリアにおいて有効な政策を遂行できるいかなる議会多数派の形成も実現不能だった。一九六八年五月には、政権は大学の危機に足をすくわれ、その爆発的な力を認識することができなかった。政治危機とは常に、発生した問題の解決策を、従来の枠組みの中で打ち出すための力や想像力に欠けた公権力の無力が露呈したときに起こるものである。政治危機は、時間的な断裂、それまでの仕組みの変調、政治システムの中の異なる構成員の一時的な不均衡、そして当然ではあるが、一定数のアクター間の衝突の存在を示している。それぞれの政治危機はいくつもの変数によって定義され、特徴づけられる。それは、これらの八つの政治危機に共通する一般性は存在しないということを意味しているだろうか。実際、それぞれの出来事の叙述で満足するならば、歴史家は仕事を怠ったことになる。そうではなくて、歴史家はそれぞれの危機の相互の関連性、一つの事件と他のいくつもの事件との関連性を問わなければならない。もし危機が繰り返されるならば、それに関わる原則はいかなるものなのか。それぞれの異質な部分と共通した部分は何なのか。これらの危機には、フランスに特有の要素があるのか、等である。これらの問いに対して、学術的な回答を提示できないとしても、この最終章においては、読者の皆さんに考察に資するいくつかの要素を提供してみたい。それは、危機の起こる頻度、これらの危機の類型、そして最後に、もし可能であれば、その原因を対象とする三つの問いである。

頻度

九七年間で八回の危機。フランスにおける重大な政治危機の平均的頻度は、一二年に一回となる。この数字は、それだけで、フランスの統治機構がきわめて不安定であることを証言している。この期間の三つの共和国のそれぞれを見てみるならば、この平均値には変動が生じる。第三共和制における頻度は、一四年に一度となる（七〇年間で五回）。第四共和制（一九四七〜一九五八）は、一一年間続いた後に、一回の重大な危機に見舞われた。それは、第四共和制にとって命取りとなる危機だった。第五共和制に関して言えば、本稿を書いている現在では、二七年間でただ一回の危機しか経験していない。この事実は、近年のフランスの制度が正常化しつつあることを証明しているのではないかと思われる。一七八九年に始まった憲法をめぐる恒常的な危機は、解決されつつあるのではないだろうか。一九六八年五月は一義的に統治機構に関する危機ではなかったから、そう言っても差し支えないだろう。

図　政治危機の頻度

1871〜1877＝6年	高頻度	
1877〜1888＝11年		
1888〜1898＝10年		
1898〜1934＝36年	安定化	
1934〜1940＝6年	高頻度	
1940〜1958＝18年*		
1958〜1968＝10年		
1968〜1986＝18年…	安定化	

＊実際には、戦争とヴィシー政権のために、これは以下のように分解する必要があろう。
1939〜1944＝4年
1944〜1947＝2年半
1947〜1958＝11年

しかしながら、頻度について検討してみると、安定性の先例を見出すことができる。

この上の図を見ると、一八九八〜一九三四年の時期――あるいは、一九〇〇〜一九三四年としてもよいが――が、第三共和制で最も安定していたことがわかる。この時期の中央に当たる部分には、第一次大戦の時期がある。したがって、第三共和制の統治機構が頂点にあったのは、第一次大戦の前後の時期だったと言うことができる。ドレフュス事件の決着から戦争までの期間は、急進党の支配の下で、きわめて安定していたと見られるのである。この「急進派共和国」は、フランス社会を揺さぶる重要課題の解決に成功した。宗教問題は、教会と国家の分離に関する法律によって。労働問題に関しては、労働運動の孤立化およびストライキと革命という反乱の脅威に対抗する「共和主義的強硬路線」によって。国民の結束については、一九一四年に実現を見た合意によって。政治それ自体の問題については、内閣の存続期間の延長によって――一八九九年から一九一四年までの内閣の寿命は平均で一年を超え、いくつかの内閣は模範的な安定性を示した（ワルデック＝ルソー、コンブ、クレマンソー）。この急進派共和国の時代には、共和国の仕組みにさまざまな社会階層および各政治グループが徐々に統合されていった。悲劇的な大戦下では、さまざまな困難にもかかわらず、社会・政治的に見事な結束の証が示された。これに対して、一九一八年から一九三四年に至る時期は、急進派共和国の衰退と、さらには崩壊の時期だったと見なすことができる。一九二四年と一九三二年の総選挙での勝利にもかかわらず、急進党政権が二度の失敗を経験したことにより、大戦までは機能していた同党が政権を主導する仕組みは変調をきたした。この変調は、一九三七～一九三八年の人民戦線内閣の失敗でも再確認されたが、それは何よりも左派連合の不調を示すものだ。左派連合が抱えていた矛盾が、体制内の制御と、体制の有効な防衛を不可能にしたのである。

もう一つの安定期は、第五共和制に見られる。国民の大多数が一九五八～一九六二年憲法に賛同したことで、一九六八年以来、フランス国民は安定した統治機構を享受している。その安定ゆえに、一九八一年の政権交代も、混乱なく行なわれた。この点から、フランスの政党と、世論と、憲法の関係の歴史において、一九八一年は決定的な転機の年となった。それまで、体制の変更なくして真の政権交代の手続きが行なわれることは一度もなかった。あるいは、一九一九年と一九二八年には、かかるプロセスに近いものが見られたかもしれない。しかしながら、多党分立の複雑な情勢と、国民の代表が容易に内閣を倒せる仕組みは、民主的な政権交代を阻害してきた。しかも当時は、左派のみが――あるいは左派出身の政治家のみが――、共和主義的正統性を保持していた。第四共和制は政権交代のルールを揺るぎないものにできなかったが、その後、第五共和制はこれに成功し、フランス国民と憲法の間にようやく合意が成立したことを証明した。それでも、大統領任期と議員任期の違いがあるため、政権交代が安定的に行なわれるかどうかには疑問もある〔第五共和制では、当初は大統領任期は七年、下院議員任期は五年だったが、二〇〇〇年の憲法改正により大統領任期は五年に短縮され、任期のずれの問題は解消した〕。大統領とは異なる傾向の議会多数派の共存が不可能となる事態もフランスの制度では想定され、一八七七年五月一六日と同じ状況が発生する可能性も危惧される。この一点について、立法府は憲法を改正したいと考えるかもしれない。統治機構の機能を脅かす要因となりうるからである。いかなる決定論もこれまで機能してきた行政府と立法府の間の協調を、絶対的なルールとして強いることはできないのだ。この点に関して、小選挙区二回投票制に代わる新たな規則を定めた一九八五年の新選挙法〔ミッテラン政権が一九八六年の総選挙を前に制定した県単位の比例代表制を指す。選挙の結果、右派が多数を占め、ジャック・シラクが率いる新内閣は一九八六年七月に選挙法を改正し、小選挙区二回投票制を復活させた〕がいかなる結果をもたらすか、まだ誰にもわからない。もう一つの危機の要因を、そこに見出すこともできる。比例代表制――バランスの取れたものではあるが〔県単位、ドント方式、得票率五％未満切り捨て〕――が、多数派形成を困難にするかもしれない。また同時に、あるいは大統領権限を強化し、あるいは統治機構の内部にいまわしい不安定化要因を再度持ち込むことになるかもしれない。この点については複数のシナリオが考えられるが、与党と野党の一部の人々は、新たな不確実性の要因を持ち込むものだとして、比例代表制の導入を非難した。実際には、いかなる憲法も、いかなる制度も生きたものでなければならず、基本的な原則が維持される限りにおいて修正可能で、新たな状況に適応可能であるべきである。大統領任期の短縮、選挙法改正、大統領任期と下院議員任期の一致、これらの選択肢はいずれも憲法に対する「裏切り」だと見なされるべきではない。ド・ゴール将軍の引退それ自体が、彼が創始した仕組みに変更を与えた。それでも、変更を決定するにしても、それはただ党利党略によるものであってはならず、目的に合致した一般原則に有利に働くものであるべきだ。長い目で見て、すべての政治勢力にとって望ましい変更でなくてはならないのである。この二度目となる安定期が、以前の安定期以上に強固な基盤を持つことが望まれる。

類型化の試み

本来、政治危機は予想不可能な出来事であり、それはある時点で、いくつもの原因が連鎖的に結びついて起きるものだ。偶発的な要因の存在が、危機を予想する理論の構築を妨げており、歴史家は叙述的かつ経験的な分類で満足しなくてはならない。このためには、エイブラハム・A・モールズ(1)に一部ヒントを得て、五つの基準をここで採用してみたい。原因、意味、規模、決着とその後への影響である。これらの基準はそれぞれ、さらにいくつかの下位基準に分解することができる。以下に、それらを記す。

1　原因

(a)　対立の核心――対立する主要な勢力は何か。
(b)　発端――危機の「発端」となった出来事は何か。
(c)　予測困難性の度合い――偶発的な要素、あるいは「事故」的な要素の占める割合はどの程度か。また、構造的な決定要因の占める割合はどうか。

2　意味

まず、「純然たる」政治危機というものはない、との観点が前提であることを述べておきたい。政治の世界の混乱は、社会全体を苦しめるより奥深い緊張の単なる反映ではない。それでも、一つ一つの危機は、定義上、その危機に意味を与える主だった特徴を持っている。下位基準としては、以下のものを採用することとする。

(a)　社会的基準――政治危機がどの点において、階級闘争、経済的要因による緊張、経済情勢による不均衡の結果と結びついているか、等。
(b)　「宗教的」基準――問題となる出来事において、伝統的な信仰の仕組みが、どのように関連しているか。
(c)　国民的基準――ここで問題となるのは、政治の世界と世論が、純然たる国民の利益、現実もしくは仮想上の敵を前にしてのフランスの国益、世界におけるフランスの地位を守るための最善の手段をどのように考えるか、ということである。

3　規模

本書で「重大な危機」として取り上げた政治危機は、規模的には異同がある。規模の大小を明らかにするために、以下の下位基準を採用する。

(a)　期間――これを明確化することは、ときとして容易ではない。事件の始まりと終わりを特定するのが困難だからである。

(b)　集団的関与の度合い――問題の出来事に、一般大衆が多数参加したか否か。

(c)　出来事の重大性――この点については、客観的な変数が利用可能である。すなわち、死傷者の数、デモ――集会、行進――の回数と参加者数、そして警察との衝突の回数。また、社会生活のさまざまな分野における活動停止の規模（特にストライキの日数、スト参加者数等）である。

4　決着

本書においては、三種類の決着を見てきた。

(a)　徹底的な鎮圧――武力による、敵の殲滅。

(b)　選挙の実施――程度の差はあれ神話的な意味を持つ国民の審判により状況を打開することで、勝者は新たな正統性を獲得することができる。

(c)　救世主的人物の登場――共和制時代のローマから借用した、もう一つの審判の形式（一時的

「独裁」)。そこには、強い宗教的色彩が感じられる(至上の救世主のカリスマ的権力)。

5　その後への影響

混乱なしには解決できない問題から発生した危機は、混乱の後に、当事者間の一時的もしくは恒久的な新たな均衡を生むか、あるいは新たな相互補完性を生み出すことになる。ここで取り上げた八つの危機は、この観点から、以下の三つの項目に分類することができる。

(a)　政権の交代
(b)　政体の変更
(c)　法律改正

これらの要素を基にまとめると、以下に示す表1～5となる。

この比較表で見ることができるのは、危機には四つの類型があるということだ。パリ・コミューンと一九六八年五月、すなわち八つの危機のうちの最初と最後のものは、いずれも、少なくとも外見上は他の危機とは類似しない、単独のタイプである。パリ・コミューンは、すでに述べたように、実際のところ古い類型に属するように見える。これは革命がもたらす不安定な状況の中で勃発した一九世紀の長い一連の危機を締めくくる出来事だった。他の基準に照らして検討しても、パリ・コミューンはやはり「古い時代」に属する出来事だと確認できる。反対に、一九六八年五月は、それ以前のいかなる混乱にも、まったく似ていない。大学から起きたということ、また予測が非常に困難だったとい

表1　原因

危機の名称	主たる対立勢力	発端となる出来事	予測不能度
パリ・コミューン	ヴェルサイユ政府対パリの（革命的）反乱	政府の一方的決定（大砲の回収）	++
1877年5月16日	保守系右派対共和主義左派	大統領の決定。首相への反対を示す書簡	++
ブーランジスム	左派および右派野党の連合対議会主義共和国	政府による人気の高い将軍の更迭	+++
ドレフュス事件	ナショナリスト右派対議会主義共和国	ロロール紙掲載のゾラの「私は弾劾する」	+++++
1934年2月6日	保守系右派対急進派共和国	政府によるパリ警視総監の更迭	+++
1940年7月10日	休戦協定支持派対「戦争継続派」	軍事的敗北の中での新首相（ペタン）の選任	++
1958年5月13日	軍の支援を受けた「アルジェリー・フランセーズ」支持派対政府	脱植民地化をめぐる深刻な事態の中での新首相（フリムラン）の選任	++
1968年5月	社会変革の支持者対各種権力機構	大学危機の状況における警察による取り締まり	+++++

う点から、これが新たな類型に属するとの仮説を立てられる。大きく変化した社会において、新たな政治体制の下で起きたからである。

それ以外の六つの政治危機は、二つの類型に分類することができる。

1　体制内での危機（一八七七年五月一六日と一九四〇年七月一〇日）は、体制内部の矛盾がその原因として求められる――行政府と立法府の間の不一致、あるいは一九四〇年の特殊状況下での閣内対立である。

2　反体制的危機（ブーランジスム、ドレフュス事件、一九三四年二月六日、一九五八年五月一三日）――これが最も事例が多い類型である。この頻度から、第三共和制と第四共和制における危機のパラダイムを定義することが可能となる。これを、正統性の危機と呼んでもよいだろう。そして、それは同時に権威の危機でもある。換言すれば、既存の議会制度に弱点や欠陥があり、制度を改革し、あるいは完全に変えてしまおうとする一部世論との対立を招くということだ。この反議会の反乱により、国はクーデターの危険にさらされる。一八八九年一月には、ブーランジェ派による実力行使と、将軍の周辺の人々による反乱行為が懸念された。一八九九年には、デルレードによる試みがあった。一九三四年のブルボン宮襲撃。一九五八年のアルジェ総督府占拠と、空挺部隊によるフランス本土上陸の脅し。八つの危機のうち四つが、このモデルに該当する。こうした出来事の繰り返しは、当然ながら制度に内在する不均衡を明らかにしている。第四共和制の憲法制定議会が、議会政治と世論の一部との頻繁な対立を考慮に入れなかったことを遺憾だと考えることもできよう。権威の危機（行政府の脆弱性、内閣の不安定）は、ブーランジスムによって明らかとなった正統性の危機と重なり合う。正統権力の源泉となった普通選挙であるが、有権者は「民衆の意思」と政府の業績との間の乖離により、権利を侵害されたと考えた。「統治された民主主義」（G・ビュルドー）のルールは、政治をめぐる議論を有権者から見えにくくし、それによって徐々に、多数の人々の忠誠を得るシステムの外に、議会制共和国を放りだしたのである。ゴーリスムが優れていた点の一つは、民主主義にとって必要な直接民主主義的要素を回復したことだった。

　政治危機の原因を考察すれば、私たちが出来事の「発端」と呼んだもの、あるいは混乱の直接的な要因をも検証するよう促される。ほとんどの場合、それは必要ではない政府のアクションによるものだ。換言するなら、異なる決定をし、あるいは異なる態度を取っていたならば、危機は避けられたかもしれない。パリ・コミューンについて、そのように考えられる。ティエールがパリの力をそぎ、大砲を実力で回収しようとしたことが、取り返しのつかない結果を生んだのではないだろうか。一八七七年五月一六日に関しては、選挙を経たばかりの新議会に対してマクマオンが硬直した姿勢をとったのは、元帥が政治的に未熟だったことを示してはいないか。ブーランジェのクレルモン＝フェランへの異動、また特に、選挙への立候補を可能とする早期退役は、避けられたのではないだろうか。不公平きわまりないドレフュス裁判の再審は、ゾラの激しい告発を待つ必要があったのだろうか。シアップ更迭は、彼が警視総監として演じた役割からして不可避だったが、スタヴィスキー事件発生以前に検討されていてもよかったのではないだろうか。一九四〇年に、ポール・レイノーは辞任するとの決定を個人的に行なうべきだっただろうか。一九五八年に、ルネ・コティーはフリムラン以外の数多い候補者の中から首相を選任できたはずだ……だが、このときはいわば、うまく跳躍するために後ずさりしたようなものでもあった。そして、一九六八年には、もう少し注意深く冷静に対処していたなら、警察の暴力的な介入がなかったならば、大学の危機は学生たちの反乱と化すことはなかっただろう。要するに、よく観察してみると、危機の予測不能性（度合いはそれぞれ異なる）はそれぞれの危機の原因における偶発的要因の重要度に左右されることがわかる。統治するには、高度な技術が求められる。なぜなら、それは力を見せつけることが必要であると同時に、策略を用いなくてはならないからだ。一方だけを過度に重視することは、常に危険を伴う。パスカルを模して言うなら、力が専制的に見えないようにするには、力にもそれなりの策略が必要だというわけである。そして、政府の権力の特性が見えない状況から生じる強い権威への欲求を引き起こさないためにも、策略が力の裏返しにならないようにすべきなのである。しかし、これは一般的な原則でしかない。優れた政府であっても、緊張が極度に高まる局面では、公的権力の濫用、定例業務上の過誤、あるいは影響の及ぶ範囲が予測し難いそれ以外の失態から完全に免れることはできない。したがって、政府が行なうべきは、危機に直面した際に、決して状況を悪化させないことである。反対勢力に対して、面子を失わずに的確な譲歩を行なうこと、幻の利益を追わず手中のものを守ることである。ここで、個人の性格、為政者の個性、長所と短所について考える必要が生じる。これらの特徴はまた、政治危機の不確定的な部分に関わっている。対立関係にあった最高責任者個々人の特性は、危機の原因と結末から切り離せないからである。

階級闘争

ここで、重大な政治危機の根底に潜む意味について考えると、三つの重要な課題が問われている。国民に関わる問題、社会および国家における宗教の位置、そして階級間の対立である。

取り上げた八つの政治危機を以下の表によって見てみると、階級闘争はこれらの危機の原動力ではなく、二義的な、あるいはマージナルな役割しか果たしていなかったことがわかる。パリ・コミューンは別として、ブーランジスム、一九三四年二月六日と一九六八年五月の「労働争議」的側面は、エンゲルスが特に共和主義体制下で起きると予想していた、搾取する側とされる側の直接の衝突というマルクス主義の図式に合致するものではなかった。彼は、一八八三年に、エドゥアルト・ベルンシュタインに「ブルジョワジーとプロレタリアの闘いに関しては、それは共和国の下で最終段階に至るだ

表２　意味

	国家的性格	宗教的性格	社会的性格
パリ・コミューン	＋	＋	＋（労働者）
1877年5月16日		＋	
ブーランジスム	＋		＋（労働者と中間層）
ドレフュス事件	＋		＋（中間層）
1934年2月6日	＋		＋（中間層）
1940年7月10日	＋		
1958年5月13日	＋		
1968年5月			＋（学生、労働者）

ろう」と語り、こう付け加えた。

王政復古は、ブ、ル、ジ、ョ、ワ、共和国の復活のための闘いを課題として復活させるだろう。一方、共和国が継続するなら、それは直接的で目に見える階級闘争をますます激化させるだろう。[2]

エンゲルスが予想していなかったのは、「ブルジョワ共和国」が王党派、教権派、ナショナリストといった右派からの異議申し立てを受けずにはすまず、またそれと同程度に労働運動から繰り返し支援を受けたことである。ブーランジスム危機のときすでに、社会主義勢力の多くは階級闘争を放棄して急進派ブルジョワジー、あるいは穏健な共和派ブルジョワジーと手を結び、この独裁者見習いに対抗した。ドレフュス危機に当たっては、ジョレスはゲード派などの反対にもかかわらず、社会主義勢力の大半を引き連れて体制擁護に回り、「政権参加」（ミルラン事件）を支持し、左派ブロック内部でコンブ派と手を組んだ。当初、共和国防衛に最も消極的だったＣＧＴさえもが、一九一四年にはジュオーの指導の下で、神聖同盟に加わった。さらに、三〇年代から四〇年代にかけてスターリンの外交政策上の工作ゆえに孤立していた共産党もまた、結局は伝統に従って、反ファシズムの旗印の下に共和主義左派に組み込まれた。一九三九〜一九四一年の出来事を別にすると、PCFはレジスタンス活動を通じて全国的な正統性を獲得し、一九四四年には初めて政権に参画する。このように、主要な労働者組織はすべて、常に同時にではないにせよ、いわゆる「ブルジョワ」共和国防衛に加わって役割を果たした。この観点からも、一八七一年のコミューンは一つの時代の終わりを示していた。ゾノワ・マロンは、コミューンを一八三一年のリヨンの絹職工の反乱と一八四八年六月の事件に続く、「フランス・プロレタリアの第三の敗北」と位置づけた。それは、これがエンゲルスの求めていた労働者階級による直接的な闘争における敗北だったことを意味している。フランス社会主義運動の諸潮流は革命を夢見なかったわけではないが、組織化され、力を増し、影響力を拡大する中で、社会的闘争を教会や祖国愛をめぐるイデオロギー闘争へ移行させるという利点もしくは才覚を持つ共和主義システムに、徐々に統合されていった。階級闘争は、多くの場合、政治闘争の限られた分野で行なわれるにとどまった。一九三六年、あるいは一九六八年の大規模ストライキは、革命的なストライキではなかった。それらは、第三共和制や第五共和制の基盤を問題視したわけではない。これらのストの目的は、「労働者階級」の生活を、現行の政治体制を是認した上で、向上させようとするものだった。一九世紀は激しい階級間の闘争を経験したが、共和国が安定すると、労働闘争は次第に高度にルール化された一定の空間内部にとどめられるようになった。「山猫」ストの形を取った制御不能な行動、警察との正面衝突、各種の暴力行為は二〇世紀を通じてやむことはなかったが、それは福祉国家がもたらす恩恵もあって、自由民主主義の根幹にまで被害を及ぼすことはなかったのである。

ある程度まで階級闘争の純化であり、また同時にその機能にのみ限定されないイデオロギー闘争は、すべての危機の核心に存在した。それは、主として二つの形を取って出現した。カトリシズムの擁護と、ナショナリスト的情念である。これを、同一の政治的立場の裏と表だと考えたい誘惑に駆られるものの、それは過度な単純化と言うべきだろう。それでも、祖国を脅かされている遺産だとみなす認識の過度な称揚は、多くの人々から、伝統的な形のカトリシズムへの愛着の一変種だと考えられた。いずれの場合にも、近代化がもたらしたあらゆる結果により危機に瀕する古きフランスが、この変化によって破壊されてしまうのではないかという考えに取りつかれた個人、グループ、リーグ、政党、新聞などを目にすることができる。工業化、都市化、社会の世俗化、旧社会の破壊、国際協調主義、より後になってからはインフレの悪影響、何があろうとも死守すべき国民的自我の劣化という思い込みなどがその要因だった。一九五八年五月まで――アルジェリア戦争終結まで、と言うべきかもしれない――、フランス社会のしばしば行動的な少数勢力が、良かれ悪しかれ、過ぎ去った時代の具体的な特徴や滑稽な象徴に強い愛着を抱き続けていた。王政へのノスタルジー、教皇派の群衆、大地と死者へのバレス的讃歌、反ユダヤ的熱狂、多党制議会主義への嫌悪、老元帥待望論、一七八九年以来フランスは「大罪を犯した状態にある」と断罪する司教団による公開の場での悔恨の祈り、これらの恐怖――他者への恐怖、未来への恐怖、外国人への恐怖、堕落への恐怖等――に基づく行為は、一九五八年五月一三日まで見出すことができるし、一九八一年以降再び表面化している。階級闘争による解釈は便利ではあるが、引き継がれてきた情念、強烈な憎悪、根深い不安という、こうした代々引き継がれてきた感覚を説明するには不十分なのである。[3]

労働問題に対するイデオロギーの優位は、選挙社会学の分析が明確に示すものが現在でも残っている。左派ないしは右派への投票との相関関係のうち最もコンスタントな要素は、宗教上の立場である。それは、以下のように要約できる――カトリックを実践していればいるほど、「右」に投票する可能性が高まる。[4]「進歩派キリスト教徒」、「赤い司祭」、あるいは社会主義者カトリック議員の存在は、何らこの見方を変えるものではない。この不変の法則は、フランスにおける政治と宗教の関係について、多くを物語る。こんにちでは、それはもはや教会の公式な思想に基づく立場ではなく、むしろ歴史的遺産によるものだ。当然ながら、右派がこのようにカトリシズムに忠実なのは、やはり歴史的左派の反カトリシズムによって説明されるものでもある。これについては、また後ほど説明したい。取りあえずは、以下について確認しておくにとどめよう。一八七七年五月一六日以来、階級闘争は政治危機の原動力ではなくなったのである。

「危機計測器」

比較論的なもう一つのアプローチは、それぞれの危機の重要度を計測することだろう。量的な指標を――ここでの試み以上に――精度を上げることも可能かもしれない（日数、死傷者数、選挙実施の場合の投票率の変化等）。表3が示す通り、第三共和制が幕を開け、そして幕を下ろしたのは、参加者数においても、直接的な犠牲者数においてもまったく性質の異なる二つの危機によってだった。

表3　規模

	期間の長短	参加者の多少	深刻度、社会的影響等
パリ・コミューン	中（72日間）	多	死者約2.5万人 裁判の結果約1万人が有罪
1877年5月16日	中（5カ月間）	中	新聞等への処罰 公務員の免職
ブーランジスム	長（約3年間）	中～多	街頭デモ 新聞によるキャンペーン
ドレフュス事件	長（約2年間）	中	街頭デモ、リーグの活動、新聞によるキャンペーン、決闘、自殺
1934年2月6日	短（約1週間）	多（特にパリ）	死者16人、負傷者約1000人
1940年7月10日	短（25日間）	少	戦時下の状況で、公共の場での議論の欠如
1958年5月13日	短（20日間）	多（特にアルジェリアのヨーロッパ系住民）	仏本土への上陸作戦実施の脅威
1968年5月	短（45日間）	多	死者7人および入院した負傷者1700人

三つの危機が、動員力の強さと死傷者数の多さから、特に重大だった。犠牲者数から言えば、ここでもパリ・コミューンは他の危機とは異なる。これは、真の内戦だったからだ。しかしながら、後への影響に関する表5と比較すると、危機の規模とそれがもたらす結果は、正比例の関係にはないことがわかる。正反対の出来事である一九四〇年七月一〇日と一九六八年五月における動員の度合いは、それぞれの政治的影響とは比較にならないものだった。

民の声と救世主の声

コミューンを別とすれば、危機の終束の仕方は、一見したところ二種類しかないように思われる。救世主的人物、国民的英雄、最高の審判者への依存、あるいは選挙

表4　決着

パリ・コミューン	武力鎮圧
1877年5月16日	選挙実施
ブーランジスム	選挙実施
ドレフュス事件	選挙実施
1934年2月6日	救世主的人物の登場
1940年7月10日	救世主的人物の登場
1958年5月13日	救世主的人物の登場＋国民投票実施
1968年5月	選挙実施

の実施である。この二種類の正常化の手法は、実際には見かけほどかけ離れたものではないのかもしれない。最初の手法は、外見上、魔法のような行動と思われるだろう。分裂し、ばらばらになった、内戦瀬戸際の社会が、抜きん出た人物に頼るのだが、この人物は一頭集中制――多かれ少なかれ象徴的にではあるが――への回帰によって（一時的に）矛盾と緊張を解決し、ただ存在するだけで、ただ人徳があるだけで、ただカリスマ性によるだけで、平和の創造主であるかのごとく君臨するのである。こうした人物への依存は、危機によって陥った不安、通常の政治的手続きでは除去できない不安から社会全体を解放する役割を持っている。しかし、よく検討してみると、選挙の実施も同じく正常化のための、儀式化された、国を統一するための方策なのである。危機の果てにおける投票行為は、特定の政党への投票行為より広くいきわたった行動である。それは、投票用紙を通じて内戦の真似事を行なうというよりは、停戦の儀式への参加なのである。(5) 政治危機の結果として行なわれた選挙のうち、三回は左派連合の勝利で終わった。一八七七年、一八八九年、そして一九〇二年である。一回は右派の大勝で終わった。一九六八年である。実際には、いずれの場合も最も安心感を与える、最も冒

険的でない、より広く社会を結束させると思われる「党派」に、有権者は多数を与えたのである。この四回のケースでは、有権者は最もリスクの少ない道を選択した。一八七七年には、分裂状態の右派ではなく、共和派連合を選んだ。一八八九年と一九〇二年には、反体制勢力でなく、体制擁護を目指す与党に多数を与えた。一九六八年には、異議申し立てをする人々、あるいは冒険的な人々に反対して、新共和主義的秩序を主張する人々を選択した。しかし、こうした政治的選択以上に、投票すること自体が和解のための行動となるのである。市民たちが皆同じルールを受け入れ、共同体への帰属を再確認し、社会の平穏を求める一般意志を信条の多様性に優先させるのである。一九六八年の新左翼は、状況をよく理解していた。彼らが述べたように選挙が裏切り行為だからではなく（現在のところは、普通選挙が民主主義における正統性の源泉である――たとえ、選挙結果が合理的思考の結果ではないとしても）、選挙の実施は大多数から受け入れられるならば、正常化へ向けたプロセスを開始するからである。普通選挙によって、革命を行なうことはできない。レーニンは、ロシア革命の際に、国民の代表（制憲議会）を実力行使で散会させた。結果として、一九世紀に指導層と保守派が恐れた普通選挙は、社会の節度と融和のための仕組みとして広く受け入れられるようになった。確かに、選挙を実施したために労働争議が起こることも――一九三六年のように――あるだろう。しかし、危機の場合には、それを収束させるのに程度の差こそあれ必要な手続きとなるのである。

完璧な正常化に達するのは、当然ながら、カリスマ性を帯びた英雄の出現と選挙の実施が組み合わされたときである。それゆえに、一九五八年の決着には大きな重要性があった。一九三四年に、ガストン・ドゥーメルグの持つカリスマ性は脆弱で、ほとんど茶番のようなものだった。一九四〇年のペタンは、より強いカリスマ性を持ち合わせていた。しかしいずれも、自らの権力掌握を、選挙によって承認させようとはしなかった。これに対して、ド・ゴール将軍――彼はすでに一九四〇年に祖国を救済していた――の登場は、国民の「代表者たち」のみによって有効と認められたのではない。九月に行なわれた新憲法をめぐる国民投票は、ド・ゴールという解決法に正統性を与えただけでなく、新たに大統領となる人物に将来起こりうる危機に対抗するための手段を与えたのだった。国民投票に訴える手法は、ド・ゴールの共和国において、民の声と神慮の結合を長く続けさせることとなる――民の声が、神慮はもはや不要だとの判断を下すまでは。

致命的な危機と、適応の危機

ここで、本書で取り上げた八つの政治危機について、それぞれの影響の大きさを検討してみると、以下のような表となる。

最初に判別できるのは、致命的な危機とそれ以外の危機である。このうちの少なくとも二つは、現行の政体を終焉へと導いた。一九四〇年と、一九五八年の危機である。もう一つの危機――それはパリ・コミューンであるが――を、このカテゴリーに加えることもできる。帝政はすでに崩壊していたが、パリ・コミューンとその敗北は、共和国の確立を容易にする役割を果たしたのである。これ以外の危機は、いずれも政治制度を実態に適合させ、あるいは法律を実情に合わせて改正させる機能を持った。一八七七年五月一六日は行政府と立法府の間の関係を調整し、立法府に優位を与えるととも

表5　その後への影響

	政体の変更	内閣の交代	法律改正
パリ・コミューン	+		
1877年5月16日		+	
ブーランジスム			+
ドレフュス事件		+	+
1934年2月6日		+	
1940年7月10日	+		
1958年5月13日	+		
1968年5月			+

に、解散権を事実上制限した。ブーランジスムは憲法改正の試みに正統性がないことを示し、ブーランジェの失敗を通じて一八七五〜一八七七年の共和主義的妥協、すなわち小選挙区制と下院議員の共和国を確立させた――それは、反動的な解決法と市民による共和国を犠牲にすることでもあった。ドレフュス事件とその後の出来事は政治体制を完成させ、一九〇一年法（結社に関する法律）と一九〇五年法（国家と教会の分離）により、教会の占める位置を縮小させた。一九三四年二月六日は急進派共和国の終わりを、また一九六八年五月はド・ゴールの共和国の終焉を告げた。

最初の四つの危機は、第三共和制の誕生からその確立に至る行程を示すものだった。五つ目の危機（一九三四年）は、最後を告げる危機のプロローグのように思われる。第四共和制は最初の爆発に耐えることができなかった。ある意味では、一九五八年の危機は、一九四〇年の危機の再現でもあった。いずれの場合も、議会は責任を放棄して救世主的人物に頼ったのである。これに対して、第五共和制はより強い力を持っていたため、一九六八年の危機を乗り越えることができた。

フランスは恒常的内戦状態にあるのか

一九六八年に、フランソワ・モーリアックは次のように書いた。

こんにち、我々は古きよき時代に比して、より多くの憎しみを抱いているだろうか。私はそうは思わない。時代により、内戦は熱い場合も、また冷たい場合もあった。しかし、内戦は途切れることなく続いてきたのである。(6)

なぜ、フランスはこれほどまでに国内が分裂しているのだろうか。なぜこれほど繰り返し、反乱の炎にさらされるのだろうか。ありきたりな言い方に従うならば、フランス人はケルト的な父祖伝来の習性、アンドレ・シーグフリードが「協力し合うよりも反対することを快適だと感じる、我々の知性の破壊的性質(7)」と呼んだものを受け継いだのだろうか。ユリウス・カエサルの手助けもあって、私たちは民族的・歴史的な解釈のための便利な鍵を手にしているようである。少なくともアルウェルニ帝国が終わってから、紀元前一世紀の初めには、ガリアの諸都市や諸部族は内部対立を続けて止まず、ローマによる征服を容易にしたのではなかっただろうか。ビスマルクもまた、フランス革命を「ガリア性」が「ゲルマン性」に勝利した結果だと説明したではないか。(8)フランスの成立に当たり重要な役割を果たしたこの二つの「人種」間の戦争については、「人種」が「階級」とともに森羅万象を説明する原理となった一九世紀において、ときには「親ガリア」の、ときには「親ゲルマン」の、無数の理論を生み出した。これらの理論は、現在では完全に粉砕されてしまった。ガリアはガリア人に任せて、我々はフランスの「不確かな家系図」にあまりこだわるべきではない（ポリアコフ）のである。

地理の付随物として形成されたのにすぎず（「自然国境」の神話を参照されたい）、いかなる人種的解釈も拒否して人種主義者たちを失望させてきた（バレスを見よ）この国は、何よりもまず歴史の結果なのである。フランスの内部分裂を読み解く鍵は、まず私たちの二つの文化的遺産の矛盾と、それに由来する対立に求められるべきだ。それは、ローマ・カトリックとフランス革命である。

「アンシアン・レジーム」のフランスの特徴は、教会と絶対王政が、信者たちの宗教上の指導と臣下たちの統治の役割を分け合ってきたところにある。絶対王政、行政の統一と集中化（トクヴィルが強調したように）、カトリシズムによる宗教的独占は、互いに助け合ってきた。フランス革命まで、信仰の自由を得ることはほとんど不可能だった。ごく少数のユダヤ教徒は従属関係にあり、常に行動を制約されていた。彼らは公的な職業と、その他の世俗の活動から締め出され、神学上（教会の観点）および財政上（王政の観点）の理由から、かろうじて黙認されていた。一六世紀以降信徒数が増加を続け、一七世紀にもかなりの数に上ったプロテスタントは、長期にわたる紛争の結果、プロテスタント信仰を許容する勅令（一五九八年のナントの勅令）を獲得するにとどまった。権利の拡大は認められず、しかも篤信王（フランス王の別称）によって勅令は廃止された（一六八五年、フォンテーヌブローの勅令）。当初より、カトリック教会は不可分の真理を預かる者だとして、その名において「異端」と闘い続けてきた。しかし、信仰の一体性という考え方を人々に強いたのは、絶対的な権限を有する王の力と、王自身が自らの権力に対して持つ認識だった。臣民は王の信仰を共有すべきなのである。かかる原則はいかなる国家にも存在したもので、君主の信仰に応じて、カトリックもプロテスタントも迫害にさらされる可能性があった。とはいえ、プロテスタンティズムはいくつもの教会を作ることができたが、カトリシズムは一つの教会しか認めていなかった。カトリシズムと対立する者は、説教者から攻撃されるばかりでなく、国家の世俗権力をも恐れなければならなかった。さまざまな理由（領土の細分化、英国王とローマの間に起きたような歴史的な偶発的断絶、革命と戦争……）により、いくつかの国においては、異なる宗派の共存が認められた。西欧においては、北のプロテスタント諸国（英国、スカンディナヴィア諸国、オランダ、ドイツ、スイス）と南のカトリック諸国（フランス、スペイン、イタリア、ポルトガル）では、文明において対照的な特徴を持つようになった。新教徒の国民は旧教徒の国民に比して自由主義、多元主義、つまるところ民主主義に対してより開かれていることは、かなり以前から、指摘されてきた。自由主義的資本主義とプロテスタントの倫理の関係についてのマックス・ウェーバーの理論は、よく知られている。[9] 一方で、エドガール・キネは米大陸について考察する中で、民主主義に対して開かれたアングロ・サクソンでプロテスタントの北米と、民主主義にたどり着くことのできないイベリア系でカトリックの南米を対比した。一八四五年に、彼は合衆国について次のように述べた。

個人が権利についてまったく譲歩することなしに、この社会は形成される。そうした光景は他では見られなかった。至るところで開かれている福音書は、孤立した人々を、平等な市民の共和国の一員とする原初の契約なのである。一人ひとりが持つ信仰上の権威は、必然的に政治面における国民主権を導き出す。教義において主権を持つ者が、どうして統治における主権を持たずにいられるだろうか。一人ひとりが、神の国において、そして人の国において投票するのである。そして、分派を生み出すこの自由は、必然の形態として連邦制を採用する。(10)

フランスにおいては、カトリックという桎梏《しっこく》は、服従心を強める一方で、反逆的な精神をも育てた。アンドレ・シーグフリードはこのように書いた。

この宗教は、我々に個人の道徳上の責任も、政治的自由の実践も教えはしなかった。むしろ、ローマ教会の規律の枠組みの中に閉じ込めた。それは立派な規律ではあるが、思想と風俗に対する高度な取り締まりのようにも見えるのである。(11)

そして、この高い位置にある教会に対抗して、プロテスタント諸国には見られない反教権主義が発達した。宗教改革が行なわれなかったため、と言ってもよいだろうが、フランスでは革命が起きた。ここでまた、私たちにとって貴重な案内人であるキネの言葉を聞くことにしよう。

近代的諸国家の中で、フランスだけが政治・社会的な革命を起こし、その後になって初めて宗教的革命を経験したのである。

換言すれば、一八世紀を通じて「不信心」が拡大したにもかかわらず、精神構造にはほとんど変化が見られず、国教の原則を受け入れていたのである。

信仰はないながら、信者としての体質をなお保持している者は、かつて宗教的不寛容についてそうだったように、政治的不寛容において極端なのだ。

多くの人々が期待していたフランス革命の精神とカトリシズムの間の妥協は、すぐに不可能だと判明した。憲法制定議会は妥協を試みたが、成果は得られなかった。議会が採択した聖職者民事基本法は、カトリックに国教としての優位を与えたが、それはあまりにも国家に従属した宗教だった。神父たちは、国家への忠誠を誓わなければならなかったのである。この法律の原則を受け入れず、信仰の世界における最高権限の放棄と主任司祭、司教の選挙制を拒否するピウス六世は、一七九一年三月一〇日、「最も神聖なる教義と最も荘厳なる規律を打倒」する行為を強く非難した。教皇とフランス革命の対立は、「宣誓司祭」と「反抗司祭」（宣誓を拒否した司祭）の間の分断を招いた。後者はすぐに前者よりも多数となり、地下に潜伏し、断頭台の脅威にさらされることとなった。

弾圧により流された血は、集団的記憶の中で、カトリック信仰と王への忠誠を一致させた。これに、一七九三年一月二一日の「最後のフランス人の王」の処刑、また多くの神父と修道女の処刑が加わった。妥協に失敗したことで、二つの不寛容が生まれ、互いに向き合うこととなった。そこから生まれた最大の悲劇の舞台となったのが、ヴァンデ地方である。ヴァンデ内戦は、集団的記憶の奥底に、二つのフランスと二つの文化の間の熾烈な戦いとして残されている。現代の歴史家たちは、この共和派と王党派の対立という図式に含みをもたせようと努めているのではあるが[12]。

古き教会と古き王政は、再会して団結することになるはずだった。ボシュエの「神聖政治」と新たな法による政治は、いつの日かフランスの戦場で、フランス人同士の間で衝突すべき運命にあった。いずれの陣営も同じ勇気、同じ血、同じ心による英雄的な支援を受けて。神のみが、このいずれの大義を自らのものとするのか、決定することができた[13]。

フランス革命は、カトリック王がプロテスタントに対して過酷だったのと同じように、ヴァンデ派に容赦しなかった。フランスは、二つの真実の共存を容認できなかった。しかし、ここでもまたキネが言うように、「新しいフランスは古きカトリシズムを咎《とが》めることはできない。新しいフランスは、兵器と、不寛容と、呪いをかける力と、火刑台に取って代わった死刑台を借用したからである[14]」。

一九世紀の歴史は、その最初から最後まで、カトリシズムと、革命から生まれたフランスの間の終わりのない戦いの叫びが鳴り響くものだった。反革命と王政復古の精神には、革命の嵐とナポレオン時代の和解策が教会から奪った地位を回復させなくてはならないとの考え方が深く浸透していたが、このワーテルロー後の玉座と祭壇の新たな同盟は、一八三〇年の反教権主義の爆発を招く結果となった。このとき、ハインリヒ・ハイネは、カトリシズムについて次のように述べた。

フランス人の大半は、この死体の話をもう聞きたくないのだ。彼らは、教会が話題になると、ハンカチを鼻に当てながら話すのである。

それでも、一八四八年には、革命派はルイ＝フィリップの体制と手を結ばなかった宗教と意気投合した。しかし、それは束の間の幻影にすぎず、左翼ではなかったトクヴィルはこう書いた。

私は、多数のカトリックの人々が専制政治を求め、隷属に引かれ、憲兵と、検閲官と、絞首台を好む様子を見ると、これまでにないほどに悲しくなり、また困惑してしまう[15]。

数年間にわたる「ローマ問題」をめぐっての不和にもかかわらずカトリックが帝政を支持するに至ったことで、教会は国から新たな優遇措置を受け、一方で過激な反教権主義には共和派の新たな世代が合流した。

第三共和制初期には、教会と大革命の間の宥和協定締結はなお不可能と思われた。こんにちのカトリック信者は大半が複数政党制を認めているため、一九世紀の歴史を自由の拡大をたどる形で読み取りがちであり、いくつもの回勅が繰り返し示してきた非寛容なカトリシズムによる支配の重要性を十分に認識していないようである。しばしば滑稽な情念の表現（『ボヴァリー夫人』のオメ氏）となるか、あるいは犯罪的な情念（パリ・コミューンでの人質の処刑）の形を取った反教権主義は、教会による権力濫用への対抗策であるばかりでなく、共和主義の「党派」にとって政治的に必要なものだったと理解されるべきである。第二帝政の下で、ピー猊下《げいか》は次のように述べた。

我々の見るところでは、地上は二つの大きな党派の間で揺れ動いている。一方には、イエス・キリストと教会の党派がある。もう一方には反キリストと異端の党派、あるいは異端の極致である大革命がある…（中略）…この二つの党派のいずれを選ぶか、我々にとっての答えは明白である。(16)

カトリシズムは、キリスト教国家、キリスト教的な法、国教としての独占的特権の原則に執着していた。一九一三年にもなお、『キリスト教信仰擁護事典』（A・ダレス）は依然としてあらゆる形態の自由主義を糾弾し、革命の原理とキリスト教の教義は共存不能だと指摘していた。(17)

しかしながら、カトリシズムが伝統に閉じこもり、教皇たちの破門宣告によってがんじがらめとなり寛容を受け入れない一方で、共和主義的な形態の革命思想は、実証主義と科学万能主義に基づく非妥協的な立場を取ることとなった。共和派にとっては、カトリシズムの存在は過去の遺物であり、場合に応じて、法によって「害悪」を制限しつつ自然消滅を待つか、容赦なく闘うことで絶滅を早めるべきものだった。「日和見派」であれ、「急進派」であれ、ライシテの思想は結局のところ、「宗教的偏見」をなくそうとしていた。教会と生まれたばかりの共和国の間では、すぐに闘いが始まった。この闘いは、事実上終わることはなかった。国はライックとなることで、こんにち私たちがこの単語に認めている意味のように、自由かつ競争的関係にある複数の教会、複数の信仰、複数の哲学の間で中立を保ったわけではない。ライシスム（ライシテの思想）は新たな国教であり、その結社、団体、ロッジ、儀式、学校を備えていた。対立する二つの文化にとって、ごく自然に、学校教育が最大の争点となった。古くから、精神上の指導権を得ることが、社会・政治的な権力を固める上での重要なポイントとなると考えられていたのである。一八一八年に、ミネルヴ誌は次のように書いた。

フランスは、…（中略）…分裂の種を永久に排除するために、子供たちに揺りかごの中にいるときから、同じ一つの教養の乳を吸わせる必要があるのである。(18)

何度も公教育大臣を務めたレオン・ブルジョワは、一八九七年に、ライックな学校について以下のように述べている。

社会を構成する人々が結束して、目的と義務に関する同一の人生観によって自ら進んで統制されなければ、その社会は安全と平和の中で生きられない。国民教育は、精神と意識の統一を作り出すことを最終目的としている。（『フランスの民主主義教育』）

もう一人の公教育大臣経験者ポール・ベールは、科学の名において教会による教育を攻撃せずにはおかなかった。

宗教教育は、物事を断定的に表現する。そうすることで、宗教教育は迷信の母である信仰を基礎に置く。学校教育は科学を生み出す理性を基本とし、理性に基づいて証明を行なうのである。(19)

こうした言葉は――政治家によるものであるだけに――、現在では全体主義思想だと受け止められるかもしれないが、それは特にこの時代と現代との間では心性に関する違いがあることを示している。私たちが望むコンセンサスは、多元性に基づくものである。一方、当時期待された分断の終焉は、再生させるべき信仰の一致（キリスト教界の計画）、もしくは実現すべき進歩と科学への信仰の一致（共和派の計画）を基盤とすべきものだった。歴史は、このいずれにも、寛容の原則を取り入れるよう求めなかった。宗教戦争以来、敵は排除し、全滅させ、あるいは服従させるのが常道となった。進歩主義と科学万能主義の理想は、特に第一次世界大戦の残酷さにより損なわれ、第二次大戦の大敗北の直後には「伝統」と「権威」の復権が見られた。高位聖職者と従軍司祭らはこれに喝采し、この大惨事から意味を見出せると考えた。一九四〇年六月二七日付のラ・クロワ紙には、以下のような文章が見られる。

まず、膝をつき、胸をたたくことから始めよう。我々には、贖うべき罪がいくつもある。公的な脱キリスト教の試みが、深いところで我らが祖国の活力に打撃を与えたのである。大衆の多くは宗教に無関心で、信仰のある少数者はそれを補うための熱意に欠けていた。冒瀆行為ばかりが日立ち、祈りは不十分だった。背徳ばかりが多く、悔い改めることが少なかった。いつか、その償いをしなくてはならなかった[20]。

非妥協的カトリシズムの能動的ノスタルジーは、このように反革命の火を消すことなく、一九四〇年までのすべての危機の機会に噴出した。この年の軍事的敗北の際に爆発した復讐を求める力は、宗教的であるにとどまらなかった。そのような有機的、序列的、反個人主義的な社会の構想を、ペタンは描き続けた。彼は一九四一年七月八日に、次のように述べている。

国民とは、家族と、職能団体と、市町村と、行政組織の、すなわち結合し連携した精神的な家族のヒエラルキーであり、それが行動力と、魂と、理想を備えた活力ある祖国を作るのです。そしてこれは未来への動力となり、それぞれのレベルで、共同体への寄与に応じて選抜された人々のヒエラルキーを生み出すのです。その人々のうち、少数の者は助言をし、わずかな者は指揮を執り、そして頂点では指導者が統治するのです。

一九五八年には、軍の一部とその周辺に、反革命の原理主義の名残の火が最後に燃え上がった。それは十字軍またはレコンキスタの精神であるのみならず、「カトリック国の明確なる理想[21]」だった。戦場――今回は、植民地擁護の戦いだった――は変わったが、その深層における意味はキリスト教世界と大革命の間の一〇〇年を超える戦いであり続け、共産主義の挑戦によりその戦いは地球規模に広がった。こうした原理主義的な極右は、フランス・カトリシズムにおいてもはやごく少数派にすぎなかったが、頻繁に回勅を引用する彼らの刊行物（ヴェルブ、イティネレール、ロム・ヌーヴォー等の各誌）は、あたかもかつての氷河期が残したさまよえる氷塊のごとくに、一九世紀の教会がどれほどに反革命と結びついていたかを証言していた。

それとは逆に、大革命が国家制度と民心に記した鮮明な断裂は、フランスの左派に、ある種の政治上のスタイル以上に「断絶」と「タブラ・ラサ（白紙状態）」に対する真のフェティシズムを遺産として残したのである。まず、政治スタイルについて見てみよう。これは、内戦の領域に属する。フランスでは、政治的対立には、常に多かれ少なかれ宗教的かつ演劇的な次元が見られる。宗教的というのは、フランス人は絶えず原理原則、世界観をめぐって闘い、そこでは神の存在と歴史の終わりが問題となったからである。たとえ物質的な利害をめぐって争っていたとしても、フランス人はそれを普遍的な計画にまで昇華させることができた。このことが、なぜ知識人が政治闘争において役割を果たしえたのかを説明している。トクヴィルは、一八世紀には「文学者がこの国の主要な政治家となった」と指摘している。その結果として、普遍的な提案や理性に基づく抽象化が好まれるようになり、これまでの慣習や経験則による調整のメカニズムが軽視されがちとなった。明快な決定が求められ、曖昧な妥協は排された。一般化された思考が、「ケース・バイ・ケース」の解決法よりも好まれた。フランスの政治の世界は、それが本心からであれ、うわべだけであれ、「勝利か、さもなくば死か」との様相を呈した。フランス革命の驚くべきドラマトゥルギーは、登場人物、場面、大言壮語、宣誓、松明や槍やバリケードの民衆蜂起などを特徴とする演目を、フランス国民に提供した。すなわち、一七八九年以来続いている大仰で、演劇的な伝統である。以後、左派の活動家たちはずっと鬘《かつら》をつけたままだ。確かに、一九六八年の鬘はロベスピエールとサン＝ジュストのそれではなかったが、いかなる危機でもポーズを取らなくてはならないために、依然としてボルシェヴィキの好戦的急進性を模倣していた。こうして、ある一つの人物像が一七八九年以来成長し、こんにちにまで至っている。それは、雄弁家である。最も理性的な政治家であっても、いくらか演説の才があれば、彼のために集まった一〇〇人ほどの活動家や支持者の前では、節度を失ってしまう。民衆に決意を示すために、問題が複雑だということをすぐに忘れて、彼は軍隊式に物事を単純化し、殺し文句を発し、そして攻撃的演説にふさわしいだけの大喝采を受けるのである。この観点からは、テレビ放送により一般化した新たな政治的言語を歓迎しないわけにはいかない。演説が狙う効果は従来とは異なり、視聴者の知的能力にはなお関心を示してはいないとはいえ、少なくとも直接的な「武器を取れ」との演壇からの呼びかけは禁じられるようになった。

しかし、スタイルの問題は別として、革命の記憶はフランスの左派に政治を聖なるものだとする見方を植えつけた。それは一種のキリスト教神秘劇の変形で、永遠に続く天使の闘い、いくら裏切られても期待を抱き続けるキリスト再臨のごときものである。政治は、通常の政策運営のルール――フランス国民は、私的な分野ではこれを上手に適用しているのだが――からは頻繁に逸脱し、未来のためのソルボンヌ大学、市民たちの団結が実現する偉大なる機会、行動するユートピアとなるのである。こうした政治の神聖化は、具体的な形で現れた。断頭台、王と王妃の処刑、革命裁判所、国民公会の演壇、公式の祝祭、恐怖政治という反宗教、内戦などである。政治には、パンテオンもあれば（その他大勢が埋葬される）共同墓地もあり、また「名誉の戦場」で落命した英雄が顕彰される回廊もあれば、人の血を流させた後で同じ目にあった人々のための回廊もある。政治には、カトリックの教義に対抗する自由の哲学がある。フランスの労働運動は、オール・オア・ナッシングと、偉大なる夕べ（一発逆転）への希望を好み、一方で「改良主義」を嫌悪した。加入者数が少ないこれらの諸団体は、革命神話を養い続けた。ゼネスト、もしくは国家権力の奪取によって、いつの日か「資本主義」という過去と「社会主義」という未来を分かつ断絶が訪れ、それによって人類の自らとの和解と歴史の終わりが準備されるというのである。こうした傾向はマルクス主義というよりは、革命の伝統が急進性（過激主義）に与えた特別な地位により形成されたものだ。有力な社会民主主義勢力は、多くの場合マルクス主義から出てきてはいるが、それでも自由主義的資本主義との歴史的妥協を受け入れた。フランスでは、社会主義は――改良主義と福祉社会の時代に至っても――革命理論と絶縁することができなかった。レオン・ブルムは、「プロレタリア独裁」を擁護した。ギィ・モレは、マルクス主義の原理を尊重するよう求めた。社会党の綱領は、「資本主義との決別」以外には進歩への展望はないとしていた。いかにも、革命への期待を煽る共産党の存在は、左翼団体・組織をその時代の現実からしばしば遊離させるイデオロギー上の停滞をさらに強める結果を生んだ。フランスにおける共産主義の人気はマルクス主義の影響によるものだと言うよりは、革命的過激主義の遺産によるところが大きいのである。

政治危機に際して、現実には左派の有力政党は、現行の共和主義体制に対してむしろ積極的な役割を果たした。これらの政党の革命的言説と改良主義的な実践の間には、常に開きがあった。しかし、そのイデオロギー的に極端な主張によって、中間層にとって脅威となる危険を存続させ、それによって合意の形成を阻害したことになる。有力な社会民主党、もしくは労働党が存在しなかったことは、政治的不安定の原因となったに違いない。社会党と共産党との強固とはいえない連携は、社会民主主義政党の不在を補完するものではなかった。また、革命の遺産が競合関係にある多数の党派に分散したことで、左派の力は大きく削がれる結果となり、そのために「共和国防衛」の任を果たす能力を持つに至らなかった。一八七七年五月一六日から一九五八年までの複数の危機は、むしろ右から起きたものだったが、革命至上主義的な要素はパリ・コミューン、ブーランジスムの一部、そして確実に一九六八年五月の運動に見られた。一七八九年以来、革命と反革命は目に見えない内戦を続け、これらの危機の発生は内戦が依然として継続していることを明らかにしたのである。内戦は、パリ・コミューンまでは階級間の闘いの形を取った。第三共和制の時代になると、今度は宗教戦争の形を取った。一九四〇〜一九四四年の「フランス人同士の戦争」は、一七八九年五月の三部会招集の歴史の必然的延長線上にあった。

この種のイデオロギー面からの説明は、それでもすべてを解明するのに十分ではない。社会学的なアプローチが、これを補完するために必要となる。早くに民主化した自由主義諸国と比較すると、フランス人のなかなか消えない特徴がすぐに目に見えてくる。個人主義、協調することへの適性の欠如、集団で表現する能力の不足である。ひと言で言えば、フランス人の歴史は、絶対主義の伝統を引き継ぐ中央集権国家と、分散した市民の間の、ますます明確化され、硬直化し、激化した長期にわたる対立を明らかにした。こうした現実は、経済・社会的状況から発生したものだ。カペー王朝が中央集権化した権力の基盤を形成しようとしていたときに、自由地として所有される土地、すなわち直接所有の土地の数が増大していた。中世末期には、フランスは小規模耕作者の国になっていた。こうした農業構造は経済面（たとえば、英国に比したフランスの工業化の遅れ）ばかりでなく、政治的気質にも重要な影響を及ぼした。強力な国家と、細分化された（農民および職人の）土地所有という図式は、時代とともに徐々に強まり、第二帝政下のボナパルティスムは土地所有者による圧倒的な支持を中央集権国家の権力基盤としたのである。権威主義的な権力と経済「民主主義」の同盟関係、民衆の圧倒的支持を得た国家と、孤立した何百万という個人に細分化される社会の諸集団の結合という体制は、結果として中間団体の脆弱さと、帝国の権力に真に対抗できる勢力の不在を、社会の不活性化とともに招いたのである。アンシアン・レジーム下の社会を描くことで、トクヴィルは「中央の巨大な権力」と、微細に分裂する「互いに縁がなく、関心を持たない小グループ」の対立を、的確に分析した。というのは、農民社会の細分化は、都市住民の極端なまでの個人化により補完されていたからである。

> どうやらフランス国民は、近代化学がより詳細に観察することで単体の内部に発見した、分離可能な新たな微粒子のようなものなのである。[22]

こうした感覚は、隠喩的に、郊外の住宅地へと移動した。耕すべき自前の農地がない郊外の住人は、両大戦間に、ルシュール法の後押しもあって、ガラス片がはめ込まれた塀に囲まれ、「猛犬注意」

と書かれたパネルが掲げられた、侵入不可能な扉を備えたミニ要塞を建設した。私は子供のころ、学校の行き帰りにこうした家の猛犬に吠えたてられたものだが、後に訪ねた英国でも、カナダでも、米国でも、郊外の住宅を取り囲む庭には猛犬もいなければ、塀もなかった。自分の家から現在ではRER（高速郊外電車）の駅となった場所に至る大通りの端から端まで一列に並ぶ職務熱心な番犬を見ながら少年時代を過ごした私は、隣人との間のこうした開かれた関係を見たときに大いに驚いた。大学を出た後に、トルバドゥールたちの「オクシタニー」で暮らすことになった私は、「各自の家」で暮らすことへの強い愛着が、猟銃の所有という事情もあって、フランスを研究する民俗学者がよく知るサン＝マロー―ジュネーヴの境界線の向こう側には見られないことを確認したのだった。国がコルベール的モデルに基づき、成果はまちまちだったとはいえ進歩を保証する一方で、市民たちは同業者集団と塀の内側で、それぞれのブルドッグに守られながら権力に抵抗していた。これを理論化したのは、一人の哲学者だった。「権力に対抗する市民」とのアランの言葉は、社会の外部にある国家と、個人の無関心な態度の間に常に存在する不信について、雄弁に物語っている。公権力と市民の間の分断は、税金と、「行政機関」と、政治家に対する抵抗という形を取った。国の絶対的権力、フランス国民の無責任な態度は、また同時に、市民が連帯を持てない国の脆弱化を招いてもいた。J・R・ピッツは、「非行共同体」のパラダイムについて、私たちの注意を喚起した。すなわち、学級全体が教師に対して野次を飛ばすように、「上級の権威者」と闘う「同輩のグループ」である。その結果生まれたのが、ミシェル・クロジエが明らかにしたように、「直接対峙する関係への恐怖感」、フランス人の交渉に対する適性の欠如、一方での官僚的な実践と、他方での職能組合的もしくは個人主義的な反抗だった。絶対主義とナポレオンの伝統を受け継ぐ権威主義的な指導のスタイルを取る国に対し、市民社会の脆弱性（社会生活のあらゆる領域における、労働組合を含む結社の弱体性）は、革命的昂揚によって補われた。パリ・コミューンの原因は、このモデルに沿っている。ナポレオン思想の影響を受けた政府主席が、突然、反乱へと誘う思想でみなぎるパリの武装解除を決定した。政府とパリ市民との間では、銃口を向けあう以外には、対面しあうことは不可能だった。両者の間では、それでも何十人かの善意の人々がいて、両陣営を妥協へと導こうと努めていた。ところが、ティエールはたとえ死者が出ようとも、国の権威を「尊重」させる意思を持っていた。コミューン派には、政策綱領の最も非現実的な部分さえ、放棄する意図はなかった。結局、ものを言ったのはシャスポ銃だった。ヴェルサイユとコミューンの間で起きたことを見ると――銃殺刑にされた人々を除けば――、それは共和国と教会の関係の再現だったことがわかる。妥協するとの考え方は、カトリック的でも、また共和主義的でもないのである。その結果、そのときの必要に応じて、平穏に調整を試みるかわりに、政治危機が通常の制御プロセスと化した。交渉により実現できなかったことが、社会の熱狂によって可能となったのである。機能不全を示す政治危機が解決策を準備し、改革案を描くことになる。あるいは、より乱暴に、不適切と見られるに至った体制を打倒し、他の体制により置き換えるのである。

生きた民主主義は、結集と参加を促すものだ。国家と相対する孤立した個人は、服従と無政府状態への矛盾する傾倒をなかなか断ち切れない。それによって、無気力と反抗という、この二拍子の歴史が作られるのである。民主主義は複数の公式な組織を基盤とすべきであり、そうした組織を通じて個人の責任は集団的責任の一部となることができる。これらの組織によって、「世論」は、警戒と怠惰、反乱と消極性ではない形で、国と協力するに至るのである。フランス国民は、余りにも長いこと、それぞれ孤立して国家の下にあった。常に、「冷たい怪物」により多くを求めながら。アンドレ・シーグフリードは、一九五〇年に次のように書いた。

我々にとっては、国家とは敵のようなものである…（中略）…しかしながら、同時に、国家は権力行使のための道具であり、我々が掌握することができるものだとも見ているのである。我々の敵は、我々を支配するために国家を利用するだろう。それは我々の性質からして、とても受け入れられないことだ。しかし、権力を握ったのが友人だったとするなら、我々は友人とともにそれを享受するだろう。そのために、我々は党派的な情念を持っており、この情念によってわが国の政治は英国やスイスとは大きく異なる。これらの国では、国家は単に共同体の表現なのである(23)。

しかしながら、一九六八年以降、いくつかの事実が政治上の慣習の正常化に寄与しているように思われる。この観点から、一九八一年の政権交代の実現は、単なる象徴にとどまらない価値を持っている。フランス国民は、ついに政治制度に関するコンセンサスが可能なことを証明したのだ！　エリゼ宮の玄関での職務引き継ぎを見るのは、成熟を確認することだった。私たちは、ようやく政治的に成人したのである。それでも、この新たな大統領任期は――本書の執筆時点では、まだ終了していないが――、民主的で知的な自由競争を重視する人々にとっては、不安を感じさせずにはおかない。勝者の側においても、敗者の側においても、古くからの内戦に関する言葉が聞かれるからだ。一九八一年のヴァランスでの社会党大会で、サン＝キュロット的で唐突な進軍ラッパが聞かれた一方、新大統領の正統性への疑義が野党側から呈されるのを聞くと、私たちの自由民主主義はまだ完成していないとわかる。だがつまるところ、政権を担当する左派は、行動と発言を短期間のうちにバランスの取れたものへと変化させた。統治する上での責任が、そうさせたのである。この現実主義の習得は、長すぎた野党暮らしの期間中は軽視されていたが、今後は忘れられることはないと期待したいものだ。これと同時に、右派勢力には権力の唯一の所有者だとの意識を放棄するよう望みたい。右派は、自らだけが公共統治の能力を持つと考えるべきではない。そして、国民の審判により、国家の最重要ポストを明け渡すべきだとの決定が下された場合には、それを誠実に受け入れなければならない。内戦は事実上終了したとはいえ、まだ言葉の領域では生き続けている。たとえ権力を握っているときであっても、政敵を尊重するようになれば、左も右もともに必要な存在だと認めるようになれば、両者の平和的なライバル関係のうちに、ともに利益を見出すようになれば、フランス国民は真に民主的な社会で暮らすことになろう。互いに相手を消滅させることに固執しないのがその条件である。

フランス政治にとっての阻害要因となってきた歴史の重みは、この世紀末の挑戦を前にして、軽減されなければならない。その挑戦とは、過去一〇〇年間で最も重要な技術的、経済的変化の一つを乗り越えること、私たちにとって唯一の展望であるヨーロッパ共同体への統合をより深化させつつ、ナショナル・アイデンティティーを維持することだ。政治危機の歴史は、もはや完全に過ぎ去った危機の歴史となってほしいものだ。日常的な政治にまつわるさまざまな事情はともあれ、時代の空気には寛容を受け入れやすくするものがあるように感じられる。私は、たとえばエットーレ・スコラの美しい作品『ヴァレンヌの夜』を見て、そう感じた。このように、一般向けの劇映画の中で、王政に関するイメージ（ハンナ・シグラの演じるラボルド伯爵夫人は圧巻である）と革命の表す希望（ハーヴェイ・カイテル演じるトーマス・ペイン）を、同時に尊重できた時代が果たしてあっただろうか。物語は、レティフ・ド・ラ・ブルトンヌ（ジャン＝ルイ・バロー）により語り進められるが、その視点には王政への愛着と革命の正統性の双方への理解が感じられる。いかなる狂信とも無縁で、他文化の尊重と明晰への渇望を結びつけたこのレティフという人物は、現代的だと言えるのではないだろうか。教条主義的な人々を憤慨させる現代の文化混交に、新たな自由への息吹を感じるのは、あまりに楽天的だと言うべきだろうか。いかなる衝突も生まない社会、リスクの存在しない未来を夢見てよい、と言っているのではない。それとは反対に、自由民主主義は競争と多元主義を原則としている以上、闘争を伴う社会とは絶縁できない。閉鎖された、一枚岩的な、そして警察的な国家を建設することで、内部における闘争、集団間の、もしくは個人間の対立を根絶すると主張できるのは、全体主義国家だけである。西洋の人々は、一般的には、もはや未来に楽園が訪れるとは考えない。彼らは、人間の実態をよく見ている（精神分析が、原罪の神学に取って代わった）。重要なのは、緊張関係や闘争が、万人から認められた規則に従うことである。

開かれ、かつ対立を伴う社会が受け入れられるためには、なおいくつかの条件が満たされなくてはならない。それらの条件とは、ようやく始まったばかりの地方分権が目標達成まで進められること、強固な個人主義的反抗と国家の官僚機構に対抗する参加の精神を形成すること、そして最後にはこれらから派生するものとして、市民が職業上の、そして公共の責務をそれぞれ果たすことである。換言すれば、主要な政治危機の研究の結果明らかになったと思われる、フランス社会に深く根を下ろした傾向の逆転である。その上で、フランス社会に向けられる外国からの目は、激しい内部対立に明け暮れる国という伝統的な見方を大きく修正することになる。「フランスの統一の本質、基盤となる要素は、分裂の要因よりもはるかに強力である」[24]。過激な言説は、政治的論争が活発であることの証左ではないだろうか。近年、世論が動揺する原因となっている重要な問題――学校教育、移民と人種差別をめぐる議論――さえも、政治の平穏化を証明しているかに思える。学校教育をめぐる問題は、宗教をめぐる古い対立とは無縁なものだった。一九八四年六月二四日にパリで行なわれた、史上最大級の規模となったデモ行進は、保護者の教育上の選択の自由に関するもので、神父たちの影響下にあったわけではない。この紛争が短期間のうちに、教育大臣の辞任によって解決したことは、この情念の噴出が人工的なものだったことを明らかにした[25]。移民の問題に関しては、極右がこれを治安と新種の犯罪の問題と結びつけて息を吹き返したのは不幸なことだと言わねばならないが、この新たな過激主義の言説、着用しなければならない仮面、使用しなければならない婉曲表現、主張しなければならない「民主的」な選挙公約をよく調べてみると、一九三〇年代と第二次大戦によって実現した文明の進歩を確認することができる。確かに、同じ事実について、コップが半分満たされていると喜ぶことも、それとも半分空になっていると悲しむことも常に可能だ[26]。誰にでも、それぞれの感じ方があるのだから。それでも、近年のフランス史を研究したならば、誰でもド・ゴールの共和国の終焉以降、政治上の対立における緊張が和らいだことに気づかずにはいないだろう。これは果たして、二つの嵐の間の束の間の天候の回復にすぎないのだろうか。それとも、反対に、ようやく宗教戦争の終わりを迎え、私たちは自らの意思で多元的な社会に入ったのだろうか。多くの兆候が、コンセンサスに有利な方向を示している。それでも、我々が見てきたように、政治史が好むところの情念の残滓、偶発的事件、予想不能な要因にも重要性は残されているのである。

付録

一九四七年──恐るべき年

ここに補足として掲載するのは、リストワール誌第一〇〇号（一九八七年五月）に掲載された、一九四七年秋の出来事に関する論文である。この出来事を、もう一つの「重大な政治危機」として、本書で研究の対象とした一連の危機のうちに含めるべきかどうかについては、依然として議論の対象となろう。なぜ私がこの「恐るべき年」をそのうちに含めなかったかについて説明を試みると、全員の同意は得られないだろうが、次の通りとなる。危機という現象は、記録にとどめられうる複数の事実の激しい衝突のみに限定されるものではない。その実態は、その出来事の同時代人による主観的な捉え方にも左右される。危機は、それが危機だと認識されることによって危機になるのである。判断は一人ひとりに任されている。議論はまだ決着を見ていない。

一九四七年、「恐るべき年」。第四共和制は、正式に発足したところだった。この年の一月、ヴェルサイユで、社会党のヴァンサン・オーリオルが第一回投票で大統領に選出され、新たな体制が最終的に確立していた。それから一〇カ月余り後、全国でストライキが発生し、オーリオル自身これを「反乱」[1]だと表現した。その間、フランスはインドシナ戦争へと引き込まれた。マダガスカルでは、反乱を厳しく弾圧し、流血の事態となった。「脱植民地化」の試練が始まったのである。国際政治では、冷戦の緊張が始まろうとしていた。日常生活に関しては、なかなか沈滞ムードから脱け出すことができなかった。ジイドは『日記』に、「この時代の極度の困難は…（中略）…歴史の中で、これほど悲劇的な時代があったとは想像もできないほどだ」と書いた。

連続する三代の内閣が、急激なインフレと格闘していた。再建中の製造業の回復が思わしくないことが、その主たる原因だった。この年の工業生産指数は、まだ一九三八年のレベルに達していなかった。何もかもが不足していた。食料配給券や各種の引換券が、ドイツ占領期と同様に必要とされた。秋には、パンの割当量はそれまでの最低に引き下げられた。一日当たり、二〇〇グラムである。しかも、しばしばトウモロコシ粉でできたまずいパンで我慢しなくてはならなかった。小麦の収穫は、今世紀に入って最低だった（わずかに三〇〇万トン強）。物価の急騰を前に、人々はなす術がなかった。生活用品三四品目の物価指数（一九三八年を一〇〇とする）は、パリでは一月に八五六だったものが、一二月には一三五四に達した。社会党所属の経済大臣ジュール・モックは、一〇月二四日に、やはり社会党所属の首相ポール・ラマディエに、給与が物価水準に追いついていないことを示す文書を提出した。「この六カ月間で、食品価格が四三％上昇したのに対し、賃金上昇率は一一％にとどまった」。こうした情勢下で、給与所得者の不満が高まったことは理解できる。一九四七年は、記録的なストライキの年だった。労働日二三三六万一〇〇〇日が失われた。その前年に失われたのは三七万四〇〇〇日だった。これを上回る数字が記録されるには、一九六八年まで待たなければならない。

ルノー工場のストライキ入り

労働争議が重大な局面を迎えたのは、四月二五日にルノー工場がストライキ入りしたときである。ストは、一般組合員から始まった。フランス解放以来政権に参加していた共産党は、それまでは生産増強に向けた努力と物価対策に力を入れていたが、ビアンクールでの争議で困難な立場に置かれた。「労働者階級の党」としては、トロツキストと一部の社会党員に、左寄り路線での先行を許すわけにはいかなかった。一般党員の闘争意欲が牽引して、共産党が多数を占めるＣＧＴは四月二九日に方針転換を行なった。よく知られた言葉をもじるなら、「労働者階級の党」は、労働者の指導者として、労働者階級に従うべきだったのである。

この決定によって、政府内部では、共産党員閣僚とその他の閣僚の間で対立が生じた。恒例の五月一日のデモ行進は、首相にとって危険に見える規模に達していた。コンコルド広場では、ＰＣＦの指導者たちが喝采を浴びる一方で、労働大臣ダニエル・メイエールは罵声を浴びた。臨戦態勢にあったポール・ラマディエは、実力行使を警戒していた。その晩、バマコから戻ったヴァンサン・オーリオルは、閣議を招集した。所得政策に関する共産党の異論を、国務大臣モーリス・トレーズと、復興大臣シャルル・ティヨンが表明した。この対立は、五月四日日曜日に、議会で決着がつけられた。ポール・ラマディエが、議会に信任を求めたのである。議員の多数がラマディエの政策遂行を支持したが、共産党は閣僚も含めて反対票を投じた。内閣の連帯は崩れた。首相は、辞表を提出するのだろうか。

「小波乱」でしかなかった共産党の下野

この紛争の当初から、就任直後のヴァンサン・オーリオルは内閣の不安定を避けようと努めて、閣僚の辞任は内閣総辞職に直結するものではなく、ポール・ラマディエから辞表の提出があっても受理しないとの立場を明らかにしていた[2]。社会党の決定機関における議論では意見が分裂したり変わったりしたが、結局のところラマディエは信任票を投じることを拒否した閣僚を辞任させ、内閣改造を断行した。この五月四日に、すべてが決まった。ＰＣＦ、ＳＦＩＯとＭＲＰ（キリスト教民主主義政党）による、内部対立を抱えながらの三党体制は終わった。共産党は野党に戻った。しかし、この転換は決定的とは思われなかった。その直後の数日間、もしくは数週間、共産党の指導者たちは再び政権に参加したいとの希望を繰り返し述べた。閣僚辞任は重大な出来事ではなく、むしろ小さな波乱、一時的な意見の不一致の結果だった。

その間、ストライキは六月には鉄道、銀行、百貨店、自動車産業に拡大した。一〇月にはパリ公共交通と船舶の分野にも波及した。一一月には、ストはさらに広がった。しかし、そのときには、この争議の政治的条件は著しく変化していた。

最初の出来事は世界が冷戦に入ったことであり、これはその後長期にわたり影響を及ぼした。米国は、ヨーロッパ全体をボルシェヴィキ化しようとしているとして、ソ連を非難した。一方で、ソ連は米国が第三次世界大戦の準備をしているとして非難した。冷戦を開始したのは、どちらの側だったのか。一五年ほど前から、米国の歴史修正派は、旧連合国同士の対立の責任の大半はトルーマン政権にあると主張してきた。トルーマン政権は、そのために裁きを受けるべきだというのである。実際には、二大ブロック形成への動きは、ヒトラーの敗北が見え始めた時期から水面下で始まっていた。実際「超大国」と呼ばれるようになる両国は、勝利を収めて国際社会の審判役を務めるようになると、それぞれの国益という観点から未解決の諸問題を決着させていくほかはなかった。根本的な対立関係にある、この二つの政治的・イデオロギー的システムは、必然的に競合関係に入るべきものだった。

米国は、マルクス・レーニン主義の拡大を防ぎたいと望んだ。スターリンは、短期的には、ソヴィエト市民二〇〇〇万人が犠牲となった厳しい戦争の対価として、できるだけ早期の領土拡人を希望した。この相反する二つの意志の主張は一九四七年に一層強まり、そのためにドイツをめぐる合意形成は不可能となった。この年の四月末に終結したモスクワ会議は失敗に終わり、もはや希望が持てなかった。これによって、フランス国内政治の諸条件も、大きく変化した。

スターリンにとって、当面の目標は何だったのか。中国とギリシャで内戦が行なわれていたが、彼の目標は世界規模の革命の実現ではなかった。彼にとって重要だったのは、国境の西側に緩衝地帯を設けることだった。なぜなら、ロシア人にとって、危険は西からやって来るからだ。実際、危険はドイツの軍服姿で訪れた。次回は、別の服装でやって来るかもしれない。この脅威を、完全に封じなければならない。赤軍が成功を収めたことで、スターリンはヨーロッパの半分に自らの権力を拡大した。彼の意図は、占領下に置いた諸国を「防御地帯」にして、恒久的な防護を図ろうとするものだった。ヤルタ協定に関して執拗に信じられている伝説とは異なり、一九四七年にはまだ何も決着していなかった。同盟国の意向に逆らわないよう、スターリンは民主的な形式を尊重しつつも、その国の共産主義者が権力掌握を狙っている国においては、潜入工作を実施した。ところが、目立たないようにして支配権を確立しようとするこの忍耐強い工作の前に立ちはだかったのが、恐るべき米国の作戦だった。

トルーマン大統領の顧問たちは、貧困状態にあるヨーロッパ諸国でボルシェヴィキ化の危険が高まっているとの確信を得て、援助計画を立案した。これによって経済（米国産業界は、現在は衰退している市場を再び獲得できるはずだった）においても、外交（大量のドルを投下することで、この地域は当然米国の影響下に置かれるはずだった）においても利益が得られると予想された。一九四七年六月五日、ハーヴァード大学での演説で、マーシャル将軍は米国の提案を公式に表明し、ソ連もまたこの援助を受けることができる——まったく形式的ではあるが——と述べた。関心を持つ諸国の会合が、七月一二日にパリで開催される予定だった。ソ連は六月に、ロンドンにおいて、ヨーロッパ諸国の国内問題に対する米国の介入は認められないとして、この提案を拒否していた。ポーランド、ユーゴスラヴィア、ルーマニアとハンガリーも、提案を拒絶した。しかし、七月九日に、まだ共産主義者の支配下になかったチェコスロヴァキアは、提案を受け入れる意向を明らかにした。するとスターリンはチェコスロヴァキア外相マサリクをモスクワに招いた。七月一二日、チェコスロヴァキアは方針を転換し、結局パリ会議へは代表を派遣しないと発表した。こうして、「人民民主主義」を掲げることになる諸国は、モスクワの勢力圏内にとどまった。

しかしながら、この時点では、フランス共産党はまだ方針を転換していなかった。七月二四日、モーリス・トレーズは「友邦米国の援助」について「満足」していると述べている。共産党系の刊行物は、九月までは共産党が社会党とともに参加し、党から閣僚を出す新内閣の組織を希望する旨を明らかにしている。だが、一〇月の市町村議会選挙の運動の際に、トーンが変わった。社会党との連携について、触れなくなったのである。社会党はいまや「アメリカ派」に分類されるとともに、――新しい表現であるが――「戦争派」とされたのである。以後、マーシャル・プランは「民衆を鋼鉄の踵で踏みにじろうとする、米国の億万長者のための支配の道具」(フランス・ヌーヴェル誌一一月一五日号)だとして、非難の対象となった。

共産党の方針変更は、ヴロツワフに近いポーランドの小都市シュクラルスカ・ポレンバで決定された。この町で、スターリンの代理人ジダーノフが議長を務め、「東側」(アルバニアを除く)の共産党の代表と、西側の主要な共産主義政党であるイタリアとフランスの共産党の代表を集めた九月二二日から二七日までの会議で、新たな情報組織であるコミンフォルム――コミンテルンの後身である――が創設された。これは国際共産主義運動の結束を強め、スターリンが人民民主主義諸国による防御地帯を完成できるようにすることを目的としていた。「議会主義的クレチン病」に陥ったとして批判の対象となった西側の二大共産党は、当面の最大の危険に対処するよう求められた。その危険とは、マーシャル・プランである。スターリンの戦略は明確だった。彼は断絶路線を取ったことを十分に認めた上で、これに沿って管理下にある諸国において、共産党による権力の独占を押し進めようとした。それは政治的なアクションであって、軍事的なものではない。潜入工作、選挙操作、「サラミ」

方式[3]、そしてソ連軍が近隣に駐屯していることもあって、ハンガリー、次いでチェコスロヴァキアは、ポーランド、ブルガリア、そしてルーマニアに続いて、「人民民主主義」を採用した。一九四八年のチェコスロヴァキア政変は、そのフェルマータとなった。

ソ連の直接の影響下にない国においては、スターリンはそれぞれの国の共産党を利用してマーシャル・プランを妨害し、陽動作戦により社会を混乱させ、形成過程にある西側陣営を内部から侵食しようとした。フランスとイタリアでは、共産党は革命を目標とすべきではなかった。両党の活動は「国際協調主義」的であるべきであり、その点が強調された。「社会主義の祖国」を防衛し、強化するのが目的でなければならなかった。敵は明確だった。アメリカ帝国主義である。敵がどのようなものかも明らかだった。戦争支持勢力である。共産主義者は、いまや闘争の主要な目的を明示することができた。それは「平和」と、「国の独立」である。こうした展望において、マーシャル・プランを受け入れる社会党は「戦争支持者」であり、「アメリカ帝国主義の手先」だとされた。

そして二番目の出来事がこの年の春以降、フランス政治を揺るがせていた。四月にド・ゴール将軍がフランス民衆連合（RPF）を結成し、一〇月の市町村議会選挙でド・ゴール派が勝利を収めたためである。「政党支配」と「議会体制」に反対し、後に第五共和制が採用することになる制度の樹立に向けた憲法改正を主張するド・ゴールは、経済的な困難と政治上の分裂を利用した。ド・ゴールの地方訪問は成功し、熱狂的な歓迎を受けた。七月二七日、レンヌで六万人の聴衆を前に、将軍は初めて共産党を直接的に、「分離派」と呼んで攻撃した。「我らの土地の上で、我々の中にあって、外国による支配の計画に従うとの誓いを立てた人々がいます。この計画を指導するのは、スラブ系の大国の

1947年　年表

1月16日	第四共和制初代大統領に、社会党のヴァンサン・オーリオルを選出。レオン・ブルム内閣総辞職
1月28日	国民議会、ラマディエ内閣を信任
3月10日～4月25日	モスクワ会議、失敗に終わる
3月22日	インドシナ戦争の戦費を議会が承認
3月29日	マダガスカルで反乱
4月7日	ド・ゴール将軍、ストラスブールで演説。フランス民衆連合（RPF）結成
4月25日	ルノー工場でストライキ
5月4日	共産党閣僚罷免
6月5日	マーシャル将軍、ハーヴァードで演説
6月5～27日	フランス各地でストライキ発生
8月16日	ブルガリアでペトコフが絞首刑（東側諸国で多数のスターリン式裁判）
9月22～27日	ポーランドで諸国共産党会議開催。コミンフォルム創設
10月13日	パリ公共交通全面スト
10月19日	市町村議会選挙第1回投票
10月26日	市町村議会選挙決選投票。ド・ゴール派が勝利
11月12日	マルセイユで騒乱
11月14日	港湾労働者ストライキ
11月17～18日	マルセイユ、ノール県の炭鉱、パリの金属工場でストライキ
11月22日	ロベール・シューマン、ポール・ラマディエに代わり首相に就任
11月23日	全国でストライキ
11月29日～12月4日	下院での審議で混乱（「極悪法」案）
12月3日	パリ発トゥールコワン行き列車、アラスで脱線
12月8日	事故死したルクレール将軍の葬儀
12月9日	CGT、「全面撤退」を宣言
12月10日	ストライキ終結

支配者たちです…（中略）…この人口四億人の陣営は、いまやスウェーデン、トルコ、ギリシャ、イタリアと国境を接しているのです！　彼らの国境と、わが国の国境との間は、わずか五〇〇キロしか離れていません。ツール・ド・フランスのステージ二つ分の距離にすぎないのです！」

一〇月の市町村議会選挙では、新聞は「ド・ゴール派圧勝」との見出しを掲げた。RPFは、大都市では穏健右派と連携することで、四〇％の得票を記録した。第四共和制は大きく動揺した。ラマディエ内閣を支持する議会多数派は、ド・ゴール派と共産党の得票の合計が五〇％を超える状況で、いかなる根拠により自らの正統性を主張できるだろうか。ド・ゴールは、議会は不信任を受けたとして、解散を求めた。しかしながら、彼には解散に追い込む力はなく、共産党とド・ゴール派の激しい攻撃の中で構成されつつあった「第三勢力」は、両党の対立のはざまにあって力を蓄えることができた。「分離派」と「米大企業の手先」との連携はありえなかったからである。それでも、労働争議が再発したこともあって、体制の基盤は脅かされた。

最初のシグナルはマルセイユから届いた。一一月一二日に始まった、この地中海岸の都市を舞台とした出来事は、全般的状況と地域的特性の双方が引き起こしたものである。一〇月の市議選では、一年前からマルセイユ市長職にあった共産党が市長の座を失ったが、市議会内での絶対多数派は形成されなかった。市議会による市長選出では、市長となったRPF所属で弁護士のミシェル・カルリニが二五票を獲得したのに対し、共産党所属の前市長ジャン・クリストフォルは二四票を得、ガストン・ドフェールは社会党とMRPから一四票を集めた。政治的には、誕生したばかりの「第三勢力」のマルセイユでの脆弱ぶりが明らかとなった。マルセイユ市議会でごく少数派の「第三勢力」は、それでも一九四六年に選出された国民議会（下院）では多数派を形成していた。しかし、マルセイユでの共産党の敗北は、全国レベルでの実態を反映していた。共産党は、他にもベジエ、セット、トゥーロン、ランス、ナント、ヴィルルバンヌ、そしてセーヌ県内で市政を担当していた六〇市のうち四〇市を失った。

芳しからぬ財政状態に直面して、マルセイユの新市長は市電の料金値上げを考えた。マルセイユ市は面積が広く、個人で交通手段を持てる人が少なかった時代に、市電は非常に重要な役割を持っていた。この値上げは、前市長が見送りながらも、選挙前に運転士の給与引き上げを行なっていただけに、恐らく正当なものだった。一一月初め、CGTは市電を対象とするストライキとボイコットの運動を開始した。共産党活動家と支持者の一部は電車の走行を妨害し、数台を横転させさえした。少なくとも、そうした説が流された。この件につき、ロベール・メンケリニは私に宛てた書簡にこう書いた。「一一月一〇日に、横転させられた電車があったとの記録を見つけることはできませんでした。あるいは（CGTないしは共産党系新聞の）過激な内容の記事が事実だと受け止められたのかもしれません」（一九八七年五月一〇日付の筆者宛書簡。本「付録」の末尾の参考文献を参照願いたい）。一一月一〇日、共産党員が支配的なノール製鋼所の若い冶金工四人が逮捕された。彼らは一二日には裁判にかけられた。三人は引き続き拘留され、四人目は戦時中強制収容所に収容されていたために放免となった。

自然発生的な、浄化を求める怒りによる行動

しかしながら、この判決が起爆装置となって、デモ隊が容疑者を移送しようとする警官を取り囲み、二人を解放した上、裁判所内部を破壊した。共産党議員の仲介で、裁判所長は容疑者の解放に同意した。

この日は、具合の悪いことに、偶然市議会が開かれていた。裁判所に多数詰めかけていた共産党活動家たちは、自党の市議が市議会でひどい目にあっていると知るに至った。市電の運賃に関する審議が殴り合いと化していたのである。ド・ゴール派議員は、傍聴席にいたボディー・ガードの手助けを得て、共産党議員を抑え込もうとしていた。裁判所から駆けつけた共産党活動家たちは、情勢を逆転させた。大混乱の中で、市長のカルリニは、危うく窓から放り出されそうになったとも言われた。そこまで極端でない説によれば、市長はヴュー・ポール〔マルセイユ市庁舎の前にある旧港〕で泳がせてやると脅されただけだった。結局、彼はいずれをも免れ、一方でライバルのクリストフォルは人々の動揺を静めるために、事実無根だったが、バルコニーからカルリニが辞任したと叫んだ。

この日の日中の出来事はきわめて珍しいものだったが、それでも芝居の域にとどまっていた。夕方になると、本物の悲劇が起きた。共産党活動家とその仲間は、裁判所と市庁舎での勝利の勢いで、オペラ座界隈のバーやナイト・クラブに対する懲罰行動に出撃した。マルセイユの歓楽街には、戦争で利益を得た人々、闇市で儲けた人々や組織犯罪の関係者が多く、労働者たちからは社会的格差と司法

上の差別の悪しき象徴だと見られていた。「自然発生的な、浄化を求める怒りに基づく行動」。モーリス・アギュロンとフェルナン・バラは、このときの行動をこのように評した。ショーウィンドーのガラスが割られ、その他の器物損壊が起こった。しかし、襲撃対象となったナイト・クラブの一つ、「コリブリ」の方角からは複数の銃声が聞こえ、ノール製鋼所の若い工員ヴァンサン・ヴワンが負傷し、その後死亡した。確かな証拠はなかったが、これまでの評判からゲリニ一族（アントワーヌ、あるいは「メメ」）が怪しいと見られた。共産党系新聞は、市庁舎での出来事と若い工員の殺害には関連があるとした。実際、マルセイユには「犯罪組織」と関わりのある、武装した「手下」などのやくざがいて、新市長カルリニを護衛していた。

CGTの正式な指令以前に始まっていたマルセイユのストライキは、やがて全国的な行動と一体化する。これらの混乱の結果の一つは、共産党の潜入工作の対象となったと疑われ、またデモ隊に協力的だったと非難された機動隊（CRS）二個中隊が解散させられたことだった[4]。共産党の陰謀に対する不安は、その後の約一カ月間の出来事によって拡大し、しかもそれはフランス本土全体に及んだ。

一九四七年一一月一二日から一二月一〇日までにフランスで起きた混乱は、多くの同時代人、中でも大統領ヴァンサン・オーリオルをはじめとする権力の座にある人々から、PCFの反抗戦略の兆候もしくは証拠だと受け止められた。現在では、私たちはそうした戦略が存在しなかったと知っている。規律正しく、スターリン路線に忠実な共産党指導部（モーリス・トレーズは、一〇月三一日から一一月二九日まで、モスクワに滞在した）は、国際的な目的によってのみ、CGT多数派と企業内の細胞を通じて、ストライキを組織したのである。すなわち、マーシャル・プランに対する闘いと、トルーマンとジダーノフがそれぞれの言葉で定義した両陣営間の戦いの中での西側諸国の政策の弱体化である。

国内事情よりも国際面を優先する方針を、ほとんどの当事者たちが理解していなかった。多くの共産党活動家は、政権側の人々と同様に、社会は革命的な状況にあり、街頭行動を通じた権力奪取のときが訪れたと考えた。そうした事情の下で、一一月一〇日、ストライキが最高潮に達する中で、政府から譲歩も引き出していないにもかかわらず、CGTの指導者たちとリュマニテ紙が労働の再開を促したとき、ノール県の炭鉱労働者たちは大いに驚いた。この奇妙な数週間、滅多に見られない深刻な労働争議の中で、過激な言葉や、暴力行為が頻発し、誕生したばかりの体制の破綻が取り沙汰されたが——いずれの陣営も、「共和国を防衛」すると主張した——、政治上の具体的な結果はと言えば、内閣の交代にとどまった。内閣不信任の後、ラマディエが辞任し、MRPのロベール・シューマンが後継首相となった。第四共和制下では、些細な出来事だった。

事実関係の流れを再び見てみよう。一一月一二日、マルセイユで深刻な衝突が起きているときに、CGT全国委員会は会議終了に当たり、ジュオーを指導者とする少数派の反対にもかかわらず、「フランスの労働者たち」に事業所内で行動を起こすよう指令を発し、マーシャル・プランを非難した。この指令には、主として三つの地域で、自然発生的な支持表明が行なわれた。すでに見たように、マルセイユでは全国向けの指示がある以前から、工員と事務職員が行動を起こしていた。一一月一七日にルノーで始まったストライキは、パリ地域の金属工業全体（パリ地域金属労組連合）を巻き込む行動に発展した。ノール県とパ゠ド゠カレー県では、炭鉱労働者が先頭に立っていた。経済的な要求が共産党の工作に先行した強力なストライキ、多数を動員したストライキだった。しかし、労働者の戦闘意欲を知った共産党は、ストライキ拡大の方向に動いた――その成果は、まちまちではあったが。

というのは、この大ストライキはやがて重大な内部対立を明らかにすることになるからである。あるときには、リュマニテ紙はスト入りに消極的な産業分野があるとの現実を無視して、勝利を収めたと一面で発表した。またあるときには、大規模ストライキの最中にも多くの労働者がスト参加を拒み、そのために「黄色」（スト破りをする労働者）に対する人身攻撃や、彼らの妻や子供に対する脅迫行為が行なわれた。『ラネ・ポリティーク（政治年鑑）』によれば「スト参加者の遊撃隊がトラックに乗って巡回を行ない、主要拠点を襲撃し、郵便局に侵入し、列車を停止させ、機関車用信号を切り替え、車庫を襲い、同僚たちに仕事を中断するよう強要し、拒否された場合には暴力を振るった」。警察との衝突は、危険な事態を懸念させた。一二月三日、スト中のルノーの労働者は、警察が占拠するサルムソン社工場の襲撃を企てた。四日、ヴァランス駅襲撃に加わったデモ参加者二名が死亡した。状況は県によって異なり、パリでは地下鉄が通常通り運行され、ストは目立たなかったが、北部や南東部ではCGTと共産党の呼びかけに応じてストが拡大し、反乱が起きるのではないかと危惧された。

共和国防衛の措置

MRPからますます批判を受けるようになっていたラマディエ内閣は、一一月一九日に総辞職した。レオン・ブルムが多数派形成に失敗した後首相に就いたのは、キリスト教民主主義者で、前内閣の財務相を務めたロベール・シューマンだった。一一月二二日、信任投票前に議会で演説したシューマンは、最大の関心事項を口にした。「共和国防衛」である。彼は社会改革に前向きだったが、それでも当面の課題に取り組む決意を明らかにした。治安の維持、法令の遵守、国家の権威の再確認である。共産党から強い反対を受けたことで、シューマンはかえって圧倒的多数の議員の支持を得た。ルクセンブルグ人の母とモーゼル県出身の父を持つ敬虔なカトリック信者、穏やかな印象の独身者、深い皺が顔に刻まれたこの人物は、困難な状況の中で大政治家であることを証明した。前内閣の決定を引き継いで、彼は予備役八万人の招集を命じた。寄り合い所帯の内閣の意見の対立を乗り越えて、彼は議会に「共和国防衛のための措置」に関する法案を提出した。これは、共産党から直ちに「極悪法」と非難された。その措置の中で、ストライキ権が再検討の対象に挙げられた。社会党は、その効力が二カ月に限られることから、やむをえず賛成票を投じた。

これらの措置に関する審議は、一一月二九日から一二月四日まで続いた。シューマンにとっては苦労の連続であり、次々と登壇する共産党議員の妨害行為により議論は延々と続き、罵詈雑言が滝のように流れた。ジョレスとヴィクトル・ユゴーの文章が長々と読み上げられ、労働歌が歌われ、議会史にかつてないほどの野次が飛ばされた。一八八六年に生まれ、父の故郷で一九一八年までドイツ領だったロレーヌ地方でキャリアを積むことを選択したシューマン（彼は一九一五年七月までドイツ帝国軍の補助部隊に所属した）は、ジャック・デュクロから「ボッシュ」（ドイツ人に対する蔑称）、「ピッケルハウベ」（頭頂部にスパイク状の頭立がついたドイツ帝国軍のヘルメット）呼ばわりされた。

ちんぴらのような悪口雑言が飛び交い、誰もが暴力沙汰に備えていた。ノール県選出の社会党下院議員ラシェル・ランプルールは、あらゆる場合に備えて鍵の束を手から離さなかった。結局、一二月四日に法案が採択されたときには、いくつもの修正によって骨抜きになり、当初の姿をほとんどとどめていなかった。それでも、シューマンは共産党の攻撃、罵詈雑言と工作に対抗した。その後の数日間で、社会党員で強硬派のジュール・モックを内相に選んだシューマン率いる新内閣の断固たる態度が成果を上げることとなった。CGT反主流派が「モロトフ・ストライキ」と呼ぶほどに政治的だったストライキの性質は、一層明らかになった。退潮が始まった。

あるいは、一つの重大な偶発事件がストの収束を早めたのかもしれない。一二月二日から三日にかけての晩、パリ発トゥールコワン行きの特急が、アラス近くで脱線した。一六人が死亡し、三〇人ほどが負傷した。非難合戦が起こった。「共産党の仕業だ」。「ファシスト内閣による挑発行為だ」。誰が犯人なのかは、わからないままだった。それでも、死者は出なかったものの、他にも特に鉄道に対する破壊行為がスト参加者によって行なわれていた。スト決行中、もしくは終了直後に逮捕された一三七五人のうち、一一二人が破壊行為のために拘束された（一一一三人は労働の自由に対する妨害のため）。こうした過激な行動が頂点に達したかのように、一二月七日を過ぎるとストライキは明らかに収束に向かった。九日火曜日、全国ストライキ委員会は「全面撤退」の指令を発した。政府は若干の譲歩をし、特に物価高騰への対処として、月当たり一五〇〇フランの手当支給を認めた。その後数日間で、ストライキは次々と終了した。ストライキは終わったものの、残された爪痕は容易に消えなかった。

最初の影響は、労働組合の新たな分裂だった。一九三六年に再統一されていたCGTはその後共産党の支配下に入っていたが、一九四七年一二月一七、一八の両日の全国会議で決定的となった、少数派「労働者の力」派（CGT－FO）の分離を食い止めることができなかった。「労働者の力」派の指導者で、かつては革命的労働運動家、CGT書記長も務めたレオン・ジュオーが分離を望んだわけではない。分裂がフランス労働運動の弱体化を招くことが、彼にはわかっていた。しかし、後の彼の説明によれば、一般組合員の要求から、分離の必然性を理解したのだという。ストライキをめぐって、CGT内の賛成派と反対派は激しく衝突し、両者の間ではもはや和解が困難なほどの憎しみが生まれた。CGT－FOは、その誕生の経緯から、徹底した反共主義を貫くことになる。他にも、分裂を後押しする要因があった。アメリカの影響が大きかったことは否定できない。わけても、新しい労働組合組織の立ち上げに当たって、非常に反共的なAFL（アメリカ労働連盟）所属の米国労組からの資金援助があった。ジェイ・ラヴストーン、デイヴィッド・ドゥビンスキーとアーヴィング・ブラウンが、フランスにおいて分離を勧奨し、資金提供を行なった。ソヴィエト陣営との戦いで、CIAは共産党の支配を拒絶するあらゆる勢力を援助する用意があったし、ましてやスターリンの覇権主義に抵抗しようとする運動は強力に支援した。(5) 誰もが、いずれの陣営に属するのか、選択を迫られた。多くの左派知識人が救命具にしがみつくように飛びついた「中立主義」は、兵隊のいない道徳思想でしかなかった。

同時に、数の上で強大な力を持つ共産党が孤立を選んだために、フランスの左派は大幅に弱体化した。社会党にとって、この混乱した時期の記憶はつらいものとなった。ギィ・モレの言によれば、「共産党は左ではなく東」にいるのだった。一方で、共産党員たちは社会党に対して恨みを持たずにはいられなかった。社会党が「極悪法」に賛成し、「フランスのノスケ」と呼ばれた社会党員のジュール・モックが一九一九年にスパルタクス団を弾圧した社会民主党出身の大臣同様に、警察に共産党の行動を取り締まらせたからである。一九七〇年代になって、再会のときが訪れても、この数週間の対立を経験した共産党員と社会党員は、互いに消すことのできない警戒感を心の中に持ち続けた。(6)

それでも、自らの方針に従って、SFIOは現体制を共産党とド・ゴール派の双方から守るためには、MRPのキリスト教民主主義者および穏健右派との連携を受け入れる以外には選択肢がなかった。寄り合い所帯の第三勢力の左に位置する社会党は、傘下に労働者大衆を持たず、組合との組織的つながりもなく、やむをえざる右派との連携で妥協を重ねるしかなかった。共産党はこの状況を利用して、第四共和制の最後に至るまで、有権者の四分の一に影響力を及ぼした。内部対立がなくなったCGTは、工業分野の従業員に対して力を持った。

一方で、共産党はレジスタンスとナチス・ドイツに対するソ連の勝利で得た正統性という資産を、大幅に失うこととなった。ある人々にとっては、共産党は「分離主義」的だった。別の人々にとっては、西欧におけるスターリンのロシアの前衛部隊だった。しかし、強力なプロパガンダと傘下の大衆団体の魅力から、共産党はある世代の知識人に対して驚くべき吸引力を発揮し、政権側は知識人の影響力を活用することがまったくできなかった。

（前述の）「主要な政治危機」に関する研究について、一九四七年に関する一章がないことが意外だとの指摘を何度か受けた。実際、ストライキとデモの規模、それらが引き起こした動揺は、この重大な出来事に一章を割く理由は十分にあるとも考えられた。結局これを取り上げないこととしたのは、現在から見ると、当時の大衆運動の表現と政治的実体の乖離が余りにも大きいと考えたからだ。この出来事を描写したジャーナリストと歴史家は、ともに同じ表現を用いた。「集団的強迫観念」、「内戦への強迫観念」、「陰謀への恐怖症」、「共和国の危機」……事実、大臣から大統領に至るまでのこの事件の当事者は、SDECE（対外情報防諜局）の報告に気をもみ、[7] 一方で対立する立場の共産党員はいまにも逮捕されるのではないかと感じることがしばしばだった。中でもジョルジェット・エルジェイとドミニク・ドゥサンティは、こんにちでは滑稽とも思える、当時の精神状態を表す一連のエピソードを伝えている。[8] 想像力豊かなジュール・モックの発想による抵抗のための「Yプラン」、武器が落下傘で投下されるとの風説、その他の奇想天外なエピソードである。

エリゼ宮、マティニョン館、そして内務省では、実際に共産党による陰謀が存在し、それが赤軍の到来を予告するものだと考えられていた。ギリシャ内戦は、革命の炎の拡大を信じさせた。共産党員たちも、権力奪取の第一段階に参加しているものと信じていた。しかしながら、実力行使のわずかな前兆さえ、どこにも見られなかった。ラマディエ内閣の総辞職時には、パリの治安責任者が指揮する部隊はごく小規模だった。大型のストが行なわれているときに、強力な革命政党が指をはじけば、それで十分だっただろう。このタイミングでも、別のタイミングでも、いかなる試みも行なわれなかった。スターリンには、すでにヨーロッパの半分を吸収するという仕事があった。手を広げすぎて、米国の介入を招く危険を冒す意図はなかったのだろう――すでに「鉄のカーテン」と呼ばれていた境界線の向こう側にまでは。

ド・ゴール派のもたらす危険に関して言えば、それは第四共和制にとって事実存在したが、性質的にはまったく異なっていた。ＲＰＦは一〇月の市町村議会選挙で大勝利を収めたが、その直後に好機を逸していた。ド・ゴールは、非合法な手段により政権に復帰する意図は持たなかった。二党連立が崩壊し、その結果として混乱の印象が広がる中で、彼は自身が最後の頼みの綱になると考えていた。しかし、彼と仲間たちは、そのための合法的な手段を手にすることができなかった。第一には議会の解散だったが、彼らは議会では少数の議員の支持を得るにとどまっていた。ド・ゴール派は、政治的に最も近かったＭＲＰを味方につけるよう努めるべきだった。しかし、彼らは適切なタイミングで、必要な譲歩を行なうことができなかった。その後の数週間にわたって、ド・ゴール派は「分離主義者」と闘っている内閣をさらに弱体化させる行動に出ることは、どうしてもできなかった。結局彼らは中立的な立場を維持し、情勢をうまく利用できずに終わった。

もちろん、異なるシナリオを想像することも可能だ。ストの強化により深刻な危機が訪れ、あまりの状況悪化のために、内閣と大統領が万策尽きて将軍の政権復帰を要請する、というものだ。いわば、早められた「五月一三日」である。しかし、共産党には、ド・ゴールの政権復帰を手助けする意思はまったくなかった。それは、共産党員の感情の問題だっただけではなく、スターリンの戦略によるものでもあった。将軍が樹立を意図していた「強力」で反共的な政権は、コミンフォルムの計画にまったく適合しなかった。結局、ド・ゴール派と共産党はともに動きが取れなくなり、その結果、一見無力ながら、米国務省の支援を受け、やがてマーシャル・プランにより潤うことになる第三勢力を利することになったのである。

これは重大な情勢変化だった。こんにち、私たちはこれ以降、冷戦がフランスの内政に大きな影響を及ぼすようになることを知っている。しかし、当時はまだ誰も、そのルールを知らなかった。新たな国際秩序は目に見えず、経済的に不安定な状況の下では、すべてが極端な行動を招いた。当時はまだ、フランス政治がフランスだけのものではないと認識されていなかった。共産党は、これまでにも増して、スターリン外交を支える力となっていた——その目的は、必ずしもフランスの労働者の利害と一致するものではなかったが。労働者に対峙する連立政権は、米国の傘の下に、救いを見出そうとしていた。ヨーロッパは、もはや存在していなかった。課題は、その再発明だった。

参考文献

総論

J. Julliard, *La Quatrième République*, Hachette, coll. « Pluriel », 1982.

J.-P. Rioux, *La France de la Quatrième République. I. L'Ardeur et la Nécessité, 1944-1952*, Le Seuil, coll. « Points Histoire », 1980.

元共産党員のジャーナリストによる生き生きとした記録

Dominique Desanti, *L'année où le monde a tremblé, 1947*, Paris, Albin Michel, 1976.

貴重な資料

V. Auriol, *Journal du septennat, 1947-1954. I. 1947*, version intégrale établie, introduite et annotée par P. Nora, préface de R. Rémond, Paris, Colin, 1970.

マルセイユでの事件について

M. Agulhon et F. Barrat, *CRS à Marseille, 1944-1947*, Paris, Presses de la FNSP/Armand Colin, 1971.

博士論文

Robert Mencherini, *L'Union départementale CGT, de la Libération à la scission de 1948*, Université de Provence, 1984.

共産党とコミンフォルムについて

F. Fejtö, *Histoire des démocraties populaires*, Le Seuil, coll. « Points Politique », 1972, 2 t.（フランソワ・フェイト著『スターリン時代の東欧』、熊田亨訳、岩波書店、一九七九年。同『スターリン以後の東欧』、熊田亨訳、岩波書店、一九七八年）

J.-J. Becker, *Le parti communiste veut-il prendre le pouvoir? La stratégie du PCF de 1930 à nos jours*, Le Seuil, 1981.

F. Claudin, *La Crise du mouvement communiste du Komintern au Kominform*, Maspero, 1972.

M. Dobry, *Sociologie des crises politiques*, Presses de la FNSP, 1986.

J. Duclos, *Memoires*, Paris, Fayard, 1971, t. IV ; G. Cogniot, *Parti pris*, Paris, Éditions sociales, 1973, t. II.

新版へのあとがき

本書の初版は、フランソワ・ミッテラン大統領の下で、総選挙での右派の勝利の直後、一九八六年に始まった「コアビタシオン」の実験以前に出版されたものである。一九八一年の大統領選での社会党候補の勝利は、憲法上の大きな変化を引き起こしはしなかった。第五共和制の政治制度は、左派によって完全に受け入れられたのである。すべての自由民主主義国と同様に、政権交代が可能となったのだ。コアビタシオンという段階は、想像するのがより困難だった。新しい共和国の創設者ド・ゴールは、これを認めなかっただろう。彼の目には、また彼の直接の後継者ジョルジュ・ポンピドゥーの目にも、序列を尊重した調和がエリゼ宮とマティニョン館の間のルールとなるべきだった。社会党出身の大統領の下で、RPR所属のジャック・シラクが多数派の指導者として首相に就任した後、私たちは本書の最終章で述べた政治の平穏化が、単なる理論上のものではなかったと評価することができた。

それでも、本書の初版の刊行後に受け取った手紙には、私が予想した内戦の終結の見通しは楽観的すぎると示唆する、あるいは直接的にそう述べるものがいくつもあった。実際には、私は楽観的でも悲観的でもなく、変化を観察したのにすぎない。フランス国民の意見の対立は、歴史的な英雄の下で、「結集《ラサンブルマン》」の名において、新たな共和国の樹立を可能とした。「結集《ラサンブルマン》」は、当然ながら、政権の行動を監視し、政権交代を準備する野党の積極的な機能を排除した。この結集の思想に対して、一九七一年以降社会党を中心に再建された左翼は、政党もしくは政党連合が交代で政権を担当する近代的な民主政治を遅まきながら確立するよりも、共産党とともに、「資本主義との決別」という夢を基盤とした、異なる形の結集による社会を形成しようとした。戦いは続いていたのである。

一九八六年、本書の初版を紹介するため、ラジオ局フランス・キュルテュールの番組「パノラマ」に出演すべくスタジオを訪れた私は、同業の大学教員の一人から、私の著書中に許しがたい一節があるとの指摘を受けた。「たとえ権力を握っているときであっても、政敵を尊重するようになれば、フランス国民は真に民主的な社会で暮らすことになろう。そのためには、左も右もともに必要な存在だと認めることになろう。両者の平和的なライバル関係のうちに、ともに利益を見出すことになろうが、互いに相手を消滅させることに固執しないことがその条件である」。彼女は、要するに、私が左翼の理想を裏切ったと言いたかったのだ。平穏化を、誰もが受け入れているわけではなかった。それでも、本書に対する社会党の元首相の一人の評価を知って、平穏化が進んでいると私には思われたのだった。

それ以降の経過は、民主主義的な文化がより広がっていることを確認するもののように思われる。一九九三年から一九九五年にかけての、フランソワ・ミッテランの二期目の末期における、エドゥアール・バラデュールを首相とする二度目のコアビタシオンが証明したのは、政権交代がフランスで普通のこととして受け入れられ、体制の基盤を覆すような出来事ではなくなったことである。一九九九五年五月の大統領選挙で、ジャック・シラクが社会党候補リオネル・ジョスパンに対し勝利を収めたとき、結果の発表直後に両陣営の関係者は「礼儀正しい」対応をしたと、あらゆるメディアの解説が伝えた。ジョスパンは、シラクの「幸運を祈ります」と述べた。一方、シラクは五月二〇日に議会に宛てたメッセージで、次のように前任者を称えた。

国民が望んだときに政権交代が実現することで、〔わが国の政治制度は〕政治的安定のための条件を整え、また政治活動を徐々に平静化することが可能になりました。国民が注視する中で、大統領がどのように交代したかを見れば、それが理解できます…〔中略〕…私は、それを希望されたフランソワ・ミッテラン大統領に敬意を表します。

五月二三日付ル・モンド紙の無署名の社説は、一九九五年の勝利と、一九八一年のそれを比較した。「五月一七日の大統領の引き継ぎには、傲慢な様子も、大仰な態度も見られなかった。一九八一年五月二一日の情熱的な表現とは異なり、ジャック・シラクは共和国の儀礼に従うにとどめた…〔中略〕…彼は、一四年前に前任者が行なったような、大統領就任を最大の栄誉と感じている素振りは見せなかった」。

一九八六年以降、失業の増大に伴って社会情勢に厳しさが増す状況は、バリケードの制作者を刺激するものとも考えられた。さまざまな種類の対立には、こと欠かなかった。一時的な現象だとする見方にもかかわらず、とどまるところを知らない極右の勢力伸長、繰り返されるスト、「疑惑」に次ぐ

「疑惑」で腐敗していると見なされる政治家に対する反感、不可欠とされながら未完の脱中央集権化の多くの不具合、批判され続ける市民と権力機構の間の距離、すべてのナショナリストから欠陥だらけだと非難される欧州統合に対する国民の不安など、市民社会においても、政界においても、和解した国民の夢を想起させる要素は見当たらなかった。

同時に、国際情勢は断絶を求めるイデオロギーの終焉へと向かった。一九八九年のベルリンの壁の崩壊と、一九九一年の共産主義陣営の自壊は、外国における手本を失った社会主義革命の基盤を打ち壊した。左翼は社会民主主義を再検討し、この語自体がもはや侮辱的な意味合いを失った。より平等な社会という理想と、市場経済と自由企業という現実との間の妥協の妥当性を人々は受け入れるようになったのである。こうした条件下で、左と右の対立は、激烈で形而上学的な側面を失った。両者ともに、平和的な競争関係の時代に入ったのである。

この沈静化のプロセスにおいて、ド・ゴールが設けた制度が一定の役割を果たしたことを認めるべきだろう。一九九五年の大統領選挙の第一回投票ではまだ、古くからのフランスの病が見て取れた。小党分立、過激主義、抗議の投票である。決選投票では、再び左右の対立となったが、それは好ましい形で行なわれた。二人の候補者の公約が、穏健な内容だったためである。

こうした穏和な態度は、熱烈な魂の持ち主、確固たる信念の持ち主、強い仲間意識の持ち主にはふさわしくない。わが国の歴史は、そうした人々のお陰で被害を被ってきたのである。しかし、穏健な政治とは、政治的媚態の同義語ではない。それは、慣習と思想の一つのあり方を表現している。こんにちでは、もはや二つのフランスが相手を抹殺しようと闘う状況にはない。二つの主要な政治勢力が、議論の対象となりうる解決策をめぐって競っているのである。

アングロ＝サクソンや北欧諸国の民主政治と同様に、私たちの共和国は過去に頻発した不安定と混乱に対する抵抗力がついたと言えるのだろうか。そう断言するのは、やや慎重を欠く。繰り返しになるが、筆者は個人のメンタリティーや行動の面での変化を指摘しているのであって、将来についての見解を述べようとするものではない。歴史家は、度量衡の検査係の役割をささやかに果たしているのであり、未来を見通す占い師ではないのである。

一九九五年五月

一九六八年の危機から四〇年余りを経て、フランス社会の政治的平穏化に関する仮説は、明らかに証明された。第四共和制が一二年しか続かなかったのに対し、第五共和制はともかく半世紀を経過した。

それでも、フランス社会には多数の不安定要因が存在している。公共部門、特に鉄道のストライキは繰り返し行なわれている。首都の大通りでは、絶え間なくさまざまな種類のデモ行進でスローガンが叫ばれる。一九九五年秋の労働争議では、改革の受容が困難であることが明らかになった。それは、「同業者グループの利益優先」の考え方が、労働組合の脆弱性と対をなしているからである。毎日の社会面の記事で知ることができるのは治安の悪化で、それもしばしば流血の惨事が見られる。「無礼な行為」と呼ばれるようになった市民間のトラブルも増えている。不法地帯もあれば、校内暴力もある。移民の子供たちの社会への統合は進んでいない。国際的な競技会で、「ラ・マルセイエーズ」演奏のときにブーイングが起こることもある。各種メディアは、方向性を見失った歴史的共同体の内部における過激な、あるいは暴力的な事例を列挙し、とどまるところを知らない。二〇世紀末と二一世紀初頭の現状を見ると、フランスにおける社会階層間の関係は、質的に安心できるものだとは言えない。各種の差別、指導的立場にある人々と下位の立場にある人々との大きな格差（高額給与、ゴールデン・パラシュート、インサイダー取引にまつわる醜聞、最高税率の頭打ちの措置等々）によって、状況はさらに悪化した。これに加えて、二〇〇八年に起きた金融・経済危機は、最も悲観的な事態を予測させた。景気後退、失業者数の増加、中間層の衰退、給与に対する不満、若い世代の将来に対する不安……二〇〇九年四月に、ある週刊誌はカヴァーストーリーで民衆の怒りを特集した。「フランスの反乱はどこまで進むのか――革命の危険は迫っているのか」［ル・ヌーヴェル・オプセルヴァトゥール誌二〇〇九年四月三〇日号］。

政治体制は、これまでのところ、衝撃に耐えている。失敗も散見される状態ではあるが。

そのうちの一つが、一九八六年以来繰り返されてきたコアビタシオンだ。当初は平穏化の証拠だと受け止められてきたコアビタシオンだが、その後は制度上の混乱の原因だと考えられるようになった。二年しか続かなかったとき（一九八六～一九八八年、一九九三～一九九五年）には、あまり危険だとは見なされず、主要な当事者たちも前向きに受け止めていた。しかし、五年続いたとき（一九九七年から二〇〇二年までの、シラクとジョスパンのケース）には、異常な状態と感じられるようになった。首相リオネル・ジョスパンの首席補佐官だったオリヴィエ・シュラメックは二〇〇一年一〇月に刊行した著書『マティニョン、パリ左岸（一九九七～二〇〇一）』で、コアビタシオンが例外でなくなったときの問題を指摘した。これも理由の一つとなって、大統領任期を五年とする憲法改正が行なわれ、これは国民投票で承認された。しかしながら、この改革は議会多数派と大統領の党派が一致することを保証するものではない。有権者が右派の大統領を選ぶと同時に、左派の首相をマティニョン館入りさせることも想定しうる。そうなれば、長期のコアビタシオンの再現となるのである。確かに、下院の解散により流れを断絶することは可能だが、一九九七年のジャック・シラクの失敗は強い印象を与えた。解散は両刃の剣であって、万能薬ではない。それとは逆に、大統領が五年にわたり議会でも多数を握った場合には、大統領権限は事実上大きく強化され、首相はその権限を縮小されることになる。

かつて、トクヴィルは行政府の分裂ほど悪いものはないと述べたが、それはド・ゴール将軍の見解でもあった。行政府のトップは、一人でなければならない。それは、大統領もしくは首相のいずれなのだろうか。二〇〇七年にサルコジ大統領が就任して以来、大統領が真の行政府の長となったことは明らかである。ド・ゴール以来のサルコジの前任者までの全員が、「内閣は国の政策を定め、これを遂行する」とする憲法第二〇条の規定を無視してきたことには疑いがない。それでも、あらゆる局面に登場し、あらゆる権限を持つ大統領の優位がこれほど明確に示されたことはかつてなかった。第五共和制のネオ・ボナパルティスト的性格は、控え目、慎重、節度とは無縁なこの大統領のパーソナリティーゆえに、しばしば滑稽な様相を呈した。しかし、個人にまつわるケースは別として、体制は大統領を中心とする行政府を肥大化させ、他の権力や対抗勢力の力を削いだのである。

問題は、制度に関してだけにはとどまらない。すでに両大戦間期に、レオン・ブルムは『政府改革』の中で、組織化された、規律正しい政党の必要性を強調していた。加えて言うなら、首尾一貫した二大政党制が必要である。左も右も、内部分裂のため、交互に政権を担当しうる二つの陣営を形成できずにいる。リーダー同士の主導権争いが、長いこと右派陣営をむしばんできた。左派は、ミッテラン時代が終わって以来、極度の細分化という症状に苦しんでいる。社会党出身の首相リオネル・ジョスパンは、在任期間を通して、「複数《プリュリエル》」と呼ばれながら実際にはそれ以上に分裂状態にあった左派与党の同意を常には得ることができなかった。新たな政治上のテーマ――環境保護――が、さらに一つの政党を誕生させたが、そのアイデンティティーも信頼性も脆弱である。歴史によって完全に押し潰された共産党は、立候補辞退による選挙協力においては有益なある程度の力を持つ一方で、ときとして政府が提出する法案に反対し、その法案が右派の協力により成立するといったケースもあるため、左派与党の結束を保つには有害となる。さらに左に位置するトロツキスト政党は、決して政権担当を視野に入れることができないにもかかわらず、実力以上の位置を占めている。こうした左派陣営の細分化がもたらした最大の災厄は二〇〇二年の大統領選挙で起きた。決選投票において左と右ではなく、右（シラク）と極右（ル・ペン）が対決したのである。

この小党分立は絶えず繰り返されるが、それでも小選挙区制を定める選挙法によって制限されている。中小政党からの比例代表制を求める声は止むことがない。それは理解できるが、フランソワ・ミッテランの時代のように、純粋に戦術的な観点から、多数を占める政党がこの要求を満足させることもある。一九八六年に、大統領は比例代表制を復活させて、国民戦線を利することで右派に対抗するのが有利だと判断した。議会制度にとってそれほど有害でないながら、決選投票に三人の候補者が立候補できる制度の維持——これも戦術的選択である——を残念だと言うこともできよう。英国では、小選挙区一回投票制を採用して、この問題を一気に解決した。フランスではこの制度の採用は考えられないが、少なくとも小選挙区制は変更せずに、下院選の仕組みを大統領選と同じにすることが必要だろう。すなわち、決選投票に進出できるのを上位二候補に限ることである。

求められているのは政治活動をより簡素化することであり、そのためには規律を守る二大政党（もしくは、二つの政党連合）の構築が必要である。これは、民主主義にとっての権利の喪失となるのだろうか。しかし、民主主義はただ政党によってのみ作られるものではない。各種の団体、組合、メディア、インターネットなどは、市民が議論を行なうための、開かれた議論の場である。さらに、政権担当を目指す二大勢力の内部で、最終的に投票結果が尊重される限り、議論が行なわれることは妨げられない。この仮説が正しいとするなら、諸外国と同様に、多数派の指導者が当然政権を担当することになる。そうだとすれば、大統領は、ド・ゴール将軍が言ったように、儀式を主催するにとどまるのだろうか。そうではない。なぜなら、公選により選ばれた大統領には、二重の役割があるからだ。バンジャマン・コンスタンの言葉を借りるなら、大統領には「保護権限」、すなわち諸制度の保護者としての機能がある——一九六八年五月に、ド・ゴール将軍がパリを離れてバーデン＝バーデンに赴き「姿を消した」とき、それが国家にとっていかに大きな空白となったかを思い出してみるとよい。大統領が議会に対して責任を持たないのであれば、統治すべきではない。その一方で、大統領は体制の最大の守護者である。またその第二の機能は、行政府と立法府の間にあって、審判役を務めることだろう。そのためには、大統領は首相を交代させる権限を持つべきだろう。すでに、最大の武器である解散権を手にしているのだから。

他にも、さまざまな解決法を考えることができる。憲法学者たちは、想像力に恵まれているからだ。こんにち、私から見て明らかと思われるのは、私たちの憲法が、多くの長所と憲法改正による修正にもかかわらず、均衡が取れていないことである。行政府の長が二人いるという状態は、新たな政治危機の元ともなりかねないため、それを阻止するのが経験的に見て望ましい改革だと思われる。さらに、大統領があらゆる権限を独占することを阻止するのが、もう一つの重要課題である。

フランス革命以来、フランス政治は行政府の優位と、立法府の優越という、両極端の間を振り子のように揺れ動いてきた。共和主義思想は議会中心の体制を選択し、それによって内閣の権威と継続性を犠牲にしてきた。ボナパルティスムないしはネオ・ボナパルティスムの思想は、権力を議会から選挙で選ばれた国家元首に移行させ、議会制民主主義は力を失った——それは、民主主義そのものが、力を失うことにほかならなかった。二一世紀のフランスは、依然として、これまでの歴史が禁じてきた均衡の取れた政体を探し求めている。

二〇〇九年五月

訳者あとがき

「フランス人は改革よりも、革命を行なうことに優れている」とトクヴィルは一八四八年に書いている。ド・ゴールもまた、「フランス人は、革命の機会にしか改革を行なおうとしない」と述べたという（レイモン・アロン『回想録』）。本書でミシェル・ヴィノックが取り上げた八つの政治危機は、必ずしも革命的な性格を帯びたものばかりではないが、そのうちのいくつかには革命的性格を認めることができる。一八七一年のパリ・コミューンがそうであるし、一九六八年五月の出来事についても、ヴィノックは失われた革命だったと評している。一方、右からの体制転覆は革命でなくクーデターと表現される。一九三四年二月六日の事件にはリーグによる議会制共和国転覆の試みという側面があり、ブーランジェ事件とドレフュス事件においても部分的にはそうした面が存在した。一九五八年のド・ゴールの政権復帰と第四共和制の終焉の背景には、軍の一部の反乱があった。

一八〇五年に生まれ、一八五九年に没したトクヴィルは、一八三〇年の七月革命、一八四八年の二月革命を経験し、また一八五一年一二月二日のルイ＝ナポレオン・ボナパルトのクーデターにも立ち会った。その後に『アンシアン・レジームとフランス革命』を著した彼は、先の引用を身をもって体験した人物だったと言えるだろう。本書に取り上げられた八つの政治危機は、いずれもトクヴィルの没後の事件であるが、それ以降もフランスの特質が急に変わったわけではない。一九〇五年の国家と教会の分離法のように、流血の事態なしに行なわれた重要な変化もあったが、フランスが他の欧州諸国、特に早くに民主的な体制を確立した英国と比較して、何度もの革命、何度もの政治危機、そして頻繁な政体の変更を体験したことは事実だ。それは一九世紀に特に顕著だったが、二〇世紀においても第三共和制、第四共和制、第五共和制と三つの共和国を経験した上、第二次大戦中にはヴィシー政権という特殊な体制の存在を見た。これに対して英国は、ミシェル・ヴィノックが『フランスの肖像』第七章に記しているように、二度の革命を経験したとはいえ、一六八八年の名誉革命では一人の死者も出さずにオラニエ＝ナッサウ家のウィリアム三世が即位し、以後安定した立憲君主制が確立した。

フランスがこれほど多くの革命、そして政治危機を経験したのはなぜなのか。特に第二帝政の崩壊以後、八度にもわたる政治危機を経なければならなかったのはなぜなのか――これこそが、本書を通じてミシェル・ヴィノックが明らかにしようと試みた問題点である。しかも、これらの危機はありきたりなものではない。政体そのものを揺るがすほどの危機だった。そして、実際、体制が崩壊したケースもある――一九四〇年七月一〇日、そして一九五八年五月一三日がそうである。ブーランジェ事件と一九三四年二月六日の事件においても、体制崩壊の危険があった。ドレフュス事件のさなかにも、デルレードによるクーデターの試み（一八九九年）があった――これは、ファルスだったかもしれないが。

こうした政治危機は、一七八九年のフランス革命以来、二つのフランスが対立し続けてきた結果だとも言えよう。革命のフランスと、反革命のフランス。あるいは、革命のフランスと、カトリックのフランス。クレマンソーは、一八九一年の議会演説で「革命は一つのブロック（塊）である」と述べたが、それはフランス革命の遺産を否定する人々にとっても同様だった。彼らにとって革命は、フランスに害を及ぼしただけで、肯定すべき点は一つとしてなかったのである。本書の最終章で、ミシェル・ヴィノックはフランソワ・モーリアックの「内戦は途切れることなく続いてきた」という言葉を引用している。フランス革命以来、二〇世紀半ばに至るまで、二つのフランスによる内戦は続いてきた。その内戦の発露が政治危機であり、そのうちにはパリ・コミューンのような、本物の武力衝突を伴う内戦もあった。しかし、多くの場合、内戦は比較的目に見えにくい形で行なわれた。ヴィノックは、内戦はパリ・コミューンまでは階級間の闘争の形を取ったが、第三共和制下では宗教戦争の形を取ったと書いている。彼によれば、その最たるものが一九四〇年から四四年にかけての「フランス人同士の戦争」だった。

このような「内戦」で対立したのは、左と右、別の言い方をするならば革命派と反革命派だったが、興味深いのは左が必ずしも社会主義ではなく、ましてやマルクス主義でなかったことだ。パリ・コミューンを主導した人々は誰か。その中にはもちろん社会主義者もいたが、むしろ無政府主義者が多かったのではないか。エドゥアール・ヴァイヤン、ジャン・アルマーヌ、ブノワ・マロンなど、後に活躍することになる社会主義者がいたのと同時に、ジュール・ヴァレス、ルイーズ・ミシェル、エリゼ・ルクリュなどのようにアナーキストか、あるいは社会主義者という枠では括れない人も多かった。フランスの政治において社会主義者が重要な役割を果たすようになるのは、一八九三年に社会主義を標榜する議員が多数下院に当選して以降のことであるが、このとき当選した社会主義者が全員マルクス主義者だったわけではない。その中にはジュール・ゲードのようにマルクス主義を掲げる者もあったが、ジャン・ジョレスのようにマルクス主義についてかなりの知識を持ちながらも、マルクス主義者とは呼べない者も含まれた。

何よりも注目すべきは、特にドレフュス事件において左派の政治勢力を結集させたのが、「共和国防衛」だったことである。このとき、ジョレスは正義の名の下にドレフュス擁護に回ったが、ゲードはドレフュス事件はブルジョワジー内部の問題であり、労働者とは無縁であるとして、事件に関わることを拒否した。共和国防衛のために結集した勢力は、むしろワルデック＝ルソーあるいはジョゼフ・レイナックのような穏健共和派、クレマンソーのような急進派を主力とし、それにジョレス、ヴィヴィアニ、ミルランのような社会主義者が加わった。共和国防衛は、社会・経済的な問題ではない。共和国防衛は、労働者を搾取する資本家に対する闘い、階級闘争ではない。それは、教権主義との闘いだった。マルクス主義でなければ左ではない、との考え方が主流となるのは一九一七年のロシア革命、一九二〇年のフランス共産党結成、一九二四年のフランス共産党の「ボルシェヴィキ化」に続き、同党の一九三六年選挙での躍進と第二次大戦中のレジスタンス活動を経た後のことだった。

一方、右派はどうだっただろうか。ミシェル・ヴィノックは、フランスには二つの右派があると言う。イデオロギーによる右派と、利害による右派である（『フランスの肖像』第二〇章）。イデオロギーによる右派は、基本的に反革命であり、アンシアン・レジーム的な社会秩序を志向する。そのためには神が必要であり、君主の存在が求められる。まさに、左派が排除しようとする要素である――パリ・コミューンの一員として活動した詩人ウジェーヌ・ポティエは「インターナショナル」の作詞者として知られるが、この革命歌の一節には「至高の救世主などいない／神も、皇帝（カエサル）も、護民官も」とある。イデオロギー的右派は、ヴィノックが本書中でも引用しているルネ・レモンの名著『フランスの右派』の分類に従うなら、レジティミストと呼ばれる人々だろう。彼らは、当然というべきだろうが、次第に影響力を失っていく。彼らが最後にいくらか輝くことができたのは、フランス史上最悪の災厄の中でだった。ナチス・ドイツを前にしての一九四〇年の敗北により成立した、ヴィシー政権である。しかし、このために、右派は長期にわたりフランス国民の信頼を失うことになる。

もう一方には利害による右派というものがあり、こちらはよりプラグマティックな、より穏健で、順応力のある右派である。この流れに属する人々は、立憲君主制であれ、議会制共和国であれ、自らの利害に反しない限りは許容することができた。経済面では自由主義的だった。レモンの分類に従うなら、オルレアニストと呼ばれるグループがこれに当たる。

このように、フランスでは右も左も、内部に複数の潮流を抱え、決して一枚岩ではなかった。左派は当初は共和派で、やがて徹底した反教権主義を標榜する急進派が登場し、さらには社会主義勢力が姿を現す。社会主義者にも、マルクス主義を掲げるジュール・ゲードのような人物もいれば、ジョレスのような独立系社会主義者もいた。共産党は、一九二〇年末のトゥール党大会でＳＦＩＯから分離して結党されたが、人民戦線の結成まではＳＦＩＯとは決定的に対立していた。一九三五年に、コミンテルンがファシズム勢力に対抗するためにブルジョワ政党と連携せよとの指令を発したときに初めて、急進党を含む左派の統一行動が可能となったのである。右派もまた、内部にいくつもの傾向を数え、その連携は容易ではなかった。右派連合が実現したのは、第三共和制初期の「道徳秩序」の時期など、ごく限られた期間でしかない。かつての左から次第に中道寄りに立場を移した急進派は、両大戦間期にはしばしば右派とともに連立政権を構成した。一九二〇年代のポワンカレ内閣、一九三〇年代のタルデュー内閣などが、それに当たる。一九三八年に第二次ブルム内閣が倒れた後を襲って首相に復帰したエドゥアール・ダラディエも、右派との連携を選択した。これによって、人民戦線にピリオドが打たれた。

左右ともに内部対立を抱えながらも、左右対立の図式はほぼ一貫してフランス政治の構造となってきた。時代によって、その構図は王党派対共和派、教権主義対反教権主義、反議会主義対議会制共和国、強権政治志向対共和国防衛、などのように変化した。左右対立の構図は、右派が共和制を受け入れ、民主主義のルールを自らのものとするようになってからも、基本的に変わらなかった。ド・ゴールは、自分は党派を超えたところに位置すると主張したが、将軍は左派にとっては明らかに右だった。第五共和制最初の直接選挙による大統領選となった一九六五年の選挙では、ド・ゴールは左派統一候補ミッテランの挑戦を受けた。

ときとして非常に激しい左右の対立は、先に記したように「内戦」とも表現される。ヴィノックも、武装闘争による内戦は稀だったとしても、フランスが常に激しい内部対立を抱えてきたことに関して、本書第9章で先のモーリアックの言葉とともに、アンドレ・シーグフリードの「協力し合うよりも反対することを快適だと感じる、我々の知性の破壊的性質」との表現を引用している。この対立の理由は何だろうか。これはもちろん複雑な問題で、簡単に説明がつくものではないが、ヴィノックは探索の道筋を提示している。それは、絶対王政とカトリシズムである。アンシアン・レジーム下のフランスでは、カトリック教会と王権が信者に対する宗教上の指導と、臣民の統治を分け合っていた。絶対的な王権が行政上の統一と集権化を行ない、カトリック教会が宗教を独占するという形で、両者が互いに支えあっていたのである。つまり、アンシアン・レジームのフランスでは多様性も、信教の自由も認められなかった。ユダヤ人は多くの職業（特に公的な職務）から排除され、存在が黙認されているにすぎなかった（ときには、王が追放令を発することもあった）。プロテスタントはナントの勅令（一五九八年）により容認されたものの、それから一世紀もたたぬうちにこの勅令はルイ一四世により廃止され、再び禁止されるに至った。カトリックにとって真実は一つしかなく、異なる真実は認められなかった。こうした非妥協的な位置取りを、右派ばかりでなく、左派もまた引き継ぐこととなった。フランスでは、カトリック的な桎梏は、一方では服従の精神を涵養するとともに、反乱の精神をも育てた、とヴィノックは言う。ここから、プロテスタント国には見られない反教権主義が発展した。

これはまた、フランス人の平等を強く求める傾向にもよっているのかもしれない。フランスは自由の国だと考えられることも多いが、実はむしろ平等の国、あるいは平等を求める国だと言える。「フランス革命は、自由だけを求める革命ではなく、平等の革命でもあった」（『フランスの肖像』第九章）。フランス革命期のサン＝キュロットは平等主義を主張し、後世に重要な影響を残した。グラッキュス・バブーフによる「平等主義者の陰謀」も革命期、一七九六年の出来事である。トクヴィルは、『アンシアン・レジームと革命』に、次のように書いた。「彼らは自由の中に平等を求める。自由が得られなければ、隷属の中にさえ平等を求める」。

そこに見られるのは、妥協を排し、対立（もしくは対決）を基本とする姿勢でもある。フランス人は対立を恐れない。すべてを求める。もう一方には、ほんのわずかな譲歩も混乱の原因と思われる」（『フランスの肖像』第九章）。対立する二者にとって、適切な落としどころをみつけて妥協することはできない。一方が他方を倒すまで、闘うことが必要だと感じられる。こうした姿勢が、危機の背景にあると言えるのではないだろうか。

現代でも、こうした傾向は消えてはいない。職業分野ごとのコーポラティズムの強さは、日本の比ではなく、長距離トラック運転手、国鉄職員、ワイン生産者、学校教員、医療関係者、たばこ店経営者……こうした人々が、労働法改正、規制緩和、給与の凍結、人員や予算の削減から、農産品価格の低下あるいはワインの生産過剰といった現象に対してまで、抗議の声を上げる。しかも、その行動はときとして過激である。選挙を通じて社会を変えることができないと感じたとき、あるいは意に沿わない改革案を政府が提示したとき、フランス人の一部は街頭行動に訴えることを辞さない。年金制度の改正は、そのたびごとに多くのデモ隊を街頭に向かわせた。それに比べれば、日本での年金受給開始年齢の繰り上げなどは、フランス語の表現を借りるならば、「郵便ポストに手紙を滑り込ませる」のと変わらないほどにたやすいことだったのではないだろうか。

このような「内戦」の背景については、ヴィノックは本書第9章で詳しく解説している。

しかし、この一〇〇年を通じて、フランス社会は平静化してきた、というのがヴィノックの見立てである。一八三一年のリヨンの絹職工の反乱、一八四八年六月の国営作業所閉鎖をめぐる暴動、そして一八七一年のパリ・コミューンのような正真正銘の武力闘争——内戦——は、コミューンの終焉とともに影を潜めた。ブーランジェ事件も、ドレフュス事件も、激しい闘争ではあっても、武力による戦いではなかった。一九三四年二月六日の事件は多数の死傷者を出したものの、パリ・コミューンの「血の週間」とは規模も性質も大きく異なった。それ以降の大きな武力闘争と言えばアルジェリア戦争であるが、これは内戦ではなく独立戦争だった。革命の時代は、フランスにおいてもすでに終わった。フランスはときとして革命的な爆発を迎えるという特性を持ちつつも、もはや本格的な革命に至ることはなく、長い年月をかけつつも、次第に正常化し、平穏化した。これがヴィノックの解釈なのである。

それでもフランス社会がどれほど平穏な社会となったのかについては、些かの疑問が残る。現在でもなお、「『妥協』はフランス的ではない」（『フランスの肖像』）からだ。ものごとを「妥協」により解決しようとする考え方は、フランスではいまもなお乏しい。労働組合は——その組織率の低さはよく知られている——経営側、もしくは政府と対立することが任務なのであって、妥協点を探ることはほとんど「裏切り行為」なのである。それは、特にCGT（労働総同盟）のような組織において顕著である。コンセンサスの語はフランス語にも存在するものの、あたかもコンセンサスを探るという行為は罪悪であるか、それとも存在しないかのようだ。政権は、その政治的傾向がいかなるものであれ、対話や協調を求めていると表明するが、それがどこまで実行されているかについては疑問が残る。しかも、対話の主要な相手が労組である限り、「落としどころを探る」というわけにはなかなかいかない。一方で、経営者団体のＭＥＤＥＦ（フランス企業運動）もまた、十分に非妥協的である。

上述のように、フランスの政治では（左も右も、その性質は時代によって異なるものの）左右の対立が基本だった。第五共和制初期にはド・ゴール派と共産党、その後はド・ゴールの流れを汲む右派と、ミッテランとその後継者の社会党が対立した。一方で左右対立は国民の関心とは離れたところにあると言われながらも、選挙制度（下院の小選挙区二回投票制）に起因する要素もあって、左右対立の構図は長いこと崩れなかった。それが崩壊したのが二〇一七年の大統領選挙と、下院選挙においてである。少なくとも、それまで右と左を代表してきた二つの政党である「共和派」（Les Républicains）と社会党は、大統領選挙で公認候補が第一回投票で敗退し、続く下院選でも現有勢力から大幅に後退する大敗を喫した。敗北の度合いは、それまで与党だった社会党の方が大きかったとはいえ。代わって登場したのが、下院で単独過半数を占めたマクロン派の「前進する共和国」（La République en marche）であり、議席数ではるかに劣るとはいえ、マクロンの政策に真っ向から反対するジャン＝リュック・メランションの「服従しないフランス」（La France insoumise）という、いずれも誕生したばかりの、旧来型でない政党である。この二つの組織が今後どのような道を歩むかはわからないが、これまでに類を見ない状況が出現したことには間違いがない。これがごく一時的な現象なのか、それとも新たな時代の幕開けとなるのかは、今後少なくとも数年間の展開を見ていく必要があるだろう。

右でも左でもない、あるいは右であり左である、と言うマクロンの登場がフランスにおける中道による中道政治の始まりなのか、それともまた左右対立に回帰するのか……。革命によらずにフランスを改革することは可能なのか……。その答えが出るのは、二〇二二年の大統領選においてか、それともさらにその先なのか。本書の延長線上で、注視していく必要がありそうである。

＊＊＊

本書は、Michel Winock, *La Fièvre hexagonale, Les grandes crises politiques 1871-1968*, Le Seuil, 1995の全訳である。もともとは、一九八六年にCalmann-Lévyから出版された本の増補改訂版である。初版が三〇年前という古い本ではあるが、その後Seuil社のペーパーバック版であるPoints-Histoireの一冊として版を重ねており、現在も読み続けられている。

原書の題名*La Fièvre hexagonale*は、なかなか翻訳が困難である。あえて直訳を試みるなら、『フランス的熱狂』あるいは『フランス熱』とでもなるだろうか。Hexagone（六角形）の語は、フランス本土がほぼ六角形の中に収まるとされることに由来する。この表現が使われるようになったのは、第三共和制初期の、小学校教育においてだったと言われる。時代が下って、一九六〇年代以降この表現は広く普及し、形容詞形であるhexagonalも含めて、一般に用いられるようになった。これは、各植民地の独立により植民地帝国を失ったフランスが、本土にほぼ集約された結果にもよっているとする説もある。しかし、こうした表現は、フランスに詳しい人以外には、日本ではなじみがないものだ。

一方、「熱狂」あるいは「熱」もまた、政治史の本の題名としては、そぐわないように思われた。フランスはときとして政治的に熱狂することがある――情念が政治において重要な役割を演ずることがあり、これがフランス政治の特質の一つと見られる点については、ヴィノックも本書で触れている――が、日本の読者にとっては、そうした現象を理解することはできても、本の題名としてはしっくりこないのではないか。そのため、むしろ副題を若干改める形で、『フランス政治危機の一〇〇年――パリ・コミューンから一九六八年五月まで』とした次第である。

著者のミシェル・ヴィノック（一九三七年生まれ、パリ政治学院名誉教授）はフランスを代表する政治史・政治思想史の研究者であり、著書は多数に上る。邦訳には、『ナショナリズム・反ユダヤ主義・ファシズム』（*Nationalisme, antisémitisme et fascisme en France* 川上勉・中谷猛監訳、藤原書店、一九九五年、原書はSeuil, 1990）、『知識人の時代――バレス／ジッド／サルトル』（*Le siècle des intellectuels* 塚原史・立花英裕・築山和也・久保昭博訳、紀伊國屋書店、二〇〇七年、原書はSeuil, 1997、一九九七年メディシス・エッセイ賞受賞）、『フランスの肖像――歴史、政治、思想』（*Parlez-moi de la France, Histoire, Idées, Passions* 大嶋厚訳、吉田書店、二〇一四年、原書はPerrin, 2010）、『ミッテラン――カトリック少年から社会主義者の大統領へ』（*François Mitterrand* 大嶋厚訳、吉田書店、二〇一六年、原書はGallimard, 2015、二〇一五年上院歴史書賞受賞）がある。近年は伝記を多く書き、『クレマンソー』（*Clemenceau*, Perrin, 2007、オージュルデュイ賞受賞）、『スタール夫人』（*Madame de Staël*, Fayard, 2010、ゴンクール伝記賞およびアカデミー・フランセーズ・ゴベール大賞受賞）、『フロベール』（*Flaubert*, Gallimard, 2013、リール誌最優秀伝記賞受賞）がある。八〇歳に達した現在も積極的に執筆活動に取り組み、二〇一七年秋には一九世紀末の文学者と政治を主題とする『世紀末の退廃』（*Décadence fin de siècle*, Gallimard, 2017）を刊行している。この著書は、ドレフュス事件から第二次大戦後の実存主義の時代までの文学者と政治を扱った『知識人の時代』と、ナポレオン没落後の王政復古からヴィクトル・ユゴーの死（一八八五年）までの時期を同じテーマに基づいて描いた『自由の声』（*Les Voix de la liberté*, Seuil, 2001、アカデミー・フランセーズ・ロラン・ド・ジュヴネル賞受賞、未訳）の中間の時期に当たる一九世紀末についての考察である。さらに、二〇一八年春にはミッテラン政権時代に書いた日記を『ミッテラン時代――政治日記一九八一～一九九五』（*Les années Mitterrand : Journal Politique 1981-1995*, Editions Thierry Marchaisse, 2018）として出版している。

ミシェル・ヴィノックの経歴については、『フランスの肖像』の訳者解説に比較的詳しく記述したので、そちらを参照いただければ幸いである。

ところで、私が『フランスの肖像』と『ミッテラン』に続いてヴィノックの著書を訳することを意図したのは、本書がフランス政治、さらには政治ばかりでなくフランスの特徴をよく捉えていると考えたためである。本書は「改革不能」と言われるフランスが、ときとして巨大な噴煙を上げるさまを描くとともに、その背景やそれぞれの政治危機が持つ共通点と差異などを分析している。

フランス社会が政治的に平静化してきた、というのが本書における著者の結論であるが、それでも激しい社会であることは現代でも変わらない。対決や対立は、以前と比べてずいぶん弱まったのだろうが、それでも対立の種があれば労働組合や一部の職能団体などは、直接行動を辞さない。労使交渉の前段階でのストライキも、珍しいものではない。むしろ、交渉以前のストが原則ではないかとさえ思わされる。リストラによる工場閉鎖の危機が訪れると、従業員たちはあるいは工場を占拠し、工場長を監禁するなど、実力に訴える。農産品の価格低下に脅かされる農民はあるいは幹線道路に、あるいは県庁や大手スーパーの店舗前に大量の農産物を投棄する。フランスでは、いまでも大衆行動が物事の流れを変えることができると信じられているようだ。こうしたフランスの特性は、本書で取り上げられた政治危機の多くに見られるものである。

私は、翻訳の仕事を始めて以来、できるだけフランス理解の一助となるような図書を訳出したいと考えてきた。最初に訳した『フランスの肖像』はまさにそういう本だったし、ヴァンサン・デュクレール著『ジャン・ジョレス　一八五九－一九一四』（吉田書店、二〇一五年）は、フランスでいまも尊敬され、愛されているジョレスという実にフランス的な人物を通じて、フランスに対する理解が深まればとの思いで翻訳に取り組んだ。本書でも、その気持ちは同じである。ここで取り上げられた八つの危機に匹敵する政治危機は近年では起きてはいないものの、小噴火とでも呼ぶべき政治的、社会的な現象はなおも見られる。一九八四年の教育改革に反対するデモ、一九八六年の大学改革に反対する学生デモ、二〇〇五年のパリ北部郊外での暴動、二〇〇六年の初期雇用契約（ＣＰＥ）に対する学生の反対運動、二〇一三年の同性婚合法化に反対するカトリックを含む保守派のデモ、二〇一六年の労働法改正（いわゆるエル＝コムリ法）に反対するデモなどは、政治危機とまで呼べるものではないが、フランス的な小規模の危機だと言えるように思われる。本稿を書いている二〇一八年は一九六八年五月の出来事の五〇周年に当たり、マクロン政権の国鉄改革や大学入学手続き改革に反対する労組や学生が「闘争の一体化」を叫んで、運動の拡大を図ろうとした。それは成功しなかったが、まだフランスの一部の人々には、革命的闘争に対するノスタルジーが強く残っているかのようだ。あるいは、それがいまや幻想でしかないことを認識しつつも、あえて革命的スローガンを掲げる人々がいるようにも感じられる。こうしたフランスの現在を間近で観察すると、平穏化したとはいっても、フランス的な性格は現在もなお消えていないように思われる。そうしたフランス的な特性を、本書を通じていくらかでも読者に理解していただけるならば幸いである。

今回も、吉田書店代表の吉田真也さんには大変お世話になった。訳者がフランス滞在中のため、作業には不便な部分があったにもかかわらず、適切にコミュニケーションを取りつつスムーズに作業を進めることができたのは、吉田さんに負うところが大きい。ここに、感謝の意を表する次第である。

二〇一八年六月　なおフランス国鉄の部分ストが続くパリにて

大嶋　厚

自由な組合に対する資金提供が開始され、それは後にイタリアにも拡大された。この資金供与がなければ、戦後史はかなり異なるものになっていた可能性がある」。

(6) この点については、Denis Lacorne の博士論文（イェール大学、1976年）を参照願いたい。*The Red Notables : French Communism and Socialism at the Grassroots*, p. 178.

(7) V. Auriol, *op. cit.*, pp. 612 et 622.

(8) 本「付録」の末尾の参考文献を参照願いたい。

(20) Jacques Duquesne, *Les Catholiques français sous l'Occupation*, Grasset, 1966 より引用。

(21) Madeleine Garrigou-Lagrange, « Intégrisme et national-catholicisme », *Esprit*, nov. 1959, pp. 515–543 参照。

(22) Alexis de Tocqueville, *L'Ancien Régime et la Révolution*, Gallimard, « Idées », 1964, p. 174.

(23) André Siegfried, *op. cit.*, p. 66.

(24) Jean Stengers, « Regards d'outre-hexagone », avec W. Borejsza, Stanley Hoffmann, Sergio Romano, Charles Tilly, *in* : numéro spécial « Les guerres franco-françaises », *Vingtième siècle, revue d'histoire*, n° 5, janv.-mars 1985.

(25) Jean-Marie Mayeur, « La guerre scolaire : ancienne ou nouvelle histoire », *ibid.* 参照。

(26) René Rémond, « Les progrès du consensus » および Jean-Pierre Azéma, « Une guerre de deux cents ans ? » 参照。この2編の論文は、« guerres franco-françaises », *Vingtième siècle, ibid.* の結論とともに、未解決の疑問点を提示している。

付録

(1) V. Auriol, 本「付録」の末尾の参考文献を参照願いたい。

(2) 彼の『日記』には、次のような憲法に関するメモが書き込まれている。「もし議会とは無関係に、閣僚の辞職に伴い内閣が倒れることになれば、解散の可能性が完全に封じられてしまう。なぜならば、二つの内閣が議会の絶対多数により、それも18カ月の間に倒されないならば、解散は行なえないからである」(208ページ)。しかしながら、共産党出身の閣僚たちは辞職を受け入れなかったため、憲法第45、46、47条——これらの条文は、首相が大臣を選任し、したがって意見の不一致がある場合には職務を解除できるとしていた——を根拠とした政令により、3人の共産党員閣僚は解任された。4人目の共産党員閣僚、公衆衛生大臣ジョルジュ・マラーヌは、議員でなかったゆえにラマディエに不信任票を投じておらず、解任を免れた。彼は、しかし、共産党員の仲間と連帯することになる。

(3) 共産党のコントロール下にないすべての人間と組織を、「一枚一枚」(部分ごとに) 排除する方式。Fr. Fejtö, 本「付録」の末尾の参考文献を参照願いたい。

(4) M. Agulhon et F. Barrat, 本「付録」の末尾の参考文献を参照願いたい。

(5) CIA長官アレン・ダレスの補佐官だったトーマス・ブレイデンの証言は、サタデー・イヴニング・ポスト紙とロサンゼルス・タイムズ紙に掲載され、1967年5月9日付ル・モンド紙に転載された。ブレイデンによれば、AFLの責任者は、自己資金を使い果たした後、CIAに協力を求めた。「そうしたわけで、世論調査を踏まえて、経済･労働政策に対する「フランス国民の慢性的な不満」について書いている。

(36) Michel Crozier, *La Société bloquée*, Le Seuil, 1970, pp. 245-246 より。

第9章

(1) Abraham A. Moles, « Notes pour une typologie des évènements », *Communications*, n° 18, 1972.

(2) Marx et Engels, *La Commune de 1871, lettres et déclarations*... Union générale d'Éditions, « 10/18 », 1971, p. 248 より、1883年8月17日付フリードリヒ・エンゲルス発エドゥアルト・ベルンシュタイン宛書簡。

(3) Michel Winock, *Édouard Drumont et Cie, op. cit.* 参照。

(4) *Sondages*, 1966, n° 2, pp. 15-20 ; et *ibid.*, 1974 n^{os} et 2, pp. 53-54 参照。IFOP社の1974年4月22日の世論調査では、定期的に宗教儀式に参加する人々のうち、ミッテランに投票すると回答したのはわずかに8%だった。他方、非カトリックでは60%がミッテランに投票すると回答した。

(5) Philippe Braud, *Le Comportement électoral en France*, Presses universitaires de France, 1973, pp. 40 et sq. 参照。

(6) François Mauriac, *Le Dernier Bloc-Notes, 1968-1970*, Flammarion, 1971, p. 69.

(7) André Siegfried, *L'Âme des peoples*, Hachette, 1950, p. 69.

(8) Alain Kimmel et Jacques Poujol, *Certaines Idées de la France*, Verlag, Moritz Diesterweg, Francfort, 1982, p. 68 より引用。

(9) Max Weber, *L'Éthique protestante et l'Esprit du capitalisme*, Plon, rééd., 1967.

(10) Edgar Quinet, *Le Christianisme et la Révolution française*, Fayard, 1984, p. 202.

(11) Andr. Siegfried, *op. cit.*, pp. 63-64.

(12) Charles Tilly と Claude Petitfrère の論文を主に参照願いたい。

(13) Edgar Quinet, *op. cit.*, p. 235.

(14) *Ibid.*

(15) André Jardin, *Histoire du libéralisme*..., *op. cit.*, p. 451 より引用。

(16) Andr. Latreille *et al.*, *Histoire du catholicisme en France*, t. III, p. 320 より引用。

(17) « Libéralisme » および « Laïcisme » の項目を参照願いたい。

(18) Andr. Latreille, *op. cit.*, p. 234 より引用。

(19) René Rémond, *L'Anticléricalisme en France de 1815 à nos jours*, Fayard, 1976, p. 192 参照。

(15) Jean-Paul Sartre, *Les communistes ont peur de la révolution*, Les Éditions John Didier, 1968. この図書の前半は、デア・シュピーゲル誌に掲載されたインタビューからなっている。

(16) *Sondages*, 1968, n° 2.

(17) Raymond Aron, « Après la tempête... », *Le Figaro*, 5 juin 1968.

(18) *Sondages*, 1968, n° 2.

(19) André Barjonet, *Le Parti communiste français*, Les Éditions John Didier, 1969, p. 202.

(20) Georges Pompidou, *Pour rétablir une vérité*, Flammarion, 1982, 3e partie, « Mai 68 ».

(21) François Goguel, « Charles de Gaulle du 24 au 29 mai 1968 », *Espoir*, revue de l'Institut Charles de Gaulle, n° 46, mars 1984. 同じ傾向の著作としては Raymond Tournoux, *Le Mois de mai du général*, Plon, 1969 参照。

(22) *Sondages*, 1968, n° 2, p. 87.

(23) Michel de Certeau, « Pour une nouvelle culture : prendre la parole », *Études*, t. CCCXXIX, juin-juil. 1968.

(24) Raymond Aron, *Mémoires*, p. 234 より引用。

(25) S. Freud, *Correspondance*. Élisabeth Roudinesco, *Histoire de la psychanalyse en France*, Vol. I, 1885-1939, Éd. Ramsay, 1982, p. 46.

(26) André Stéphane, *L'Univers contestationnaire*, Payot, 1969 もしくは Gérard Mendel, *La Révolte contre le père*, Payot, 1968 を参照。

(27) Sous la direction d'Henri Mendras, *La Sagesse et le Désordre*, Gallimard, 1980.

(28) Michel Crozier, « Le modèle d'action administrative à la française est-il en voie de transformation ? », *Tendances et Volontés de la société française*, S.E.D.E.I.S. futurible, 1966, pp. 423-444.

(29) Philippe Bénéton et Jean Touchard, « Les interprétations de la crise de mai-juin 1968 », *Revue française de science politique*, juin 1970.

(30) Alain Touraine, *Le Mouvement de mai ou le Communisme utopique*, Le Seuil, 1968. これは 68 年 5 月に関する最も刺激的な書籍の一つである。

(31) Jean-Paul Sartre, *op. cit.* Daniel Guérin, *Front populaire : révolution manquée*, Julliard, 1963 の題名も思い出される。

(32) Al. Touraine, *op. cit.* ; Fr. Bon et Ant.-M. Burnier, *Classe ouvrière et Révolution*, Le Seuil, 1971 も参照。

(33) R. Aron, *op. cit.*, p. 481.

(34) R. Aron, *op. cit.*, p. 496 におけるアロンの改革批判を参照願いたい。

(35) Jean Charlot, *Les Français et De Gaulle*, Plon, 1971, p. 95 参照。この著作は、

参照。

(20) 1983年ル・モンド紙10月4日付に掲載されたSOFRES社の調査では、フランス人の多数が、新憲法の重要な原則に同意しているとされた。回答者の86%が大統領の直接選挙に賛成していた。ド・ゴール将軍の没後の、素晴らしい勝利である。

(21) René Capitant, *Démocratie et Participation politique*, Bordas, 1970, pp. 144–145.

(22) Maurice Duverger, *La Démocratie sans le Peuple*, Le Seuil, 1967における批判が有用である。

第8章

(1) « Le mystère 68 », *in* : *Le Débat* n° 50, mai-août 1988, et n° 51, sept.-oct. 1988.

(2) Antoine Prost, *Histoire générale de l'éducation en France*, t. IV, N.L.F., 1981, p. 273.

(3) Pierre Bourdieu, *Homo academicus*, Éd. du Minuit, 1988, p. 188.

(4) *Ibid.*

(5) Frédéric Gaussen, « Le coup de tonnerre de Strasbourg », *Le Monde*, 9 décembre 1966.

(6) Raoul Vaneigem, *Traité de savoir-vivre à l'usage des jeunes générations*, Gallimard, 1967.

(7) J.-G. Lambert, « Témoignage de l'étudiant de base », *Esprit*, juin-juillet 1968, pp. 1091–1093参照。

(8) Rayond Aron, *Mémoires*, Julliard, 1983, p. 477より引用。

(9) *La Sorbonne par elle-même*, numéro spécial du *Mouvement social*, n° 64, juillet-septembre 1968.

(10) ここで「経済的楽観主義」の語を用いたのは、ジャック・オズーフの「教育的楽観主義」に倣ってのことである。オズーフは、この語によって、フェリー派世代の小学校教員たちが、「社会問題」が学校と共和主義的な功績主義により解決されるとの確信を持っていたことを示そうとした。1960年代には、経済成長率が就学率に取って代わった。生活の改善が続いた結果が、社会の平穏化をもたらしたと考えられる。

(11) G. Adam, Fr. Bon, J. Capdevielle, R. Mouriaux, *L'Ouvrier français en 1970*, A. Colin, 1970, pp. 223–224.

(12) Pierre Bourdieu, *op, cit.*, p. 217.

(13) *Sondages*, 1968, n° 2参照。

(14) *Ibid.*, p. 27.

Corréa, 1942 参照。「1940 年の民主的な［ドイツ］帝国」（ママ）について触れられている（p. 13）。

第 7 章

(1) René Rémond, *Le Retour de De Gaulle*, Éd. Complexe, 1984 の説明を参照。
(2) Raymond Aron, *La Tragédie algérienne*, Plon, 1957 ; Alfred Sauvy, dans l'ouvrage collectif, *La Question algérienne*, Éditions de Minuit, 1957, pp. 97–120 参照。
(3) *Sondages*, 1954, n° 4.
(4) Jacques Julliard, « La Constitution de la quatrième République : une naissance difficile », *Storia e Politica*, anno XIV, fasc. 1–2 (1975), Milan-Dott. A. Giuffre Éd.
(5) Georges Lavau, « Réflexions sur le régime politique de la France », *Revue française de science politique*, décembre 1962.
(6) *Ibid.*
(7) *Le Monde*, 1er-2 juin 1958 より引用。
(8) Raoul Girardet (sous la direction de), *La Crise militaire française, 1945–1962*, A. Colin, 1964, p. 159. ここでは、この書籍の第三部、Raoul Girardet, « Problèmes moraux et idéologiques » を基にして記述した。
(9) Henri Navarre, *L'Agonie de l'Indochine*, Plon, 1958, p. 319. Raoul Girardet, *op. cit.*, p. 162 も引用している。
(10) « Le Bloc-Notes de François Mauriac », *L'Express*, 12 juin 1958.
(11) Jean Cau, « Qui prépare le fascisme ? », *L'Express*, 12 juin 1958 参照。
(12) Charles de Gaulle, *Lettres, notes et carnets, juin 1951-mai 1958*, Plon, 1985, p. 365. この挿話に関しては、Jean Lacouture, *De Gaulle, le politique*, t. II, Le Seuil, 1985 中の、« Le 17 brumaire » という洒落た題名のついた章を参照願いたい。
(13) Raoul Cirardet, *op. cit.*, p. 203.
(14) Stanley et Inge Hoffmann, *De Gaulle artiste de la politique*, Le Seuil, 1973.
(15) Pierre Viansson-Ponté, *Histoire de la République gaulienne*, t. I, p. 46.
(16) 1958 年 6 月 1 ～ 2 日のル・モンド紙一面トップに掲載されたピエール・ヴィアンソン＝ポンテの記事を参照。
(17) René Rémond, *Retour de De Gaulle, op. cit.* 著者は、偶発事の重要性を強調している。
(18) Pierre Mendès France, « Les raisons du NON », *Le Monde*, 26 septembre 1958.
(19) ル・モンド紙の同じ号に掲載された Henri Frenay, « Le contrat des NON »

(7) Branko Lazitch, *L'Échec permanent*, R. Laffont, 1978 参照。
(8) Jules Jeannenay, *Journal politique, septembre 1939-juillet 1942*, A. Colin, 1972, p. 39.
(9) Paul Raynaud, *Mémoires, Envers et contre tous*, t. II, Flammarion, 1963, p. 358.
(10) Jean Vidalenc, *L'Exode de mai-juin 1940*, Presses universitaires de France, 1957 参照。
(11) Emmanuel Berl, *La Fin de la troisième République*, Gallimard, 1968, p. 56.
(12) Paul Raynaud, *La France a sauvé l'Europe*, t. II, Flammarion, 1947 ; Albert Lebrun, *Témoignage*, Plon, 1945 ; Édouard Herriot, *Épisodes, 1940–1944*, Flammarion, 1950 参照。J. Jeannenay, *op. cit.*, pp. 413–417 のジャン＝ノエル・ジャヌネイによる考証を踏まえた注も参照願いたい。
(13) Éd. Herriot, *La Démocratie méridionale*, 13 juillet 1946 参 照。J.-N. Jeannenay, *op. cit.* より引用。
(14) J. Jeannenay, *op. cit.*, p. 416 参照。
(15) Édouard Bonnefous, *Histoire politique de la troisième République. La Course vers l'abîme : la fin de la troisième République (1938–1940)*, t. VII, Presses universitaires de France, 1967, p. 244 参照。
(16) Christiane Rimbaud, *L'Affaire du Massilia*, Le Seuil, 1984, pp. 99–100.
(17) J.-P. Azéma, « Le drame de Mers el-Kébir », *L'Histoire*, n° 23, mai 1980.
(18) *L'Œuvre de Léon Blum (1940–1945), Mémoires...*, Albin Michel, 1955, p. 89.
(19) J. Jeannenay, *op. cit.*, p. 98.
(20) *L'Œuvre de Léon Blum, op. cit.*, Albin Michel, 1955, p. 88.
(21) 以下の書籍の参考文献目録を参照願いたい。J. Jeannenay, *op. cit.*, p. 443 ; J.-P. Azéma et M. Winock, *Naissannce et Mort de la troisième République*, Calmann-Lévy, 1970 et 1976.
(22) J. Jeannenay, *op. cit.*, p. 98.
(23) *L'Œuvre de Léon Blum,op. cit.*, Albin Michel, 1955, p. 94.
(24) William L. Shirer, *La Chute de la troisième République, une enquête sur la défaite de 1940*, Stock, 1970.
(25) François Bédarida, « La gouvernante anglaise », *Édouard Daladier...*, *op.cit.*, pp. 228 et sq.
(26) *L'Œuvre de Léon Blum, op. cit.*, Albin Michel, 1955, p. 73.
(27) 1941 年 2 月 9 日付ル・プティ・マルセイエ（*Le Petit Marseillais*）紙にモーラスが寄せた記事のタイトル。ペタンの政治的能力を称えた内容だった。
(28) 一例として、Michel Mohrt, *Les Intellectuels devant la défaite de 1870*,

des preuves », *Œuvres complètes*, Gallimard, 1984, t. I, p. 221.

(27) Léon Blum, *Œuvres, 1934-1937*, Albin Michel, 1964, p. 12

(28) Léon Blum, *Le Populaire*, 6 mars 1934. ポール・ヴァイヤン＝クテュリエは、1934年2月19日付リュマニテ紙に、堂々と次のように語った。「共和国防衛ですか、とブルムは言った。あたかも、ファシズムがまだ共和国でなかったかのように。共和国がまだファシズムでなかったかのように」。

(29) 人民戦線の発足については、André Ferrat, *Contiribution à l'histoire du parti communisme français*, Preuves（抜粋）, nos. 166, 168, 170. Branko Lazitch, « Le Komintern et le Front populaire », *Contrepoint*, 1971, n° 3 ; Philippe Robrieux, *Histoire intérieure du parti communiste*, t. I, 1920-1945, Fayard, 1980, pp. 454 et sq 参照。

(30) Édouard Bonnefous, *Histoire politique de la troisième république*, t. V (1930-1936), Presses universitaires de France, 1973, p. 294 より引用。しかしながら、レオン・ブルムが制度の安定について的確に見通していた点については、ブルム自身の著書 *La Réforme gouvernementale*, Grasset, 1936 を参照願いたい。

(31) Pierre Mendès France, *op. cit.*, p. 221.

(32) Raoul Girardet, « Notes sur l'esprit d'un fascisme français, 1934-1940 », *Revue française de science politique*, juil.-sept. 1955.

(33) S. Berstein, *Histoire du parti radical, op. cit.*, t.II, p. 300. 同じ著者による以下の論文も有益である。« L'affrontement simulé des années 1930 », *Vingtième siècle, revue d'histoire*, n° 5, janv.-mars 1985.

第6章

(1) Jean-Pierre Azéma, *De Munich à la Libération*, t. XIV de la *Nouvelle histoire de la France contemporaine*, Le Seuil, « Points-Histoire », 1979 参照。

(2) Georges Dupeux, « L'échec du premier gouvernement Léon Blum », *Revue d'histoire moderne et contemporaine*, janv.-mars 1963 参照。

(3) Alfred Sauvy, *Histoire économique de la France entre les deux guerres, op. çit.*, t. II, p. 483 参照。

(4) *Édouard Daladier chef de gouvernement*, sous la direction de René Rémond et Janine Bourdin, Presses de la F.N.S.P., 1977, communication de Roger Genébrier, pp. 75 et sq.

(5) *Ibid.*

(6) J.-P. Azéma, Ant. Prost, J.-P. Rioux *et al.*, *Le Parti communiste français des années sombres : 1938-1941*, Le Seuil, 1986. J.-P. Azéma, *op. cit.* の解説も参照願いたい。

in *Vingtième siècle, revue d'histoire*, n° 5, janvier-mars 1985より引用。

(2) Alfred Sauvy, *Histoire économique de la France entre les deux guerres (1930-1939)*, Fayard, 1967, p. 71参照。

(3) Serge Berstein, *Histoire du parti radical*, P.F.N.S.P., 1982, t. 2, p. 98参照。

(4) *Ibid.*, chap. IV.

(5) François Mauriac, *Mémoires politiques*, Grasset, 1967, p. 35.

(6) André Tardieu, *Le Souverain captif*, Flammarion, 1936, p. 211.

(7) *Ibid.*, p. 232.

(8) Jean Touchard, « L'esprit des années trente », dans l'ouvrage collectif *Tendances politiques dans la vie politique française depuis 1789*, Hachette, 1960.

(9) Antoine Prost, *Les Anciens Combattants et la Société française, 1914-1939*, P.F.N.S.P., 1977, t. III, pp. 189-190.

(10) Jean-Louis Loubet Del Bayle, *Les Non-conformistes des années trente*, Le Seuil, 1969, p. 199.

(11) Serge Berstein, « Édouard Herriot ou la République des bons élèves », *L'Histoire*, n° 26, septembre 1980参照。

(12) Philippe Henriot, *Le 6 Février*, Flammarion, 1934.

(13) Serge Berstein, *Histoire du parti radical, op. cit.*, t. 2, p. 278.

(14) Laurent Bonnevay, *Les journées sanglantes de février 1934*, Flammarion, 1935, p. 46.

(15) Eugen Weber, *L'Action française*, Stock, 1962, p. 363参照。

(16) Laurent Bonnevay, *op. cit.*, p. 54.

(17) Serge Berstein, *Le 6 Février 1934*, Gallimard/Julliard, « Archives », 1975, p. 129参照。

(18) *Ibid.*, pp. 138-139.

(19) *L'Humanité*, 6 février 1934.

(20) Mona Ozouf, « Jacobin, fortune et infortune d'un mot », *in* : *L'École de la France*, Gallimard, 1984, pp. 74-90参照。

(21) Nicole Racine, Louis Bodin, *Le Parti communiste français pendant l'entre-deux-guerres*, A. Colin, p. 214.

(22) 議会調査委員会による。Serge Berstein, *Le 6 Février 1934, op. cit.*, p. 168参照。

(23) L. Bonnevay, *op. cit.*, pp. 154-155.

(24) Serge Berstein, *Le 6 Février 1934, op. cit.*, p. 186.

(25) L. Bonnevay, *op. cit.*, p. 186.

(26) Pierre Mendès France, « La tentative de coup d'État du 6 février : voici

(31) Charles Andler, *Vie de Lucien Herr (1864-1926)*, Rieder, 1932, p. 119.
(32) Ligue française pour la défense des droits de l'homme et du citoyen, brochure, 1898.
(33) Anatole France, « Discours d'Anatole France », *L'Aurore*, 6 octobre 1902.
(34) Joseph Reinach, *op. cit.*, p. 577.
(35) M. Winock, « Socialisme et patriotisme, 1890-1899 », *Revue d'histoire moderne et contemporaine*, avril-juin 1972 参照。
(36) J. Maitron, *op. cit.*, t. XV, p. 72.
(37) Charles Andler, *op. cit.*, p. 115. Jean-Marie Mayeur, « Les chroniques dreyfusards », *Revue historique*, 1961/2 も参照。
(38) Maurice Montuclard, *Conscience religieuse et Démocratie*, Le Seuil, 1965, p. 136 参照。
(39) P. Sorlin, *op. cit.*, pp. 68-69 参照。
(40) Maurice Barrès, *op. cit.*, p. 125. この問題全体についてはM. Winock, *Édouard Drumont et Cie, op. cit.* 参照。
(41) Joseph Reinach, *op. cit.*, t. IV, 1904, p. 571. Raoul Girardet, *Le Nationalisme français*, Le Seuil, 1984 も参照。
(42) *Idem.*
(43) Georges Clemenceau, *Justice militaire*, Stock, 1901, pp. 101-102.
(44) Pierre Sorlin, *Waldeck-Rousseau*, A. Colin, 1966, p. 398.
(45) *Ibid.*, p. 414.
(46) Gaston Monnerville, *Clemenceau*, Fayard, 1968, p. 252 より引用。
(47) André Latreille *et al.*, *Histoire du catholicisme en France*, t. 3, Spes, 1962, p. 485 参照。
(48) M. Montuclard, *op. cit.*, p. 136 より引用。
(49) Éric Cahm, « Le mouvement socialiste face au nationalisme au temps de l'affaire Dreyfus », *Bulletin de la Société d'études jaurésiennes*, n° 79, oct.-déc. 1980 参照。
(50) H. Goldberg, *op. cit.*, p. 262 より引用。
(51) この問題に関しては、拙著 *Édouard Drumont et Cie, op. cit.* の「左派とユダヤ人」の章を参照願いたい。
(52) M. Winock, « Les affaires Dreyfus », *Vingtième siècle, revue d'histoire*, n° 4, octobre 1984 参照。
(53) François Mauriac, *Le Nouveau Bloc-notes, 1958-1960*, Flammarion, p. 349.

第5章

(1) Jean-Jacques Becker, « L'Union sacrée, l'exception qui confirme la règle »,

Œuvres en prose 1898-1908, Gallimard, « La Pléiade », 1959, p. 538.

(10) Anne-Marie Thiesse, *Le Roman du quotidien, Lecteurs et lectures populaires à la Belle Époque*, Le Chemin Vert, 1984 参照。Willa Z. Silverman, *Gyp*, Perrin, 1998 も参照願いたい。

(11) Évelyne Le Garrec, *Séverine, une rebelle, 1855-1929*, Le Seuil, 1982, p. 190 より引用。

(12) アンリ・ロシュフォールに関しては、なお良質な伝記が待たれるところだ。いくつものボール箱に入った資料を、すでに警視庁の資料室で閲覧可能である。筆者の以下の短い論文を参照願いたい。« Rochefort : La Commune contre Dreyfus », *Mil neuf cent, Revue Histoire intellectuelle*, n° 11, 1993.

(13) P. Sorlin, *« La Croix » et les Juifs, op. cit.*, p. 119 より引用。

(14) M. Winock, *Édouard Drumont et Cie*, Le Seuil, 1982 参照。

(15) Léon Gérault-Richard, *La Petite République*, 9 juillet 1898.

(16) Léon Blum, *op. cit.*, p. 132.

(17) Jean Jaurès, *Les Preuves*, 1898, et Éditions Le Signe, 1981. ペギーは、この本を「比類なき記念碑」と評した。

(18) Joseph Reinach, *Histoire de l'affaire Dreyfus*, Charpentier et Fasquelle, t. III, 1903, pp. 246-247.

(19) Maurice Paléologue, *Journal de l'affaire Dreyfus, 1894-1899*, Plon, 1955, p. 90.

(20) Ferdinand Brunetière, *Après le procès*, 1898, p. 73.

(21) Jean-Paul Sartre, *Plaidoyer pour les intellectuels*, Gallimard, 1972, p. 13.

(22) Julien Benda, *La Jeunesse d'un clerc*, Gallimard, 1937, renouvelé en 1964, p. 115.

(23) M. Paléologue, *op. cit.*, p. 92.

(24) J. Benda, *op. cit.*, p. 115.

(25) Maurice Barrès, *Mes Cahiers (1896-1923)*, Plon, 1963, p. 111.

(26) *Ibid.*, p. 124.

(27) Christophe Charle, « La lutte des classes en littérature », in *Les Écrivains et l'Affaire Dreyfus*, Actes du colloque organisé par l'université d'Orléans et le Centre Péguy, les 29, 30, 31 octobre 1981, textes réunis par Géraldi Leroy, Presses universitaires de France, 1983 ; et, du même auteur, « Champ littéraire et champ du pouvoir : les écrivains de l'affaire Dreyfus », *Annales E.S.C.*, mars-avril 1977 参照。

(28) Jean-Pierre Rioux, *Nationalisme et Conservatisme, la ligne de la patrie française, 1899-1904*, Éditions Beauchêne, 1977, p. 11.

(29) Léon Blum, *op. cit.*, p. 96.

(30) Charles Péguy, *op. cit.*, pp. 551 et sq.

(37) *Ibid.*, p. 161.
(38) J. Garrigues, *op. cit.* 参照。
(39) René Rémond, *Les Droites en France*, Aubier, 1982.
(40) Adrien Dansette, *Le Boulangisme, 1886-1890*, Librairie Académique Perrin, 1938 参照。
(41) R. Rémond, *op. cit.*, p. 153.
(42) Fr. Engels, P. et L. Lafargue, *op. cit.*, p. 211.
(43) *Ibid.*, p. 212.
(44) Benoît Malon, « Physiologie du boulangisme », *La Revue socialiste*, mai 1888.
(45) Od. Rudelle, *op. cit.*, p. 284.
(46) Z. Sternhell, *La Droite révolutionnaire : les origines françaises du fascisme*, *op.cit.*
(47) J. Garrigues, *op. cit.* 参照。
(48) Z. Sternhell, *op. cit.*, p. 61 より引用。
(49) *Ibid.*, p. 76.
(50) Ph. Levillain, *op. cit.*, p. 172 参照。
(51) J. Néré, *op. cit.*, p. 632.
(52) Ant. Prost, *op. cit.*, pp. 71-72.

第 4 章

(1) *« Dreyfusards ! » Souvenirs de Mathieu Dreyfus et autres inédits*, présentés par Robert Gauthier, Julliard, « Archives », 1965, p. 28.
(2) Georges Clemenceau, « Le traître », repris dans *L'Iniquité*, Stock, 1899, p. 3.
(3) *La Dépêche* de Toulouse, 26 décembre 1894, Harvey Goldberg, *Jean Jaurès*, Fayard, 1962, p. 157 より引用。
(4) それでも、これと異なる意見も聞こえてきた。たとえば、正反対の立場からのものながら、アルマーヌ派の社会主義者の新聞ル・パルティ・ウヴリエ（労働者党）のそれと、トンキンから友人に宛ててリヨーテイが書いた、反ユダヤ主義の色彩を帯びた「街頭」と「烏合の衆」が求めた判決に対する「疑義」があった。R. Gauthier, *op. cit.*, p. 47 参照。
(5) この点について主張されたさまざまな仮説については、Henri Guillemin, *L'Énigme Esterhazy*, Gallimard, 1962 参照。
(6) Léon Blum, *Souvenirs sur l'Affaire Dreyfus*, Gallimard, rééd. 1981, p. 66.
(7) Marcel Thomas, *L'Affaire sans Dreyfus*, Fayard, 1961.
(8) Léon Blum, *op. cit.*, p. 64.
(9) Charles Péguy, *Cinquième Cahier de la quatrième série* (4 décembre 1902),

(12) Romain Rolland, *Mémoires et Feuilles de journal*, A. Michel, 1956, pp. 65-66.

(13) *Dictionnaire biographique du mouvement ouvrier français, 1871-1914*, sous la direction de Jean Maitron, t. XV, Les Éditions ouvrières, 1977, p. 72.

(14) Jeannine Verdès-Leroux, *Scandale financier et Antisémitisme catholique, le krach de l'Union générale*, Le Centurion, 1969, p. 14 より引用。

(15) P. Barral, *op. cit.*, p. 205 参照。

(16) *Ibid.*, p. 211.

(17) Cl. Nicolet, *op. cit.*, p. 238.

(18) Charles-Robert Ageron, *L'Anticolonialisme en France de 1871 à 1914*, Presses universitaires de France, 1973, pp. 58-59 参照。

(19) Antoine Prost, *Vocabulaire des proclamations électorales de 1881, 1885 et 1889*, Presses universitaires de France, 1974 参照。

(20) Odile Rudelle, *op. cit.* 参照。

(21) Alfred Laisant, *L'Anarchie bourgeoise*, 1887, p. 221.

(22) *Ibid.*, p. 229.

(23) Alexandre Zévaes, *Au temps du boulangisme*, Gallimard, 1930, pp. 22-23.

(24) 1885年の選挙で、クレマンソーはセーヌ県とヴァール県から立候補し、当選した。彼は、ヴァール県の議員となることを選択した。

(25) Zeev Sternhell, *La Droite révolutionnaire*, Le Seuil, 1975, p. 97 参照。

(26) Alfr. Laisant, *op. cit.*

(27) Philippe Levillain, *Boulanger, fossoyeur de la monarchie*, Flammarion, 1982, pp. 38-39 参照。

(28) Mermeix, *Les Coulisses du boulangisme*, Paris, 1890 参照。

(29) Ph. Levillain, *op. cit.*, p. 62.

(30) Friedrich Engels, Paul et Laura Lafargue, *Correspondance*, t. II : 1887-1890, Éditions sociales, 1957, pp. 123-124.

(31) *Ibid.*, p. 125.

(32) Jean Garrigues, « Les élections legislatives de 1889 dans la Seine », mémoire de maîtrise multigraphié, Université de Paris X, 1981 ; et Z. Sternhell, *op. cit.* 参照。

(33) J. Garrigues, *op. cit.*, pp. 19-20 より引用。

(34) Michel Winock, « La scission de Châtellerault et la naissance du parti allemaniste (1890-1891) », *Le Mouvement social*, n° 75, avril-juin 1971 参照。

(35) Jean-Pierre Machelon, *La République contre les libertés ?*, P.F.N.S.P., 1976, p. 316 参照。

(36) Ph. Levillain, *op. cit.*, p. 158.

(14) P. Deschanel, *op. cit.*, p. 212 より引用。

(15) 先述の M. de Marcère の著作に、アヴェーヌ＝シュル＝エルプ（ノール県）における、ある中道左派の指導者の選挙戦に関する優れた記述が見られる。

(16) P. Deschanel, *op. cit.*, p. 214.

(17) M. de Marcère, *op. cit.*, p. 33.

(18) Cl. Langlois, *op. cit.*, pp. 397 et 403.

(19) 県単位の研究については、Jean Faury, *Cléricalisme et Anticléricalisme dans le Tarn (1848-1900)*, Publications de l'Université de Toulouse-le-Mirail, 1980 参照。著者は、「(共和派が) 住民の宗教的感情を刺激しないよう、慎重に配慮していた」ことを確認している。他方、「県内の山岳地帯にある宗教的実践が広く行なわれている地域」では、「教権派の圧力」が存在したとしている。

(20) P. Deschanel, *op. cit.*, p. 144 より引用。

(21) M. de Marcère, *op. cit.*, p. 184.

(22) Odile Rudelle, *La République absolue, 1870-1884*, Publications de la Sorbonne, 1982.

(23) J. Faury, *op. cit.*, pp. 95-96.

第 3 章

(1) Pierre Sorlin, *Waldeck Rousseau*, A. Colin, 1966 参照。

(2) Maurice Agulhon, *Marianne au combat, l'imagerie et la symbolique républicaine de 1789 à 1880*, Flammarion, 1979, p. 223.

(3) Pierre Sorlin, *« La Croix » et les Juifs*, Grasset, 1967, p. 30.

(4) Pierre Barral, *Les Fondateurs de la troisième République*, A. Colin, 1968, p. 137 より引用。

(5) *Ibid.*, p. 247.

(6) Claude Nicolet, *L'Idée républicaine en France*, Gallimard, 1982, p. 235 より引用。

(7) ジュール・フェリーは、レスタフェット紙を買収したとき、同紙にこの標語を掲げた。Cl. Nicolet, *op. cit.*, p. 244 参照。

(8) Jacques Néré, *La Crise économique de 1882 et le Mouvement boulangiste*, thèse militigraphiée.

(9) Jeanne Gaillard, « La petite entreprise entre la droite et la gauche », *in* Georges Lavau *et al.*, *L'Univers politiques des classes moyennes*, Presses de la Fondation nationale des Sciences politiques, 1983, pp. 47-56 参照。

(10) Gustave Rouanet, « Les lois sociales au Parlement », *La Revue socialiste*.

(11) Michelle Perrot, *Les Ouvriers en grève, France 1871-1890*, t. 1, Mouton, 1974, p. 94.

(18) Paul de Saint-Victor, *Barbares et Bandits*, Michel Lévy frères, 1871, p. 244.
(19) コミューン下での女性と「ペトロルーズ」神話については、Édith Thomas, *Les « Pétroleuses »*, Gallimard, 1963 を参照願いたい。
(20) « Rapport d'ensemble de M. le général Appert sur les opérations de la Justice militaire relatives à l'insurrection de 1871 », Assemblée nationale, 1875.
(21) Jacques Rougerie, *Procès des communards*, Julliard, « Archives », 1964, p. 17.
(22) この点については、M. Winock, « La Commune, 1871-1971 », *Esprit*, décembre 1971 を参照願いたい。
(23) « Lettres de Karl Marx à Domela Nieuwenhuis », *La Critique sociale*, n° 4, déc, 1931, réimp. 1983, *op. cit.*, pp. 189-190.
(24) Michelle Perrot, *Jeunesse de la grève, France 1871-1890*, Le Seuil, 1984 を参照願いたい。同じ著者の博士論文の新短縮版 *Les Ouvriers en grève 1871-1890*, 2 vol., Mouton, 1974 もある。

第2章
(1) Cl. Langlois, *in : Histoire des catholiques en France du XVe siècle à nos jours*, sous la direction de François Lebrun, Privat, 1980, et « Pluriel », 1985, p. 395 より引用。
(2) André Jardin, *Histoire du libéralisme politique, de la crise de l'absolutisme à la Constitution de 1875*, Hachette, 1985, p. 408 参照。
(3) *Ibid.*, p. 410.
(4) Jacques Gourault, *Comment la France est devenue républicaine, les élections générales et partielles à l'Assemblée nationale, 1870-1875,* A. Colin, 1954参照。
(5) Paul Deschanel, *Gambetta*, Hachette, 1919, pp. 191-192.
(6) Fresnette Pisani-Ferry, *in : Le coup d'État manqué du 16 mai 1877*, R. Laffont, 1965 中の MacMahon, *Souvenirs* (inédits) による。
(7) *L'Univers*, 29 avril 1877.
(8) Louis Capéran, *Histoire contemporaine de la laïcité française*, t. I, Marcel Rivière et Cie, 1957, p. 63 参照。
(9) *Journal officiel* du 17 mai 1877.
(10) Ludovic Halévy, *Trois dîners avec Gambetta*, Grasset, p. 45 参照。
(11) M. de Marcère, *Le Seize Mai et la fin du Septennat*, Plon, 1900, p. 83 より引用。
(12) *Ibid.*, p. 107.
(13) 以下の修士論文を参照願いたい。Richard Dubreuil, « Les enterrements et la politique en France au XIXème siècle », Université de Paris-VIII, 1970.

原　注

第1章

(1) Jules Favre, *Le Gouvernement de la Défense nationale, Simple récit*, Paris, 1871-1875, p. 203.

(2) *Ibid.*, p. 398.

(3) Georges Bataille, « La structure psychologique du fascisme », *La Critique sociale,* n° 10, nov. 1933, pp. 159 et sq. Réimpression 1983, Éditions de la Différence.

(4) Jacques Rougerie, *Paris libre 1871*, Le Seuil, 1971, p. 117 より引用。

(5) Émile Zola, *La République en marche*, Fasquelle, 1956, t. I, p. 118.

(6) J. Rougerie, *op. cit.*, p. 144 を参照。

(7) Charles Rihs, *La Commune de Paris, sa structure, ses doctrines (1871)*, rééd. Le Seuil, 1971, pp. 66 et sq. ; J. Rougerie, *op. cit.*, p. 146 の分類を参照。

(8) エドゥアール・ロクロワの証言。*In : 1871, Enquête sur la Commune de Paris*, Éditions de la Revue Blanche, s.d., p. 24.

(9) Jules Andrieu, *Notes pour servir à l'histoire de la Commune de Paris en 1871*, édition établie par Maxilimilien Rubel et Louis Janover, Payot, 1971, pp. 107-108.

(10) Jeanne Gaillard, *Communes de province, Commune de Paris (1870-1871)*, Flammarion, 1971.

(11) Jacques Girault, *La Commune de Bordeaux, 1870-1871*, Les Éditions sociales, 1971.

(12) André Lefèvre, *Histoire de la Ligue d'union républicaine des droits de Paris*, G. Charpentier, 1881, p. 126.

(13) Paul Deschanel, *Gambetta*, Hachette, p. 132 からの引用による。

(14) Henri Lefebvre, *La Proclamation de la Commune de Paris*, Gallimard, 1965, p. 21.

(15) Jean Allemane, *Mémoires d'un communard*, présenté et annoté par Michel Winock, F. Maspero, 1981.

(16) K. Marx et Fr. Engels, *La Commune de 1871*, lettres et déclarations pour la plupart inédites, traduction et présentation de Roger Dangeville, Union générales d'éditions, « 10/18 », p. 228.

(17) *Enquête parlementaire sur l'insurrection du 18 mars*, t. I, Versailles, 1872 を参照願いたい。

1999年)
L'œuvre de Michel CROZIER, en particulier, *Le Phénomène bureaucratique*, rééd. Le Seuil, « Points », 1971 ; *La Société bloquée*, Le Seuil, 1970.
Communications, n° 18, « L'événement », Le Seuil, 1972. En particulier Abraham A. MOLES, « Notes pour une typologie des événements ».
Communications, n° 25, « La notion de crise », Le Seuil, 1976.
Vingtième siècle, revue d'histoire, n° 5, janv.-mars 1985, « Les guerres franco-françaises », P.F.N.S.P. Ce numéro comprend de nombreux articles intéressant notre sujet.
Serge BERSTEIN, Odile RUDELLE (dir.), L*e Modèle républicain*, P.U.F., 1992.
Pierre BIRNBAUM, *Le Peuple et les Gros*, Grasset, 1979, éd. augmentée dans « Pluriel », 1984.
André BURGUIÈRE et Jacques REVEL (dir.), *Histoire de la France. L'État et les conflits*, tome dirigé par Jacques Julliard, Le Seuil, 1990.
Michel DOBRY, *Sociologie des crises politiques*, P.F.N.S.P., 1992.
Guy HERMET, *Le Peuple contre la démocratie*, Fayard, 1989.
Jean-François KAHN, *La Guerre civile, essai sur les stalinismes de gauche et de droite*, Le Seuil, 1982.
SOFRES, *Opinion publique 1984. Enquête et Commentaires*, Gallimard, 1984 ; *Opinion publique 1985*, Gallimard, 1985.
Charles TILLY, *La France conteste de 1600* à nos jours, Fayard, 1986.

Henri MENDRAS (sous la direction de), *Le Désordre et la Sagesse,* Gallimard, 1980.

Jean-Bloch MICHEL, *Une révolution du XXe siècle, les journées de mai 1968,* R. Laffont, 1968.

Claude PAILLAT, *Archives secrètes 1968-1969, les coulisses d'une année terrible,* Denoël, 1969.

Michelle PERROT, Jean-Claude PERROT, Madeleine RÉBERIOUX et Jean MAITRON (documents rassemblés et présentés par), « Mai-juin 1968, la Sorbonne par elle-même », *Le Mouvement social,* n° 64, Éd. ouvrières, 1968.

Jean-Louis QUERMONNE, *Le Gouvernement de la France sous la cinquième République,* Dalloz, 2e éd. 1983.

Patrick RAVIGNAT, *La Prise de l'Odéon,* Stock, 1968.

Alain SCHNAPP et Pierre VIDAL-NAQUET, *Journal de la Commune étudiante, textes et documents, novembre 67-juin 68,* Le Seuil, 1969.

Georges SÉGUY, *Le Mai de la C.G.T.,* Julliard, 1972.

« Le mouvement ouvrier en mai 68 » numéro spécial de *Sociologie du travail,* Le Seuil, 1970.

Alain TOURAINE, *Le Mouvement de mai ou le Communisme utopique,* Le Seuil, 1968, rééd. « Points », 1972.（アラン・トゥレーヌ著『現代の社会闘争——五月革命の社会学的展望』、寿里茂、西川潤訳、日本評論社、1970 年）

Raoul VANEIGEM, *Traité de savoir-vivre à l'usage des jeunes générations,* Gallimard, 1967.

Gérard VINCENT, *Les Français, 1945-1975, chronologie et structures d'une société,* Masson. 1977.

Michel WINOCK, *Chronique des années soixante,* Le Seuil, 1987.

Revues : *Esprit, Les Temps modernes, Preuves, Études, Revue française de science politique, Sondages, l'Histoire...*

第９章：政治危機をめぐって

Alexis DE TOCQUEVILLE, *L'Ancien Régime et la Révolution, Gallimard, « Idées »,* 1964.（アレクシス・ド・トクヴィル著『旧体制と大革命』、小山勉訳、ちくま学芸文庫、1998 年）

L'œuvre d'André SIEGFRIED, notamment *Tableau politique de la France de l'Ouest,* A. Colin, 1918 ; *Tableau des partis en France,* Grasset, 1930.

L'œuvre de Raymond ARON, *notamment Mémoires, 50 ans de réflexion politique,* 1983.（『レーモン・アロン回想録』（全２巻）、三保元訳、みすず書房、

法政大学出版局［叢書ウニベルシタス］、1998年）
Jacques CHAPSAL, *La Vie politique sous la cinquième République*, P.U.F., 1984.
Daniel COHN-BENDIT, *Le Gauchisme, remède à la maladie sénile du communisme*, Le Seuil, 1968.（コーン＝ベンディット著『左翼急進主義――共産主義の老人病にたいする療法』、海老坂武、朝比奈誼訳、河出書房新社、1969年）
Adrien DANSETTE, *Mai 68*, Plon, 1971.
Robert DAVEZIES, *Mai 68, la rue dans l'Église*, éd. de l'Épi, 1968.
Guy DEBORD, *La Société du spectacle*, Buchet-Chastel, 1967.（ギー・ドゥボール著『スペクタクルの社会』、木下誠訳、ちくま学芸文庫、2003年）
Alain DELALE, Gilles RAGACHE, *La France de 68*, Le Seuil, 1978.
Jacques DUCLOS, *Anarchistes d'hier et d'aujourd'hui, comment le gauchisme fait le jeu de la réaction*, Éd. sociales, 1968.
Olivier DUHAMEL, *La Gauche et la cinquième République*, P.U.F., 1980.
ÉPISTÉMON, *Ces idées qui ont ébranlé la France, Nanterre novembre 1967-juin 1968*, Fayard, 1968.
Claude FRÉDÉRIC, *Libérez l'O.R.T.F.*, Le Seuil, 1968.
Jean FERNIOT, *Mort d'une révolution, la gauche de mai*, Denoël, 1968.
André FONTAINE, *La Guerre civile froide*, Fayard, 1969.
Franz-Olivier GIESBERT, *François Mitterrand ou la Tentation de l'histoire*, Le Seuil, 1977.
François GOGUEL, *Chroniques électorales, La Cinquième République du général de Gaulle*, t. 2, P.F.N.S.P., 1983.
Laurent JOFFRIN, *Mai 68*, Le Seuil, rééd. 1998.（ローラン・ジョフラン著『68年5月』、コリン・コバヤシ訳、インスクリプト、2015年）
J. JOUSSELIN, *Les Révoltes de jeunes*, Éd. ouvrières, 1968.
L'Insurrection étudiante, 2-13 mai 1968, ensemble critique et documentaire établi par Marc KRAVETZ avec la collaboration de R. BELLOUR et A. KARSENTY, « Le cours nouveau », Union Générale d'Éditions, « 10/18 », 1968.
Annie KRIEGEL, *Les Communistes français, essai d'ethnographie politique*, rééd. Le Seuil, 1985.
Alain LANCELOT, *Les Élections sous la cinquième République*, P.U.F., « Que sais-je? », 1983.
André MALRAUX, *Les chênes qu'on abat*, Gallimard, 1971.（アンドレ・マルロー著『倒された樫の木』、新庄嘉章訳、新潮選書、1971年）
Gilles MARTINET, *La Conquête des pouvoirs*, Le Seuil, 1968.

第7章：1958年5月13日

Serge et Merry BROMBERGER, *Les Treize Complots du 13 mai,* Fayard, 1959.
Jacques CHAPSAL, *La Vie politique en France de 1940 à 1958,* P.U.F., 1984.
Jean CHARLOT, *Le Gaullisme d'opposition, 1946-1958,* Fayard, 1983.
André DEBATTY, *Le 13 Mai et la Presse,* A. Colin, 1960.
Charles DE GAULLE, *Mémoires d'espoir. Le Renouveau* (*1958-1962*), Plon, 1970 ; *Notes et Carnets, juin 1951-mai 1958,* Plon 1985. （シャルル・ドゴール著『希望の回想』、朝日新聞社外報部訳、朝日新聞社、1971年）
Bernard DROZ et Évelyne LEVER, *Histoire de la guerre d'Algérie,* Le Seuil, « Points Histoire », 1982.
André DULAC, *Nos guerres perdues,* Fayard, 1969.
Georgette ELGEY, *La République des tourments 1954-1959,* Fayard, 1992.
Jean FERNIOT, *De Gaulle et le 13 Mai,* Plon, 1965.
François GOGUEL, *Chroniques électorales. La Quatrième République,* t. I, P.F.N.S.P., 1981.
Edmond JOUHAUD, *Serons-nous enfin compris?* A. Michel, 1984.
Jacques JULLIARD, *Naissance et Mort de la quatrième République,* Calmann-Lévy, 1968, « Pluriel », 1980.
Jean LACOUTURE, *De Gaulle, Le Politique,* t. 2, Le Seuil, 1985.
Jacques MASSU, *Le Torrent et la Digue,* Plon.
René RÉMOND, *Le Retour de De Gaulle,* Bruxelles, Complexe, 1983.
SIRIUS (pseudonyme d'Hubert BEUVE-MÉRY), *Le Suicide de la quatrième République,* Le Cerf, 1958.
Jean TOUCHARD, *Le Gaullisme 1940-1969,* Le Seuil, « Points Histoire », 1978.
Pierre VIANSSON-PONTÉ, *Histoire de la République gaullienne,* t. I, Fayard, 1970.
Michel WINOCK, *La République se meurt,* Le Seuil, 1978, rééd. Folio, 1985.

第8章：1968年5月

William G. ANDREWS et Stanley HOFFMANN éd., *The Fifth Republic at Twenty,* Albany, State University of New-York Press, 1980, XVIII.
Raymond ARON, *La Révolution introuvable,* Fayard, 1968.
André BARJONET, *La Révolution trahie de 1968,* John Didier, 1968.
Julien BESANÇON, *Les murs ont la parole,* Tchou, 1968.
Michel DE CERTEAU, *La Prise de parole,* Desclée de Brouwer, 1968.（ミシェル・ド・セルトー著『パロールの奪取——新しい文化のために』、佐藤和生訳、

Procès du maréchal Pétain, compte rendu sténogr., A. Michel, 1945, 2 vol.
Jean-Pierre AZÉMA, *1940, l'Année terrible,* Le Seuil, 1990.
Emmanuel BERL, *La Fin de la troisième République,* Gallimard, 1968.
Marc BLOCH, *L'Étrange Défaite,* Éd. Franc-Tireur, 1946.（マルク・ブロック著『奇妙な敗北――1940 年の証言』、平野千果子訳、岩波書店、2007 年）
Œuvre de Léon Blum, t. V, Albin Michel, 1955.
Janine BOURDIN et René RÉMOND (sous la direction de), *Édouard Daladier, chef de gouvernement ; Les Français en 1938-1939,* P.F.N.S.P., 1977 et 1978.
Yves BOUTHILLIER, *Le Drame de Vichy. Face à l'ennemi,* t. I ; *Face à l'allié,* Plon, 1950.
Hubert COLE, *Pierre Laval,* Fayard, 1964.
Stéphane COURTOIS, *Le P.C.F. dans la guerre,* Ramsay, 1980.
Jean-Louis CRÉMIEUX-BRILHAC, *Les Français de l'An 40,* Gallimard, 1990, 2 volumes.
Charles DE GAULLE, *Mémoires de guerre, L'Appel,* t. I, Plon 1962, Le Livre de Poche, 1968.（シャルル・ドゴール著『ドゴール大戦回顧録』［新装版］、村上光彦、山崎庸一郎訳、みすず書房、1999 年）
Jean-Baptiste DUROSELLE, *Politique étrangère de la France. La Décadence 1932-1939. L'Abîme 1939-1945,* Imprimerie nationale 1979, Le Seuil, « Points Histoire », 1982.
Édouard HERRIOT, *Épisodes 1940-1944,* Flammarion, 1950.
L'Histoire, Études sur la France de 1939 à nos jours, Le Seuil, « Points Histoire », 1985.
Eberhard JÀCKEL, *La France dans l'Europe de Hitier,* Fayard, 1968.
Jules JEANNENEY, *Journal politique, septembre 1939-juillet 1942,* édité par Jean-Noël JEANNENEY, A. Colin, 1972.
Jean LACOUTURE, *De Gaulle, Le Rebelle,* t. I, Le Seuil, 1984.
Albert LEBRUN, *Témoignage,* Plon, 1945.
Dominique LECA, *La Rupture de 1940,* Fayard, 1978.
Henri MICHEL, *Vichy année 1940,* R. Laffont, 1966.
L. MYSYROWICZ, *Autopsie d'une défaite,* Bordeaux, Delmas, 1973.
Robert O. PAXTON, *La France de Vichy,* Le Seuil, 1973, « Points Histoire », 1974.（ロバート・O・パクストン著『ヴィシー時代のフランス――対独協力と国民革命 1940－1944』、渡辺和行、剣持久木訳、柏書房、2004 年）
Christiane RIMBAUD, *L'Affaire du Massilia,* Le Seuil, 1983.
Jean VIDALENC, *L'Exode de mai-juin 1940,* P.U.F., 1957.

Jean-Pierre RIOUX, *Nationalisme et Conservatisme. La ligue de la patrie française, 1899-1904,* Beauchesne, 1977.

Pierre SORLIN, *Waldeck-Rousseau,* A. Colin, 1966 ; *« La Croix »et les Juifs, 1880-1899. Contribution à l'histoire de l'antisémitisme contemporain,* Grasset, 1967.

Robert SOUCY, *Fascism in France: The Case of Maurice Barrès,* Berkeley, University of California Press, 1972.

Marcel THOMAS, *L'Affaire sans Dreyfus,* Fayard, 1961.

P. R. WATSON, *Georges Clemenceau. A Political Biography,* London, Eyre Methuen, 1974.

Eugen WEBER, *L'Action française,* Stock, 1962.

Michel WINOCK, *Nationalisme, antisémitisme et fascisme en France,* Le Seuil, 1990.（ミシェル・ヴィノック著『ナショナリズム・反ユダヤ主義・ファシズム』、川上勉、中谷猛監訳、藤原書店、1995年）

第5章：1934年2月6日

CHAMBRE DES DÉPUTÉS, 15e législature ; session de 1934, *Rapport fait au nom de la Commission d'enquête chargée de rechercher les causes et les origines des événements du 6 février 1934 et jours suivants, ainsi que toutes les responsabilités encourues,* 11 vol.+ 2 vol. d'annexes.

Serge BERSTEIN, *Le 6 Février 1934,* Gallimard-Julliard, 1975 ; *Histoire du parti radical,* 2 vol., P.F.N.S.P., 1980-1982.

Laurent BONNEVAY, *Les Journées sanglantes de février 1934,* Flammarion, 1935.

Maurice CHAVARDÈS, *Une campagne de presse, la droite française et le 6 février 1934,* Flammarion, 1970.

G. CHERIAU, *Concorde ! Le 6 février 1934,* Denoël et Steele, 1934.

Philippe HENRIOT, *Le 6 février,* Flammarion, 1934.

Antoine PROST, *Les Anciens Combattants et la Société française 1914-1939,* P.F.N.S.P., 1977, 3 vol.

René RÉMOND, *Les Catholiques dans la France des années trente,* Cana, 1979.

Georges SUAREZ, *La Grande Peur du 6 février au Palais-Bourbon,* Grasset, 1934.

第6章：1940年7月10日

Enquête sur les événements survenus en France de 1935 à 1945, Imprimerie de l'Assemblée nationale, 1951, 9 vol.

Jean JAURÈS, *Les Preuves. L'affaire Dreyfus,* rééd. Le Signe, 1981.
Bernard LAZARE, *Une erreur judiciaire,* Stock, 1897, rééd. Allia, 1993.
Jules LEMAÎTRE, *La Patrie française. Première conférence, 19 janvier 1899,* Bureaux de la Patrie française, s.d.
Léon LIPSCHUTZ, *Bibliographie thématique et analytique de l'Affaire Dreyfus,* Fasquelle, 1970.
Pierre QUILLARD, *Le Monument Henry. Listes de souscripteurs classées méthodiquement et selon l'ordre alphabétique,* Stock, 1899.
Joseph REINACH, *Histoire de l'affaire Dreyfus,* 7 vol., La Revue blanche, 1901-1911 ; Fasquelle, 1929.
Jules SOURY, *Campagne nationaliste 1894-1901,* Maretheux, 1902.
R. VIAU, *Vingt Ans d'antisémitisme, 1889-1909,* Charpentier, 1910.
Émile ZOLA, *L'Affaire Dreyfus. La vérité en marche,* rééd. Garnier-Flammarion, 1969.（『ゾラ・セレクション第10巻　時代を読む 1870－1900』、小倉孝誠、菅野賢治編訳・解説、藤原書店、2002年）

歴史家の著作

Pierre BIRNBAUM (dir.), *La France de l'affaire Dreyfus,* Gallimard, 1994.
Jean-Denis BREDIN, *L'Affaire,* Julliard, 1983.
Éric CAHM, *Péguy et le Nationalisme français,* Cahiers de l'Amitié Charles Péguy, 1972 (Librairie Minard).
Éric CAHM, *L'Affaire Dreyfus,* Le livre de Poche/ Références, 1994.
Claude DIGEON, *La Crise allemande de la pensée française 1870-1914,* P.U.F., 1959.
Les Écrivains et l'Affaire Dreyfus, Actes du colloque organisé par l'Université d'Orléans et le Centre Péguy, les 29, 30, 31 octobre 1981, textes réunis par Géraldi LEROY, P.U.F., 1983.
Michel DROUIN (dir.), *L'Affaire Dreyfus de A à Z,* Flammarion, 1994.
Raoul GIRARDET, *La Société militaire dans la France contemporaine,* rééd. Le Livre de Poche,« Pluriel », Plon, 1953.
Harvey GOLDBERG, *Jean Jaurès,* Fayard, 1970 ; *l'Histoire* n° 173, janvier 1994, n° spécial 173, « L'Affaire Dreyfus », janvier 1994.
Bertrand JOLY, *Déroulède l'inventeur du nationalisme,* Fayard, 1998.
Jean LACOUTURE, *Léon Blum,* Le Seuil, 1977.
Pierre MIQUEL, *L'Affaire Dreyfus,* P.U.F., « Que sais-je? », 1973.（ピエール・ミケル著『ドレーフュス事件』、渡辺一民訳、白水社［文庫クセジュ］、1990年）
Pierre PIERRARD, *Les Chrétiens et l'affaire Dreyfus,* l'Atelier, 1998.

Francis LAUR, *L'Époque boulangiste. Essai d'histoire contemporaine, 1886-1890,* Le Livre à l'auteur, 1912-1914.
MERMEIX (pseudonyme de Gabriel TERRAIL), *Les Coulisses du boulangisme,* Éd. du Cerf, 1900.
Alfred NAQUET, *Questions constitutionnelles,* Dentu, 1883.
Henri ROCHEFORT, *Les Aventures de ma vie,* Dupont, 1856-1898, 5 vol.
SÉVERINE, *Notes d'une frondeuse,* Simonin, 1894.

歴史家の著作

Adrien DANSETTE, *Le Boulangisme,* Fayard, 1946.
Raoul GIRARDET, *Le Nationalisme français, 1871-1914,* Le Seuil, rééd. 1984.
Philippe LEVILLAIN, *Boulanger, fossoyeur de la monarchie,* Flammarion, 1982.
Jacques NÉRÉ, « La crise économique de 1882 et le mouvement boulangiste », Paris, 1959 (thèse pour le doctorat ès lettres soutenue à la faculté des lettres de l'Université de Paris, dact.) ; *Le Boulangisme et la Presse,* A. Colin, 1964.
Odile RUDELLE, *La République absolue, 1870-1889,* Publications de la Sorbonne, 1982.
F. SEAGER, *The Boulanger Affair, Political Crossroad of France (1886-1889),* Ithaca, Cornell University Press, 1969.
Jean-François SIRINELLI, *Histoire des droites en France,* tome 1, *Politique,* Gallimard, 1992.
Zeev STERNHELL, *La Droite révolutionnaire 1885-1914,* Le Seuil, 1978 ; *Maurice Barrès et le Nationalisme français,* A. Colin, 1972.
Claude WILLARD, *Le Mouvement socialiste en France, 1893-1905 : les guesdistes,* Éd. sociales, 1965.
Alexandre ZÉVAÈS, *Au temps du boulangisme,* Gallimard, 1930.

第４章：ドレフュス事件

同時代人の著作

Maurice BARRÈS, *Mes Cahiers,* Plon, 1929-1957, 14 vol.
Léon BLUM, *Souvenirs sur l'Affaire,* rééd. Gallimard, 1982.（レオン・ブルム著『ドレフュス事件の思い出』、稲葉三千男訳、創風社、1998 年）
Georges CLEMENCEAU, *L'Iniquité,* Stock, 1899 ; *Vers la réparation,* Stock, 1899 ; *Contre la justice,* Stock, 1900 ; *Des juges,* Stock, 1901 ; *Justice militaire,* Stock, 1901, *Injustice militaire,* Stock, 1902 ; *La Honte,* Stock, 1903.
Paul DESACHY, *Bibliographie de l'affaire Dreyfus,* Cornély, 1905.

第２章：1877年5月16日

同時代人の著作

Jules FERRY, *Lettres*, Mme Jules Ferry éd. 1914 ; *Discours et Opinions politiques*, éd. Paul Robiquet, 7 vol., 1893-1898.

Léon GAMBETTA, *Lettres de 1868 à 1882*, éd. Daniel Halévy et Émile Pillias, 1938 ; *Discours et Plaidoyers politiques*, éd. Joseph Reinach, 11 vol., 1881-1885.

M. DE MARCÈRE, *Le Seize Mai et la Fin du septennal*, Plon, 1900.

Vicomte de MEAUX, *Souvenirs politiques*, 1871-1877.

Joseph REINACH, *La Vie politique de Gambetta*, 1918.

歴史家の著作

Pierre BARRAL, *Les Fondateurs de la troisième République*, A. Colin, 1968.

Duc DE CASTRIES, *Le Grand Refus du comte de Chambord*, Hachette, 1970.

Adrien DANSETTE, *Les Présidents de la troisième République*, Plon, rééd. 1981.

Paul DESCHANEL, *Gambetta*, Hachette, 1919.

Jacques GADILLE, *La Pensée et l'Action politique des évêques français au début de la troisième République*, 1870-1883, 2 vol., Hachette, 1967.

Daniel HALÉVY, *La Fin des notables*, Le Livre de Poche, 1972 ; *La République des ducs*, Le Livre de Poche, 1972.

Léo HAMON (dir.), *Les Opportunistes. Les débuts de la République aux républicains*, Éd. de la Maison des Sciences de l'Homme, 1991.

Fresnette PISANI-FERRY, *Le Coup d'État manqué du 16 mai 1877*, R. Laffont, 1965.

Maurice RECLUS, *Le 16 Mai*.

René RÉMOND, *La Vie politique en France depuis 1789*, t. 2 ; 1848-1879, A. Colin, 1969.

第３章：ブーランジスム

同時代人の著作

Maurice BARRÈS, *L'Appel au soldat*, Fasquelle, 1900.

Paul DÉROULÈDE, *Qui Vive ? France ! « Quand même ». Notes et discours, 1883-1910*, Bloud, 1910.

F. ENGELS, P. et L. LAFARGUE, *Correspondance*, 3 vol., Éd, sociales, 1956.

Charles-Ange LAISANT, *L'Anarchie bourgeoise*, Marpon et Flammarion, 1887.

参考資料目録

G. DEL BO, *La Commune di Parigi,* Saggio bibliografico a cura di G. d. B., Milan, Feltrinelli, 1957.

J. ROUGERIE, G. HAUPT, « Bibliographie de la Commune de 1871 (travaux parus de 1940 à 1961) », *Le Mouvement social,* 1961, n° 37, oct.-déc. 1962, n° 38, janv-févr. 1963.

史料考証に関するエッセー

Michel WINOCK, « La Commune, 1871-1971 », *Esprit,* décembre 1971, pp. 965-1014.

主要参考図書

P.-O. LISSAGARAY, *Histoire de la Commune de 1871,* nouvelle édition, Maspéro, 1967, 3 vol.

J. BRUHAT, J. DAUTZY, E. TERSEN, *La Commune de 1871,* Éd. sociales, rééd. 1970.

G. BOURGIN, *La Guerre de 1870 et la Commune,* 1939, rééd. 1971.

J. ROUGERIE, *Paris libre 1871,* Le Seuil, 1971 ; *Procès des communards,* Julliard, « Archives », 1964.

Ch. RIHS, *La Commune de Paris. Ses structures et ses doctrines,* Genève, Droz, 1955, rééd. Le Seuil, 1973.

Ch. SEIGNOBOS, *Le Déclin de l'Empire et l'établissement de la troisième République,* tome VII de E. LAVISSE, *Histoire de la France contemporaine depuis la Révolution jusqu'à la paix de 1919,* Hachette, 1921.

特定課題に関する参考図書

H. LEFEBRE, *La Proclamation de la Commune,* Gallimard, 1965.（アンリ・ルフェーヴル著『パリ・コミューン』、河野健二、柴田朝子、西川長夫訳、岩波文庫、2011 年）

P. LIDSKY, *Les Écrivains cotre la Commune,* Maspero, 1970.

E. THOMAS, *Rossel, 1844-1871,* Gallimard, 1967.

1871, Jalons pour une histoire de la Commune de Paris, livraison spéciale préparée sous la direction de Jacques ROUGERIE, avec la collaboration de Tristan HAAN, Georges HAUPT et Miklos MOLNAR, *International Review of Social History,* vol. XVII, 1972, Parts 1-2, Amsterdam.

Jean-Noël JEANNENEY, *L'Argent caché. Milieux d'affaires et pouvoir politique dans la France du XXe siècle,* Fayard, 1980, rééd. Le Seuil « Points Histoire », 1984.

A. Latreille *et al., Histoire du catholicisme en France,* t. III, *La Période contemporaine,* Spes, 1962.

François LEBRUN (sous la direction de), *Histoire des catholiques en France,* Toulouse, Privat, 1980, rééd. « Pluriel », 1984.

Yves LEQUIN, *Histoire des Frannçais, XIXe- XXe siècles,* t. III, *Les Citoyens et la Démocratie,* A. Colin, 1984.

Jean-Pierre MACHELON, *La République contre les libertés ? Les restrictions aux libertés publiques de 1879 à 1914,* P.F.N.S.P., 1976.

Jean-Marie MAYEUR, *La Vie politique sous la troisième République, 1870-1940,* Le Seuil, « Points Histoire », 1984.

Claude NICOLET, *L'Idée républicaine en France,* Gallimard, 1982.

Antoine PROST, *L'Enseignement en France, 1800-1967,* A. Colin, 1968.

René RÉMOND, *L'Anticléricalisme en France de 1815 à nos jours,* Fayard, 1976, rééd. « Complexe », 1984 ; *Les Droites en France,* Aubier, 1982.

Anthony ROWLEY, *L'Évolution économique de la France du milieu du XIXe siècle à 1914,* Sedes, 1982.

Alfred SAUVY, *Histoire économique de la France entre les deux guerres,* 4 vol., Fayard, 1975.

Albert THIBAUDET, *Les Idées politiques de la France,* Stock, 1932.

Jean TOUCHARD, *La Gauche en France depuis 1900,* Le Seuil, dernière éd., 1981.

第１章：パリ・コミューン

出版された一次資料

Rapport d'ensemble de M. le général Appert sur les opérations de la justice militaire relatives à l'insurrection de 1871, présenté à l'Assemblée nationale par ordre de M. le maréchal Mac-Mahon, duc de Magenta, président de la République française, par M. le général de Cissey, ministre de la Guerre, Assemblée nationale, annexe au procès-verbal de la séance du 20 juillet 1875.

Dossier de la Commune devant les conseils de guerre, Paris, Librairie des Bibliophiles, 1871.

Enquête parlementaire sur l'insurrection du 18 mars. I. Rapports. II. Dépositions des témoins. III. Pièces justificatives, Paris, Librairie législative, 1872.

参考文献

総論

史実を時系列的にたどった著作

Années 1874-1905 : *L'Année politique,* sous la direction d'André LEBON, puis de Georges BONNEFOUS, un volume par an.

Années 1906-1940 : Édouard BONNEFOUS, *Histoire politique de la troisième République,* 7 tomes, P.U.F., 1956-1967.

Années 1944-1968 : *L'Année politique, économique, sociale et diplomatique,en France,* collection publiée sous la direction d'André SIEGFRIED, Édouard BONNEFOUS, Jean-Baptiste DUROSELLE, P.U.F., un volume par an.

La Nouvelle Histoire de la France contemporaine dont les volumes IX (Alain PLESSIS), X (Jean-Marie MAYEUR), XI (Madelaine RÉBERRIOUX), XII (Philippe BERNARD), XIII (Henri DUBIEF), XIV (Jean-Pierre AZÉMA), XV et XVI (Jean-Pierre RIOUX) couvrent la période 1852-1958, « Points Histoire », Le Seuil, 1972-1982.

Jean-Pierre AZÉMA et Michel WINOCK, *Naissance et Mort de la troisième République,* Calmann-Lévy, 1970, rééd. 1976, rééd. en Livre de poche « Pluriel », 1978.

Claude BELLANGER, *Histoire de la presse française,* t. III et IV, P.U.F., 1972.

Jean-Jacques CHEVALLIER, *Histoire des institutions et des régimes politiques de la France de 1789 à nos jours,* Dalloz, 6e éd., 1981.

Georges DUPEUX, *La Société française 1789-1970,* A. Colin, 1972.

J.-B. DUROSELLE, F. GOGUEL, S. HOFFMANN, Ch.-P. KINDLEBERGER, J.-P. PITTS, L. WYLIE, *À la recherche de la France,* Le Seuil, 1963.

François GOGUEL, *Géographie des élections françaises sous la troisième et la quatrième République,* A. Colin, 1970 ; *La Politique des partis sous la troisième République,* Le Seuil, dernière éd. 1970.

André HAURION, *Droit constitutionnel et Institutions politiques,* Éd. Montchrestien, 1966.

Stanley HOFFMANN, *Essais sur la France, déclin ou renouveau,* Le Seuil, 1974.（スタンレイ・ホフマン著『フランス現代史』、天野恒雄訳、白水社、1977年）

319, 320, 333, 336
ル・プレイ，フレデリック　Le Play, Frédéric　66
ルベック，ジョルジュ　Lebecq, Georges　276
ルメートル，ジュール　Lemaître, Jules　197, 201
ルモワヌ，ジョン　Lemoinne, John　95, 97
ルロワ=ボーリュー，アナトール　Leroy-Beaulieu, Anatole　65, 237
ルロワ=ボーリュー，ポール　Leroy-Beaulieu, Paul　127
レイナック，ジョゼフ　Reinach, Joseph　186, 195, 214, 222, 223
レイナルディ，ウジェーヌ　Reynaldi, Eugène　265, 266
レイノー，ポール　Reynaud, Paul　271, 295, 296, 299, 303-308, 310-318, 344-346, 472
レオ一三世　Léon XIII　167, 218, 229, 244
レザン，アルフレッド　Laisant, Alfred　133, 145
レジス，マックス　Régis, Max　212
レ枢機卿　Retz（cardinal de）　77
レティフ・ド・ラ・ブルトンヌ，ニコラ　Restif de La Bretonne, Nicolas　503
レーニン　Lénine　59, 441, 448, 480
レモン，ルネ　Rémond, René　8, 157, 158, 389
ロクロワ，エドゥアール　Lockroy, Edouard　27, 33, 39, 133
ロシェ，ワルデック　Rochet, Waldeck　447
ロジェ将軍　Roget（général）　216
ロシュ，エルネスト　Roche, Ernest　122, 152, 156, 208
ロシュフォール，アンリ　Rochefort, Henri　122-124, 142, 145, 148, 153, 155, 157, 169, 187, 189, 207, 211, 226, 232, 235
ロベスピエール，マクシミリアン　Robespierre, Maximilien　495
ロラン，ロマン　Rolland, Romain　121
ローラン，フェルナン　Laurent, Fernand　306
ロール，フランシス　Laur, Francis　147

【ワ行】

ワディントン，ウィリアム・ヘンリー　Waddington, William Henry　137
ワルデック=ルソー，ルネ　Waldeck-Rousseau, René　130, 131, 173, 205, 220-225, 227, 230, 231, 233, 235, 245, 268, 282, 464
ワロン，アンリ　Wallon, Henri　79, 80, 82

ラヴォー，ジョルジュ　Lavau, Georges　361
ラヴストーン，ジェイ　Lovestone, Jay　524
ラガイヤルド，ピエール　Lagaillarde, Pierre　365
ラクロワ，シジスモン　Lacroix, Sigismond　186
ラゲール，ジョルジュ　Laguerre, Georges　145
ラコスト，ロベール　Lacoste, Robert　364, 386, 397
ラザール，ベルナール　Lazare, Bernard　181, 182, 201, 202
ラ・シャンブル，ギィ　La Chambre, Guy　280
ラドゥー猊下　Ladoue（Mgr de）　87
ラファルグ，ラウラ　Lafargue, Laura　158
ラファルグ，ポール　Lafargue, Paul　149, 150, 158
ラフィット，ピエール　Laffitte, Pierre　116
ラブリュイエール，ジョルジュ・ド　La Bruyère, Georges de　148
ラボリ弁護士　Labori（maître）　190, 192
ラマディエ，ポール　Ramadier, Paul　397, 508-510, 515, 516, 520, 521, 526
ラ・ロック大佐　La Rocque（colonel de）　257, 272, 277
ランク，アルテュール　Ranc, Arthur　39, 186
ランジュヴァン，ポール　Langevin, Paul　284
ランプルール，ラシェル　Lempereur, Rachelle　523
リヴェ，ポール　Rivet, Paul　284
リシャール大佐　Richard（colonel）　436
リュデル，オディール　Rudelle, Odile　106, 131, 132, 160, 165
ルアネ，ギュスタヴ　Rouanet, Gustave　119
ルヴィエ，モーリス　Rouvier, Maurice　134, 142
ルエール，ウジェーヌ　Rouher, Eugène　75, 96
ルカニュエ，ジャン　Lecanuet, Jean　435
ルクレール将軍　Leclerc（général）　515
ルコント・ド・リール，シャルル　Leconte de Lisle, Charles　54
ルコント将軍　Lecomte（général）　18, 20
ルーズヴェルト，フランクリン　Roosevelt, Franklin　379
ルーゾン，ロベール　Louzon, Robert　234
ルドリュ=ロラン，アレクサンドル=オーギュスト　Ledru-Rollin, Alexandre-Auguste　93
ル・トロケール，アンドレ　Le Troquer, André　385
ルナール，エドゥアール　Renard, Edouard　270
ルナン，エルネスト　Renan, Ernest　54, 326
ルノー，ジャン　Renaud, Jean　257
ルフェーヴル，アンリ　Lefebvre, Henri　45
ルフェーヴル，アンドレ　Lefèvre, André　40
ルブラン，アルベール　Lebrun, Albert　115, 250, 268, 281, 303, 315-317,

362, 363, 378-380, 387, 388, 394, 397, 400, 432, 434, 435, 453
マンデル，ジョルジュ　Mandel, Georges　303, 308, 323, 332
マンドラス，アンリ　Mendras, Henri　443
マントン，フランソワ・ド　Menthon, François de　387, 388
ミオ，ジュール=フランソワ　Miot, Jules-François　30
ミケル将軍　Miquel（général）　374
ミシュレ，ジュール　Michelet, Jules　50
ミストレール，ジャン　Mistler, Jean　280
ミソフ，フランソワ　Missoffe, François　414, 415
ミッテラン，フランソワ　Mitterrand, François　387, 397, 400, 431, 433-435, 437, 453, 465
ミルラン，アレクサンドル　Millerand, Alexandre　221, 233, 245, 268, 474
ミルロワ　Milleroye　213
ムッソリーニ，ベニート　Mussolini, Benito　257, 320, 375
メイエ，レオ　Meillet, Léo　27
メイエール，ダニエル　Mayer, Daniel　509
メール，エドモン　Maire, Edmond　426
メストル，ジョゼフ・ド　Maistre, Joseph de　199
メリーヌ，ジュール　Méline, Jules　167, 192, 193, 219, 220, 227, 229, 231, 232, 245
メルシエ将軍　Mercier（général）　176, 178
メンケリニ，ロベール　Mencherini, Robert　517
モック，ジュール　Moch, Jules　373, 374, 382, 508, 523, 525, 526
モネ，ジョルジュ　Monnet, Georges　306
モーラス，シャルル　Maurras, Charles　127, 197, 199, 213, 238, 244, 260-262, 280
モラン，エドガール　Morin, Edgar　445
モーリアック，クロード　Mauriac, Claude　378
モーリアック，フランソワ　Mauriac, François　237, 251, 372, 378, 483
モレ，ギィ　Mollet, Guy　353, 360, 361, 370, 371, 380, 382, 383, 389, 390, 431, 434, 496, 524
モレス侯爵　Morès（marquis de）　212
モンティニー，ジャン　Montigny, Jean　337

【ヤ行】

ユゴー，ヴィクトル　Hugo, Victor　12, 14, 15, 37, 38, 100, 126, 442, 522
ユゼス公爵夫人　Uzès（duchesse d'）　145, 156
ユード，アントワーヌ=オーギュスト　Hude, Antoine-Auguste　150

【ラ行】

ラヴァル，ピエール　Laval, Pierre　317, 319-321, 326, 328-337, 339, 342, 347

ボヌフー，ジョルジュ　Bonnefous, Georges　271
ボヌフォワ=シブール，アドリアン　Bonnefoy-Sibour, Adrien　282
ボヌマン，マルグリート・ド　Bonnemains, Marguerite de　157
ボネ，ジョルジュ　Bonnet, Georges　300
ポマレ，シャルル　Pomaret, Charles　312
ポリアコフ，レオン　Poliakov, Léon　484
ポール=ボンクール，ジョゼフ　Paul-Boncour, Joseph　251
ポルト，エレーヌ・ド　Portes, Hélène de　304, 313
ボワヴァン=シャンポー，ジャン　Boivin-Champeaux, Jean　335, 337
ボワドフェール将軍　Boisdeffre（général）　180
ポワンカレ，レイモン　Poincaré, Raymond　221, 231, 245, 247, 257, 300
ボンジャン，ルイ=ベルナール　Bonjean, Louis-Bernard　55
ポンソン・デュ・テライユ，ピエール=アレクシ　Ponson du Terrail, Pierre-Alexis　184
ボントゥー，ポール=ウジェーヌ　Bontoux, Paul-Eugène　123
ポンピドゥー，ジョルジュ　Pompidou, Georges　419, 427, 428, 430, 431, 436–441, 452, 453, 456, 457, 459

【マ行】

マクマオン元帥　Mac-Mahon（maréchal de）　52, 62, 69, 72–75, 85–87, 89, 91, 93, 94, 97, 101, 102, 106, 108, 109, 145, 164, 472
マコー男爵　Mackau（baron de）　166
マサリク，ヤン　Masaryk, Jan　512
マーシャル，ジョージ　Marshall, George　512, 515
マシュ将軍　Massu（général）　365, 373, 375, 436, 439
マディエ・ド・モンジョー，ノエル　Madier de Montjau, Noël　80
マテオッティ，ジャコモ　Matteoti, Giacomo　342
マラン，ルイ　Marin, Louis　308
マリタン，ジャック　Maritain, Jacques　446
マルクス，カール　Marx, Karl　59, 63, 149, 158, 246, 420, 422, 426, 448
マルケ，アドリアン　Marquet, Adrien　320, 321, 334
マルシャン少佐　Marchand（commandant）　216
マルティネ，ジル　Martinet, Gilles　391
マルティノー=デプラ，レオン　Martineau-Déplat, Léon　280
マルテル，ロベール　Martel, Robert　365
マルロー，アンドレ　Malraux, André　283, 378, 437, 446
マロトー，ギュスタヴ　Maroteau, Gustave　48
マロン，ブノワ　Malon, Benoît　23, 24, 475
マン，アルベール・ド　Mun, Albert de　65, 145, 166, 218
マンデス・フランス，ピエール　Mendès France, Pierre　259, 287, 324, 332, 358, 359,

ブルム，レオン　Blum, Léon　181, 193, 194, 201, 203, 246, 247, 256, 274, 275, 280, 283, 285, 296, 297, 299, 303, 304, 306, 332, 333, 337-340, 348, 387, 450, 496, 515, 521
ブレ　Boule　153
プレサンセ，フランシス・ドオー・ド　Pressensé, Francis Dehaut de　213
フレシネ，シャルル・ド　Freycinet, Charles de　133, 137, 138, 141
フレデリック＝デュポン，エドゥアール　Frédéric-Dupont, Edouard　277
フロ，ウジェーヌ　Frot, Eugène　280
プロ，アントワーヌ　Prost, Antoine　170, 171
フロイト，ジグムント　Freud, Sigmund　442
フロケ，シャルル　Floquet, Charles　39, 123, 132, 135, 153
フロサール，ルイ＝オスカール　Frossart, Louis-Oscar　268, 312
フロベール，ギュスタヴ　Flaubert, Gustave　420, 441
ペイラ，アルフォンス　Peyrat, Alphonse　80, 88
ペイン，トーマス　Payne, Thomas　503
ペギー，シャルル　Péguy, Charles　181, 182, 199, 202, 225
ペサール，エクトル　Pessard, Hector　95
ペタン元帥　Pétain（maréchal）　278, 293, 295, 307-313, 315-319, 321-326, 328, 330, 331, 333, 335, 336, 338, 339, 341, 342, 344, 346-348, 381, 382, 387, 470, 480, 493
ベッソン猊下　Besson（Mgr）　87
ベネトン，フィリップ　Bénéton, Philippe　445
ペリ，ガブリエル　Péri, Gabriel　302
ペリュー将軍　Pellieux（général de）　216
ベール，ポール　Bert, Paul　491
ベルジュリ，ガストン　Bergery, Gaston　334, 342
ベルジュレ少佐　Bergeret（commandant）　27
ベルスタン，セルジュ　Berstein, Serge　279
ペルタン，カミーユ　Pelletan, Camille　189
ペルティナックス（本名ジェロー）　Pertinax（Géraud dit）　304
ベルティヨン，アルフォンス　Bertillon, Alphonse　176
ベルナノス，ジョルジュ　Bernanos, Georges　99, 294, 329
ペルノ，オーギュスト　Pernot, Auguste　312
ペルフィット，アラン　Peyrefitte, Alain　416, 418
ベルンシュタイン，エドゥアルト　Bernstein, Eduard　473
ペロ，ミシェル　Perrot, Michelle　120
ベロー，アンリ　Béraud, Henri　263, 264
ペロー，ミシェル　Perraud, Michel　416
ポエール，アラン　Poher, Alain　458
ボードワン，ポール　Baudoin, Paul　312, 313, 317, 344
ボヌヴェイ，ローラン　Bonnevay, Laurent　266, 267, 279

フォカール，ジャック　Foccart, Jacques　380
フォッシュ元帥　Foch（maréchal）　243, 309
フォール，エドガール　Faure, Edgar　360, 397, 446, 455
フォール，セバスティアン　Faure, Sébastien　232
フォール，フェリクス　Faure, Félix　206, 215
フォール，ポール　Faure, Paul　317
フキエ，アンリ　Fouquier, Henry　186
プジャード，ピエール　Poujade, Pierre　359
ブティリエ，イヴ　Bouthillier, Yves　312, 313, 317, 344
ブトミー，エミール　Boutmy, Emile　65
ブラール　Boulard　276
ブラウン，アーヴィング　Brown, Irving　524
ブラン，リュシアン　Brun, Lucien　15
ブラン，ルイ　Blanc, Louis　80, 93
ブランキ，ルイ＝オーギュスト　Blamqui, Louis-Auguste　25, 30, 31, 47, 50, 51, 55, 112, 122, 134, 152, 154, 156, 162, 163, 169, 208
フランコ将軍　Franco（général）　325, 372
フランス，アナトール　France, Anatole　204, 221
ブーランジェ将軍　Boulanger（général）　110–113, 118–122, 124, 130, 133, 135–163, 165, 166, 168, 170, 171, 174, 187, 206–210, 222, 235, 461, 471, 472, 482
フランダン，ピエール＝エティエンヌ　Flandin, Pierre-Etienne　325, 333, 334
ブリアン，アリスティード　Briand, Aristide　239, 245, 329
ブリソン，アンリ　Brisson, Henri　192, 220, 227
フリムラン，ピエール　Pflimlin, Pierre　362, 364, 368, 371, 375, 381, 382, 384, 385, 389, 470, 472
ブリュヌティエール，フェルディナン　Brunetière, Ferdinand　196, 197
ブリュネ，ジョゼフ＝マチュー　Brunet, Joseph-Mathieu　101
ブリュノー，フェリクス　Bruneau, Félix　384
ブルイユ公，アルベール　Broglie（duc de）, Albert　69, 70, 74–79, 81, 91, 129
ブルジェ，ポール　Bourget, Paul　55
ブルジェス＝モヌリー，モーリス　Bourgès-Maunoury, Maurice　360, 397
ブルジョワ，レオン　Bourgeois, Léon　227, 243, 491
ブルス，ポール　Brousse, Paul　152
プルースト，マルセル　Proust, Marcel　347
ブルデ，クロード　Bourdet, Claude　386, 387
ブルデュー，ピエール　Bourdieu, Pierre　409, 422
ブルトゥイユ侯爵　Breteuil（marquis de）　166
フルトゥー，オスカール・バルディ・ド　Fourtou, Oscar Bardy de　92, 96
プルードン，ピエール＝ジョゼフ　Proudhon, Pierre-Joseph　31, 441

バルジョネ，アンドレ　Barjonet, André　432, 434
バルトゥー，ルイ　Barthou, Louis　231, 240, 245
パレオローグ，モーリス　Paléologue, Maurice　196-198
バレス，モーリス　Barrès, Maurice　120, 154, 157, 197, 199, 200, 203, 207, 237, 476, 484
バロデ，デジレ　Barodet, Désiré　150
バンヴィル，ジャック　Bainville, Jacques　62
バンダ，ジュリアン　Benda, Julien　197-199
ピー猊下　Pie（Mgr）　72, 490
ピウー，ジャック　Piou, Jacques　218
ピヴェール，マルソー　Pivert, Marceau　282
ピウス六世　Pie VI　487
ピウス九世　Pie IX　49, 52, 86, 87, 89, 99, 100, 229
ピウス一一世　Pie XI　244
ピエトリ，フランソワ　Piétri, François　268, 270
ピカール，エルネスト　Picard, Ernest　13, 19, 38
ピカール少佐　Picquart（commandant）　179-181, 191, 192, 226
ビスマルク首相　Bismarck（chancelier）　12, 13, 16, 17, 44, 56, 87, 125, 127, 141, 142, 483
ピッツ，ジェス　Pitts, Jess　499
ビドー，ジョルジュ　Bidault, Georges　438
ヒトラー，アドルフ　Hitler, Adolf　211, 240, 256, 274, 287, 288, 294, 300, 302, 304, 307, 315, 320, 321, 323, 325, 331, 339, 343, 344, 346, 372, 511
ピネイ，アントワーヌ　Pinay, Antoine　380, 382
ピヤ，フェリクス　Pyat, Félix　30
ビュカール，マルセル　Bucard, Marcel　257
ピュジョ，モーリス　Pujo, Maurice　260, 262, 267
ビュフェ，ルイ　Buffet, Louis　81, 224
ビュルドー，ジョルジュ　Burdeau, Georges　471
ビヨ将軍　Billot（général）　180
ビリエール，ルネ　Billières, René　431
ファーヴル，ジュール　Favre, Jules　13, 16, 17, 26, 38, 57, 58
ファジョン，エティエンヌ　Fajon, Etienne　438
ファブリ，ジャン　Fabry, Jean　268, 270
ファリネ　Farinet　282
フィオー，ジュール　Fiaux, Jules　114
ブイソン，フェルナン　Bouisson, Fernand　268, 280, 325, 337
ブーヴ＝メリ，ユベール　Beuve-Méry, Hubert　386, 395
フェリー，ジュール　Ferry, Jules　21, 38, 112-117, 125, 127-131, 133, 134, 136, 137, 142, 147-149, 151, 153, 154, 160-162, 206, 218, 245
フェレ，テオフィール　Ferré, Théophile　55

トマ将軍　Thomas（général）　20
ドムナック，ジャン=マリー　Domenach, Jean-Marie　445, 446
ドリオ，ジャック　Doriot, Jacques　333, 337
トリーヌ，ジャン　Taurines, Jean　333
ドリュモン，エドゥアール　Drumont, Edouard　60, 123, 184, 188, 189, 191, 207, 210–212, 214, 215, 222, 235, 236
トルーマン，ハリー　Truman, Harry　511, 512, 519
ドレクリューズ，シャルル　Delescluze, Charles　30
トレーズ，モーリス　Thorez, Maurice　274, 302, 370, 509, 513, 519
ドレフュス，アルフレッド　Dreyfus, Alfred　2, 9, 124, 169, 173, 175–183, 185–198, 200–214, 216–219, 222, 223, 225–227, 229–239, 245, 268, 461, 463, 470, 472, 474, 478, 479, 482
ドレフュス，マチュー　Dreyfus, Mathieu　178, 179, 181, 182, 185, 193, 201, 223
ドレフュス，リュシー　Dreyfus, Lucie　186, 192, 194
トロシュ将軍　Trochu（général）　13, 318
トロツキー，レフ　Trotsky, Léon　441

【ナ行】

ナヴァール将軍　Navarre（général）　366
ナケ，アルフレッド　Naquet, Alfred　144, 151
ナポレオン公　Napoléon（prince）　146
ナポレオン三世　Napoléon III　8, 53, 55, 75, 135, 147, 159, 318, 393, 400
ニザン，ポール　Nizan, Paul　254
ヌーヴィルト，リュシアン　Neuwirth, Lucien　380
ネレ，ジャック　Néré, Jacques　124, 168

【ハ行】

バイー神父　Bailly（R. P.）　189, 211
ハイネ，ハインリヒ　Heine, Heinrich　488
バスティアン夫人　Bastian（Mme）　175
バスリー，エミール　Basly, Emile　140
バタイユ，ジョルジュ　Bataille, Georges　20
パッシー，フレデリック　Passy, Frédéric　128
バッシュ，ヴィクトル　Basch, Victor　211
パティ・ド・クラム少佐　Paty de Clam（commandant du）　175, 181
バディー，ヴァンサン　Badie, Vincent　334, 337
バラ，フェルナン　Barrat, Fernand　519
バラ，ロベール　Barrat, Robert　378
バラデュール，エドゥアール　Balladur, Edouard　532

ディヨン伯爵　Dillon（comte）　145, 146, 155
ティラール，ピエール　Tirard, Pierre　154
デカーヴ，リュシアン　Descaves, Lucien　54
デカン，ウジェーヌ　Descamps, Eugène　426
デクソンヌ，モーリス　Deixonne, Maurice　388
テタンジェ，ピエール　Taittinger, Pierre　256, 271, 273, 276, 279
デュ・カン，マクシム　Du Camp, Maxime　54
デュヴァル，エミール　Duval, Emile　47
デュクロ，ジャック　Duclos, Jacques　387, 397, 522
デュバリー，アルベール　Dubarry, Albert　259, 261, 269
デュパンルー猊下　Dupanloup（Mgr）　73
デュピュイ，シャルル　Dupuy, Charles　220, 221
デュフォール，ジュール　Dufaure, Jules　48, 85, 86, 90, 102, 137
デュマ・フィス，アレクサンドル　Dumas fils, Alexandre　55
デュ・ムーラン・ド・ラバルテート，アンリ　Du Moulin de Labarthète, Henri
278, 279
デュラン，マルグリート　Durand, Marguerite　186
デルピ，マルシアル　Delpit, Martial　50, 51, 53
デルベック，レオン　Delbecque, Léon　376, 380, 381
デルレード，ポール　Déroulède, Paul　126, 127, 129, 130, 142, 145, 147, 148, 154, 163, 207, 209, 212, 213, 215, 216, 220–222, 224, 229, 471
ド・ゴール将軍　De Gaulle（général）　2, 303, 305, 308, 310–312, 314, 318, 321–325, 327, 339, 341, 346, 352, 357, 358, 360, 362, 366, 368, 370–372, 374, 376–400, 402, 406, 423, 427, 430–440, 442, 443, 449, 450, 452–454, 456–459, 466, 481, 482, 504, 514–516, 518, 525–527
ドゥサン，ギュスタヴ　Doussain, Gustave　268
ドゥサンティ，ドミニク　Desanti, Dominique　526
トゥシャール，ジャン　Touchard, Jean　445
ドゥビンスキー，デイヴィッド　Dubinsky, David　524
ドゥプルー，エドゥアール　Depreux, Edouard　371
ドゥメール，ポール　Doumer, Paul　250
ドゥーメルグ，ガストン　Doumergue, Gaston　268, 280, 281, 285, 289, 325, 362, 480
トゥレ，セク　Touré, Sékou　395
トゥレーヌ，アラン　Touraine, Alain　446
トクヴィル，アレクシ・ド　Tocqueville, Alexis de　441, 457, 484, 489, 494, 498
ドゲリー神父　Deguerry（abbé）　55
ドナ＝ギーニュ　Donat-Guigne　280
ドフェール，ガストン　Defferre, Gaston　371, 395, 397, 431, 516
ドブレ，ミシェル　Debré, Michel　380, 397, 437, 455
トマ，マルセル　Thomas, Marcel　181

186, 187
ゼー，ジャン　Zay, Jean　259, 324, 332
セギー，ジョルジュ　Séguy, Georges　428, 429, 438
セセ提督　Saisset（amiral）　22
セリニー，アラン・ド　Sérigny, Alain de　381
セルトー，ミシェル・ド　Certeau, Michel de　440
ゼレール将軍　Zeller（gènèral）　399
ソヴァジョ，ジャック　Sauvageot, Jacques　410, 427, 432
ソマーヴィル提督　Sommerville（amiral）　327
ゾラ，エミール　Zola, Emile　26, 33, 47, 119, 173, 182, 186, 187, 190–192, 195, 204, 205, 211, 217, 232, 233, 237, 470, 472
ソラージュ侯爵　Solages（marquis de）　232
ソレル，ジョルジュ　Sorel, Georges　234

【タ行】

ダラディエ，エドゥアール　Daladier, Edouard　251, 268–271, 273–275, 277, 279–282, 288, 294, 295, 299–304, 307, 308, 323, 332, 344, 346, 362
ダリミエ，アルベール　Dalimier, Albert　260
ダルー，ジュール　Dalou, Jules　224
タルデュー，アンドレ　Tardieu, André　249, 250, 252–254, 256, 265, 271, 279, 281, 291
ダルボワ猊下　Darboy（Mgr）　47, 55
ダルラン提督　Darlan（amiral）　312, 317, 323, 328
ダレス，アレン　Dulles, Allen　490
ダレス神父，アデマール　Alès（R.P）, Adhémar d'
タンギー=プリジャン，フランソワ　Tanguy-Prigent, François　387, 388
ダンセット，アドリアン　Dansette, Adrien　158
ダンフェール=ロシュロー大佐　Denfert-Rochereau（colonel）　13
チェンバレン，ネヴィル　Chamberlain, Neville　300, 344
チャーチル，ウィンストン　Churchill, Winston　312, 314, 318, 321, 322, 326, 327, 344, 379
デア，マルセル　Déat, Marcel　334
ティエボー，ジョルジュ　Thiébaud, Georges　146, 148, 149, 154
ティエール，アドルフ　Thiers, Adolphe　12–15, 17–22, 33, 39, 41, 43, 46, 52, 55, 56, 60–63, 72, 75, 78, 79, 93–95, 160, 419, 461, 471, 500
ティクシエ=ヴィニャンクール，ジャン=ルイ　Tixier-Vignancour, Jean-Louis　337
ティシエ　Tissier　241, 259, 260
テイトジェン，ピエール=アンリ　Teitgen, Pierre-Henri　388
ティボーデ，アルベール　Thibaudet, Albert　105, 254
ティヨン，シャルル　Tillon, Charles　509

ジャヌネイ，ジュール　Jeanneney, Jules　268, 303, 307, 312, 319, 334, 336–338
シャバン=デルマス，ジャック　Chaban-Delmas, Jacques　380
シャル，モーリス　Challe, Maurice　399
ジャンスル提督　Gensoul（amiral）　327
シャンボール伯　Chambord（comte de）　61, 62, 73, 74, 83, 131, 227
シュヴァルツコッペン大佐　Schwartzkoppen（colonel）　174–176, 179, 194
ジュヴネル，ロベール・ド　Jouvenel, Robert de　133
ジュオー，レオン　Jouhaux, Léon　370, 474, 520, 524
ジュオー将軍　Jouhaux（général）　385, 399
ジュカン，ピエール　Juquin, Pierre　416
シュジニ，ポール=フランソワ・ド　Susini, Paul-François de　152
ジュデ，エルネスト　Judet, Ernest　188
シューマン，ロベール　Schuman, Robert　515, 520, 522, 523
シュルシェール，ヴィクトル　Schoelcher, Victor　39, 41
シュレール=ケストネル，オーギュスト　Scheurer-Kestner, Auguste　180, 206
ショータン，カミーユ　Chautemps, Camille　241, 251, 259, 261, 262, 265, 267, 268, 280, 299, 313, 315–317, 319, 345
ジョレス，ジャン　Jaurès, Jean　59, 177, 178, 186, 191, 193, 194, 221, 232–234, 236, 474, 522
ジョワンヴィル公　Joinville（duc de）　28, 61
シラク，オーギュスト　Chirac, Auguste　123
シラク，ジャック　Chirac, Jacques　465
ジラルダン，エミール・ド　Girardin, Emile de　95
ジラルデ，ラウール　Girardet, Raoul　376
ジロムスキ，ジャン　Zyromsky, Jean　282
スカピニ，ジョルジュ　Scapini, Georges　334
スコラ，エットーレ　Scola, Ettore　502
スーステル，ジャック　Soustelle, Jacques　380, 386
スタヴィスキー，アレクサンドル　Stavisky, Alexandre　242, 258–261, 263, 265, 269
スターリン，ヨシップ　Staline, Joseph　302, 343, 344, 370, 475, 511–514, 524–528
ステファヌ，ロジェ　Stéphane, Roger　391
ステルネル，ゼーフ　Sternhell, Zeev　162, 163, 165, 169
スピアーズ将軍　Spears（général）　318
スピュレール，ウジェーヌ　Spuller, Eugène　132
スピュレール，シャルル　Spuller, Charles　218
スリー，ジュール　Soury, Jules　200
セイニョボス，シャルル　Seignobos, Charles　204
ゼヴァエス，アレクサンドル　Zévaes, Alexandre　135
セヴリーヌ（本名カロリーヌ・レミ）　Séverine（Caroline Rémy, dite）　123, 124, 148,

ゲラン，ジュール　Guérin, Jules　208, 209, 212, 213, 215, 216, 224
ケリリス，アンリ・ド　Kérillis, Henri de　303
ゴゲル，フランソワ　Goguel, François　436
コジェーヴ，アレクサンドル　Kojève, Alexandre　452
コット，ピエール　Cot, Pierre　259, 280
コティー，フランソワ　Coty, François　256
コティー，ルネ　Coty, René　364, 371, 385, 386, 389, 472
ゴドフロワ提督　Godfroy（amiral）　220, 327
ゴブレ，ルネ　Goblet, René　133, 141, 142
ゴワ，ジャン　Goy, Jean　276
ゴンクール，エドモン・ド　Goncourt, Edmond de　54
ゴンス将軍　Gonse（général）　180
コンスタン，エルネスト　Constans, Ernest　154, 155, 282
コント，オーギュスト　Comte, Auguste　114, 115, 117
コンブ，エミール　Combes, Emile　52, 98, 230, 231, 234, 235, 244, 464, 474
コーン=ベンディット，ダニエル　Cohn-Bendit, Daniel　410, 414, 415, 423, 427, 432

【サ行】

サヴァリ，アラン　Savary, Alain　371
ザマンスキ，ジャン　Zamansky, Jean　416
サラン将軍　Salan（général）　368, 373-376, 381, 385, 399, 439
サリヤン，ジャン　Sarrien, Jean　133
サルトル，ジャン=ポール　Sartre, Jean-Paul　197, 427, 450, 451, 454
サロー，アルベール　Sarraut, Albert　251
サン=ヴィクトル，ポール・ド　Saint-Victor, Paul de　55
サン=ジュスト，ルイ・ド　Saint-Just, Louis de　495
サンデール中佐　Sandherr（colonel）　179, 180
シアップ，ジャン　Chiappe, Jean　258, 262, 263, 267, 269-271, 282, 472
ジイド，アンドレ　Gide, André　404, 508
ジェスマール，アラン　Geismar, Alain　410, 432
ジェネブリエ，ロジェ　Génébrier, Roger　300
シーグフリード，アンドレ　Siegfried, André　258, 483, 486, 501
シーグフリード，ジュール　Siegfried, Jules　65
ジスカール・デスタン，ヴァレリー　Giscard d'Estaing, Valéry　457
ジダーノフ，アンドレイ　Jdanov, Andreï　513, 520
ジップ，マルテル伯爵夫人、別名　Gyp, Comtesse de Martel, dite　184
シモン，ジュール　Simon, Jules　38, 69, 86-91, 93
シャイラー，ウィリアム　Shirer, William　343
ジャック，レミ　Jacques, Rémy　151, 153

カピタン，ルネ　Capitan, René　401
ガムラン将軍　Gamelin（général）　307, 308
ガラ，ジョゼフ　Garat, Joseph　259
ガリフェ将軍　Galliffet（général）　47, 221-223, 233, 268
カルノー，サディ　Carnot, Sadi　134, 135, 148, 156, 308
カルブッチア，オラース・ド　Carbuccia, Horace de　263
カルメット，ガストン　Calmette, Gaston　189
カルリニ，ミシェル　Carlini, Michel　516, 518, 519
ガンベッタ，レオン　Gambetta, Léon　37, 38, 41-43, 50, 62, 63, 77, 78, 80, 81, 83-86, 88, 89, 91-95, 97, 99, 101, 103-105, 109, 113, 117, 125, 126, 138, 142, 145, 154, 160, 206, 318
カンボン，ポール　Cambon, Paul　138
ガンボン，シャルル　Gambon, Charles　30
ギシャール，オリヴィエ　Guichard, Olivier　380
ギゾ，フランソワ　Guizot, François　158
キネ，エドガール　Quinet, Edgar　50, 80, 93, 109, 485, 486, 488
キヤール，ピエール　Quillard, Pierre　213, 214
キュイニェ大尉　Cuignet（capitaine）　194
クーヴ・ド・ミュルヴィル，モーリス　Couve de Murville, Maurice　456
グソー大佐　Goussault（colonel）　368
クラヴェル，モーリス　Clavel, Maurice　445, 446
グラネ　Granet　133
グラパン，ピエール　Grappin, Pierre　410, 415, 416
グランジェ，エルネスト　Granger, Ernest　152, 156, 163
クリヴィーヌ，アラン　Krivine, Alain　411
クリスティアニ男爵　Christiani（baron de）　217
クリストフォル，ジャン　Cristofol, Jean　516, 518
グリモー，モーリス　Grimaud, Maurice　453
クルセル中尉　Courcel（lieutenant de）　318
グルー・ド・ボーフォール将軍　Grout de Beaufort（général）　374
グレヴィ，ジュール　Grévy, Jules　78, 80, 81, 85, 108, 109, 112, 113, 115, 134, 137, 166
クレマンソー，ジョルジュ　Clemenceau, Georges　22-27, 37-39, 114, 126, 128, 129, 131-134, 137-139, 143, 144, 149, 150, 152, 174, 177, 178, 182, 186, 195, 206, 207, 217, 223, 226, 239, 308, 379, 464
クレミュー，アドルフ　Crémieux, Adolphe　12
クロジエ，ミシェル　Crozier, Michel　443, 458, 499
クロステルマン，ピエール　Clostermann, Pierre　388
ケイゼール，ジャック　Kayser, Jacques
ゲエノ，ジャン　Guéhenno, Jean　283
ゲード，ジュール　Guesde, Jules　150, 158, 233, 474

ウィルソン，ダニエル　Wilson, Daniel　134, 148
ウィルソン，ウッドロー　Wilson, Woodrow　353
ヴェイガン将軍　Weygand（général）　295, 308, 309, 311-313, 317, 318, 323, 328-330, 333, 339, 344
ヴェルゴワン，ジャン=マリー　Vergoin, Jean-Marie　151
ヴェルディエ，ロベール　Verdier, Robert　371
ヴォルテール　Voltaire　52, 205
ウージェニー皇妃　Eugénie, impératrice　55
ヴラン，ヴァンサン　Voulant, Vincent　519
ウンツィジェ将軍　Huntziger（général）　311, 321
エステラジ少佐　Esterhazy（commandant）　179-182, 190, 191, 194, 213, 214
エリー将軍　Ely（général）　364, 374
エリオ，エドゥアール　Herriot, Edouard　244, 249, 250, 256, 258, 268, 280, 281, 290, 303, 312, 315, 319, 320
エール，リュシアン　Herr, Lucien　193, 202-204, 209, 233
エルジェイ，ジョルジェット　Elgey, Georgette　526
エルズ，コルネリユス　Herz, Cornelius　207
エロー，マルセル　Héraud, Marcel　271
エンゲルス，フリードリヒ　Engels, Friedrich　3, 51, 149, 150, 158, 159, 420, 446, 473-475
オーディフレ=パスキエ公爵　Audiffret-Pasquier（duc de）　85, 101
オベール，オクタヴ　Aubert, Octave　252
オーベルノン夫人　Aubernon（Mme d'）　196, 198
オーボワノー提督　Auboyneau（amiral）　385
オーマル公爵　Aumale（duc d'）　28, 61, 137, 140, 155
オーリオル，ヴァンサン　Auriol, Vincent　329, 371, 383, 507, 509, 510, 515, 519
オルレアン公　Orléans（duc d'）　61, 208, 212, 216
オーレル・ド・パラディヌ将軍　Aurelle de Paladines（général）　16, 18

【カ行】

ガイヤール，フェリクス　Gaillard, Félix　356, 360, 363, 380, 390
ガイヤール，ジャンヌ　Gaillard, Jeanne　37, 40
カイヨー，ジョゼフ　Caillaux, Joseph　231, 297
カヴェニャック，ゴドフロワ　Cavaignac, Godfroy　192-194, 205, 220
ガクソット，ピエール　Gaxotte, Pierre　263
カサニャック，ポール・ド　Cassagnac, Paul de　96, 123, 189
カジミール=ペリエ，オーギュスト　Casimir-Périer, Auguste　78, 79
カステルノー将軍　Castelneau（général de）　244
カニンガム提督　Cunningham（amiral）　327

人名索引

＊本索引においては、本書に登場する人名をカナ表記の50音順で掲載するとともに、アルファベット表記を掲載した。アルファベット表記は原則として原書の表記に従い、フランス語式表記を採用している（例：レーニン⇒ Lénine）。

【ア行】

アギュロン，モーリス　Agulhon, Maurice　519
アゼマ，ジャン＝ピエール　Azéma, Jean-Pierre　5
アペール将軍　Appert（général）　58
アボヴィル大佐　Aboville, d'（colonel）　175
アラゴ，エマニュエル　Arago, Emmanuel　93
アラン（エミール・シャルティエの筆名）　Alain（Emile Chartier dit）　45, 283, 284, 499
アリギ，パスカル　Arrighi, Pascal　373
アリベール，ラファエル　Alibert, Raphaël　320, 326
アルグー大佐　Argoud（colonel）　439
アルマーヌ，ジャン　Allemane, Jean　48, 52, 152, 213, 232, 233
アレヴィー，ダニエル　Halévy, Daniel　41, 61, 103
アロン，レイモン　Aron, Raymond　419, 430, 440, 447, 452
アンドリウー，ジュール　Andrieu, Jules　34
アンドレール，シャルル　Andler, Charles　202, 203, 209
アンリ少佐　Henry（commandant）　180, 181, 194, 213, 214, 220
アンリオ，フィリップ　Henriot, Philippe　263, 265, 339
イゾルニ，ジャック　Isorni, Jacques　387, 388
イバルネガライ，ジャン　Ybarnegaray, Jean　261, 268, 308
ヴァイヤン，エドゥアール　Vaillant, Edouard　152, 233
ヴァイヤン＝クテュリエ，ポール　Vaillant-Couturier, Paul　284
ヴァシュロ，エティエンヌ　Vacherot, Etienne　50
ヴァトラン　Watrin　140
ヴァラ，グザヴィエ　Vallat, Xavier　334
ヴァルラン，ウジェーヌ　Varlin, Eugène　23, 24, 56
ヴァレス，ジュール　Vallès, Jules　31, 123
ヴァンエイゲム，ラウール　Vaneigem, Raoul　413, 414
ヴィアンソン＝ポンテ，ピエール　Vianson-Pontet, Pierre　429
ヴィオレ，ポール　Viollet, Paul　227
ヴィノワ将軍　Vinoy（général）　18-20, 47
ヴイヨ，ルイ　Veuillot, Louis　52, 56, 73, 99, 109

著者紹介

ミシェル・ヴィノック（Michel Winock）

1937年パリ生まれ。歴史家。専門は近・現代フランス政治史、政治思想史。フランスにおけるナショナリズム、反ユダヤ主義、知識人の政治参加の代表的研究者の一人。ソルボンヌ大学卒、高等教員資格（アグレガシオン）取得。高校教員、パリ・ヴァンセンヌ大学助教授、パリ政治学院教授を経て、現在は同名誉教授。

多くの著作があるが、邦訳されているものに、『ナショナリズム・反ユダヤ主義・ファシズム』（川上勉・中谷猛監訳、藤原書店、1995年）、『知識人の時代――バレス／ジッド／サルトル』（塚原史・立花英裕・築山和也・久保昭博訳、紀伊國屋書店、2007年）、『フランスの肖像――歴史・政治・思想』（大嶋厚訳、吉田書店、2014年）、『ミッテラン――カトリック少年から社会主義者の大統領へ』（大嶋厚訳、吉田書店、2016年）などがある。

訳者紹介

大嶋 厚（おおしま・あつし）

1955年東京生まれ。翻訳者。上智大学大学院博士前期課程修了。国際交流基金に勤務し、パリ日本文化会館設立などに携わる。

訳書に、ミシェル・ヴィノック著『フランスの肖像――歴史・政治・思想』（吉田書店、2014年）、同『ミッテラン――カトリック少年から社会主義者の大統領へ』（吉田書店、2016年）のほか、ヴァンサン・デュクレール著『ジャン・ジョレス　1859－1914――正義と平和を求めたフランスの社会主義者』（吉田書店、2015年）、ジャン＝ルイ・ドナディウー著『黒いナポレオン――ハイチ独立の英雄　トゥサン・ルヴェルチュールの生涯』（えにし書房、2015年）。

フランス政治危機の100年

パリ・コミューンから1968年5月まで

2018年10月19日　初版第1刷発行

著　者　M・ヴィノック

訳　者　大嶋　厚

発行者　吉田真也

発行所　合同会社 吉田書店

102-0072　東京都千代田区飯田橋2-9-6 東西館ビル本館32

TEL：03-6272-9172　FAX：03-6272-9173

http://www.yoshidapublishing.com/

装幀　折原カズヒロ

印刷・製本　シナノ書籍印刷株式会社

DTP　閏月社

定価はカバーに表示してあります。

ISBN978-4-905497-66-0

Michel WINOCK

LA FIÈVRE HEXAGONALE
Les grandes crises politiques 1871-1968

La première édition de cet ouvrage a paru aux Éditions Calmann-Lévy

This book is published in Japan
by arrangement with Éditions du Seuil,
through le Bureau des Copyrights Français, Tokyo.

Cet ouvrage a bénéficié du soutien des Programmes d'aide à la publication de l'Institut français.
本書は、アンスティチュ・フランセ・パリ本部の出版助成プログラムの助成を受けています。

フランス政治危機の100年

パリ・コミューンから1968年5月まで

ミシェル・ヴィノック＝著
大嶋 厚＝訳

吉田書店